학습에 어려움을 겪는 사람을 위한

미술치료

Mair Rees 편저 | **최은영 · 공마리아 · 이근용 · 정명선** 공역

학지사

Drawing on Difference

by Mair Rees

역자 서문

우리 주변에는 학습에 어려움을 경험하는 이들이 많다. 이들은 타인과의 관계 문제, 반사회적 행동을 나타낼 수 있으며, 성적 학대에 취약성을 지닐 수 있다. 이들 대부분은 상실과 사별로 인한 심리적 고통을 극복하는 것 또한 쉽지 않다.

따라서 이 책에서는 이 같은 다양한 심리적 고려와 함께 학습에 어려움을 지닌 이들에 대해 접근하는 방식을 보여 주고 있다. 책의 내용 또한 미술치료에 대한 전반적 소개, 다양한 현장에서의 미술치료 경험, 다른 예술치료 분야와의 통합적 접근 가능성, 임상적 효율성과 수련감독 등의 쟁점 등으로 구성되어 있다.

제1부에서는 미술치료가 학습에 어려움을 겪는 이들에게 제공되기까지의 경험 및 앞으로 고려해야 할 내용에 대해 다루고 있다. 제2부에서는 개별적인 다양한 요구를 지닌 이들에 대한 미술치료 작업에 대해 서술하고 있는데 각 사례의 배경 및 실제, 적용과정 등과 함께 고려해야 할 사항 등을 제시하고 있다. 제3부에서는 전문가 간의 협력에 필요한 총체적 견해를, 제4부에서는 임상적 전문성을 제고하기 위한 쟁점을 다루고 있다. 또한 미술치료는 언어습득 이전의 작업을 가능하게 하며, 기초적인 상징의 기능을 지니고 있어 학습에 어려움을 경험하는 이들이 무력화된 상태에서 벗어나 자기결정과 통제력을 회복하도록 돕는 데 유용하다고 밝히고 있다.

역자들은 이러한 학습에 어려움을 경험하는 사람에 대한 미술치료의 유용성에 공감하면서, 이 책의 번역 작업을 시작하게 되었다. 학습에 어려움을 겪는 이들의 학습적 측면과 사회적응을 위한 보다 다양한 심리적 측면을 이해하는 데 이 책이 도움이 되기를 바란다.

마지막으로 이 책이 발간될 수 있도록 협조해 주신 학지사 김진환 사장님과 편집부 이근호 선생님, 그리고 교정 작업에 도움을 준 정미영, 박지순 선생님께 감사드린다.

2011년 8월

역자 일동

편저자 서문

Mair Rees

우리는 학습곤란자도 사람이라는 점을 가장 먼저 명심해야 할 것이다. 그들이 인간이라는 사실을 그들이 가진 지적 · 신체적 · 감각적 불능으로 가려서는 절대로 안 된다. '그들'은 장애를 지니지 않은 일반 사람과 비슷한 동질 집단이 아니라 그들도 똑같은 사람이자 인간이다.

장애는 주로 경도(mild), 중등도(moderate), 중도(severe), 최중도(profound)로 분류된다. 실제로 경도, 그리고 때때로 중등도 수준의 학습곤란을 가진 사람은 결혼을 하고 자녀를 출산하며, 혹은 장기적인 동반자 관계를 유지할 수 있다. 그러나 중도 혹은 최중도의 사람은 자신의 욕구를 달성하는 데 있어 부분적으로 타인에 대한 의존이 필요하고, 또 한편으로는 사회적 편견과 금기가 존재하기 때문에 이러한 일들이 좀 어려운 경향이 있다. 보다 심각한 수준의 학습곤란을 가진 사람의 경우에는 의사소통 문제, 감각 손상, 신체장애 등과 같은 추가적인 어려움이 동반될 가능성이 더 높다.

학습곤란(learning difficulties)이라는 용어와 이에 앞서 역사적으로 사용되어 왔던 학습장애(learning disablities), 정신장애(mental handicap), 정신지체(mental retardation), 저능(imbectility), 정신박약(feeblemindedness) 등의 용어는 대부분의 사람에게 강력한 양가 감정을 자극한다. 이러한 용어 자체에서 발생하는 불쾌감은 정식으로 장애 관련 명칭을 개선하도록 하는 움직임을 낳고 있다. 그중에서도 Sinason(1992)과 같은 일부 전문가는 용어에서 우리의 실제 감정이나 태도, 편견이 노출되고 인정될 수 있기 때문에 완곡한 표현이 필요하다고 주장하였다. 또한 피플 퍼스트 운동(People First movement)을 하고 있는 장애인 권리옹호 단체의 경우 학습곤란이라는 용어를 선호한다는 사실에 유념하였다. 필자는 이러한 관점에 상당히 동의하였고, 따라서 이 책에 사용한 학습곤란이라는 용어는 이러한 바람을 존중한 것이다.

영국 정부의 『국가의 건강(*Health of the Nation*)』(1995) 백서에는 학습곤란(혹은 학습장애)에 대하여 다음과 같이 기술하고 있다.

> 새롭고 복잡한 정보를 이해하고 새로운 기술을 학습하는 능력의 감소(지적 손상)……, 독립적 대처 능력의 감소(사회 기능의 손상)……, 이러한 것들은 발달에 장기적으로 영향을 미치며, 성인기 이전에 시작된다(Department of Health, 1995: 3).

일부 저자는 순환적 중복 사고(tautological thinking)와 자기 충족(self-fulfilment)에 대한 그들의 민감성을 암시하면서 학습곤란의 정의를 내리는 데 연관된 문제점에 대해 강조하였다.

> 학습장애를 정의하는 것은 어려운 일이며, 실제로 '학습장애'는 학습장애를 가진 사람을 위해 제공되는 서비스가 필요한 것으로 평가되는 사람까지 포함시킴으로써 종종 기능적이고 간접적인 정의로 나타나고 있다(ARC/NAPSAC, 1993: 1).

수천 명 중 한 명은 경도의 학습곤란을 가지는 것으로 추정되는데(Department of Health, 1995), 그들은 삶의 어느 시기에 간헐적 지원을 필요로 할 것이다. 이에 비해 수천 명 중 3~4명은 중도의 학습곤란을 가지며, 그들은 삶에서 수많은 계속적인 지원이 필요하다.

학습곤란자에게 제공되는 지원에 대해서 표면적으로는 빅토리아 여왕 시대의 시설중심 지원을 먼저 떠올리겠지만, 학습곤란을 가진 수많은 사람은 거의 항상 그들의 가족이 함께하는 가정에서 보호를 받아 왔다. 학습곤란을 가진 사람이 지역사회에 없어서는 안 될 한 부분으로 삶을 살아가고 지역적 국소 자원에 접근할 수 있는 권리는 1992년 지역사회보호법(Community Care Act)에 명시되었다.

미술치료사들이 작업하고 있는 내담자 가운데 학습곤란자로 그 대상을 제한하여 비율을 추정하기는 어려운 일이다. 영국학술협회의 미술치료사 명부는 이에 대해 자세한 수준의 정보를 제공하지는 않는다. 그러나 최근 영국에서 이루어진 120명의 미술치료사에 대한 미간행 조사에 따르면(Rees, 1996), 응답자의 33%가 적어도 그들의 담당 건수의 일부로 학습곤란자를 포함하고 있다고 대답하였다.

공공자금을 지원받는 학습곤란자를 위한 미술치료 서비스의 대다수가 전통적으로 빅토리아 여왕 시대와 에드워드 7세 시대의 시설이나 기관의 범위 내에서 전개되었다. 미술가 및 교육자는 이전부터 오랫동안 그러한 사람에 대한 미술의 치료적인 사용에 관심을 보여 왔지만, 처음으로 이러한 치료라는 맥락에서 '미술치료'라는 용어가 사용된 것은 1960년대에서 1970년대 초반 즈음이었다.

오래된 병원들이 문을 닫으면서 미술치료사들은 자신의 내담자들을 따라 새로운 곳에 자리를 잡는 경우가 많아졌다. 이는 어떤 의미에서는 살아남기 위한 투쟁을 의미한다. 그러나 반면에 이는 시설이나 기관의 문턱을 결코 넘을 수 없었던 학습곤란을 가진 많은 사람에게 서비스를 확장하는 기회를 제공하였다. 그러한 정책적이고도 맥락적인 변화가 불가피하게 엄습

하자 시대에 부응하는 숙련된 기술을 가지고 있는 미술치료사가 필요해졌으며, 또한 내담자의 변화하는 요구를 반영한 새로운 방식의 개발이 필요하게 되었다.

지난 10~15년에 걸쳐 영국에서는 미술치료라는 주제로 접근하고 있는 책 제목이 급격히 늘어나고 있다. 이러한 책의 일부는 책 전체를 학습곤란이라는 주제로 한정하여 다루지는 않더라도 학습곤란을 가진 사람들과 함께한 미술치료의 실제를 다루는 내용을 담고 있다(Kuczaj, 1990; Rees, 1995; Scott & Males, 1984; Tipple, 1992). 또한 미술치료사의 작업 중 학습곤란을 가진 사람을 대상으로 하는 비중이 전체의 1/3 이상을 차지하는 것은 상당히 놀랄 만하였다.

전문가이자 한 명의 인간으로서, 필자는 우리가 장애의 본질에 대해 일부 뿌리깊게 자리 잡은 편견을 계속해서 간직할 것인지의 여부가 궁금하다. 최근 인간 권리와 이에 대한 옹호 방면으로 대변혁이 일고 있음에도 학습곤란을 가진 사람과의 치료적 작업은 학문적으로 명확하지 않을뿐더러 다른 집단의 사람들만큼은 가치가 없다는 막연한 믿음이 여전히 존재하는 것 같다. 평가절하와 절망이라는 산물은 제공받는 서비스뿐만 아니라 제공하는 서비스까지 동등하게 영향을 미칠 수 있다. 실례로, 처음으로 맡은 보직이 학습곤란을 가진 사람을 위한 서비스인 것에 매우 기뻐하던 유망한 젊은 미술치료사 수련생이 어느 정신과 고문 의사로부터 '당신은 이 분야에서 쓸모없다.'는 말과 함께 평가절하되었던 일이 있었다.

우리 모두는 학습곤란을 가진 사람에 대해 우리가 가지고 있는 감정을 관련 분야의 다른 동료들의 생각으로 대체하는 경향이 있으며, 심지어 서비스 자체에서도 그러하다. 황폐한 삶의 고통은 노력을 헛되게 하고 서비스를 저하시킨다. 탐탁지 않게도 부자의 식탁에서 빵 부스러기를 주워 먹는 듯한 이류 존재의 느낌은 학습곤란을 가진 사람뿐만 아니라 이들을 위한 서비스 내에서도 일반적인 생각이다. 이러한 반응과 정서가 누출되면 현 상황이 서비스 공급자와 서비스 대상자 양자 모두를 어렵게 만드는 변화와 움직임, 발달을 일으키도록 강화하고 결탁할 수 있다.

긍정적인 면에서 보면 미술치료가 학습곤란을 가진 사람이 접근할 수 있는 심리치료 전문 분야 중 하나라는 사실이 미술치료사에게 어느 정도 위안이 될 수 있다. 타비스톡 클리닉(Tavistock Clinic)과 같은 예외적인 경우를 제외하고는 학습곤란을 가진 사람에게 심리치료 또는 상담 서비스를 제공하는 데 거센 반대가 있었다. 이는 그들이 이러한 서비스를 통해 이익을 얻기에는 손상이 너무 크다는 근거 없는 편견에서 비롯된 것으로 보인다 (Bender, 1993). 그 결과 삶에서 고통받는 학습곤란을 가진 사람은 약물 또는 행동 수정 기법으로만 다루어졌다(Waitman, 1992).

역설적이기는 하지만, 학습곤란을 가지게 되면 그에 동반되는 특정 요인이 정신건강을 병들게 하기 쉽다는 사실은 이제 널리 알려져 있다(Department of Health, 1995). 이러한 요인은 다음과 같다.

- 스트레스 대처방식의 제한성
- 인생 사건의 다중성(예: 모르는 사람 속에서 살기 위해 집을 나오게 되면서 복합적으로 부모의 죽음이 겹치는 사건)
- 때로 학습곤란에 수반되는 뇌손상이나 간질과 같은 신경학적 문제의 부작용
- 비공식적 지원망의 부족
- 신체적 · 성적 · 재정적 학대에 대한 취약성
- 조직적인 무력화, 즉 사회적으로 가치 있는 역할을 담당하는 시민으로서의 완전한 권리를 행사할 기회의 부족

강요된 의존성과 자율성의 부족은 학습곤란을 가진 사람의 인생에 지대한 영향을 줄 수 있다. 그들은 자신의 인생에서 진정한 선택을 할 기회가 거의 없고, 그들의 지원망은 주로 그들과 함께 있도록 돈을 지급받고 고용된 사람들로 구성되어 있다. 종종 사람들은 초기 발달 단계로 퇴행하기도 하는데, 이러한 경향은 애정이나 친밀감에 대한 경험이 모두 그들의 과거 아동기에 존재하고 성인기에는 자신의 가족이나 가정을 형성할 기회가 거의 없었다는 사실로 강화될 수 있다. 이러한 괴로운 상실감을 밝히는 일은 학습곤란을 가진 이들을 지원하는 사람들에게는 참기 어려운 과정일 수 있다. 결과적으로, 학습곤란을 가진 사람이 경험할 수 있는 정서적 측면을 무시하고 지적 장애가 강렬한 고통 감정에 대한 일종의 진통제와도 같다고 믿는 경향이 있다.

바로 이러한 것이 많은 미술치료사가 학습곤란을 가진 사람과의 작업에서 씨름해 나가야 할 일종의 쟁점이 된다. 그러나 미술치료사가 학습곤란자를 대상으로 수십 년간 지속적인 지지를 제공해 오면서 미술치료의 전문성에 대한 태도와 숙련도는 일반 대중과 정치적 관점의 변화와 연계하여 발전되어 온 것으로 나타나고 있다.

영국에서 학습곤란을 가진 사람을 대상으로 한 미술치료에 대해 가장 처음으로 소개한 출간물은 1984년에 Stott과 Males의 작업이다. 그러나 (인쇄물에) 소개한 내용은 실제 임상보다 뒤처진 내용이었음이 분명히 언급되어야 할 것이다. 1984년, Dalley가 쓴 장(chapter)에서는 Stott과 Males가 이 분야에서의 미술치료 적용에 대해 발달적 접근을 주장하고 있다고 제시하고 있다. 이러한 철학의 기초가 된 것은 그림 발달의 순차적 단계를 통해 내담자를 촉진하는 것이었으며, 이는 인간 기능의 다른 영역에까지 일반화시킬 수 있다는 이점이 있다. 그러한 철학의 가치는 침체와 쇠퇴의 풍조가 흐르던 시설에 신선한 공기를 불어넣어 희망과 의미심장한 변화를 심어 주었음이 분명하다. 그러나 그러한 작업 방식은 임상실제에서 단지 매우 일반적인 심리치료적 모형과만 일치하는 것으로 보인다.

학습곤란을 가진 사람을 대상으로 한 미술치료에 대해 보다 폭넓은 심리치료적 기반이 서서히 마련되어 왔다. 또한 1984년에는 '정신장애에 관한 심리치료로서의 미술치료?'라는 표제어를 붙인 학술회의가 세인트 올번스(St. Albans)에서 설립한 박사 후 미술치료 훈련의 하나로 개최되었다. 표제어에 붙은 물음표는 이 영역에서의 전문성에 관한 여전한 불안정성을 함축하여 보여 주는 듯하다. 그리고 흥미롭게도 요즘 학술회의의 표제어에는 물음표가 없는데, 그렇다면 이것은 우리의 전문적 신임도가 커진 증거일까?

뒤이어 1989년에는 '중도의 경계선적 학습곤란을 가진 사람에 대한 미술치료'라는 학술대회가 레스터 대학교에서 개최되었다. 이때쯤 되자 학술대회 참석자들은 학습곤란을 가진 사람의 욕구를 충족시키기 위해 미술치료를 맞추어 나가고 다양한 심리치료적 모형과 기법을 적용하는 자신들의 능력을 좀 더 확신하는 모습을 보였다.

초기에 인용된 연구(Rees, 1996)에서 보면, 대부분의 미술치료사는 정신역동적 조망을 지향하였다. 이러한 선호는 학습곤란을 가진 내담자의 요구를 충족시키는 미술치료사의 작업에도 반영되었다(Hughes, 1988; Tipple, 1992). 또한 비록 문헌적 근거를 찾기는 어렵지만, 필자는 보다 많은 인본주의적 양식이 관여하여 이 분야 미술치료사의 작업에 영향을 주었을 것이라고 생각한다. 분명 필자의 작업에서도 기본적으로 인간중심 심리학의 가치를 찾을 수 있으며, 내담자의 힘과 자율성을 둘러싼 문제를 탐색하는 데 매우 유용한 자기결정권이라는 인간중심적인 가정을 발견할 수 있다.

이 책을 쓴 의도는 초보적인 입문서를 만들기 위해서라기보다는 학습곤란을 가진 사람과 진행되는 미술치료의 다양성에 대해 소개하기 위해서다.

이러한 다양성은 미술치료가 시행되는 환경(병원, 지역 센터, 학교, 치료사의 집, 지역사회 중심의 미술치료 자원), 치료가 수립될 수 있는 근거, 내담자와 치료사의 기술과 제한점, 주최 조직 단체의 필수 요건, 그리고 치료사로서의 이론적 편향에 이르기까지 다양하다.

여러분은 이 책에서 유사한 쟁점을 가지고 작업을 하는 기고자들이 서로 매우 다른 견해와 접근을 하고 있음을 볼 수 있을 것이다. 이렇게 서로 다른 입장을 가지게 된 것은 의심할 여지없이 그들이 현저하게 다른 환경에서 서로 다른 경험을 가지고 있다는 점에 기인하겠지만, 또한 우리는 오직 우리 자신이라는 치료사 유형이 되어 간다는 사실을 의미하기도 한다. 우리가 다른 이들의 작업에서 영감을 받을지도 모르지만, 많은 미술치료사는 미술 과정의 친밀성과 영향력에 대한 개인적 이해 때문에 적어도 어느 정도 전문성을 가지고 착수한다. 창의성의 치유적 힘과 개성의 회복력에 대한 믿음은 필자가 지난 몇 년간 작업을 지속할 수 있도록 해 주었다. 매번 새로운 내담자와 작업을 시작할 때마다 첫날의 긴장감을 떠올리는 것은 필자가 각 개인의 개성과 미술 과정이라는 절묘한 독특성의 목격자가 될 것이라는 인식을 수반한다. 많은 미술치료사는 상이성(differentness)을 평가하는 것부터 시작한다. 이는 학습곤란이라는 분야에서는 특히 주목하지 않을 수가 없다. 바라건대, 이러한 자세는 우리 내담자뿐만 아니라 학습곤란을 가진 사람을 대상으로 한 미술치료의 변화를 형성하는 다양한 조망에까지 확대되어야 한다.

이 책은 다양한 지역에서 작업하고 있는 치료사들이 기고한 글로 구성하고자 하였다. 스코틀랜드, 잉글랜드 남서부와 동부 지역, 웨일스의 예에서 볼 수 있듯이, 그 의도는 어느 정도 달성된 것 같다. 그러나 아일랜드나 잉글랜드 북부 지역처럼 글을 기고받지 못한 곳도 있다. 필자가 현재 관리하는 예술치료(미술치료, 음악치료, 드라마치료, 무용치료 및 동작치료와 같은 전문직을 칭하는 공통 용어) 서비스는 웨일스 남부 지역에 있는 다른 전문가들의 작업을 이 책에서 있는 그대로 잘 제시하고 있다. 이에 대해 필자는 양해를 구하는 것이 아니라, 지역적 · 문화적 영향이 작업과 치료의 실행 방식에 영향을 줄 수 있다는 점과 이는 영국의 다른 지역에도 똑같이 적용될 것이라는 점을 지적하고자 한다.

필자는 몇 년 전부터 이 책에 대한 착상을 하고 있었지만, 분명 '다른 누군가'가 이에 대한 결실을 맺기 직전일 것이라고 생각했다. 그러나 실망스럽게도 아무도 하지 않았다. 그래서 자진하여 뛰어들었고, 이 방면에서 작업하는 다른 미술치료사들과 연락을 취하게 되었다. 그들의 반응은 고무적이었고 의욕적이었다. 필자는 미술치료 부문에 대해 무시만 할 것이 아니라 이 책이 이러한 매력적인 방법에 대한 우리의 이해에 도움을 줄 다른 신진 연구자들의 발판이 되고 유익한 결과가 되기를 바란다.

책의 구성

이 책은 4부로 나누어 구성하였다.

제1부 배경

제1부에서는 한 미술치료사의 전문가로서의 행로를 사실에 바탕을 두고 개괄하고 있으며, 또한 미술치료 서비스를 제공하는 데 요구되는 실제적인 기본 사항에 대하여 살펴보았다.

먼저 Richard Manners(제1장)는 지난 17년간 여러 가지 다양한 환경에서 미술치료를 실시한 자신의 경험에 대해 개인적 이야기를 들려주었다.

그는 법령과 태도의 변화가 그의 치료 실제와 미술치료사로서의 자신에 대한 관점에 어떤 영향을 미쳤는지 솔직하게 이야기하였다. 제2장에서, 필자(Mair Rees)는 현행 미술치료 서비스의 개요를 제시하고 학습곤란을 가진 사람과의 미술치료 실제를 지원하도록 적절한 체제를 제공하는 데 필요한 필수 요건에 대하여 논의하였다.

제2부 현장에서의 미술치료

이 책의 주요 부인 제2부에서는 각기 다른 맥락에서 여러 지역에 걸쳐 미술치료 실제의 예시를 보여 주고 내담자 요구와 주제의 다양성을 탐색하는 데 중점을 두었다.

제3장에서, Hilary Lomas와 Penny Hallas는 타인과의 관계 문제를 동반한 학습곤란을 가진 사람을 대상으로 자신들이 치료사로서 함께 참여하여 집단 미술치료를 공동 촉진한 사례에 관해 기술하였다.

여기서 통제, 자율성 및 정체성에 대한 몇 가지 주요 쟁점은 집단생활에서 살아남기 위한 신랄한 논쟁을 통해 나타났다. 주어진 집단의 핵심 주제는 저자들이 평가 과정에서 참여자들이 적극적인 역할을 할 수 있도록 집단 구성원과 회고적 면담을 실행하고 그 작업을 재검토함으로써 다루어졌다는 점에서 흥미롭다. 이 장은 역전이 현상의 재발에 대해 고려하면서 치료사 자신의 반응에 대한 통찰력 있는 관찰로 결말을 맺었다.

Simon Willoughby-Booth와 Joanna Pearce(제4장)는 내담자들과 함께한 자신들의 경험을 반영하여 중등도 학습곤란을 가진 사람이 특정 정신건강 문제는 없지만 간헐적으로 심각한 반사회적 행동을 분출한다는 것을 보여 주면서 그들의 유사한 성격특성 범위에 대하여 제시하였다. 그들은 이 장에서 경계선적 성격장애라는 주제에 관해 현존하는 문헌들을 샅샅이 살펴봄으로써 자신들의 견해에 대해 탐구하였다. 그들은 미술치료가 언어 습득 이전의 작업을 할 수 있도록 안전하고 구체적인 견제의 가능성을 제공하는 맥락이 되기 때문에 이러한 상황에 있는 사람에게 특히 유용할 수 있다고 결론을 내렸다. 결국 이러한 내담자가 미술 작업을 통해 자기 자신과 깊은 관계를 수립할 수 있다는 점을 발견하게 되었다.

다음 두 개 장에서는 학습곤란을 가진 일부 내담자에게서 보이는 자폐증이나 자폐적 방어기제라는 주제에 대하여 다루었다. 제5장에서 Lesley Fox는 자폐의 개념과 미술 및 치료에서 자폐의 관련성을 둘러싼 현재 통용되고 있는 생각에 대해 고찰하였다. 그녀는 특히 상징적 기능의 상실에 관한 이러한 내담자의 치료적 요구에 대해 탐구하였다. 그녀는 개인 내담자들과의 작업 예시를 통해 가장 기초적인 놀이와 상징화 기능의 근원인 잠재적인 공간을 그들이 어떻게 탐색해 나가는지 분명히 보여 주었다. Margaret Stack(제6장)은 한 내담자와의 2년에 걸친 개인 미술치료에 관해 자세한 이야기를 들려주었다. 비록 해당 내담자가 자폐증으로 진단받지는 않았지만, Stack은 내담자가 어떻게 자신의 내적 정신세계와 정서적 경험을 조직하는지 이해하고자 Tustin의 '자폐적 캡슐화(autistic encapsulation)'라는 개념을 사용하였다. 그녀는 껍질과도 같은 방어가 검증되고 포기되거나 수정되는 동안 미술치료가 버텨 주기 기제(holding mechanism)로 작용할 수 있다고 하면서, 미술치료의 중요한 역할에 대해 강조하였다.

제7장에서 Rose Hughes는 성폭행을 당한 학습곤란을 가진 여성과의 개별 미술치료에 대하여 기술하였다. Hughes는 의지와 침해에 대한 개념을 탐구하였으며, 이러한 개인을 위한 통합과 보호받을 권리가 존중받지 못하는 실태에 대하여 조사하였다. 무력화(disempowerment)와 기만이라는 주제가 그 중심에 있었고, 미술치료 과정은 자기 결정과 통제력을 되찾는 방식이 되었다. 치료적 동맹이 가져오는 지지적 기능 또한 강조되었는

데, 이는 한 개인의 고통과 불의로 가득 찬 여정에 미술치료사가 동반자이자 증인이 되어 주는 것이었다.

Sigrid Räbiger(제8장)는 교육적 환경에서 이루어지는 미술치료사로서의 자신의 역할에 대해 기술하였다. 그녀는 학습곤란과 중도 학습곤란에 분명한 차이가 있는 것으로 보았다. 그녀는 중도의 학습곤란을 가진 일부 아동에게는 치료의 개념과는 거리가 먼 미술이 강요와 위협이 될 수 있으며 정말 무익한 것이라고 주장하였다. 그녀는 정확한 사정(assessment)이 중요하며, 예를 들면 음악치료와 같은 다른 접근법이 보다 유익할 수 있는지 알아보려는 전문적 신뢰감의 중요성을 강조하였다. 미술치료를 소개하기 전에는 아동의 발달 수준을 측정하는 것이 중요하다. 다른 한편으로는 미술치료가 성공적으로 소개될 수는 있지만 자신의 경계가 분명하지 않은 아동의 욕구를 충족시키는 데 필요한 규정을 포함하여 미술치료가 구조화된 방식으로 변화되어야 한다고 주장하였다.

제9장에서 Edward J. Kuczaj는 학습곤란을 가진 사람과 그들의 가족이 겪는 경험과 관련하여 상실과 사별이라는 쟁점을 고찰하였다. 그는 큰 슬픔을 주는 경험이 개인의 인지 장애에 의해 어떤 식으로 부정되는지에 대해 주요하게 다루었다. 그는 상실이 그들의 출생과 '정상적인 아이'를 잃었다는 부모의 느낌부터 시작하여 학습곤란을 가진 사람의 생활 전반에 이르기까지 어떤 식으로 만연해 있는지 기술하였다. 내담자는 미술치료를 통해 학습곤란을 가지고 살아가는 자신의 주관적인 경험에 대해 탐색할 수 있게 되었으며, 그는 의존 대 독립, 유사점 대 차이점이라는 이분법적 논리가 어떻게 이러한 내담자의 작업에서 되풀이되는지 설명하였다. 그는 치료사가 가장 배우기 어려운 것은 내담자와 어떻게 이렇게 함께하는지 배우는 것이며, 이는 우리 자신의 욕구와 상실 경험을 이해함으로써 진실로 성취될 수 있다고 강조하면서 끝을 맺었다.

제3부 통합적 접근

제3부에서는 음악치료, 드라마치료 및 상담을 연합한 학문 분야에 대하여 살펴보고 있다. 그 의도는 미술치료와 미술치료 관련 계열인 다른 전문 영역 간의 유사점과 차이점을 재고하는 데 있다.

Chris Gale과 Rachel Matthews(제10장)는 병원 환경에서 생활하는 학습곤란을 가진 사람을 위해 합동 예술치료 사정 집단(combined arts therapies assessment group)이라는 단기 프로젝트를 수립하고 운영한 그들의 경험에 대하여 기술하였다. 이 프로젝트를 수립하기 위해서는 미술치료사, 음악치료사 및 드라마치료사 간에 조직적·임상적 토대에서 높은 수준의 공동 협력이 필요하였다. 또한 이 프로젝트는 사정의 본질과 목적에 대해 몇 가지 핵심 문제로 압축하였다. 특히 우리는 자신의 욕구를 나타낼 수 없고 명백한 사실조차도 알지 못하는 내담자에게 치료가 과연 유용한지 아닌지 어떻게 추론할 것인가에 대해 고민하였다. 또한 프로젝트는 세 명의 전문가 사이의 작업 방식, 그리고 특정 내담자의 요구에 따른 이러한 방법의 상대적인 이점 간에 직접적인 비교를 할 수 있는 기회를 제공하였다.

제11장에서 Lillie Fennell은 개인 단위로 학습곤란을 가진 사람과 상담하는 데서 중요한 몇 가지 쟁점에 대해 개괄하였고, 반면에 Enfys Jones는 이러한 사람과의 집단작업 경험에 기초하여 이야기를 끌어내었다.

제4부 전문적 쟁점

제4부에서는 많은 미술치료사가 실제로 가장 우선으로 생각하는 전문적·임상적 의제인 임상적 효율성과 임상 수련감독이라는 두 가지 핵심 쟁점에 대하여 살펴보고자 한다.

Sandie Taylor(제12장)는 임상적 효율성이라는 쟁점에 대해 다루었으며, 우리는 미술치료사로서 '이것이 효과적인가?'라는 질문에 어떻게 대답할 수 있을지에 대해 검토하였다. 이 장에서는 어떠한 임상 분야라 할지라도 미술치료사라면 누구나 관심 있어 할 연구방법론에 대해 검토하였다. 또한 우리는 서비스 평가와 특히 학습곤란을 가진 사람을 위한 미술치료 서비스의 임상적 효율성 연구에 관해 현재 진행 중인 노력을 보여 주고자 구체적인 예를 제시하였다.

마지막 장(제13장)에서 필자(Mair Rees)는 임상 수련감독에 대한 쟁점과 미술치료 실제에서 수련감독의 중요성에 관해 살펴보았다. 필자는 이러한 주제와 관련한 몇몇 문헌을 고찰하였으며, 지난 몇 년간 제안된 수련감독의 다양한 모형을 조사하였다. 또한 미술치료 내에서 이루어지는 수련감독의 진행 상태에 대해 명확하게 살펴보고, 우리가 일부 가지고 있던 선입견과 가정에 이의를 제기하였다. 마지막으로 학습곤란을 가진 사람과 일하는 미술치료사의 수련감독에서 되풀이하여 발생하거나 공통적으로 떠오르는 주제에 관해 관찰한 의견을 제시하였다.

경험의 맥락

필자는 개관을 쓰면서 기고자들이 제공한 작업들이 겉으로는 매우 다르게 보이지만 공통된 주제를 담고 있다는 사실을 점점 깨달아 갔다.

미술 과정의 힘은 구체적인 버텨 주기 기제로 작용하면서 Lesley Fox, Margaret Stack, Simon Willoughby-Booth와 Joanna Pearce, 그리고 Sigrid Räbiger의 작업에서 되풀이되어 나타났다.

학습곤란과 관련된 주관적 경험은 무력화(Rose Hughes, Hilary Lomas와

Penny Hallas), 그리고 개인적 경험 및 정서적 반응에 대한 부정(Edward J. Kuczaj와 Rose Hughes)이라는 주제에서 잘 표현되었다.

학습곤란을 가진 사람과 작업하는 미술치료사의 강력한 역전이 감정에 대해서는 특히 완전히 단순화되거나 바보가 된 듯한 치료사의 감각(Hilary Lomas와 Penny Hallas, Mair Rees, Edward J. Kuczaj와 Margaret Stack)으로 기술되었다.

다른 관련 전문가들과 공동 협력하여 비교 작업을 실시함으로써 우리의 특별한 기술을 사성하고 보다 명확히 정의하는 기회를 가진 것에 대해서는 Chris Gale와 Rachel Matthews, 그리고 Sigrid Räbiger의 장에 분명히 제시되었다.

마지막으로 학습곤란을 가진 내담자들의 한층 나아진 역량강화(empowerment)에 내한 바람은 Sandie Taylor, Hilary Lomas와 Penny Hallas가 집필한 장에서 제시된 서비스 평가과정에 사용자를 포함시키는 원리와 실제에서 찾을 수 있다.

끝으로 학습곤란이라는 용어가 가져올지도 모르는 고통과 박탈을 인정하고 또한 이 책이 인간 정신의 창조적 지략과 경험의 차이에서 오는 지혜를 세상에 알릴 수 있기를 바란다.

참고문헌

ARC/NAPSAC (1993) *It Could Never Happen Here*, ARC/NAPSAC U.K.

Bender, M. P. (1993) 'The Unoffered Chair', *Clinical Psychology Forum*, 54: 7-12.

Department of Health (1995) *Health of the Nation: Learning Disabilities*, London: HMSO.

Hertfordshire College of Art and Design (1984) Proceedings of Conference *Art Therapy as Psychotherapy in Relation to the Mentally Handicapped?* (Not published.)

Hughes, R. (1988) 'Transitional Phenomena and the Potential Space in Art Therapy with Mentally Handicapped People', *Inscape,* Summer: 4-8.

Kuczaj, E. (1990) 'Art Therapy with People with Learning Disabilities', in Liebman, M. (ed.) *Art Therapy in Practice,* London: Jessica Kingsley Publications.

Rees, M. (1995) 'Making Sense of Marking Space: Researching Art Therapy with People who Have Severe Learning Difficulties', In Gilroy, A. and Lee, C. (eds.) *Art and Music, Therapy and Research,* London: Routledge.

Rees, M. (1996) *The Supervision of Art Therapists,* unpublished MSc dissertation, University of Bristol.

Sinason, V. (1992) *Mental Handicap and the Human Condition. New Approaches from the Tavistock*, London: Free Association.

Stott, J. and Males, B. (1984) 'Art Therapy for People who are Mentally Handicapped', in Dalley, T. (ed.) *Art as Therapy,* London: Tavistock Publications.

Tipple, R. (1992) 'Art Therapy with People who Have Severe Learning Difficulties', in Walleer, D. and Gilroy, A. (eds.) *Art Therapy:* A *Handbook,* Buckingham: Open University Publications.

University of Leicester (1989) Proceedings of Conference *Art Therapy for people with Severe to Marginal Iearning Difficulties.* (Not published.)

Waitman, A. (1992) 'Demistifyfing Traditional Approaches to counselling and Psychotherapy' in Waitman, A. and Conboy-Hill, S. (eds.) *Psychotherapy and Mental Handicap,* London: Sage Publications.

차 례

제1부 배 경

제3부 통합적 접근

제4부 전문적 이슈

제1부

배 경

제1장 한 개인의 인생 행로

제2장 참고 지침

제1장

한 개인의 인생 행로

Richard Manners

+ 주요 주제

- 학습에 어려움을 겪는 사람들에 대한 17년간의 미술치료 경험의 진술

+ 핵심 사항

- 보살핌에 대한 법률과 철학의 역사적 변천이 미술치료사로서 필자의 작업에 미친 영향
- 미술치료사의 역할에 대한 필자의 인식의 변화
- 미술치료 관련 조항이 지속적으로 확장되면서 일어난 갈등, 도전 및 성공

가장 개별적인 것이 가장 일반적이다(Carl R. Rogers, 1961).

시작: 첫 번째 미술치료 경험

1976년 영국의 가장 무더운 어느 여름날이었다. 필자는 뉴포트 미술디자인대학에서 미술학사 2학년에 재학 중이었다. 필자는 미술대학을 그다지 좋아하지 않았다. 강사들은 모든 사람을 '~주의(ism)'라고 범주화시키기를 좋아했다. 그들은 도대체 왜인지 모르겠지만 필자를 추상적 표현주

의 인상파로 불렀으나, 그것은 도대체 무슨 뜻이란 말인가! 필자는 정말 그들에게 '나는 추상적 표현주의 인상파가 아니에요. 나는 그냥 Richard Manners예요. 진짜 내 모습을 보는 건 어때요?' 라고 말대꾸를 하고 싶었다. 그러나 이유가 어찌됐든 간에, 필자는 체제 속에 점점 갇혀 가는 나의 모습을 발견했고, 말로 표현할 수 없는 기분이 들었다. 그래서 옳건 그르건, 필자는 침묵을 지켰다. 필자에게는 동시대에 혹은 역사적 맥락에 딱 맞아떨어지게끔 어떤 '주의' 나 범주에 어울리지 못하는 사람은 부정되는 것처럼 보였다.

어느 날 영국의 미술치료 개척자인 Edward Adams가 우리 학교에 와서 '미술치료의 소개' 라는 흥미로운 주제의 강연을 하였다. 그것은 필자에게 신선한 공기와도 같았다. 이 강좌를 통해, 필자는 어렸을 때 미술가라는 직업에 대한 조언을 얻기 위해 지역의 미술가를 방문했을 때의 기억을 떠올리게 되었다. 우리는 미술가가 벽돌공, 배관공, 교사, 전기기사 등과 같이 어떤 기능을 담당하고 있으며, 미술은 지역사회에 존재하는 한 부분이라는 내용에 대하여 이야기를 하였다. 또한 미술가를 지역사회에서 분리된 상아탑에서 작업하고 살아가는 독특한 존재로 낭만적으로 인식하기보다는 하나의 전문직이라는 데 더 큰 가치를 두어야 할 것이라는 이야기를 나누었다. Edward Adams의 강좌를 들으며 필자는 처음으로 지역사회에서 내가 공감할 수 있는 미술의 기능적 측면을 발견하였다. 그것은 너무나 흥미로운, 전혀 뜻밖의 일이었다. Edward Adams가 제시한 심상(image)이라는 개념에 필자는 매료되었다. 모든 심상은 각 개인에게 고유한 것이자 독특한 것으로 보며 그는 심상을 미술의 역사적 맥락에서 설명하지 않았다. 그보다는 미술치료사와 환자라는 두 사람 사이의 관계에 대한 감각적인 탐구로 보았으며, 개개인의 삶을 토대로 발견의 여행을 떠나는 것으로 표현하였다.

출발: 첫 번째 직장

대학 졸업 후 몇 번의 시행착오를 겪고 난 후 다양한 YOPs(Youth Opportunities Programmes, 청년 기회 프로그램)를 시작하면서, 1979년에 필자는 귄트 주에 있는 쿰브란이라는 도시에서 학습곤란을 가진 사람을 대상으로 한 병원인 Llanfrechfa Grange에 (작업치료 조수로) 취업하였다. 그것은 필자에게 미술치료라는 직업의 개념에 대해 탐색하도록 한 계기가 되었다.

이 시기에 필자는 미술치료에 대해 아주 낭만적인 생각을 하고 있었다. 이 병원은 지역사회와 동떨어진 아름다운 시골 지역에 자리 잡고 있었다. 사람들은 고-의존도(high-dependency), 저-의존도(low-dependency), 남자1, 남자2, 여자1, 여자2 등으로 분류되어 있었고, 병실은 남성과 여성으로 분리되어 20명의 아동을 포함한 403명이 입원해 있었다. 그들은 분류에 따라 구분된 병동에서 생활하였다. 이때 미술치료 부서는 병원에 존재하지 않았다.

1년 동안 필자는 매우 심각한 학습곤란과 행동문제를 지닌 17명의 남자 환자들과 작업하였다. 필자는 작업치료 부서를 이용하는 모든 이를 위해 미술 활동을 제공하였다. 그 당시 필자가 하는 일이 무엇인지 전혀 몰랐기 때문에 필자가 진정한 미술치료를 했다고는 할 수 없지만 사람들은 필자가 하는 일에 관심을 보여 주었다. 그들의 관심은 미술치료 부서를 설립하기 위해 초심자인 필자의 작업을 바탕으로 하여 웨일스 지방의 Llanfrechfa Grange에서 학습곤란자를 위한 첫 미술치료사를 고용할 정도로 미술치료에 대한 관심을 불러일으키기에 충분한 것이었다.

정보수집: 훈련

1980년, 필자는 준석사 과정을 이수하기 위해 세인트 올번스의 하트퍼드셔 미술디자인대학(현재 하트퍼드셔 대학교)으로 떠나게 되었다. 22세였던 필자는 그 과정에서 가장 어린 학생들 중 한 명이었다. 다른 미술치료 학생들의 평균 나이는 약 35세였다. 필자는 급속도로 성장하였으며, 준석사 과정은 매우 치열하기는 했지만 무엇보다도 즐거웠다. 필자에게 이전에는 명료하지 않았던 모든 것이 여기서부터 분명해지기 시작하였다.

세인트 올번스에서 필자는 개별 지도교수인 Pasty Nowell-Hall을 만나는 행운을 누렸다. 그녀는 Carl Jung의 이론과 게슈탈트, 그리고 내담자 집단의 요구에 적합하다면 미술, 음악, 드라마 등 어떤 매체수단이든 간에 이용할 수 있다고 보는 전인적 치료에 뿌리를 둔 확고한 생각을 가지고 있었다. 우리는 내담자 집단에서 어떠한 필요사항이나 요구와 마주하게 되더라도 이를 충족시키기 위해 융통성 있게 절충적인 접근을 취하였다. 그녀의 지도는 필자가 앞으로 미술치료사로서 발전해 나가는 데 훌륭한 토대를 제공해 주었다.

대규모 병원에서의 미술치료

1981년에 필자는 세인트 올번스에 이어서 학습곤란을 가진 사람을 위한 병원인 카디프 소재 Ely 병원에서 미술치료사 자리를 처음으로 얻게 되었다. 필자는 대학에서 나를 열중하게 만들었던 모든 이상을 가지고 이 직업에 착수하였다. 필자는 이 체제에서 학습곤란을 가지고 있는 사람에게 영향을 미치는 것으로 생각되는 여러 가지 부당성을 너무나 변화시키고 싶었지만 멈칫할 수밖에 없었다. 그때는 단지 두세 명의 미술치료사만이 웨일스 지방에서 일하고 있었고, 필자가 병원에 합류하기 전까지는 한 명의 미술치료사가 Ely 병원에서 단기간 작업하곤 했다. 미술치료 '구역(section)'은 내부가 벽으로 나눠지 않은 커다란 건물에 배당되었는데, 거기에는 매일 120명의 사람들이 산업치료(industrial therapy)나 그 밖에 다른 다양한 기분전환 활동에 참여하기 위해 드나들고 있었다. 그 방은 개인적인 공간이 아니었고, 누구든지 내부를 볼 수 있었다. 병원 운영진은 필자를 작업치료 부서로 분류하였고, 따라서 필자는 그 부서에 소속되어 그 부서의 재정과 임상을 우선적으로 따라야 했다. 게다가 미술치료는 기분 전환적이고 흥미로운 일상 활동의 제공자로서 작업치료의 역할이 자연스럽게 확대된 것으로 여겨졌다. 그들은 학교에서 학급을 담당하는 것처럼 필자가 내담자 집단을 맡기를 바랐다. 또한 하루 단위로 병동에서 내담자를 받아 활동 중심 커리큘럼의 한 부분으로써 미술과 공예를 가르치기를 요구하였다.

지역사회 활동은 가끔 해변 또는 다른 어디인가로 버스 여행을 하는 정도로 제한되어 있었다. 주된 '치료'는 억제 혹은 보호, 행동수정, 약물요법 가운데 하나가 이루어졌다. 또한 환자들은 (현재는 이들을 거주자[residents]로 부르지만) 그들이 생활하는 병동이나 사회복귀시설의 어느 부서에 머무르는지에 따라 분류되고 명명되었다. 사회복귀시설은 지역사회에서 새 삶을 살 수 있도록 시설거주자들을 교육하거나 그들의 개인적 성장을 도와주는 역할을 하지 못했다. 비록 많은 시설 종사자들이 그러한 목적을 마음속에 품고 있다 하더라도, 일반적으로 팽배한 제도적인 시설문화에 의해 필자가 느꼈던 것처럼 그들은 좌절하였다. 산업치료는 전혀 치료라고 할 수 없었다. 나사 등의 물품을 포장하고 유통시키는 회사는 직영점으로 물건을 배송하기 전에 사회복귀시설로 포장지와 낱개로 된 나사를 보내서 10개 또는 20개 등의 세트로 포장하게 하였다. 시설거주자들은 그 작업에 대한 대가로 매우 낮은 보수를 받았는데, 이것은 그들의 복지수급권을 가장한 것이 아니었다. 보수는 적절한 행동에 대한 징계, 보상 또는 포상의 형태로 정기적으로 중단되거나 올려졌다.

수용과 이해

Ely 병원에서 미술치료가 하나의 심리치료적 모형으로 수용되기까지 이 병원의 전통적 문화를 움직이는 것은 기나긴 전쟁과도 같았으며, (전에는 결코 하지 않았고 내 안에 품고 있는지도 몰랐던 많은 일들을 하면서) 다른 전문가들과 함께 작업하고 많은 워크숍과 좌담을 개최하였다. 필자는 적합한 의뢰를 받기 시작하였고, 내가 담당하는 사례 수를 조절할 수 있게 되었으며, 필자의 개입은 다른 치료 프로그램과 함께 진지하게 받아들여졌다.

이러한 발전이 이루어지고 있던 거의 같은 시기에, 필자는 사생활권(privacy)을 보장하기 위해 사회복귀 부서에 있는 미술치료 공간에 벽을 세우고 열고 닫을 수 있는 문을 설치하였다. 그러나 그 벽은 간이식으로 만들어져 천장까지 닿지 못했고, 여전히 끊임없는 소음이 주변에서 들려 왔다. 그럼에도 그 벽은 진일보하게 하였다. 필자는 다학제 팀(multi-disciplinary team)의 다른 전문가들로부터 만족할 만한 의뢰를 받게 되었다. 그들이 행동문제나 의사소통의 곤란, 그리고 이러한 문제들의 조합으로 이중진단되거나 기타 다른 임상적 이유로 필자에게 의뢰되고, 또한 시설거주자들이 '미술에 능하지' 않음에도 의뢰된다는 사실은 이제 미술치료에 대해 어느 정도 이해하고 있다는 것을 보여 주었다.

회의론

그럼에도 불구하고 미술치료에 대한 회의적인 태도는 지속되고 있다. 왜 벽을 두고 은밀하게 진행되기를 바라는가? 왜 치료에서 진행되는 것에 관해 우리에게 말해 주지 않는가? 왜 처음 온 환자에게 그들이 무엇을 원하고 느끼는지 질문하면서 이상한 의견을 수집하려드는가? 의학적 모형에 기반을 두고 있거나, 행동주의적 배경을 가진 사람은 통제나 의학적 치료가 주가 되는 관리 모형을 사용하는 그들의 문화에서 내담자가 주도하는 인간중심 접근법을 받아들이는 데 어려움을 보였다. 일부 사람들은 더 많은 예산과 인원을 확보하기 위해 미술치료를 자신들의 통제권 아래에 귀속시키려고 하였다. 매년 부서들은 그들의 입지를 유지하거나 확대하기 위해 같은 금액의 예산을 따내려고 주장하였는데, 이는 엄청난 경쟁을 유발하여 대개 목소리가 가장 큰 서비스 부서의 주장들이 받아들여졌다. 따라서 서비스의 발달은 시설거주자가 표현하거나 밝힌 요구들에 의해서가 아니라 권력을 바탕으로 이루어졌다.

종종 겉으로 수긍할 수 없는 병인론이나 예후를 가진 시설거주자들과 마주할 때면 아마도 기본적으로 인간 존재를 위협하는 부족감 혹은 무능력감을 느낄 것이다. 또한 미술치료는 시설거주자의 수준에 맞게 의사소통을 지지할 수 있는 방식으로 제공되는데, 이러한 방식은 치료사로 하여금 평상시 사교적인 예의범절을 좀 더 낮추도록 요구하는 것으로 종종 비언어적이거나 장난스럽고 '어린애 같은(childlike)' 방식을 의미한다. 그러나 시설종사자들의 대부분은 이러한 표현 방식을 오랫동안 사용하지 않아 왔고, 아니 사실은 사회적으로 용인되는 갑옷을 입은 채 억제해 왔기 때문에, 그래서 미술치료를 당혹스럽거나 '유치한(childish)' 것으로 여긴다고 볼 수 있다.

우리 자신을 위한 변호

여전히 힘겨운 싸움이 계속되고 있다. 미술치료에 내재하는 기본적인 가치에 따라, 치료 회기에서 시설거주자가 자신에 관해 이야기하고 스스로 선택할 수 있는 환경을 제공하였다. (이것은 다음에 자세히 설명하겠지만, 자기변호[self-advocacy]라고 부르는 사회적 인정을 받기 위한 권익운동의 하나가 되었다.) 필자와 내담자는 앞으로 진행될 내용에 관해 이야기를 나누고 서로 합의를 하였다. 그러나 그다음에 시설거주자는 병동 환경으로 되돌아가야 했는데, 그곳은 통제적인 환경이거나 거의 선택권 없이 행동수정요법을 남용하는 문화 중의 하나였고, 보통 한쪽 성만을 위한 병실 문화였다. 내담자는 대개 자신의 '다름'을 절실히 자각하고 있었고, 간단히 말하자면 정상(normal)으로 대우받기를 원하였다. (필자는 우선 정상성[normality]이 개념으로 존재한다는 것 자체가 도저히 믿기지 않기 때문에 '정상'은 어려운 단어라고 생각한다. 또한 그것은 학습곤란을 가진 이들의 다름이 더 잘 인식되도록 하여 그들을 소원하게 만드는 경향이 있다. 필자는 '보다 통상적인[more usual]'과 같은 용어에 대해서도 생각해 보았지만 이 역시 그다지 적절하지 않기 때문에 이러한 조건에 한하여 '정상'이라는 용어를 계속 사용할 것이다.) 게다가 다음과 같은 진술들은 종종 회기를 중단시켰다. "당신이 하세요, Richard." "당신은 교사잖아요. 나는 할 줄 몰라요." "당신이 상관이니까. 나는 모르겠어요!" 시설거주자는 필자를 통제자로 여겼고 자신을 수동적인 참여자로 인식하였다. 그럼에도 그들 자신의 삶에 대한 소유권과 독립에 대해서는 갈망하였다. 이러한 논쟁은 현재 필자의 임상작업에서 계속되고 있다. 정상성의 상실은 사별(bereavement)에서 끊임없이 반복되는 주제인데, 필자가 앞서 언급했던 시설 문화는 이것을 영구화하는 경향이 있다. 필자는 나의 임상 실제가 위기에 처했다고 여겼다. 매일 필자는 그것을 수용할 수 없을 것 같은 문화에서 정신역동적인 방식으로 작업하고자 애쓰고 있었다. 필자는 매우 자주 절망감을 느꼈다. 필자는 화가 났고 좌절감을 느꼈다. 또한 필자는 치료에서 효과를 거두기 위해서는 병원의 문화가 바뀔 필요가 있음을 실감하였다. 지금까지의 일들을 되돌아보니, 의사와 간호사 또한 매우 어려운 상황에 있다는 생각이 든다. 지역사회는 대체로 시설거주자와 그들이 겪는 어떤 어려움도 억제되고 통제되어야 한다는 기대를 하고 있었다. 그러한 기대치를 고려해 볼 때, 필자의 제안은 무질서하고 현상유지를 위협하는 것으로 인식되었을 것이라고 추측된다.

성공: 예술치료 부서의 발전

필자는 얼마간의 성공을 거두었다. 얼마 후에 필자는 치료사가 필요하다는 요구를 입증하였고, 후보자 명단에서 또 다른 미술치료사와 음악치료사를 고용할 수 있게 되었다. 마침내 연간 재정에서 예산을 확보하는 데 발언권도 얻을 수 있었다. 시설거주자가 향상되어 나가는 모습을 통해 임상적 이점을 발견하였던 호의적인 전문가들의 도움으로 필자는 점차 많은 지지를 얻어 갔다. 우리는 (장애인들의) 특수 요구(special needs)를 충족시키기 위한 다른 서비스와 함께 발전하기 시작하였다. 결국 필자는 승진했고, 이를 통해 작업치료와 분리될 수 있었으며, 예술치료의 역할과 기능을 명료하게 설명함으로써 전용 예산을 둔 독립된 별개의 부서를 만들게 되었다. 가장 큰 발전은 1984년에 특수학교가 주류화 교육(mainstream education)으로 통합되어 병원을 떠나게 된 때에 있었다. 특수학교가 전용 건물을 비우자 필자는 예술치료 서비스를 발전시키기 위해 사회복귀시설에서 분리할 수 있는 기회를 얻었다. 우리는 그 건물을 그린필드 치료센터(Greenfields Therapy Center)라고 불렀다.

현재 우리는 그린필드 치료센터에서 우리만의 전용 공간을 확보하고 있으며, 우리가 직접 관리할 수 있는 출입구도 가지고 있다. 따라서 사생활이 침해되지 않도록 신뢰할 수 있는 회기를 수행할 수 있게 되었고, 자기 의사를 제대로 전달하기 위해 소리를 지를 필요도 없었다. 우리 부서는 내부적으로 어느 정도 중요도를 가지고 있었고, 얼마 후에는 국제 청소년 서비스와의 연계와 학생 현장학습을 통해 국가적 · 국제적인 관심을 불러일으키기 시작하였다. 재미있는 사실은 국내외 고위관직자들이 센터를 견학할 때마다 병원 운영진들은 자신들이 얼마나 훌륭하고 혁신적인지를 보여 주기 위한 서비스로 우리를 보여 주곤 하였다는 것이다. 그러나 고위관직자들은 실제로는 병원 운영진이 아니라 우리에게 많은 흥미를 보였고 교육을 목적으로 우리를 초청하였다. 우리는 영국 전역과 해외에서 워크숍과 강의를 하기 시작했다. 그러나 그 우수성과 혁신성에 대한 평판이 이렇게 점차 증가하고 있음에도 우리는 여전히 기이한 상황과 맞닥뜨려야 했는데, 예를 들면 그림을 그리며 재미있게 보내는 즐거운 시간으로 시설거주자들에게 인식되는 것을 부정하기 위해 그들이 비행을 저질렀다고 주장하면서 툭하면 회기 참석을 막는 것과 같은 일이 빈번하였다.

통합

웨일스청(Welsh Office)은 1983년에 '지적 장애인 대상의 서비스 발전을 위한 전 웨일스 전략(The All-Wales Strategy for the Development of Services for Mentally Handicapped People)'이라는 10개년 계획을 발표하

였다. (그 당시에는 지적 장애가 우선되는 장애분류였다.) 이 문서는 학습곤란을 가지고 있는 사람, 그들의 부모, 친척, 간병인, 서비스 제공자 및 자원봉사 부문에 걸친 광범위한 협의의 결과로 마련되었다. 그 핵심이 되는 가치 기준은 다음과 같다(Wales Office, 1983: 1-2).

- 지적 장애를 가진 사람은 지역사회 내에서 평범한 삶을 누릴 권리가 있다.
- 지적 장애를 가진 사람은 독립적인 개체로 대우받을 권리를 가지고 있다.
- 지적 장애를 가진 사람은 요구할 수 있고 요청할 권리가 있으며, 그들이 살고 있는 지역사회뿐만 아니라 한 개인으로서 그들의 잠재력을 최대한 개발할 기회를 갖도록 전문적 서비스에서 부가적인 도움을 요구할 권리가 있다.

이 전략의 핵심은 학습곤란자가 자신을 옹호할 수 있도록 지지되고 격려되어야 하며(이는 법률적 변호나 시민 옹호와 대조되는 자기변호를 말한다.), 지역사회가 이를 촉진할 수 있도록 지지되어야 한다는 철학에 있다. 학습곤란을 지닌 사람이 자기변호를 할 수 없는 경우, 이들의 독립을 지원하는 옹호자는 그러한 서비스가 이용 가능한 곳으로 개인이 이동할 수 있도록 돕고 지지하도록 요청 받는다. 이는 지난 17년간 이루어진 학습곤란자를 위한 서비스의 상당한 변화를 뒷받침하는 철학이지만, 최근 몇 년 동안에는 심지어 이를 가장 열렬하게 지지하는 사람들 사이에서도 이 문서가 현실적이라기보다는 이상적일 뿐이라고 인식되고 있다. 그러나 그것은 처음으로 미술치료를 지지하는 맥락을 제공하였으며, 현행 서비스가 어디서 어떤 식으로 제공되느냐 하는 문제에 있어 엄청나게 큰 실제적 · 문화적 변화를 불러일으켰다.

필자는 학습곤란을 가진 사람에게 있어 학습곤란 자체가 문제가 되지는 않는다고 생각한다. 실제 장애가 되는 것은 그러한 사람에 대해 다른 사람이 가지는 부정적인 지각이며, 그다음이 학습곤란을 가진 사람 스스로 자신이 부정적으로 비춰지고 있다고 지각하는 것이다. 예를 들어, 의사소통이라는 것은 학습곤란을 가진 사람들 못지않게 우리에게도 도전을 요구하는 일이 될 수 있다. 즉, 학습곤란을 가진 일부 사람들이 우리에게 이상하게 보이는 행동을 드러내기도 하지만, 실제로는 우리가 그러한 행동들을 정당하고 받아들일 수 있는 것으로 인정하지 않는 것이 학습곤란자를 지역사회에서 한층 멀어지게 만든 것이다.

전 웨일스 전략과 필자가 앞서 언급한 제도적 시설 문화에의 도전이 결부되어 만들어진 이념은 필자로 하여금 지역사회를 지지하기 위해, 그다음에는 개인이 지역사회에 재정착할 수 있도록 내담자 집단을 지지하기 위해 지역사회 중심의 예술과 예술교육에 관여하도록 이끌었다.

치료와 교육, 지역사회 중심의 서비스 사이에서

이 시기는 필자에게 매우 흥미진진한 시간이었다. 필자는 인근 지역 미술대학에서 꽤 높은 인지도를 갖게 되었고, 수년간의 투쟁 끝에 처음으로 인정받았다고 느꼈다. 그러나 이러한 여러 가지 프로젝트를 담당하느라 필자는 Ely 병원의 시설거주자에게 치료적 지지를 제공하는 핵심 기능에서는 멀어졌다. 나중에서야 필자는 내가 서로 다른 방식으로 일해 왔던 지역사회와 시설 간의 차이를 메우려고 했다는 것을 깨달았다. 십중팔구 필자는 긍정적인 피드백이 즉각적으로 나타날 경우, 개인적으로 더 보람 있는 프로젝트라고 생각하였다. 그렇지만 매우 좋은 일들이 일어났다. 예술가들이 병원으로 오기도 하였고 시설거주자들이 카디프에 있는 Llanover Hall 아트센터나 Chapter 아트센터의 미술수업과 같은 통합적 장면에 참여하러 가기도 하였다. 많은 학생들이 미술치료를 계속해 나갔고, 교육학자와 교육기관들은 학습곤란을 지닌 사람의 요구를 더 잘 인식하게 되었으며, 새롭고 혁신적인 많은 프로젝트들이 실행되었다. 필자는 바로 이 작업이 지역사회 예술이라는 사회기반시설 구축에 토대가 되어 시설거주자가 재정착하는 데 조력할 수 있다고 생각하였다.

그러나 이러한 프로젝트에 관여하면서 필자가 나아간 행보는 미술치료의 역할에 대해 약간의 혼란을 가져왔다. 그것은 교육이었는가? 지역사회 중심의 예술 서비스였는가? 아니면 치료였는가? 일부 사람들은 필자가 미술치료의 역할을 약화시키는 길로 가고 있다고 비평하기도 하였다. 때때로 그러한 비평에 일리가 있다고 느꼈다. 그러나 미술치료, 지역사회, 그리고 병원에까지 우리의 개입을 확대해 나간 것은 한편으로 이들 영역 간의 차이를 규명하고 미술치료를 포함한 예술치료에 대해 여러 다른 시설이 가지고 있는 인식뿐만 아니라 일반 대중의 인식을 높이는 기회가 되었다.

수련감독

그러나 그 작업은 필자 개인에게는 해를 끼치는 것이었다. 필자는 매우 장시간 일하면서 소진되어 가고 있었고, 무엇보다도 나쁜 것은 필자에게 항상 동기를 부여해 주었던 것들에 대해 분개하기 시작했다. 필자는 사람들이 나에게서 멀어지고 있고 내 자신을 다시 채울 어떤 방법도 없는 것처럼 느껴졌다.

미술치료사로서의 세월을 거치면서 필자는 임상 수련감독을 전혀 받지 못했는데, 돌이켜 보면 예술치료 부서의 단단한 존속을 위해 이만큼 중요한 것은 없는 것으로 보인다. 그럼에도 필자는 Ely 병원에 있을 때 수련감독을 전혀 제공받지 못했다. 필자가 수련감독 제공을 요구하자, 운영진은 오히려 미술치료의 책임을 물으며 그것을 필요치 않는 것으로 여겼다. 필자는 수련감독이 우리의 임상실제에 객관성을 더할 수 있다고 생각한다. 필자가 여기서 기술했던 것과 같은 환경에서는 우리 자신의 개인적 욕구의 포로가 되는 것은 너무나 쉬운 일이다. 강한 확신은 종종 판단을 흐리게 할 수 있다. 수련감독은 좌절과 분노를 표현할 수 있는 수단이 되며, 따라서 소진을 예방할 수 있도록 도와줄 것이다.

이동: 지역사회 중심의 예술치료 확립

필자는 Ely 병원에서 확고하게 자리 잡은 예술치료 부서를 1991년에 떠났는데, 이는 필자를 한층 더 성장시켰다. 필자는 지역사회를 통틀어 가장 단시간에 부서가 설립된 Llanfrechfa Grange 병원으로 복귀하였는데, 이곳은 현재 권트 지역사회 국가의료서비스기관(Gwent Community NHS Trust)하에 있다. 또한 이곳은 필자가 마침 미술치료를 공부하기 위해 대학으로 떠나고자 마음먹은 1979년 당시 병원 당국자들이 미술치료사를 고용하는 것이 적절하다고 보고 고용했던 첫 번째 미술치료사의 산물이었다.

이는 필자에게 10년간 Ely 병원에서 경험한 이점을 살려 임상실제를 다시 굳건히 확립할 수 있도록 서비스 부문의 책임자로 일할 수 있는 훌륭한 기회였다. 수련감독이 이루어졌고, 이를 통해 필자의 임상작업은 더욱 심도 있고 발전하게 되었다. 필자는 여전히 미술치료를 작업치료로부터 분리하기 위한 싸움을 해야 했지만, 이러한 분할 작업은 꽤 빠르게 진행되었다. 필자는 부서의 실제적인 공간 확충을 위해 약간의 비용을 지출하였는데, 당시에는 단지 2개의 화장실과 1개의 샤워실만이 갖춰져 있었고, 그것도 직원용으로 제공된 것은 절대 아니었다. 10년 만에야 필자는 대규모 공공 보호시설부터 화장실까지 마련할 수 있었다.

그곳에는 2명의 다른 미술치료사와 1명의 음악치료사가 고용되어 있었고, 우리는 예술치료 팀을 상당히 빠르게 구축하였다. 이는 곧 또 다른 음악치료사를 영입하여 보다 확대되었고, 최근에는 드라마치료사까지 영입하였다. 당시에 선임 음악치료사와 미술치료사를 추가로 모집하기 위해 우리 부서에 대해 소개하는 광고를 실은 것이 진정한 지역사회 중심의 예술치료 팀을 설립할 수 있도록 하였다.

변 화

Ely 병원부터 Llanfrechfa를 거치면서, 필자는 MBA를 마치고 경영 훈련에 착수하였다. 필자는 그동안 직면했던 모든 투쟁과 도전을 통해 "이길 수 없다면 그것에 동참하라! 언어를 배워라! 정장을 입어라! 말총머리를 잘라버려라(cut off the ponytail)!"(마지막 것이 가장 어려웠다.)라는 아이디어를 얻었다.

이러한 탈바꿈은 1980년대 말에서 1990년대 초 국가의료서비스기관에 대한 영국 보수 정부의 주요 개혁과 함께 일어났다. 서비스 계약 체결을 하는 지역보건의 의료비지원제도(GP fundholding)로 매입자와 공급자가 나뉘는 내부 시장이 등장하였는데, 이 모든 것은 국가의료서비스 기관에서 전형적으로 보여 주는 새로운 사업 문화로 제시된 것이었다. 그러나 종종 암암리에 전해지고 있는 신진 보수당이 핵심으로 정한 목표는 진보 가능성을 방해하여 자기 잇속만 차리는 권력체인 전문직 계층을 약화시키는 것이었다. 영국 보수 정부가 자신들의 공격을 정당화하기 위해 내어 놓은 의견은 가격에 합당한 가치를 갖는 서비스의 적격성(value for money: VFM)을 제공하고 서비스 사용자인 고객을 발굴하며(client-identified) 서비스 사용자에게 욕구중심 서비스(needs-led service)와 품질 향상을 제공하는 것이었다.

학습곤란 이사회(learning difficulties Directorate)는 개편은 불가피한 일이라고 반응하였다. 우리는 모든 서비스 부서의 책임자를 잃었고, 예산 점유에 대한 모든 책임을 잃다. 우리는 3개의 지역으로 정리되어 전출되었고, 서비스의 관리자보다는 임상 고문의 역할을 담당하였으며, 일반 관리자가 함께 일하였다. (그리고 이 모든 것이 달성되자 미술치료는 독립성과 정체성을 갖게 되었다.) 필자는 일반 관리자들 중 한 명이 되었으며, 더불어 예술치료에 대한 조언을 하는 이중 기능을 담당하였다. 우리는 의료진 관리자(Care Provider Managers)로 불렸다. 이후 3년 사이에 필자의 책무는 여러 차례 바뀌었다. 정보화 체계(IT system)를 구축하여 실시했으며, 영국의 자선단체인 King's Fund에서 지원받은 국가적 실험 프로젝트로 품질 심사를 지휘하였고, (지역보건의를 둘러싼 1차 진료 팀 환경에 공동 진료를 제공하도록 하는 '원스톱 서비스[one stop service]'라는 전략적 목표를 달성하기 위해 모든 서비스에 필요한 관리를 포함하여) 새로운 보건소를 짓기 위한 프로젝트를 관리하였다. 이 모든 일을 거치면서 필자는 예술치료를 위한 임상 고문으로 남게 된 것이었다. 물론 종종 필자가 임상에서 이상적으로 생각하는 것이 보다 전체적인 관리 관점과는 대립되기도 하였다. 우리는 이제 부서가 예산권을 되찾고, 서비스의 책임자로 필자를 세우면서 제자리로 돌아왔다.

더 많은 변화: 새로운 사업 문화

필자가 이 글을 집필하던 중에, 최근 새로운 노동당 정부가 선출되었다. 많은 사람들은 이것이 내부 시장과 지역보건의 의료비지원제도라는 최악의 상황의 종결을 의미하기를 바랐다. 확실히 그것은 많은 변화를 의도하였는데, 예를 들면 지역보건의 의료비지원제도가 지역보건의 위탁으로 대체되었다. 그러나 보수당 정부의 유물이 완전히 바뀔 것이라는 생각은 잘못된 것 같았다. 왜냐하면 국고가 제한될 경우 어떤 정부라도 목표를 서비스의 적격성에 둘 것이 틀림없기 때문이다. 임상 효과성, 임상 감사(Welsh office, 1995)와 같은 프로젝트에서 꼭 해야 할 책무가 구체화될 것이며, 이에 따라 결과를 중시하는 임상실제가 반복될 것이다. 이러한 용어가 사용되자 몇몇 미술치료사 사이에는 당황하는 기운이 퍼져 나갔다. 심리치료에 기반을 둔 임상실제에서 결과를 어떻게 측정할 수 있는가? 우리의 효과성을 입증할 수 없다면 우리는 유효하다고 할 수 없는 것인가? 우리가 효과적인 서비스를 산출하지 못할 경우 기금이 삭감되거나 부서가 '폐지' 된다는 이야기를 듣게 되자, 이러한 두려움은 심해졌다. 일반적으로 우리에 대한 잘못된 인식이 어느 정도 존재하고 있기 때문에 예술치료는 쉬운 표적으로 보였다. 내부 시장과 새로운 사업 문화라는 풍조 속에서 치료사가 그러한 도구들을 관리진에 의한 무거운 짐으로 인식하는 것은 어쩌면 당연한 일이다. 그리고 현행 서비스를 박해하고 비효과적이라고 폭로하는 도구로 여겨지게끔 증거를 모은다고 생각하기 쉽다.

그러나 필자는 우리가 치료에 대한 결과를 측정할 수 있다고 믿는다. 우리는 우리가 효과적이라는 것을 입증할 수 있다. 우리는 그것을 증명하기 위해 우리 스스로 감사(audit)할 수 있다. 또한 우리는 이미 그것을 하고 있지 않은가! 우리는 바로 필자의 인생 이야기처럼 개인적인 필요와 전문가로서의 여정에 따라 여러 다른 사람들과 의사소통하고 정보를 수집하면서 연구 방면으로 수년간의 경험을 쌓아 왔다. 우리는 항상 내담자나 외부 세상과 우리의 관계를 검토하면서 끊임없이 반영하고 그에 맞춰 효과적인 변화를 만들어 왔는데, 이는 우리의 임상실제에 기본적으로 내재해 있는 요소다. 다만, 필자는 우리의 과정에 좀 더 공식적인 양식을 갖추고, 우리가 거둔 결과에 대해서는 소비 형태로 쉽게 표현하도록 조치를 취할 필요가 있다고 생각한다. (다른 많은 관리 도구뿐만 아니라) 감사를 실시하는 것 역시 우리의 임상실제에 통합될 수 있다. 임상가인 우리는 우리의 과정을 통제할 수 있는 기회를 가지고 있으며, 또한 환자를 대상으로 한 임상작업의 개선을 위해 가장 적합한 방식을 스스로 결정할 기회도 가지고 있다.

임상적 초점

17년 동안 필자의 임상실제는 확실히 변화하였다. 필자는 이제 모든 사람에게 전부가 되고자 노력하는 대신에, 치료사와 내담자 사이의 정신역동적 관계에 더 많은 초점을 맞추고 있다. 그러나 필자는 학습곤란을 가진 사람이 지역사회에 다시 자리를 잡는 동안 지역사회도 그들을 수용하기 위해 성장해 왔다고 생각하며, 따라서 그들을 대신하여 뛰어다닐 필요성은 좀 줄어들었다. 그럼에도 이들과 지역사회 간의 접점이 연계될 수 있도록 신중하게 작업해야 할 여지가 여전히 남아 있으며, 그것은 내담자에게 유리하고 임상적으로 효과적일 수 있도록 이루어져야 한다.

미 래

현재 예술치료 서비스의 초점은 어떻게 다른 분야의 전문가들과 공동으로 더 많이 작업할 수 있는지와 같은 임상적 문제에 놓여 있다. 종종 전문가들은 서로에게 고립되어 작업을 하기도 하지만, 그들 모두는 보건 개선을 위한 동일한 목적을 가지고 작업하고 있다. 따라서 임상적으로 겹치기도 하고 행정 · 관리상으로도 불필요한 이중 작업이 반복되고 있다. 최대한의 보건 개선을 달성하기 위해 모든 전문가가 함께 작업할 수 있는 방법은 무엇인가? 이를 위해서는 모든 분야의 전문가가 참여하여 독립된 삶, 또는 건강이나 안녕의 현 수준을 유지하기 위해 개인의 복지를 계획해야 한다. 또한 우리는 어느 정도 비밀보장과 관련된 문제에 중점을 두고 있다. 우리가 행동수정과 같이 서로 상반되는 관리 모형과 가능한 함께 작업하면서도 우리의 임상실제를 온전하게 유지할 수 있는 방법은 무엇인가? 예술치료에 있어 강렬한 삽화는 언제 종결되며, 회복유지 작업은 언제 시작하고 또한 누가 실행하는가? 유지 작업을 하도록 다른 사람들을 수련감독하거나 가르치는 데서 우리의 서비스가 약화되고 있지는 않은가?

동일한 논쟁이 1차 진료 팀과 지역보건의들 사이에서도 반복되고 있다. 그것은 임상적 효과성에 대한 논쟁이 한 부분을 차지한다. 현재 지역보건의들은 학습곤란 관련 서비스에 대한 책임을 맡기를 원하면서도 그에 대한 지식을 거의 가지고 있지 않아 우리 서비스의 효과성에 관심을 두지 않고 있다. 1차 진료라는 현 이데올로기와 우리 내담자의 지역사회로의 재정착은 이러한 서비스들을 좀 더 많이 고려해 줄 것을 지역보건의들에게 요구하고 있다. 미술치료사로서 우리는 무슨 일이 있어도 1차 진료의 장으로 우리의 서비스를 알리고 통합해야 한다.

게다가 내담자와 그들의 간병인들은 예술치료의 유효성, 또는 그러한 유용성의 부재에 대해 날로 인식이 높아지고 있다. 점점 더 많은 아동들이 우리 서비스가 필요하다는 결정을 받고 있다. 부모와 간병인 사이에서는 예술치료가 그들 자신뿐만 아니라 그들이 돌보는 이들에게도 잠재적으로 도움을 줄 수 있다는 인식이 크게 높아지고 있다.

우리는 이러한 질문들을 요청받고 있고, 이러한 요구들이 우리의 서비스를 만들어지게 한다는 사실에 대해 스스로 자랑스러워해야 한다. 그것은 예술치료가 얼마나 진지하게 받아들여지고 있는지를 나타내는 것으로, 우리 모두는 대규모 공공보호시설이나 개조된 화장실과 같이 우리 자신의 범위를 뛰어넘는 데서 많은 진전을 보았다.

참고문헌

Rogers, C. (1961) A *Therapist's View of Psychotherapy-On Becoming a Person*, Constable and Company.

Welsh Office (1983) *All-Wales Strategy for the Development of Services for Mentally Handicapped People*, HMSO.

Welsh Office (1995) *Towards Evidence-Based Practice*, HMSO.

제2장

참고 지침

학습곤란을 겪는 사람을 대상으로 한 미술치료 실제에 주요한 운영적 · 맥락적 문제

Mair Rees

+ **주요 주제**
  - 학습에 어려움을 경험하는 이들에 대한 효과적이고 그들을 존중하는 미술치료 서비스 제공을 위한 몇 가지 실질적 기본 문제에 대한 논의

+ **핵심 사항**
  - 미술치료 제공 방식이 서비스 사용자 및 보호자의 서비스에 대한 접근, 인식 및 평가에 미치는 영향성
  - 학습곤란자를 위한 안전장치와 기준의 중요성과 적합성
  - 서비스 사용자 간 서비스 소유권 인식에 대한 증진

서 론

지난 몇 년간 서비스 부분에서 많은 변화가 일어났다. 학습곤란을 겪는 사람을 대상으로 한 대규모의 전통적인 병원들이 문을 닫고 밀려난 것은 영국 도처에서 보호복지 서비스의 새로운 모형들이 개발 · 검증되고 있음을 나타내는 결과라고 할 수 있다. 지역사회 주민에게 제공하기 위한 각종 서비스는 대부분 보건 사업에서 사회복지 사업으로 이양되었다. 이에 따라 영국의 지역사회보호법(Community Care Act)은 보호 및 복지를 직접적으

로 제공하기보다는 그러한 서비스에 대한 관리와 구매에 더 치중하면서 그 역할에 급격한 변화를 가져왔다. 이는 복지 서비스의 제공자가 되기 위해, 또는 이미 제공하고 있는 서비스를 확장하기 위해 비법정기관의 참여 기회를 창출하였다. 결과적으로 현재 서비스 공급에서 더 많은 수의 참여자들이 공개 경쟁하고 있다.

현장에서의 사례들은 서비스 변화에 맞추어 미술치료사들의 작업양식이 발전하고 있음을 시사한다. 사회복지 서비스에 대한 참여 경험이 있는 치료사들은 자신이 직접 케어 매니저(care manager)와 고용 계약을 협상하거나 자신의 일이 Mencap,[1] NCH,[2] Barnado's[3] 등과 같은 서로 다른 비법정기관에 나뉘어 있는 것을 발견할 것이다. 또한 학습곤란을 겪는 일부 사람들만이 집합주거 서비스(residential services)를 이용하고 있으며, 대부분은 가정에서 가족과 함께 살고 있고, 몇몇 경우는 혼자 살거나 배우자와 함께 살고 있다는 사실에 주목해야 한다.

이렇게 보건 사업에서 사회복지 사업으로 서비스가 이양되고 급격한 변화가 일고 있음에도, 여전히 대부분의 미술치료사들은 최소한 자신의 시간 중 일부가 보건 서비스 내에 고용되어 있는 것으로 보고하였다(Rees, 1996). 역시 동일한 연구에서, 미술치료사 자격을 보유한 전체 120명 표본 중 27%가 한 집단 이상의 내담자들과 작업하고 있는 것으로 나타났다. 다양성(diversity)은 미술치료 서비스의 지속적이고 더 나은 발전으로 이끄는 열쇠가 될 것이다. 또한 학습곤란을 겪는 사람은 이러한 일반적인 미술치료 서비스를 이용함으로써 학습장애라는 낙인이나 꼬리표에서 어느 정도 벗어나는 이점도 얻게 된다.

---

1) 역주: 학습곤란을 가진 사람과 그들의 가족을 위한 영국의 자선단체

2) 역주: 영국의 아동보호단체

3) 역주: 영국의 공립 탁아소

미술치료의 보급은 사회복지 서비스의 지원을 받느냐, 혹은 보건 관련 서비스의 지원을 받느냐 하는 지원체계의 유무를 떠나 사람들이 미술치료에 대해 생각하는 방식과 밀접한 연관성을 갖는다. 많은 미술치료 서비스는 각종 지원이 집중되었던 전통적인 학습장애 대상의 병원에 역사적 뿌리를 두고 있다. 필자는 가끔 그러한 많은 서비스가 은폐나 속임수, 오해에 의해 살아남게 된 것이 아닐까 하고 생각한다. 만약 우리가 학습곤란을 겪는 사람을 위해 아주 적은 수의 상담이나 심리치료 서비스라도 발전시키고 지속시켰더라면, 미술치료는 여전히 이 영역에 굳건히 존재하며 뛰어나다는 찬탄을 받았을 것이기 때문이다.

미술치료사는 종종 자신의 역할과 직업에 대한 오해와 무지에 시달린다. 이 분야에 종사하는 사람이라면 여가 미술(recreational art)로 의뢰를 받을 때마다 또다시 밀려오는 좌절감에 익숙할 것이다. 학습곤란을 다루는 이 분야에서, 미술치료가 본질적으로 심리치료적인 도구라는 메시지를 전달하는 것은 특히 더 어려운 것 같다. 재미있는 사실은, 필자는 때때로 (더 잘 알아야만 하는) 다른 직업을 가진 우리 동료들이 우리 일의 본질에 대해 들으려 하지 않는다는 것을 느꼈다. 훈련과 교육이 실시되고는 있지만, 예를 들어 미술치료는 이완과 즐거움, 그리기를 좋아하는 사람들을 위한 것이라는 잘못된 생각이나 오해들이 끊임없이 따라다니고 있다.

미술은 원래 '그들'에게 좋은 것이라는 옛부터 내려오는 평범한 지혜의 핵심이 바로 이러한 견해의 배경에 깔려 있다. (여기서 '그들'에 대한 개념은 제8장에서 다루도록 하겠다.) 학습곤란을 가진 사람을 위한 심리치료로서의 미술의 개념은 일부 사람들에게 불편한 느낌을 각성시키는 것처럼 보인다. 필자는 학습곤란자 대상의 미술치료에 대해 서로 융화되지 않는 다음과 같은 두 가지의 견해를 가지고 있는 사람들을 놀랍도록 충분히 많이 봐 왔다. 첫째, 미술치료는 거칠고 검열되지 않은 감정들을 표출하게 하는 강력하고 잠재적으로 위험한 도구다. 둘째, 미술치료는 효과가 적으며 간편하다.

과거에는 이러한 일반적인 혼란이 때때로 미술치료의 이점으로 작용하였다. 그러나 앞으로도 계속해서 이점으로 작용하지는 않을 것이다. 보건 서비스에서는 건강 증진과 임상적 유효성을 증명하는 데 중점을 둔다. 미술치료의 성과가 평가되는 순위에 따라 구매자들은 그들이 무엇을, 왜 구입해야 하는지 명확하게 판단하게 될 것이다. 일부 서비스에서는 미술치료가 보건 서비스의 관할 영역인지 사회복지 서비스의 관할 영역인지 관리자 간의 혼란이 예상된다. 우리는 또다시 미술인지 아니면 치료인지에 대한 케케묵은 이야기로 돌아가야 할지도 모르는 일이다.

물론, 모든 미술치료사가 조직화된 구조 내에서 일하지는 않는다. 일부는 프리랜서 혹은 독립적으로 일하기도 한다. 비공식적인 정보에 따르면 실제 학습곤란을 겪는 극소수의 사람들만이 이러한 방식으로 서비스에 접근하고 있는데, 필자는 이것이 잘못된 것으로 밝혀진다면 더 기쁠 것 같다.

더욱이, 미술치료사가 학습곤란자를 대상으로 한 치료에 개인적으로 고용되었다 하더라도, 그 계약은 극단적으로 말해 내담자 본인이 스스로 체결한 것은 아니라고 할 수 있다. 고용 및 해고는 대부분 제3자나 고용된 노동자, 가족 구성원 혹은 계약을 할 수 있는 중재자에 의해 이루어질 것이다. 불가피하게도, 주요 인물은 그들이 치료에서 이해관계에 있다고 생각할 것이며 내담자가 그들의 관여에 의해 이득을 볼 것이라는 보장을 얻고 싶어 한다.

그러나 아무리 잘 계획되었다 하더라도 그러한 관심이나 이해 관계가 항상 치료과정을 지지하는 것은 아니다. 심지어 회기 마지막에 던진 악의 없는 질문, 예를 들면 내담자가 절망감으로 무력해할 때 "당신은 오늘 무엇을 했나요?"라고 하거나 혹은 그 회기가 잃어버린 기회들을 다루어 우울해할 때 "재미있게 보냈습니까?"와 같은 질문은 치료과정을 망칠 수 있다. 필자는 때때로 너무 많은 사람들이 학습곤란을 가진 사람의 삶에 기득권을 가지고 있어 그들의 자율성이나 통제력의 교정을 어렵게 만든다고 생각한다. 미술치료의 효과에 관해서는 학습곤란을 겪는 내담자에 대한 일부 지지자들이 그들 자신에게 책임이 돌아오거나 회복될 수 없는 방식으로 다소 잘되지 않게 되는 것에 대한 두려움이 있다는 것을 필자는 발견하였다. 만일 당신이 학습곤란을 겪고 있다면 퇴보는 견디기 힘들 것이며, 퇴보는 곧 분노, 슬픔, 절망, 좌절감과 같은 '부정적인' 정서를 증명하는 것이라 할 수 있다. 비유적으로 말하자면, 지니가 요술 램프 속으로 돌아가지 못하는 것처럼 미술치료가 통제되지 않고 통제할 수도 없는 정서의 판도라 상자를 열 것이라는, 말로 표현되거나 표현되지 않은 공포와 필자는 자주 맞닥뜨렸다.

학습곤란을 겪는 사람을 위한 서비스는 대개 행동 기반을 가진 복지 모형을 토대로 하며, 목표 지향적이고, 사회적 기술 및 자조 기술과 같은 측정 범위로 내담자의 발전 경과에 대한 실제적인 증거를 찾는다. 이러한 모형 중 매우 소수의 모형만이 체계적인 방식으로 개인의 정서적인 안녕이나 복지를 고려할 뿐이다. 그러나 대개 그러한 부분에 초점을 두는 것은 관찰되기 어렵고 본질적 특성상 매우 주관적이기 때문에 의도적으로 회피되어 왔다. 따라서 정서적인 안녕에 대한 고려는 간접적이거나 혹은 애매모호한 방식으로 간주되고 무시되었다. 필자의 경험상, 감정이나 동기부여를 고려하려는 시도는 내담자가 '관리상 문제'가 되거나 자기 자신 또는 타인에게 해를 끼칠 가능성이 높을 때가 되어서야 겨우 이루어질까 말까 하는 정도로, 이러한 관례는 너무나 흔한 일이다. 다른 한편으로는 학습곤란을 겪는 사람의 삶의 대한 모든 면이 공적인 조사로 모두 공개되는 것처럼 보일 수도 있다.

미술치료로의 의뢰

많은 미술치료 서비스는 의뢰 관점에 따라 매우 다양한 방침을 가지고 있다. 필자가 현재 소속된 (3, 10, 12장에서도 제시되어 있는) TAITH[4)]는 우리의 특정 담당 지역 내 학습곤란을 겪는 사람과 가까운 전문가나 주변인이 서비스를 의뢰할 수 있도록 공개 의뢰 방침을 가지고 있다. 자가 의뢰(self-referrals) 또한 매우 환영받고 있다. 현재 우리는 팀 구성원이 주간보호 서비스와 회관 등에 방문하여 작은 공간을 만들어 거기에 있는 서비스 사용자들과 미술치료에 대해 논의하는 로드쇼(road-show) 같은 프로젝트를 통해서 서비스에 대한 직접적인 접근성을 개선시키는 문제에 대해 검토 중이다.

또한 우리는 서비스 면에서 전문 기관으로 서비스를 의뢰하는 편이 적절하다고 생각되는 필요 분야를 다수 확인해 왔다. 이러한 것들은 매우 광범위한 범주이기는 하지만, 잠재적인 내담자 및 보호자에게 제공된 서비스가 과연 그들의 욕구를 충족하고 있는지 고려할 기회를 제공한다. 특별히 고안된 의뢰 양식은 단지 편의상의 목적이 아니라 의뢰의 수락 가능성을 범주로 포함하여 유용하고, 그러한 양식은 제공되는 서비스의 특성이나 목적에 대한 가치 있는 기본 정보 또한 제공할 수 있다. 서비스 의뢰에 대해서도 우리는 표준 정신의학적 명칭을 사용하지 않고 일상 용어로, 그리고 낙인이 찍히지 않는 범위 내에서 표현하고자 노력하고 있다. 그러한 의뢰 범주에 포함되는 예는 다음과 같다.

4) 역주: '여행(journey)'을 의미하는 웨일스 단어로 영국의 예술치료 서비스 단체

- 타인과의 관계상의 문제
- 당신의 감정을 표현하거나 이름 붙이는 것에 대한 어려움
- 탐색할 기회에 대한 필요성
- 스트레스를 일으키는 생활 사건(예: 사별이나 세대 구성의 변화)
- 정신건강문제의 사전 확인
- 삶의 기회를 포착하기 어렵게 만드는 습관의 변화 · 개선

의뢰의 이유는 복잡하며 다층적이다. 얼핏 보기에는 '하루 종일 아무 일도 하지 않는' 내담자의 의뢰는 부적절한 것처럼 보일 수 있다. 그러나 정밀하게 조사해 본다면 이 개인이 타인과 관계하는 방식은 접근 가능한 기회들을 잃게 만들고, 그렇기 때문에 삶의 질을 크게 떨어뜨리는 것으로 밝혀질 수도 있다.

더불어 몇몇 다른 사람들의 의사(agendas)가 미술치료 의뢰를 가장하여 드러나지 않을 수 있다. 예를 들어, 문제의 한 내담자는 사실상 그녀의 보호망 내에서 현재 유지되고 있는 상황을 붕괴시키는 자기주장 기술을 새롭게 습득했을 때—아마 이것은 자기주장 집단에 참여함으로써 습득하게 되었을 것이다—그것이 타인과의 관계를 어렵게 만든다는 이유로 그녀의 담당사례관리자에 의해 의뢰되었다. 종종 어느 정도 공들인 조사 작업은 곧 새로운 의뢰로 이어지는 장점이 있다. 내담자, 가정환경 및 현 생활 상태의 지원 필요성부터 의뢰를 위한 구체적 사유들—이 특정 인물이 왜, 하필 지금, 무슨 목적으로 내담자를 의뢰했는가?—까지 필요로 하는 정보들에 대한 체크리스트를 만드는 것은 유용할 수 있다.

보다 광범위한 평가 과정의 일부로 필자가 현재 담당하고 있는 서비스에서는 학습곤란을 가진 잠재적인 서비스 사용자, 즉 학습곤란자가 그들의 삶에서 어려움을 경험하고 그 결과 미술치료사의 서비스를 필요로 한다고

생각했다면 그 이유는 무엇인지에 대해 조사하기로 결정하였다.

100부의 설문지를 배부하여 그중 45부가 회수되었다. 참여 희망자들은 사용자 및 보호자 단체, 그리고 성인교육집단을 통해 접촉이 이루어졌다. 설문지조사에 참여한 학습곤란을 가진 사용자들은 종종 그들의 대변인이나 교사의 도움을 받아 설문지를 채워 나갔다. '당신은 어떤 종류의 일들이 (학습곤란을 가진) 사람들의 기분을 한참이나 언짢게 한다고 생각합니까?'와 같은 질문에 대답하는 것으로, 주요 쟁점이 되는 범주는 다음과 같다.

사별과 상실 응답자 중 40% 이상이 사별이나 상실을 원인으로 들었다. 학습곤란을 가진 사람이 죽음이나 슬픔을 받아들이고 타협하도록 지지하는 것은 인상적이지만 매우 모순된 방법이다. 필자는 사랑하는 이의 장례식 참석을 제지받았거나 혹은 그들의 애도 과정에서 다른 방해를 받은 경험이 있는 내담자들과 작업하고 있다. (이 문제는 제9장에서 더 상세히 다룬다.)

고독 그리고 감정을 솔직하게 표현하는 능력 상당수의 사람들이 고독, 불확신감, 감정 표현의 어려움과 자신의 말이 경청되지 않는 것에 대해 언급하였다. 이는 우리 사회에서 학습곤란을 가진 사람으로 살아가는 것이 어떤 것인지, 그리고 사람들에게 가치감과 소속감을 제공하는 각종 서비스와 지역사회의 불충분한 점은 무엇인지에 대해 서글픈 통찰을 하게 한다. 이는 특히 가족을 잃었거나 가족과 헤어진 적이 있는 사람의 정확한 상태를 보여 주는 것이라 할 수 있다.

괴롭힘/야유 응답자의 1/4 이상이 무력감과 자신들의 성인 신분에 대한 타인의 거부를 반영하는 문제들에 관계되어 있었다.

이별과 관계 실패 몇몇 사람들은 가족과의 분리, 관계 결렬을 스트레스의 원인으로 언급하였다.

인생의 큰 변화 일부 응답자들은 이사를 하거나 일상생활에서 변화가 일어날 때 스트레스를 받는 것으로 느꼈다. 분명히 이러한 충격을 받은 한 집단은 전통적인 대규모 병원을 떠나게 된 사람들이었다.

의뢰의 이유가 무엇이건, 그 원인의 적합성은 주의 깊게 고려되어야 하며, 우선시 되는 문제가 무엇인지 파악해야 할 것이다. (내담자 요구에 대한 평가와 관련한 핵심 문제 중 일부는 제10장에서 논의하고 있다.)

계약과 경계

학습곤란을 가진 사람은 부분적으로 앞서 언급한 문제들 때문에 좀처럼 진실하게 자기 결정을 하도록 격려받지 못한다. 그들 삶의 모든 다른 면과 마찬가지로, 미술치료를 할지 말지에 대한 선택권은 처음부터 그들에게 없었을지도 모른다. 그들은 치료가 어떤 식으로 이루어지는지 혹은 서비스가 어떻게 이행되는지에 관한 발언권이 없을 것이다. 비록 치료사가 언제, 어디서, 어떻게 치료할지 유연성 있는 접근을 할 수 있다 하더라도, 내담자에게 이에 관한 결정권은 없는 것 같다. 치료사는 보통 치료를 가능하게 하는 내담자의 지지자들에게 가장 기대하게 된다. 현실적으로 이러한 실질적인 지원과 호의 없이는 내담자들이 회기에 실제로 참석하기 어려우며, 그렇다면 미술치료 작업은 결코 출발선을 떠나지 못할 것이기 때문이다.

치료사는 내담자와 안전한 작업 경계선을 유지하면서도 동시에 보호자와 우호적인 관계를 반드시 맺어야 한다. 이는 정말 쉽지 않은 일이며, 거의 항상 필수적인 일이다. 필자의 경험에 따르면, 초기 첫 단계에 내담자 및 보호자 모두와 명확한 계약을 수립하는 것은 매우 중요하다. 계약은 치료가 언제, 어디서, 어떻게 진행되는지 윤곽을 잡는 데 사실상 큰 도움이 되며, 치료 진행 과정에서 각 참여자의 개인 역할을 명확히 규정하는 데에도 효과적이다. 계약에는 경우에 따라 치료의 핵심 목적이 기록되기도 하는데, 이때 주의할 점은 내담자가 보호자와 이러한 정보를 공유하는 것에서 편안함을 느낄 수 있는 수준이어야 한다. 보다 구체적인 목표는 내담자와 치료사 간에 동의가 이루어져야 하며, 이는 미술치료 회기 내에서 유지되어야 한다.

주고받는 피드백의 방법이나 기제에 대해서는 계약 시 명시가 이루어져야 한다. 예를 들어, 미술치료 회기가 끝난 후 보호자가 내담자를 어떻게 맞이할 것인지, 혹은 내담자가 미술치료 회기에서 있었던 일에 대해 공유하기를 원할 때 보호자가 반응하는 방법에 대해 언급할 수도 있다. 확실한 것은, 일어날 수 있는 모든 사태에 대해 다룰 수는 없으며, 모든 문제가 내담자들에게 일률적으로 적용되는 것이 아니라 문제에 따라 다르게 적용될 수 있다. 그러나 서면 계약서는 치료에 유용한 배경을 제공하며, 각 참여자의 역할이나 책임성의 범위를 명확히 한다. 〈표 2-1〉은 계약서에 포함되는 정보를 보여 준다.

필자는 치료의 시작에 앞서 새로운 계약 협정에 동의하는 의미로 내담자 및 보호자(상황에 따라 개별적으로 또는 함께)와 예비 모임을 갖는 것이 유용하다는 것을 깨달았다. 분명히, 어떤 내담자는 그러한 논의에서 다른 사람들보다 좀 더 적극적이고 드러난 역할을 취할 수 있다. 이러한 의사결정 과정에서 말을 하지 않는 내담자와 함께 진행하는 것은 늘 도전인 셈이다.

그러나 심지어 계약하는 것조차도 (정말로) 창조적인 일이다. 특히, 명확

〈표 2-1〉 서면 계약의 예시

- 내담자 성명
- 치료사 성명
- 치료의 핵심 목표
- 장소
- 시간
- 치료 회기의 주기
- 한 회기당 소요 시간
- 참여 교통수단
- 치료 참여에서 누가 내담자를 지지할 것인가?
- 어떤 식으로 지지할 것인가?
- 계약 취소에 대한 합의
- 모든 관계자들이 계속적으로 원하는 정보 항목
- 치료 회기 사이 주요 정보 전달 방식
- 회기의 재검토를 위한 날짜 약속
- 재검토 형식
  - 재검토의 참여자
  - 정보 교환 방식
  - 공유되지 않는 항목
- 누가 계약서의 사본을 보관할 것인가?
- 정보가 어떤 다른 형식으로 보존될 것인가?
- 수련감독 계획
- 비밀보장의 범위

한 사진과 같은 어떤 이미지(심상)를 사용하는 것은 학습곤란을 겪는 사람이 이해할 수 없는 계약상의 문맥과 구조화된 만남에 위축된 많은 잠재적 내담자에게 흥미를 북돋울 수 있다. 정보를 전달할 때 상징을 사용하는 것이 항상 좋아 보이는 것은 아니지만, 사실상 이미지(심상)가 보다 실체적이고 구체적이며 뚜렷할수록 오해의 소지는 줄어들 수 있다. 과도한 일반화의 위험에도 불구하고, 필자는 학습곤란을 가진 사람이 어떤 사실을 추론하고 추측하는 데 어려움이 있다고 말하는 것이 정당하다고 생각한다. 그렇기 때문에 사용된 이미지(심상)가 당면한 문제와 직접적으로 관련되어 있는 것이 중요하다.

선택할 수 있는 교통수단 또는 장소에 대해 말해야 할 때 사진을 이용한다면 내담자가 계약과정에서 적극적인 부분이 되게끔 그들과 의사소통할 수 있다. 그러나 제공된 선택 사항은 진정한 것이어야 하는데, 만약 협상이 불가능한 것이 있다면 이는 있는 그대로 솔직하게 명시되어야 한다. 그렇다면 사람들이 잘못된 선택으로 속는 일은 거의 없을 것이다.

계약 자체는, 예를 들어 내담자, 치료사, 장소, 교통수단, (전화, 편지, 대면방식 등의) 의사소통 방법과 같은 사진을 사용함으로써 보다 사용자 친화적으로 만들 수 있다. 이런 종류의 체계는 확립되기까지 매우 많은 시간이 소요될 수 있다. 그러나 질 높은 과학기술 자원의 이용은 PC에 스캔한 사진 저장 공간을 둘 수 있고, 새로운 개별 계약에 따른 적합한 이미지 선택과 재생을 가능하게 한다. 분명히, 내담자의 사진을 저장하려고 한다면 데이터 보호 문제가 발생할 것이다. 그래서 컴퓨터를 이용할 수 없다면, 사진을 복사하여 만족스러운 결과를 얻을 수 있다.

어떤 내담자에게는 자신이 계약 사본을 소지하는 것이 불편하거나 무관심하게 생각될 수 있지만 일부 핵심 정보와 이미지를 담은 작은 크기의 카드는 좀 더 관리가 편하고 매력적으로 보일지도 모른다. 다른 내담자들은 녹음 테이프에 정보를 담아 이용하는 것을 선호할 수도 있는데, 이는 준비하는 데 너무 어렵고 비용이 많이 들거나 많은 시간이 소요되어서는 안 된다.

여기서 가장 중요한 점은 유연성과 다양성이다. 학습곤란을 가진 사람은 놀랄 만큼 서로 다른 기술과 욕구를 가진 매우 다양한 집단이다. 미술치료사는 의사소통이나 교섭의 수단을 찾을 때 이러한 사실에 유념해야 한다.

또한 계약은 작업을 타당하게 하는 효과를 가지고 있다. 미술치료 회기나 장소와 같은 문제는 누군가가 치료사 문제, 보호자 문제, 그중에서도 내담자 문제를 찾아내는 데 중요하다. 이는 분명하고 기본적인 사항처럼 보이지만, 이에 대한 무관심이나 무시는 모든 것이 최소의 공통분모만을 갖도록 격하시킴으로써 학습곤란을 가진 사람에 대한 서비스에 해악을 끼칠 수 있다. 필자는 존중, 신뢰, 희망 및 생명력을 손상시키도록 작용하는 강력한 무의식적 힘이 스트레스를 받을 만큼 너무나 극적이라고는 생각하지 않는다. 이러한 것들에 대비하는 필자가 알고 있는 가장 바람직한 방법은 (기분 좋은 휴일에도 도움을 줄 수 있는) 계약, 검토 및 수련감독과 같은 점검 절차를 확립하는 것이다.

뿐만 아니라 계약은 서비스에 대한 기대를 증가시킬 것이 분명하다. 사용자와 보호자들은 자신들에게 그러한 정보를 받을 자격이 부여되고 그러한 준비가 정기적으로 재검토될 것이라고 기대할 것이다. 필자는 또한 참여자들이 서비스에서 자신이 필요한 것을 요청함으로써 보다 적극적이고 자기주장적으로 변모할 것임을 알고 있다.

회기 중의 지원

만약 치료사가 회기 과정 동안 내담자에게 100% 지원을 아끼지 않는다면, 치료의 경계가 매우 어지럽고 확대될 수 있다. 학습곤란을 가진 일부 내담자들은 미술치료사처럼 전체 회기 내내 (특히, 치료 초기 단계에는 더욱더) 같은 방에 머물 수 없다는 것을 깨닫게 된다. 이는 각 개인의 집중 능력에 맞추어 회기의 길이가 조정된다 하더라도 마찬가지다.

어떤 내담자에게는, 예를 들어 그들이 준비되었다고 느낄 때 주변을 산책하고 (바라건대) 다시 돌아오는 것과 같이, 내담자의 생각대로 하도록 두는 것이 적합할지도 모른다. 반면, 어떤 내담자의 경우에는 이것이 오히려 용납하기 어려운 안전상의 문제를 지닐 것이다. 그러한 만일의 사태에 대해서는 계약이 확정될 때 보호자와 논의가 이루어져야 한다. 만약 치료 초기 몇 주 동안 예측하지 못한 문제가 일어난다면, 중간 검토는 언제든지 이루어질 수 있다.

필자는 회기의 매 순간 내가 내담자의 안전과 안녕에 완전히 책임져야 한다고 생각하며 각종 안정을 이유로 내담자를 쫓아다니는 데 많은 미술치료 회기를 헛되게 보냈다. 필자는 이것이 내 기술과 내담자 시간을 쓸모없이 낭비하도록 했다는 결론을 내렸으며, 내가 꽤 노련한 미술치료사였다고 말한 것에 대해 부끄럽게 느껴졌다. 이는 또한 필자가 회기 중에 실제 작업을 혼란시키는 회피 전략과 암암리에 공모한 것을 의미하기도 했다.

각기 다른 상황은 서로 다른 해결책을 요구한다. 만약 당신이 어떤 것이 문제가 될 것이라고 미리 짐작한다 하더라도, 대개는 모든 문제를 잘 파악하고 있는 고용된 전문인력의 지원을 얻는 것이 현명하다. 필자는 여태까지 가용도를 고려하여 보호 복지사, 교통수단 조력자, 기간 근로자 및 미술치료 보조자 서비스를 이용해 왔다. 이들은 내담자가 치료를 그만두고자 할 때 치료실 밖 바로 옆에서 지원을 제공할 수 있으며 적절한 때 다시 치료실로 돌아오도록 부드럽게 격려할 수도 있다. 또한 이들은 개인적인 보호 기술을 필요로 하거나 내담자 자신, 혹은 치료사의 안전에 잠재적인 위험을 지닐 수도 있는 내담자들에게 중대한 역할을 할 수 있다.

사실상 당신 앞에 던져진 모든 것을 흡수할 수 있는 마초 기질의 치료사로 일하는 것은 전혀 이득이 되지 않는다. 필자의 견해에 따르면, 이러한 자세는 단지 내담자의 작업 방식(modus operandi)과 결탁하는 것일 뿐이며 치료적 관계에서 내담자 고유의 책임성을 부정하는 것이다.

치료의 내부

미술치료 회기 내에 일어나는 사건들은 무수한 요인에 의해 영향받을 것이다. 재정과 조직 규제와 같은 보다 광범위한 문제들이 핵심적인 역할을 할 수 있는 한편, 내담자-치료사 관계의 질이나 참여자의 동기와 같은 대인관계 문제들이 중심이 되기도 한다. 필자는 치료의 경과 혹은 치료의 다른 면에서 중요하다고 생각하는 네 가지 요인에 대하여 살펴보고자 한다. 필자는 독자들 역시 중요하다고 생각하는 다른 문제들이 있을 것이라고 확신한다.

- 치료사의 이론적 관점
- 내담자가 보유한 기술 범위와 치료 과정에서의 개입 수준
- 치료용 공간의 질
- 내담자 및 치료사에 대한 치료 외부 지원체계의 적절성

치료사의 이론적 관점

이론적 관점에 따르면, 대부분의 미술치료사들은 정신역동적 테두리(Rees, 1996) 안에서의 작업을 주장한다. 이 경우에는 분명히 치료적 변화의 근거로 전이 현상을 이용하고 무의식 과정의 힘을 더 강조하고자 할 것이다. 무의식 과정이란 세 가지 영역, 즉 내담자, 치료사 그리고 이미지(심상) 사이의 공간과 관련된다.

정신역동과 대상관계이론들은 미술치료사로서 필자의 작업과 실제에 오랫동안 사용되어 왔다. 그러나 보다 최근에는 이론적 스펙트럼상에서

볼 때 좀 더 인본주의적인 부문에, 그리고 특히 인간중심 접근 영역에 매료되어 있다.

현재 필자의 관점에서 특히 관심 있는 부분은 치료 내에서의 힘의 역동성이다. 미술치료사가 사용하는 이론적 모형이 어떤 것이든 간에 내담자와의 관계에서 항상 동일하게 사용되지는 않을 것이다. 치료사는 전문성이라는 마법 망토를 입고 있으며, 내담자는 치료사로부터 어떤 것을 원하고 필요로 한다. 따라서 필자는 변화의 열쇠는 항상 치료사 내부에 존재한다고 생각한다. 치료사는 자신의 전문성, 지식 및 기술로 돈을 번다. 학습곤란이라는 분야에서는 치료사의 앎과 내담자의 무지 간의 분열이 과장되고 강조된다. 필자는 정신역동적 모형이 이러한 힘의 구조를 강화할 수 있다고 믿는다. 치료사는 진단(해석)이나 치료로 자신이 알려짐으로써 유사 의료 역할에 자신을 두게 되는 위험을 무릅쓴다. 필자의 두려움은 그러한 모형이 의식(consciousness)으로 무의식(unconsciousness)을 알고 이해하며 교류시키고자 하는 치료사에게 책임을 돌릴 수 있다는 것이다.

이와는 대조적으로, 인간중심 심리학에서는 강력한 무의식 과정의 존재를 부인하지는 않지만 스스로 나아가야 한다는 내담자 자신의 직관적 이해에 신념을 두고 있다. 필자는 이러한 작업 방식에 대해 수많은 비평을 들어왔는데, 아마도 그중 가장 심한 악평은 인간중심 작업방식은 단지 '사람들에게 친절하게 대하는 것' 일 뿐이라는 말이다. 필자의 경험은 완전히 상반되는 것으로, 인간중심적 관점에서 만들어지는 몇 가지 매우 효과적인 도전의 모습을 관찰할 수 있었다. 이러한 도전들은 여러 문제로 도전받는 개인에게 구체적이고 직접적으로 계속해서 지지를 제공하기 때문에 대개 성공적인 결과를 보였다.

미술치료사는 인간중심적 전통에서 안내자가 아니라 함께 여행하는 사람이자 또 다른 인간 존재의 노력을 목격하는 증인이다. 필자는 학습곤란을 가진 사람들의 지혜와 깊은 이해력에 자주 깜짝 놀라곤 하는데, 그들도 아는 것을 나는 절대 알 수 없을 것이라는 사실을 깨닫기에 충분한 경험이었다. 그러나 필자는 그들의 깊은 경험과 지식의 증인이 되어 활동할 수 있다.

내담자의 기술과 치료 과정 참여 수준

서론에서 이미 언급하였듯이, 미술치료는 학습곤란이라는 분야에서 살아남아 성장하는 몇 안 되는 심리치료 전문직 중 하나다. 이는 상당부분 미술치료가 어느 정도 인지적이고 정서적인 수준으로 잘 기능할 수 있다는 사실에 기인하는 것이 틀림없다. 따라서 미술치료 과정은 그 정도와 초점에 따라 이를 반영할 수 있다. 연속선상의 한쪽 끝에서 보면, 매체의 물리적 속성이 미술치료가 버텨 주기(holding) 경험에 전적으로 전념할 수 있도록 한다. 이는 말을 할 수 없거나 수화를 사용하고 폭넓은 상징 기능의 발달이 제한된 내담자를 대상으로 비언어적이면서도 매우 구체적인 수준을 성취할 수 있도록 한다. 연속선상의 다른 반대편 끝에서 보면, 미술치료가 다른 집단의 사람들과 닮아 가도록 하는데, 거기서 내담자와 치료사 모두 이어서 서로를 반영하는 미술 과정에 내담자가 관여한다고 주장하는 사람도 있다.

그러나 그것은 일차원적인 그림으로 설명하고자 사례를 지나치게 단순화시킨 것 같다. 말을 사용하지 않는 내담자들은 표상의 다른 영역에서 보다 진보한 상징적 기능이 발달되기도 한다. 그들의 언어 지연은 구강과 후두의 구조적인 문제나 특수한 신경학적 손상에 기인하는 경우가 많다. 학습곤란을 가진 사람을 위해 Makaton과 같은 특수 신호체계가 상당기간 존재해 왔지만, 이것으로 이익을 얻을 수 있는 사람들 모두가 사용하기 위한 훈련을 제공받은 것은 아니였다.

다음의 좌표, 즉 언어적/비언어적과 상징적/비상징적의 두 연속선이 내담자의 위치를 나타내기에 보다 유용할 수 있다([그림 2-1] 참조). 덧붙이자면 후자는 내담자가 획득한, 즉 그들이 어떻게 그들 자신과 타인에게 상황과 느낌을 표현할 수 있는지 보다 폭넓은 상징 기능의 정도를 나타낸다. 필자는 [그림 2-1]에서 A, B, C, D로 분류한 가설상의 내담자가 미술치료 회기에서 그들 자신을 어떻게 나타내는지 간단히 제시하고자 한다. 물론 필자는 이러한 방식으로 상황을 단순화함으로써 사람들의 경험과 반응의 복잡성 및 다양성에 누를 끼칠 수 있음을 인정한다. 그러나 이 좌표는 학습곤란을 가진 사람에 대한 미술치료 경험이 없는 독자에게 내담자가 표현하는 기술과 요구에 따라 나타날 수 있는 치료의 서로 다른 방식에 대한 기초적인 그림을 그리는 데 유용할 것이다.

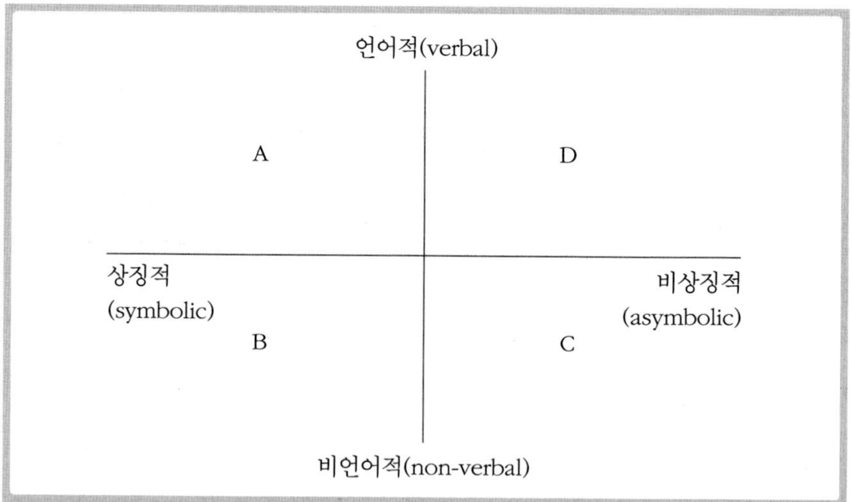

[그림 2-1] 언어적/비언어적과 상징적/비상징적

내담자 A(언어적/상징적) David는 가까운 사람들에게 감정을 폭발시키는 한동안의 통제되지 않는 분노 때문에 미술치료에 의뢰되었다. 그는 사람들에게 공손하고 예의 바른 젊은 남성이며, 대부분의 시간에 조용하고 침착하였다. 그는 특수학교에 다녔으며, 학습곤란의 수준은 일반적으로 중등도에 해당되었고, 자신의 생각이나 감정을 분명하게 표현하며, 숙련된 화가이기도 하였다. 그는 몇 달 동안 개인 미술치료 회기에 다니고 있었다. 처음에 그는 푸른 언덕을 구르거나 맛있는 것으로 가득찬 가게의 진열창을 그리며 자신의 유년 시절에 대한 아름답고 이상적인 이미지를 표현하였다. 즉, 초기에는 그의 분노에 대한 측면은 완전히 부정되었지만 공동묘지 같은 그림을 그려 나가면서 매우 천천히 작업 내용에서 분노에 대한 표현이 나타나기 시작하였다. 약 1년 동안의 작업 후, 그는 표현하는 이미지(심상)의 변화에 따라 그가 거의 자기 자신을 돌볼 수 없었을 때조차도 정신건강상 그의 지원을 필요로 했던 어머니에 대한 분노 감정과 접촉하며 미술치료사와의 관계를 발전시키는 데 이용할 수 있게 되었다. 또한 그는 격렬한 관계를 보여 주는 부모의 규칙적인 특징이었던 말다툼 때문에 자신이 어린 아이처럼 얼마나 무서웠는지를 수용하기 시작했다.

내담자 B(비언어적/상징적) Rhea는 다루기 힘든 행동문제로 미술치료에 의뢰되었다. 그녀는 단호하고 젊은 여성이었다. 그녀는 말을 하지 않았고, 자신의 욕구를 충족할 수 없을 때 자주 좌절하는 것처럼 보였다. 초기에 그녀는 관계상의 안전성을 검사받기 위해 개인 미술치료를 이용하게 되었다. 그녀는 일부러 건방지게 날카로운 물건을 집어들거나 혹은 먹을 수 없는 것을 먹으려 하였다. 그녀의 그림은 처음에 표현 형태가 없는 것(난화/긁적거리기)이 대부분이었다. 미술치료사는 Rhea의 능력을 과소평가할 수도 있었지만, 임상 수련감독 기간 동안 좀 더 진전할 것이라는 자신의 직감을 확인하게 되었다. Rhea의 그림은 점진적으로 변화했고, 그녀는 자신의 욕구를 충족하는 것처럼 보이는 대상을 필사적으로 표현하기 시작하였다. 그녀가 그리는 물건은 대부분 음식이나 봉제 동물인형이었다. 이후 계속된 Rhea와 미술치료사 간의 관계 발전은 그들이 이미지와 대상을 공유하도록 이끌고 신뢰를 경험하며 충족되지 않은 욕구가 불러올 수 있는 슬픔과 좌절에 대처할 수 있도록 하였다.

내담자 C(비언어적/비상징적) Mary는 중도의 학습곤란을 가진 사람을 대상으로 한 소규모의 미술치료 집단에 참여하고 있는 50대 여성이다. 참여 초기에는 가만히 앉아 있지 못하고 전혀 안정할 수 없었으며, 대부분의 시간을 음이 맞지 않는 콧노래를 부르며 미술치료실 주변을 돌아다니는 데 보냈다. 그녀는 치료실의 다른 사람들과 전혀 접촉하지 않았다. Mary는 때때로 문과 가까운 장소로 끌리듯 걸어 갔고, 그래서 미술치료사는 그녀만 좋다면 그녀의 자리가 될 수 있다고 말하며 그림물감과 종이를 둔 책상과 의자를 문 근처에 두었다. 이따금씩 그녀는 지나가면서 그림붓을 집어들고, 치료실을 돌기 전 몰래 슬쩍 색칠하기 시작하였다. 시간이 흐르면서 색칠하는 시간이 점점 길어졌고, 특히 종이 가장자리에 몇 번이고 덧칠을 하며 관심을 보였다. 또한 그녀는 책상 가장자리에도 관심을 보이면서 거기에도 색칠을 하였다. 그녀는 자신의 환경에서 물리적 가장자리를 탐구하는 것처럼 집단 내에서도 자기 자신의 경계에 대해서 명확한 개념을 갖는 것처럼 보였다. 그녀의 불안이 감소했다는 것은 다른 사람들이 나타날 때 그녀가 짧은 눈맞춤을 하는 지점에서 알 수 있었다. 치료실과 도구에 대해 물리적으로 담아 주었던 것(physical containment)이 그녀에게 정서를 담아 주는(emotional containment) 경험을 가져온 것으로 보였다.

내담자 D(언어적/비상징적) Ceri는 자폐증으로 진단받은 30대 남성이다. 그는 일정한 어휘를 가지고 매우 눈에 띄는 반복적인 말을 구사하는 것이 특징적이었다. 그는 타인의 존재를 인정하는 것이 매우 힘들어 보였다. 그가 사람들과 관계를 맺는 방식은 대체로 매우 기계적이었다. 그가 다른 사람들의 등장에 상호작용한다 하더라도 그것은 상당히 기계적인 수준에 그쳤는데, 예를 들면 문을 열기 위해 다른 사람의 손을 사용하려고 누군가의 팔을 움켜쥐는 것이었다. 개인 미술치료에서 그는 일정한 규칙과 순서에 큰 관심을 보였고, 미술 도구를 사용하기보다는 수를 세고 차례대로 배열하는 데 많은 시간을 보냈다. 그는 정말 안전함을 느낀 후에야 일종의 실험을 할 만큼 방어 자세를 낮출 수 있었다. 매우 오랜 시간이 흐른 후, 마침내 Ceri는 미술치료사와 스토리텔링 회기에서 방 안에서 발견한 사물을 그 용도에 맞게 사용할 수 있게 되었다.

치료를 위한 공간의 질

치료를 위한 공간의 질(quality)은 여러 방식으로 치료 경험에 주요한 영향을 줄 수 있다. 공간이 갖추어야 할 가장 기본적인 수준은 무엇보다 안전하고 개인적이어야 하는데, 즉 방해받지 않는 공간이어야 한다. 이는 직접적으로 나타나는 문제이기 때문에 지키기가 쉽지 않다. 전통 병원을 기반으로 한 분야가 현재의 지역사회 기반으로 이동하면서, 미술치료가 공동으로 사용하는 장소에서 이루어질 것이라는 관리자들 간의 기대가 커지고 있다.

그러나 여기에는 다음과 같은 문제가 내포되어 있다. 첫째, 사람들의 범위에 해당하는 문제로, 이들은 모두 서로 다른 욕구와 의도로 그 공간에 대한 권리를 주장할 것이다. 예를 들어, 그 방의 장비 일부를 회수해 가는 것이 미술치료 회기를 방해한다고 생각하지 않을 수 있다. 둘째, 다른 사용자들이 방에 두고 간 물품들은 행동이 힘들거나 혼란한 일부 내담자의 안전을 위협할 수 있다. 셋째, 치료사는 그 방을 사용하는 다른 사람들에 대한 중압감 때문에 내담자에게 제공하는 미술 도구의 범위를 스스로 제한해 나갈 수도 있다.

공동으로 사용하는 방이 아무리 많은 미술치료 내담자에게 더할 나위 없이 적합하다 하더라도 학습곤란을 가진 잠재적인 서비스 사용자 집단은 항상 존재할 것이며, 이들에게는 접근이 용이하면서 분리된 방이 필요하고 도구들을 마음껏 사용할 수 있어야 한다. 이는 치료의 효과성뿐만 아니라 내담자와 치료사의 안전성을 위해서도 중요하다.

그러한 공간은 건강 클리닉, 지역사회의 지원센터나 교육시설을 포함한 여러 소재지에 있을 수 있다. 더 넓은 맥락에서 보면, 이것이 치료의 안전성과 효과성에 매우 심각한 영향을 줄 수 있다. 때때로 산만하고 예측할 수 없는 행동을 하는 내담자들에게 역시 같은 서비스 이용자인 매우 취약한 다른 사람들(예: 매우 어린 아동이나 노인)과 동일한 장소에서 미술치료 회기를 제공해서는 절대로 안 된다. 다른 사용자들을 보호해야 할 뿐만 아니라 학습곤란을 가진 내담자가 나중에라도 학습곤란이라는 낙인이 찍힐 수 있는 상황에 노출되지 않도록 하는 것은 치료사의 의무다.

어떤 장소의 이전 사용 용도나 과거 이력은 여전히 매우 눈에 띌 수 있다. Hilary Lomas와 Penny Hallas가 집필한 장(제3장)에서, 그들은 아직도 초등학교로 사용되고 있는 장소의 한 부분인 지역사회 교육센터에서 열리는 미술치료 집단에 대하여 논의하였다. 거기에는 생활의 많은 부분이 초기 발달단계에 머물러 있는 사람들을 위한 강력한 협회가 있을지도 모른다. 필자가 미술치료사로 일했던 한 부서는 이전에 병리학 실험실로 사용되던 곳이었다. 때문에 새로 온 환자들은 건물에 들어설 때 혈액 샘플을 채

취하지 않을까 예상하며 긴장할 것이다. 이 시나리오에 의해 어떤 종류의 역동성이 촉진되는지는 오직 하늘만이 알 수 있을 것이다.

치료 밖에서의 내담자 및 치료사 지원의 적절성

만약 치료가 유용하고 효과적이며 잘 유지되고 있다면 내담자와 치료사 모두 미술치료 회기의 범위 이상으로 지원을 필요로 할 것이다.

내담자에게는 치료의 개념을 보완해 주고 필요로 하는 실제적인 도움을 제공해 주는 보호자(가족 또는 고용인)와 긴장의 잠재적인 영역을 해결해 주는 온정이 필요할 것이다. 충분한 의사소통은 필수적이며, 이것이 일어나는 방식은 이 장의 앞에서 언급한 부분인 계약 과정으로 논의될 수 있다.

미술치료사가 만약 보다 큰 조직 체제의 하위 부서에 소속되어 있다면, 치료사는 전문적이고 임상적인 자신의 권위가 존중되는 명확한 지원 관리 구조를 필요로 할 것이다. 물질적 자원과 담당 건수에 관한 적합한 근로 조건을 협상하기 위한 기회가 있어야 한다. 이에 상응하여 미술치료사는 분명한 임상 목표를 설정하고 종종 부족한 자원의 우선 순위를 결정하며 그 서비스의 성과에 대해 보다 큰 조직에 끊임없는 정보를 제공할 수 있도록 평가 및 사정 도구에 익숙해지는 것 또한 중요하다(제12장 참조).

이 모든 것의 기반이 되는 것으로, 작업은 양질의 임상 수련감독에 의해 유지되고(제13장 참조) 미술치료사는 격의 없는 지원과 신뢰성 검증을 위해 동료들과 만남의 기회를 가지는 것이 반드시 필요하다.

결 론

이 장에서는 학습곤란을 가진 내담자를 대상으로 한 임상 미술치료 작업의 본질을 훼손하거나 지원하는 맥락, 조직 및 이론과 관련한 몇 가지 광범위한 문제들에 대하여 고찰하였다. 이러한 세부 사항들은 치료의 '실제 작업'이 매우 긴급할 때에는 심지어 가장 양심적인 미술치료사에게도 이따금 성가시고 지루해 보일 것이다. 그러나 만약 그 틀이 견고하지 않고 잘 맞지 않다면 당연히 내부 그림은 취약할 것이며 최고로 잘 보일 수 없을 것이다. 마찬가지로 치료를 위한 기초가 견고하게 잘 지원되지 않는다면 이는 불가피하게 치료 관계 자체의 역동 내에 반영될 것이다.

참고문헌

Rees, M. (1996) *The Supervision of Art Therapists*, unpublished MSc dissertation, University of Bristol.

TAITH Arts Therapies Service (1995) *Learning to Listen*-Analysis of Questionnaire for Service-Users and carers, unpublished survey.

제2부

미술치료 작업

제3장

미스터리

학습곤란을 가진 사람을 대상으로 한 미술치료 집단에 대한 이야기

Hilary Lomas & Penny Hallas

+ **주요 주제**
  - 타인과의 관계에서 문제를 겪고 있는 학습곤란을 가진 사람을 대상으로 한 지역사회 기반의 공동 촉진적 미술치료 집단에 대한 이야기
+ **핵심 사항**
  - 자율성, 통제 및 정체성의 중심 주제에 대한 격렬한 표명
  - 회상 면담 기법을 활용한 집단 참여자의 개인 경험 검토
  - 역전이 현상으로 강조된 집단 공동 치료사의 경험과 기억에 대한 기술

서 론

이 장은 타인과 친해지는 데 문제가 있는 학습곤란을 가진 사람을 대상으로 한 미술치료 집단에 대한 이야기다. 서론에서는 먼저 집단의 성격, 집단의 형성 경로, 치료사의 접근법 등에 대하여 개괄적으로 살펴보고자 한다. 그리고 이 장을 통해 무엇을 탐구하였으며, 그리고 이를 위해 어떤 과정을 거쳤고 이 과정이 어떤 최종 결과를 알려 주는지 살펴보도록 하겠다.

우리는 새로운 부서의 일원이었으며, 미술치료사 팀은 이 집단을 시작하기로 계획했을 때 함께 일한 지 겨우 몇 달 정도밖에 되지 않았었다. 앞서

언급한 집단의 치료 과정 동안 우리 팀 역시 발전을 하였다. 우리는 서로 이론적인 견해는 달랐지만 실무에서의 윤리관을 공유했으며, 사용자 친화적이고 사람의 권리와 바람을 존중하는 서비스를 개발하고자 노력하였다(제2장, 제12장 참조).

집단에 이르기까지의 배경

미술치료 부서로 오는 의뢰를 살펴보니 서로 간의 관계에 중점을 둔 집단의 필요성이 지적되었다. 그러나 적절한 구성원들의 수가 충분치 않았기 때문에 더 많은 의뢰를 받기 위해 계획된 집단의 정보, 그 집단의 목적, 가능한 수혜자 정보를 보내 주는 길을 모색하였다. 우리는 운영할 집단에서 집단 내 상호작용을 분명히 하고 타인과 보다 만족스러운 방식으로 관계를 맺는 방법을 찾도록 돕는다는 목적을 밝혔다. 또한 수행된 미술 작업과 집단에 참여한 사람들의 생각, 감정을 연결시키는 데 주안점을 두겠다는 뜻도 밝혔다. 우리는 일정한 정도의 능력을 가진 사람들이 집단에 포함되기를 기대했고, 사회적 상황에서 자신감이 부족한 사람이나 또는 만족스러운 관계를 맺는 데 도움이 되지 않는 식으로 주의를 끄는 사람들이 포함될지도 모른다고 생각하였다. 그러나 집단 구성원이 관계를 맺고자 하는 어느 정도의 바람을 보여 주어야 한다는 점은 구체적으로 정하였다. 우리는 이러한 세부 사항을 의도적으로 공표하지는 않았는데, 의뢰자 자신이 집단의 성격을 규정하리라고 보았기 때문이다. 부서의 정책상 지속적인 치료를 시작하기 전에 사정 기간을 비교적 길게 두기로 하였다. 이러한 조치는 우리가 제안한 개념이나 세부 사항을 파악하기 힘들 수 있는 사람들과 작업을 할 때 유용하였는데, 자신이 과연 계속되는 치료를 원하는지의 여부를 스스로 더 분명히 알 수 있도록 해 주었기 때문이다.

의뢰된 사람들은 주로 지원 업무를 맡은 직원이 보낸 이들이며, 그 외에도 가족 구성원이 의뢰한 경우가 한 건, 자가 의뢰한 경우가 한 건이었다. 한 명을 제외하고는 모두 그 지역 사람들이었다. 의뢰의 이유, 본인과 이 건에 대해서 상의했는지의 여부 등 배경 조사를 위해 의뢰된 이들에게 연락을 취하였다. 모임은 집단 구성원들이 편안하게 느낄 수 있는 환경에서, 되도록이면 그들의 집에서 만났으며, 그들이 선택한 친구나 대변인, 지원 업무 담당 직원 등이 동석하였다. 이 모임에서 우리의 목적은 다음과 같은 것이었다.

- 우리가 누구인지, 미술치료 집단은 무엇이며 어떠한 활동을 하게 되는지 설명하기 위해
- 그 사람이 의뢰에 대하여 어떻게 느끼고 있으며 이 집단에 흥미를 가지고 있는지의 여부를 알아보기 위해
- 그 특정 개인이 이 집단을 통해 이득을 얻을 수 있을지 사정하기 위해
- 의뢰된 이들로부터 집단에서 서로 상호 간 보완이 가능한 사람은 누구인지 평가하기 위해

이 단계를 거쳐 한 사람은 더 이상 참여하지 않겠다고 하였고, 또 다른 한 명은 개인 미술치료가 더 유익할 것으로 판단되었으며, 나머지 세 명의 남성과 네 명의 여성은 함께하는 집단 작업이 유리할 것으로 생각되었다. 모두 어느 정도 언어적 의사소통을 했으며, 우연히도 집단의 연령대가 비슷하였다.

치료사의 접근법

우리는 전에 함께 일해 본 적은 없지만 기본적으로 정신역동적 이론의 틀과 비지시적 유형이라는 방식은 일치하였다. 학습곤란을 가진 사람을 대상으로 한 정신역동적 미술치료의 적용은 Hughes(1989)와 Tipple(1993)이 기술하였다. 우리는 둘 다 이러한 접근법이 집단을 운영할 때 유용할 것이라고 생각하였다. Strand(1990)의 시설에서의 이동식 미술치료 집단에 대한 보고에 따르면, 개인적인 힘과 책임감 획득 면에서 집단은 집단 구성원들에게 도움이 되는 것으로 나타났다. Strand는 그 집단이 사람들에게 본인이 선택할 기회를 어떻게 제공했으며, 또한 자신이 타인에게 미친 영향을 알아차리고 탐색할 기회를 어떻게 제공했는지 설명하였다. 그리하여 집단 구성원들은 자신을 개인적 존재로 느낌과 동시에 사회적 존재로서도 더 잘 인식할 수 있게 되었다.

우리는 모두 사람은 집단 치료의 복잡성에 대처할 수 있는 정서적 성숙과 지적 세련미를 지닐 수 있다는 견해를 가지고 있었다. 우리는 사람은 공통 경험을 가지고 있으며 이러한 경험을 공유함으로써 얻는 것이 있다고 생각하였다. 우리는 집단이 사람들로 하여금 다른 이에게 영향을 발휘한다고 느낄 수 있는 장이 되기를 원했다.

집단 개요

1993년 11월부터 1995년 6월까지 운영된 이 집단은 일주일에 한 번, 1회기당 75분 동안 실시되었다. 비밀보장의 원칙이 지켜졌지만, 주요 보호자에게는 정기적 피드백을 전달하기로 합의가 이루어졌다. 집단 치료는 성인교육센터 내에서 실시되었는데, 성인교육센터는 예전부터 지금까지 줄곧 초등학교의 아래층에 위치해 있었다. 우리는 다양한 미술도구를 갖추어 사람들이 원하는 대로 자유롭게 사용할 수 있도록 하였다. 집단은 처음에 7명으로 출발했으나 9개월 후 3명으로 줄었으며, 다시 3명의 새로운 구성원을 받아들였음에도 알 수 없는 결석과 탈퇴가 반복되는 패턴이 계속해서 나타났다.

이 집단은 구성원들과 함께 상실과 성취에 대한 경험, 장애를 안고 살아가는 경험, 따돌림당하거나 자신의 삶에 어떤 통제력을 갖기 위해 몸부림치던 경험을 나누면서 매우 혼잡하고 복잡한 상태였다. 집단의 특징 중 매우 눈에 띄는 것은 작업의 모든 다른 면에도 깔려 있는, 장시간 지속되는 일련의 논쟁에 쏟아붓는 에너지였다.

우리는 우리가 작업하는 집단의 여러 가지 과정 모두를 철저하게 검토하였으며, 이와는 대조적으로 공동 치료사로서의 우리 자신의 관계에 대해서는 큰 논의 없이 서서히 발전하도록 두었다. 이 집단은 집단의 일부가 되기에 쉽지 않은 집단이었으며, 우리는 서로의 작업에 대해 논의할 때 격려와 확신을 주는 것을 우선시하였다. 이 장을 쓰면서 되돌아보니, 우리가 의문을 제기하는 자세를 보다 강화했더라면 역전이 문제를 더 잘 이해할 수 있지 않았을까 하는 의구심이 남는다. 이 점에 대해서는 이후 우리의 논평에 기술하였다.

이 장의 접근 방식

우리는 이 장을 집필하면서 집단에 대한 구성원들의 기억이 치료사의 기억과 일치하는지 또는 어떻게 다른지 살펴보기 위해, 그리고 그 반응들이 이 집단에 대해 우리가 아직도 풀지 못한 몇 가지 문제를 조금이라도 밝혀주지 않을지 알아보기 위해 집단 구성원들에게 받은 피드백을 포함시키고자 하였다.

우리는 집단 구성원들 모두 이 활동에 기여하기 위해서는 어느 정도 지원이 필요하다는 것을 알고 있었으며, 면담 기법을 사용하기로 결정하고, 면담은 미술치료 부서에서 치료사가 아닌 사람이 실시하였다. 그녀는 집단 구성원들에게 서면으로 면담에 대한 동의를 구했으며, 지원 팀 직원과 접촉하여 프로젝트를 설명함으로써 우리의 질문 내용에 내포된 의미를 내담자가 잘 이해할 수 있도록 지원 팀 직원이 돕게 하였다. 집단에 관련된 10명 중 면담이 가능한 사람은 6명뿐이었으며, 이들 중에서도 5명만이 동의하였다. 질문 목록이 만들어졌으며, 이는 실제로는 면담을 위한 하나의 틀로써 사용했을 뿐 엄격하게 적용하지는 않았다. 사용한 건물 및 방의 사진, 두 치료사의 사진을 면담에서 회상 도구로 사용하였다. 치료사들에게도 동일한 접근법으로 면담을 진행하였다.

우리는 아무도 면담에 참여하기를 바라지 않는다거나, 아니면 그 집단을 기억하지 못할까 봐 걱정하였다. 그러나 우리는 대부분의 사람들은 다른 사람이 자기 이야기를 들어주는 것을 좋아하며, 또한 그들의 기억은 갖가지 느낌으로 꽉 차 있는 풍부하고 생생한 것이라는 점을 교훈으로 얻을 수 있었다. 이 장을 집필하기 위해서는 각 개인의 목소리와 견해를 유지하면서 면담을 압축시킬 필요가 있었다. 너무나 긴 치료사의 면담도 함께 요약하기로 결정하였으며, 다루어진 내용 중 일부분은 우리의 논평 부분에 포함시키기로 하였다.

논 쟁

앞서 언급한 논쟁은 이 집단의 모든 이의 면담에서 생생히 기억되고 있었고, 따라서 우리는 이 장의 초점을 논쟁이라는 문제에 두고자 한다.

치료사들은 논평 부분에서 이에 대해 그들이 인식한 바를 기술하였지만, 우리가 '논쟁'이라고 부르는 것이 무슨 의미인지 지금 더욱 분명하게 규정하는 것이 바람직할 것 같다. 치료사들은 타인과 지내는 데 어려움을 겪는 사람들을 대상으로 한 집단이라는 점에서 어떤 충돌이나 갈등에 대해 분명히 대비하고 있었다. 그러나 이 특수한 집단의 지속적이고 반복적인 성격에는 어떤 힘이 있어서 특정 기능을 완수하도록 하였으며, 거의 독자적으로 그 자체의 생명력을 지니기까지 한 것처럼 보였다.

집단 구성원 중에서 특히 두드러져 보이는 한 명의 남성과 한 명의 여성 사이에서 주로 논쟁이 벌어졌는데, 이는 남성-여성 관계를 논의할 때 처음으로 나타났다. 그러나 어떤 특정 문제에만 국한되기보다는 끊임없이 다투고 서로 공격하는 형태로 나타났다. 다른 구성원들은 편을 들거나 중재자, 조정자 등 다양한 역할을 맡았다. 이는 주로 말싸움으로 표현되었지만 행동을 통해서도 나타났다. 이는 아주 가끔 미술작업에서도 표출되는 것으로 보였는데, 그것은 부분적으로는 매체를 사용하면 도움이 될 것이라는 치료사의 제안에 대한 반응이었다.

우리는 다음과 같이 축어록(I는 면담진행자)을 가장 먼저 제시하고 이어서 치료사의 논평을 덧붙였다. 여기서 우리는 면담에 비추어 집단, 특히 집단의 논쟁을 어떻게 이해하고자 하였는지 기술하였다. 우리는 개인 의견을 총체적인 이론적 관점에 합치시키지는 않았으며, 과거의 생각과 사건을 직선적으로 전달하기보다는 모색하고 발견해 나가는 과정을 반영하고 있다.

Gary와의 면담

30대 중반의 Gary는 혼자 살고 있으며, 사회복지 서비스에서 일부 지원을 받고 있었다. 그는 같은 지역에 살고 있는 자신의 가족과 정기적으로 만났으며, 타인과 가까워지는 데 어려워하는 자기 자신을 깨닫고 스스로 집단에 자가 의뢰하였다. Gary는 간혹 장기간 결석을 하기도 했지만 집단 유지 기간 동안 참여하였는데, 거기에는 자기 자신만의 방식이 있었다. 그는 집단에 참석할 때에는 시간근무제로 일하였으나 몇 달 후에는 실직하게 되었다([그림 3-1] 참조).

G: 나는 1993년 11월부터 시작한 미술치료 집단에 대해 꽤 많은 것을 기억하고 있어요. 그것은 많은 것을 그만두고 시작하게 만들었죠. 나는 그것이 정확히 1년 전, 1995년 6월에 끝났다고 생각해요. 거기에 가면 연필, 크레파스, 물감으로 그림도 그려요. 지난 주 즈음에 일어난 일에 대해 설명하고 이야기하는 동안 물감과 붓을 이용해서 그림을 그려요. 아마 그 수업에 가서 연습하는 주요 목적은 당신이 아는 것을 색칠하고 꾸미고 그리는 미술을 가르치려는 걸 거예요.

I : (방 그림들을 보며 주며) 이 건물에 대해 어떤 것을 기억할 수 있나요?

G: 아, 네. 나는 우리가 처음 시작할 때의 그 방을 기억해요. 우리는 쉬는 시간에 아이들이 너무 시끄럽게 떠들어서 다른 방으로 옮겼어요. 그리고 이건 우리가 바꾼 그 방이네요. 나무 의자가 부서져서 플라스틱 의자와 플라스틱 책상으로 바꾸었죠.

I : 다른 사람들은 집단에 대해 어떻게 생각하는 것 같나요?

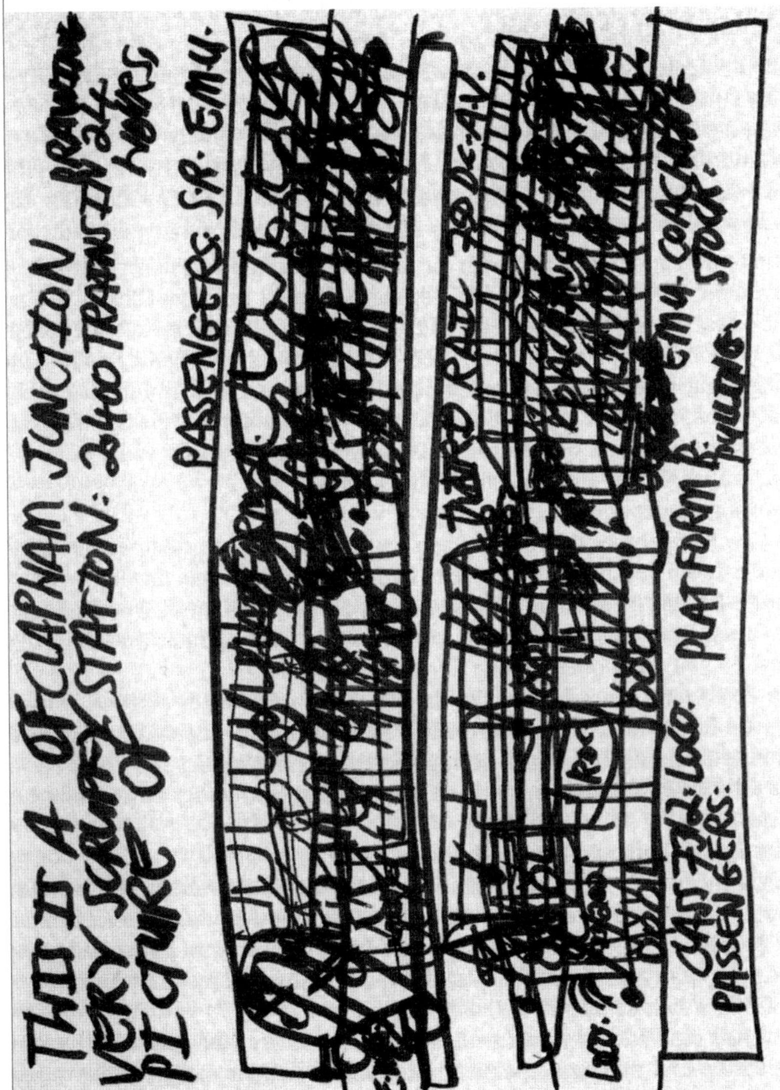

[그림 3-1] Gary: 클래펌에 있는 교차로

G: 내 생각엔, 전체 시간 동안 계속 참석한 사람은 즐겼던 것 같아요. 하지만 잠시 후 그것도 시들해졌죠. 그래서 그들은 활동을 그만하기로 결정했는데요. 그렇지 않고 계속한다면 너무 지루하고 진저리 나기 때문이에요. 항상 모든 것은 그만두고 끝낼 때가 있는 법이죠.

I : Hilary와 Penny는 어땠었나요?

G: 글쎄, 나는 그들이 꽤 상냥하고 예의 바른 사람이라고 생각해요. 결코 거칠거나 무례하지 않았고, 또, 음……, 논리적으로 하려고 했어요. 하지만 그들은 정말 불량한 몇몇 집단 참여자를 다루는 데 때때로 곤란해하고 문제가 있었어요. 내가 보기에 그 집단원들은 정말 항상 심술궂었죠.

I : 그럼 그들은 그 집단원들을 다루는 데 할 수 있는 만큼 다했다고 생각하나요?

G: 물론, 그랬다고 생각해요. 그들에게 쉽지는 않았겠지만 나는 그렇게 생각해요……. 그들은 정말 공격적이지 않으려 했고 확실히 소리치거나 화를 낼 수 없었어요. 만약 그렇게 하지 않으면 그들은 실직할지도 모르고, 그게 문제가 되었겠죠.

I : 만약 그들이 흥분하기 시작하고 다른 모든 사람도 흥분한다면…….

G: 결국 화산이 폭발하고 용암이 사방에 흘러넘치는 걸로 끝날 거라는 생각이 안 드나요? 세계에서, 그러니까 정확히 예를 들자면 미국이나 혹은 테네리페 화산처럼요.

I : 그럼 여러분은 어떤 이야기를 주로 나누었나요?

G: 글쎄, 우리는 주로, 음……, 지난 주 혹은 2주 전에 대해, 또 자기가 했던 일에 대해 이야기를 나누어요. 우리에게 일어난 일, 우리 스스로 했던 일, 그리고 다른 사람들은 항상 텔레비전에서 했던 것에 대해 시종일관 이야기하고 있었어요.

I: 아, 연속극 말이죠?

G: 네 맞아요. *Typical Sun* 독자들이나 *Star* 독자들, 그리고 *Sport* 독자들, 시간 낭비하는 일에만 관심 있어 하는 것 같지 않아요? …… 별로 중요하지도 않고 소용없는 일들 말이에요, 안 그래요? …… 매일의 일상생활 같은 건 알고 싶지 않아요, 그렇죠?

I: 다른 일들에 대해서도 이야기했나요? 음……, 의사소통 같은 거요.

G: 글쎄, 의사소통의 방법은 어떤 의미에선 직접 표현하고 설명하는 건데요, 그러니까 당신은 자발적인 방식이라 부르겠군요. 글자 그대로 말하면, 색칠하는 것을 동시에 해야 하는데, 그걸 하는 동안 이야기하면서 동시에 그리는 법을 가르치고, 관심을 딴 데 두지 않아야 해요. 그건 쉽지 않지만……. 내 생각에 그건 해야만 하는 거예요. 그것이 미술치료를 하는 전체 목적이자 이유죠.

I: 문제에 대처하기 위한 방법에 대해 이야기를 나누기도 했나요?

G: 그럼요, 우리는 시종일관 하고 있었어요.

I: 당신들은 도움이 될 만한 것을 찾았나요?

G: 네, 정말 많이 찾았어요. 몇몇 사람이 꽤 비협조적인 걸 제외하면요. Sandie를 봐요, 정말 문제예요. 무슨 뜻이냐면 그저 싸움에서 이기고 상황을 자기가 바라는 대로 기울이는 방법에 관한 게 다예요. 그게 내가 발견한 힘든 문제예요.

I: 당신은 자신의 그림에 대해서 어떻게 생각하나요? 그림이 만족스럽다고 생각하는지, 아니면……?

G: 글쎄, 그림들은 10점 만점에 10점은 아니에요. 나는 그림들이 볼만하다고 말할 수는 없어요. 하지만 음……, 그림 대부분은……, 색칠하지 않았어요. 내 그림들은 대부분 스케치라고 할 수 있겠네요. 하지만 나는 10점 만점에 5점 이상을 줄 수 있을 것 같고, 그래

도 10점은 아니에요.

I : 다른 사람들은 그들 자신의 그림에 대해 어떻게 생각했나요? 그들은 뭐라고 말했어요?

G: 그들은 말하지 않았어요. 하지만 나는 그들이 가진 최고의 능력과 민첩성으로 그림을 그렸다고 확신해요. 나로서는 이것이 내가 말할 수 있는 전부예요.

I : 집단이 어떤 참여자들에게 도움이 되었다고 생각하나요?

G: 나처럼 전체 시간 동안 있었던 남은 사람들이요. 그리고 몇몇 다른 사람도요.

I : 새로운 사람들이 집단에 다시 들어왔을 때, 그건 집단에 도움이 되었나요?

G: 글쎄, 처음에는 도움이 되었어요. 얼마 있다가 뭔가 잘못되었을 때보다는요. 그다음엔 몇몇 사람이 조금씩 겁을 먹거나 비난을 받고, 또, 음……, 알다시피 잘못된 방법이지만 모든 일에 강박관념을 갖게 돼서 그들은 그만두거나 그런 식으로 그만 나가게 되었죠.

I : 하지만 그런 슬픈 일을 겪으면서도 남아 있던 사람들이 있었는데, 그 사람들과는 친밀해졌나요?

G: 네?

I : 서로 간에 말이에요.

G: 아뇨, 아뇨, 그런 일은 일어나지 않았어요. 그런 건 기대하지 않았고, 게다가 난 그걸 바라지도 않았어요. 난 다른 모든 사람에 대해서는 그들이 했던 걸 다 용서하고 잊을 수도 있어요. 하지만 이 한 사람에게는 그러지 않을 거예요. 그건 Susan이었죠. 그녀는 망신거리였어요.

I : 네, 일로 그렇게 생각했을까요?

G: 이건 미술치료 집단이었고, 그 정보는 비밀이고 사적인 거니까 내 생각엔 안전상의 이유로 말하지 않는 게 최선인 것 같아요.

I: 대체로 어떤 것이 집단에 도움이 되지 않는다고 생각했나요?

G: 휴우, 집단에 대해 내가 가진 약간의 실망과 유감 정도겠죠.

I: 얘기해 줄 수 있나요?

G: 네, 나는 Penny Hallas와 Hilary Lomas 때문에 이야기해야겠어요. 나는 그들이 병원에서 일하는 것을 알지만, 그들에게 한 가지 물어보지 못한 게 있어요. 나에게는 질문할 시간이 없었죠. 그들이 어디에서 태어났는지를 물어보지 못했어요.

I: 그들이 어디에서 태어났는데요?

G: 그, 그것이 문제였어요. 난 정말 그 문제에 대해 물을 기회도 없었고 재촉할 기회도 없었어요. 때문에 난 그저 기회를 얻지 못했다고 느꼈어요.

I: 당신에게 집단이 도움이 되었나요? 한두 가지 정도로 이야기해 보실래요.

G: 네, 우선 첫 번째로 내가 전에 만난 적이 없었던 사람들, 그러니까 난 그들에 대해 아는 것도 없고, 혹은 내가 그들을 만난 적이 없기 때문에, 이런 새로운 사람들을 만나는 것이 내게 도움이 되었다고 생각해요. 그리고 두 번째는, 어려움, 곤경이라고 말할 수 있겠네요. 이런 사람들을 만나게 되면 그들의 성가신 결점이나 버릇, 문제점을 발견하게 되고, 그 집단이 너무 논쟁적이고 불쾌해진다는 걸 알게 될 거예요. 그건 매우 좋지 않아요. 아무리 최소로 줄여 말한다 해도 좋다고 할 수 없어요.

I: 집단에 대해서 다른 할 말이 있나요?

G: 여러 방식이나 수단을 찾는 것이 필요한 것 같아요. 나는 10시에

시작해서 11시 30분까지 하는 대신에 조금이나마 시간을 늘여서 더 많은 시간을 할애해야 한다고 생각해요. 그러면 사람들은 자기 의견을 말할 수 있겠죠. 그리고 우린 차례대로 돌아가며 말할 기회를 가지지 못했기 때문에 집단에 문제도 약간 있었어요. 난 좀 이상하고 기묘한 걸 발견했는데, 어떤 사람은 한 시간 반 동안 단 한 마디도 하지 않는 반면에 어떤 사람은 자기가 대화를 모두 독차지하려고 했어요. 음……, 약간 거칠고 무례하고 불량스럽게 말이에요. 그래서 나는 사람들에게 5~10분 정도 말할 시간을 주고, 일단 그 할당 시간이 끝나면 돌아와 자기 차례를 기다렸다 그 후 다시 말하도록 하는 빠른 진행순서를 둬야 한다고 느꼈어요. 이게 집단에 적용해야 할 규칙이죠. 모든 사람에게 최소 5분에서 최대 10분 정도 공평한 발언 기회를 주는 것이 우리가 의문을 가질 필요가 있는 또 다른 규칙 같으니, 점검해 보셨으면 좋겠네요.

Mike와의 면담

Mike는 30대 후반이었다. 그는 두 명의 다른 사람 그리고 지원 담당 직원과 함께 살고 있었다. 그는 이전에는 지역주간보호센터에 다녔지만, 지금은 지역사회에 있는 다양한 사회 · 교육 활동에 참여하고 있다. 그는 집단에 9개월 동안 다녔다. 그 후 그는 지역 병원에 들어가게 되어 떠나야 했고, 그래서 마지막 회기가 된 것에 대해 기뻐하였다([그림 3-2] 참조).

I: 집단에 대해 어떠한 것이 기억나나요?

M: 글쎄요. 나는 정말로 노력했어요. Susan은 내 신경을 거슬리게 하

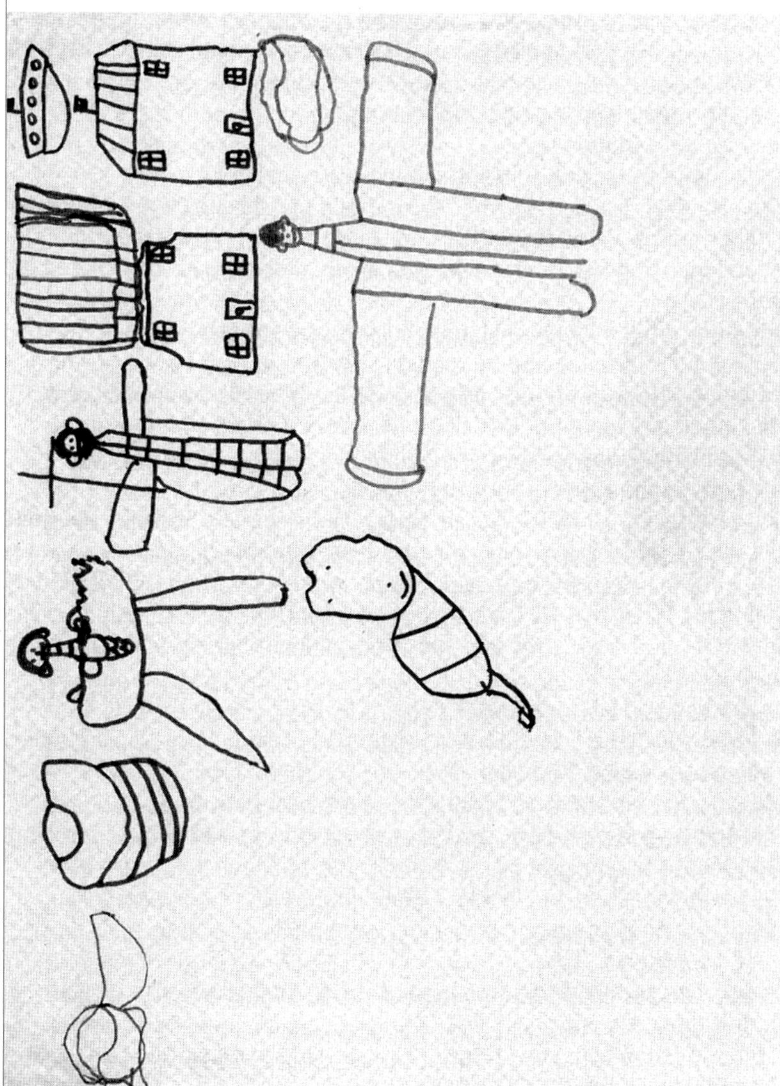

[그림 3-2] Mike: 인물상과 집 그림

였죠. 내 말은 나에게 항상 J씨에 대해 말하지 말라고 하는데, 나는 절대 그에 관해 말한 적이 없거든요. 그래서 나는 화가 났고, 집단도 즐겁지 않았어요.

I: 집단에서 당신이 무엇을 했는지 기억하나요?

M: 우리는 이야기를 하고 그림을 그렸어요.

I: 집단에 대해 나에게 더 말하고 싶은 것이 있나요?

M: 나는 병원을 떠났어요. 나는 그들에게 작별인사를 고했죠. 나는 Hilary와 Penny와 모든 집단원에게 작별인사를 했어요. 나는 그들 모두와 관계를 갖게 되어 매우 감사하다고 말했고, 그것이 다였어요. 그리고 내가 다시 당신들을 보게 된다면, (잠시 전화벨이 울리자) 전화 좀 주세요.

I: 집단에 대해 다른 사람들은 어떻게 생각했나요?

M: 글쎄요, 나는 개별지도 선생님과 이야기를 했는데, 그는 11시쯤에 휴식시간을 갖는 것이 좋을 것이라고 했어요. 근사한 생각이에요. 휴식시간이 필요해요.

I: 집단에 대한 그들의 생각에 대해 나머지 사람들은 그 밖에 어떤 말을 했나요?

M: 음……, 그 집단이 매우 좋았다고 생각하는 것 같은데요.

I: (사진을 보여 주면서) 이 방은 시끄럽지 않았나요?

M: 아, 네, 시끄러웠어요. 특히 Susan이요. Susan은 항상 시끄러워서 나는 그녀에게 "Susan, 목소리 좀 낮춰 주시면 안 될까요. 그리고 J씨에 대해 너무 신경 쓰지 마세요."라고 말했어요. 난 다른 사람들을 생각해 달라고 얘기했죠. 나는 Hilary와 Penny에게 Susan이 시끄러운 것 같다고 말했고, Susan에게도 시끄럽다고 말했다고 얘기했어요. 휴……, 그들은 그녀에게 2번씩이나 목소리를 낮추라고 말

했지만, 그런 일은 절대 일어나지 않았죠.

I: Penny와 Hilary에 대해 그 밖에 또 할 말이 있나요?

M: 그건 그렇고, 그 사람 이름이 뭐더라……, 아 맞다. Gary는 나에게 내가 Susan을 너무 시끄럽게 생각하는 것 같다고 말했어요. 그런데 그녀는 정말 시끄러웠어요. 그래서 나는 "Gary, 당신은 어떻게 생각하나요?"라고 말했어요. 나는 "Susan이 목소리를 낮추어야 한다고 생각해요." "목소리 좀 낮추세요, 네?"라고 말했어요.

I: Hilary와 Penny에 대해 기억나는 것이 더 있나요? 그들은 집단을 잘 관리하였나요?

M: 글쎄, 나는 그들이 좋은 선생님이라고 생각해요.

I: 당신이 한 그리기와 색칠하기에 대해서는 어떻게 생각해요?

M: 나는 훌륭하다고 생각해요, 맞아요.

I: 당신의 작품에 대해 다른 사람들은 어떻게 생각했나요?

M: 글쎄, 그들도 훌륭하다고 생각할 거예요.

I: 집단은 당신에게 어떻게 도움을 주었나요? (침묵) 당신에게 도움이 되지 않았나요?

M: 아니에요, 나는 정말 즐겼어요.

I: 언짢거나 짜증나지 않았나요?

M: (화를 내며) 아니요, 속상했어요. 그리고 Gary가 우리가 커피를 마시려 할 때나, 휴식시간을 갖는 것에 대해 지껄이며 간섭하는 것이 싫었어요. 그래서 나는 Gary에게 말했어요, "당신 일이나 신경 쓰는 게 어때요? 이것은 당신과 아무 상관없는 일이에요. Hilary와 Penny가 해결하게 내버려 둬요."라고요. 그리고 "Gary, 당신은 담당자가 아니에요, 당신 일에나 신경 쓰세요. 당신은 담당자가 아니라니깐, 저 두 명이 담당자라고요!" 나는 그에게 이렇게 말했어요.

그리고 그녀는 괜찮다고 말했어요. 그녀는 괜찮다고요. 그리고 Gary는 Susan에게 건방지게 대했기 때문에 Susan은 Gary에게 화가 났었어요. 그리고 논쟁한다면 그 때문이에요……. 나는 알아요, 내가 전에 논쟁한 적이 있으니까요. 아니, Susan이 전에 논쟁했었죠. 주간복지센터에서 항상 J씨에 대해서요. 나는 말했어요. "Susan, 난 토론하고 싶지 않아요. 당신, 당장 나가요. 주간보호센터에서 나가 버려요."라고 말이에요.

I: 그녀도 역시 집단을 떠났나요?

M: 그녀는 그렇게 해야만 했어요. 그리고 그 두 명도요. 나는 그 둘에게 말했어요, "상관없어요, Susan이 소리치면? 당신이나 나, 혹은 Gary를 포함해서, 그녀가 진정하고 모두에게 미안하다고 말할 때까지 돌려보내 버려요."라고요.

I: 마지막 질문……. 돌이켜 생각해 보면, Susan을 제외하고 당신의 마음속에 떠오르는 것이 있나요?

M: 나는 나의 감정과, 그리고 내가 살았던 곳에 대해서도 말했어요. 내가 살았던 곳, 내가 하고 있었던 것, 그게 다예요. 그리고 나의 그림에 대해서도요, 하지만 나는 색칠하는 건 좋아하지 않아요. 그리거나 스케치하는 건 꺼리지 않지만 말이에요. 나는 정말 그걸 즐겼어요. 나는 그들에게 작별인사를 했고, 이제 더 이상 보지 않아요. 그래서 만약 언젠가 그들을 만나게 된다면, 커피든 차든 무엇이든 마시게 되겠죠.

Susan과의 면담

Susan은 그 집단에 있었을 때, 40대 중반이었다. 그녀는 가족과 함께 살고 있었으며, 지역주간보호센터에 다녔다. 그녀는 센터에 가는 것을 힘들어하기는 했지만, Anne과 함께 차를 타고 집단에 오곤 했다. 그녀는 집단이 유지되는 기간 내내 규칙적으로 참여하였다([그림 3-3] 참조).

I: 그럼 당신은 집단에 대해서 어떠한 것을 기억할 수 있나요?

S: 음, 그곳에는 한 남자가 있었고 나는 그를 좋아하지 않았어요. 그리고 Penny는 내가 그를 좋아하지 않는 걸 알았어요. 그는 나에게 지독히 나쁜 말을 사용했고, 내게 말할 때요……. 그는 내 면전에 대고 비웃었고, 그런 이유로 난 정말 그를 싫어했어요. 그리고 나는 그것을 Penny에게 말했죠.

I: 그 외에 다른 것도 기억할 수 있나요?

S: 음, 알다시피 우리는 이야기를 나누었는데, 그것은 매우 사사로운 얘기였어요……. 하지만 내가 어떤 걸 말할 때마다 그는 참견하곤 하였고, 어느 날 나는 Penny에게 가서 내가 나가든, 그가 나에게 무언가 말하려 하든 둘 중 하나라고 말했어요. 그런데 그는 어느 날 오지 않았고 그건 정말로 놀라운 일이었고, 아주 평온했어요.

I: 집단에서 어떤 종류의 일들을 했나요?

S: 그들은 물감으로 그림을 그리곤 했어요. 알다시피, 우리는 펜과 물감을 가지고 있었고 그들은 모든 걸 했어요. 나는 하나만 했는데 그건 꽤 괜찮았어요. 하지만 그 외엔 아무것도 할 수 없었어요. 난 스케치는 할 수 없었어요. 나는 너무 멍해서 아무것도 할 수 없었어요.

[그림 3-3] Susan: 인물상과 꽃

세수도 해 봤지만, 스케치할 수 없었어요.

I: (사진들을 보여 주며) 건물에 대해 어떤 것이 기억나나요?

S: 그건 바로 위층에 있었고 나는……, 아, 나는 Penny에게 계단을 모두 올라갈 수 없다고 말했어요. 나는 그녀에게 승강기가 있었으면 좋겠다고 말했어요. 그리고 나를 짜증나게 한 건 음……, (방 사진을 가리키며) 그걸로 기억해요. 난 Penny에게 "아, 우리 지금 학교 안에 있네요."라고 말했는데, 앗! 벽들, 진짜 더러웠어요. 또 나는 의자를 좋아하지 않았는데, 그것들은 너무 매끌매끌했어요.

I: 그러면 그 집단에는 얼마나 많은 사람들이 있었나요? 기억할 수 있겠어요?

S: 나, Anne, Angela, Mike, 그리고 욕설을 하는, 내가 당신에게 말했던 그 남자가 있었어요. 우리는 새로운 사람들을 만났는데 한 명이 들어왔고 다른 한 명은 나갔어요.

I: 당신의 친구가 미술치료 집단에 간다고 상상해 보세요. 그가 당신에게 그 집단이 어떠한지 물어본다면 당신은 그에게 뭐라고 말해 줄 건가요?

S: 나는 괜찮다고 생각해요. 매우 좋았으니까요. 사람들도 정말 좋았어요. 하지만 내가 지금 화요일에 가는 곳, 거기 사람들은 너무너무 좋아요. 거기엔 나에게 항상 말을 거는 소년이 있어요. 그 아이는 항상 웃고 있고 그런 면은 내가 전에 있던 곳보다 더 나아요. 그 아이는 나에게 "당신한테 한 말 아닌데요. 당신한테 한 말 아닌데요. 뭐가 웃겨요?"라고 말하곤 했죠.

I: 집단에 대해 사람들이 생각했던 것은 무엇이라고 생각하나요?

S: 그들에게 여기서 커피를 마시지 않겠느냐고 제안했는데, 그들은 그럴 수 없다고 말했어요. 그들이 원했다면 할 수 있었는데 말이죠.

I: 그럼 당신은 그 한 남자를 제외하고는, 모든 사람과 잘 지냈나요?

S: 나를 괴롭히는 건, 만약 우리가 집단을 시작하려고 하면, 그가 걸어 들어왔어요. 내가 말하고 있으면, 그는 참견했구요. Penny가 "무례하게 굴지 마세요. 그녀가 말하고 있잖아요."라고 말했어요……. "그녀, 그녀, 거기." 이건 그가 나에게 말한 거예요. Anne은 그를 주목하지 않았어요. 나는 Anne과 함께 계단을 내려오던 것을 기억하는데, 그는 뭔가 말하자 그녀는 단지 그를 보기만 했어요.

I: 당신은 그의 참견에 대해 좌절감을 느꼈나요?

S: 네, 그랬어요. 나는 나와야만 했어요. Penny는 나에게 나오라고 말했지요.

I: 그럼 당신은 Hilary와 Penny에 대해선 어떻게 생각했나요?

S: 오, 멋진 분들이죠.

I: 집단에서 무슨 일에 관해 이야기를 했나요? 무엇이 화제였죠?

S: 왜 사람들은 싸움을 거는 걸까요? 그들은 정말, 그러니까 나는요……. 누군가 싸움을 건다면 알고 싶을 거예요. 나는 Penny에게 말했어요. "사람들은 왜 장애를 가진 사람을 웃음거리로 만들려고 할까요?"라구요. 그리고 그녀는 자기도 모르겠다고 말했지요. 또 사람들은……, 사람들은 내가 들어갈 때 여기 아래에 5명의 소년들이 맨 아래층에 있었는데, 그들이 말했어요. 오 이런, 나에게 말이에요. "당신은 장애인이잖아."라고 했고, 그리고 그들은 나에게 돌을 던졌어요. 나는 하지 않았고요. 그리고 난…… 또 그는 나에게 "떠나는 게 어때?"라고 말했고, 나는 그러지 않겠다고 했어요. 그들은 덩치가 컸어요……. 그리고 나는 그것에 관해 경찰에게 말해 왔는데, 그들은 왜 자기들이 그런 걸 해야 하냐는 식이었어요. 경찰들은 나에게 그들의 이름을 알아오라고 말했고, 그래서 난 그들에게 물었는

데, 그들의 한결같은 대답은 왜 이름을 알려고 하냐는 게 다였어요.

I: 그러면 집단의 나머지 사람들과 이에 관해 이야기하지 그래요? 그들은 비슷한 문제를 깨닫고 있나요?

S: 아니요. 아니, 그들은 아무 말도 하지 않았어요.

I: 그래요, 그럼 어떤 다른 일에 관해 이야기했나요?

S: 오, 우리는 그에 관해 말하고 있었어요. 나는 "왜, 왜 그는 항상 나쁜 말을 하고 참견할까?" 라고 말했어요. 그리고 그는 "그녀는, 그녀는, 그녀는" 이라고 말하고, 그리고 나는 "그냥 날 내버려 둬요. 그렇게 할 거죠?" 라고 했어요. 그는 나에게 연필을 던졌고, Penny는 그를 보고는 "Gary, 나가요!" 라고 말했어요. 그는 가방을 들고 나가 버렸어요. 난 말했는데……, 그녀는 "난 당신이 그에게 아무 말도 하지 않았다는 걸 알아요." 라고 했죠. 그는 그…… 책상 너머로 던졌고, 그건 고의적인 것이었어요.

I: 그리고 색칠하는 것에 대해 집단의 다른 사람들은 어떻게 생각했나요?

S: 글쎄, 나는 사람들이 그걸 좋아했다고 생각해요. 내가 Anne과 말하고 있었을 때, 나는 "그건 어때요?" 라고 물어보았거든요. 그녀가 한 건 모두 고양이였어요. 고양이 스케치, 그리고 그녀의 그림은 놀라웠어요. 나는 Penny에게 내 것은 별로라고 얘기했어요.

I: 그랬더니 그녀가 뭐라고 하던가요?

S: 그녀는 그렇지 않다고 얘기해 주었어요.

I: 당신은 집단에서 도움이 되는 걸 발견했나요?

S: 네, 난 그랬어요. 그들은 모두 친절했고 말을 잘 들어주었어요. 그들은 사람을 무시하지 않거든요.

I: 그 밖에 다른 방식으로도 도움이 되었나요?

S: 말하자면, 나를 더 평온하게 만드는 것이요.

I: 다른 사람들은 그것이 도움이 된다고 생각했는지 당신에게 말해 주었나요?

S: 아니요.

I: 당신은 집단에 도움이 되지 않는 걸 어떻게 발견했나요?

S: 내가 그 집단을 좋아했었으니까요.

Anne과의 면담

Anne은 30대 초반이었다. 그녀는 집에서 가족과 함께 살고 있으며 지역 주간보호센터에 다녔다. 그녀는 또한 그녀의 가족이 고용되어 있는 유아원에서 일주일에 한 번씩 일을 하고 있었다. 그녀는 Susan과 함께 차를 타고 집단에 왔으며, 정기적으로 꾸준히 참여하였다([그림 3-4] 참조).

I: 당신이 참석했던 집단에 대해 어떠한 것이 기억나나요?

A: 아, 그들이 기억나요.

I: 그리고 당신이 가야 했던 그곳이 어디에 있었는지 기억나나요?

A: 예, 어떤 오래된 학교, 그리고 그 계단들을 올라가면 있었어요!

I: 그 방들에 있었을 때에 관해 기억나는 것이 있나요?

A: 음……. 나는 책상 위에 종이가 있었던 것이 기억나요. 그들은 2개의 탁자를 함께 놓곤 했었고, 모든 의자는 그 탁자들 주위에 놓여 있었어요. 음…….

I: 그러면 집단에 있던 사람들에 대해서 기억나나요?

A: Susan, 나, 음……, Gary, David, John……, 또 Liz, 내가 생각나

[그림 3-4] Anne: 고양이와 태양

는 사람들이에요. 하지만 그들 중 반 정도는 사이좋게 지내지 않았는데, 그들은 Susan과 친하지 않았어요. 그녀는 사람들에게 말하곤 했는데…… 정말 끔찍했어요. 그리고…… 그녀는 나가 버리곤 했고, 그다음에 그녀가 다시 들어올 때에는 문을 쾅하고 세게 닫았어요.

I: 당신은 그 집단에서 다른 사람들과 사이좋게 지냈나요?

A: 네, 나는 얼마 동안 Liz와 사이좋게 지냈었어요.

I: 그럼 당신에게 미술치료 집단에 가는 것에 흥미가 있는 친구가 있다고 가정해 봅시다. 당신은 그들에게 뭐라고 말해 줄 수 있을까요?

A: 음……, 나는 그들에게 이야기를 나눈다고 말할 거예요……. 우리의 이름을 소개하고, 우리가 누구인지, 무엇을 하는지 등에 대해 말한다고요. 아니, 그 사람들, 그 사람들에게 우리의 이름을 말하고, 또 이야기를 나누어요. 하지만 만약 Susan을 제외한 다른 사람들만 있었다면 정말 멋지고 평화로웠을 것 같아요. 논쟁도 없고 소리 지르는 것도 없고 욕설도 없었겠죠.

I: 집단의 다른 구성원에 대해서는 어떻게 생각했나요?

A: 그들은……, 글쎄, Gary라는 이 한 남자가 생각나네요. 그는 C나 F, B로 시작하는 단어로 늘 말했고, 하지만 Susan은 그에게 "쉿, 조용히!"라고 말한 후 일어나서 나가 버렸어요. 그러고는 음……, 그녀는 많은 사람들을 화나게 했고, 더 이상 재미있지 않고 무례했으며 나를 울게 만들었죠.

I: 그러면 Hilary와 Penny에 대해 당신은 어떻게 생각했나요?

A: 그들은 둘 다 좋았어요.

I: 당신은 어떤 종류의 그림을 그렸나요?

A: 음……, 모르겠는데요. 나는 어떤 것들은 그릴 수 있었고, 어떤 것

들은 그리지 못했어요.

I: 당신들은 어떤 종류의 일에 대해 이야기를 했나요?

A: 음……. (긴 침묵) 기억나지 않아요.

I: 그럼, 그림에 대해서 이야기했었나요?

A: 예, 우리는 그림에 관해 이야기를 나누었고, 그 외의 것들에 대해서도 이야기를 했어요. 우리의 그림들, 또 그것이 무엇인지에 대해 이야기를 나눴고, 그리고 그 외에 우리가 했던 것에 대해서는 잘 생각나지 않아요.

I: 당신들은 우정에 대해 조금이라도 이야기를 나누었나요? 관계나, 그런 비슷한 종류의 일들에 대해서?

A: 우리는 우정과 다른 단어에 대해서도 이야기를 나누긴 했는데, 잘 기억은 나지 않아요.

I: 그럼 당신들은 다른 사람들이 그린 것이나 색칠한 것에 대해 서로 이야기를 했나요?

A: 아니요, 우리는 단지 자기 그림에 대해서 이야기해야만 했어요. 우리는 그 외에는 어떠한 것도 이야기하지 않았어요.

I: 집단이 당신에게 어떠한 방식으로든 도움을 주었다고 생각하나요?

A: 음……. 펜으로 그림도 그리고, 다른 사람도 만나고, 친구를 만나고 또 그 집단과 친구들……, 거기에 있던 사람들, Penny, Hilary요. 지금은 다 기억할 수 없어요.

I: 당신은 집단이 도움이 되지 않는다고 생각했던 사람이 그 집단에 있다고 생각하나요?

A: 네, 그래요.

I: 그들이 당신에게 왜 그런지 이유를 말했나요?

A: 아니요, 하지만 그들의 얼굴을 보고 알 수 있었어요.

I: 집단에 대해 덧붙여 말하고 싶은 것이 있나요?

A: 정말 생각나는 것이 없어요.

I: 당신은 그 환경이 좋았나요? 왜냐하면 당신이 그곳이 학교였다고 언급하면서 웃기 시작해서 묻는 거예요. 혹시 학교였다는 그 사실이 당신을 괴롭혔나요?

A: 아니, 그건 날 조금도 괴롭히지 않았어요.

I: 추가하여 더 말하고 싶은 것이 있나요?

A: 나는 그곳이 좋았다고 생각했어요.

David와의 면담

David는 30대였다. 그는 몇 년 동안 지역 병원에서 살았었다. 집단에 참석하는 동안 그는 빌라로 이사하려고 계획하고 있었다. 그는 이를 준비하는 데 대부분의 시간을 보냈고, 많은 날들을 그의 이동을 도와주는 사람들과 함께 병원에서 외출하여 지냈다. 그는 집단 초기부터 참여하였으며, 약 6개월 후에 떠났다([그림 3-5] 참조).

I: 집단에 대해 기억나는 것이 있나요?

D: 거의 없어요. 내가 거기에 있었던 건 오래 전이잖아요. 몇 가지 그림을 그리고 거기에서 스케치를 해 보던 게 기억나네요. 그들은 내 그림들이 좋았다고 말했지만 거기 아래에 있던 사람들은 내 그림을 가지고 놀렸어요. 난 조금도 걱정하지 않았지만 말이에요.

I: 만약 내가 당신에게 몇 가지 사진을 보여 준다면 아마 당신이 기억하는 데 도움이 될 거예요.

[그림 3-5] David: 집

D: 아, 난 방에 있었던 것, 거기에 있었던 것을 기억해요. 지독히 추웠지요. 중앙 난방이 전혀 되지 않았어요. 그들은 중앙 난방이 작동되지 않는다고 말했어요.

I : 당신은 그 집단이 재미있었나요?

D: 네, 재미있긴 했지만 거기에서 그렇게 많은 일이 일어나지는 않았어요. 내 관심을 끄는 것이 없었어요.

I : 당신처럼 친구가 미술치료 집단에 참석하기를 바란다고 상상해 보세요. 당신은 그들에게 무엇을 말해 줄 생각이세요?

D: 난 그들에게 가서 그것을 해 보라고 말하고 싶고, 끝날 때 그들이 생각하는 건 무엇인지, 무슨 일이 일어날지 알고 싶어요.

I : 집단 사람들이 기억나나요?

D: 아니요.

I : 당신은 그들을 기억하고 싶은가요?

D: 아니요.

I : 그들이 당신의 그림에 관해 말한 것에 대해 하고 싶은 말이 있나요?

D: 그들은 내 그림이 쓰레기 더미이고 바보 같다고 했어요. 그들은 내가 그리는 방식을 좋아하지 않았어요. 몇몇의 사람들이요. 그래서 난 마지막에 그냥 포기했어요.

I : Hilary와 Penny는 뭐하고 말했나요?

D: 그들은 그림들이 꽤 훌륭하다고 말했어요. 그들은 내가 잘하고 있다고 얘기했어요. 하지만 그들이 나를 거기에 있게 하려고 애쓰고 있었는지, 난 모르겠어요. 마지막에 난 정말 거기에 있을 수 없었어요.

I : 당신이 집단에 간 이유는 무엇이었나요? 왜 당신은 그 집단에 가야 했다고 생각하나요?

D: 배우기 위해서요, 그림 그리는 것에 대해서.

I: 당신이 거기에 간 또 다른 이유가 있다고 생각하나요?

D: 아니요, 난 그저 내가 어떤 식으로 나올지 궁금해서 한번 해 보는 데 관심이 있었을 뿐이에요.

I: 집단의 다른 구성원들과 이야기하기는 쉬웠나요?

D: 아니요, 나는 그들이 이야기하는 것의 반은 이해할 수 없었어요.

I: 다른 사람들은 그 집단을 즐겼나요?

D: 그건 나도 잘 모르겠어요.

I: 그럼 아무도 당신에게 그런 것에 대해 말하지 않았나요? 그들의 얼굴을 보고 알 수는 없었나요?

D: 아, 그들은 웃고 있었고 행복해했어요.

I: 그 집단을 이끄는 사람들은 어떠했나요?

D: 그들은 괜찮았어요. 그들은 시간을 들였어요. 그들은 누군가가 그림을 그리는 데 애먹는 걸 볼 때, 그들과 함께 있으면서 도와주었어요. 그들은 나를 많이 도와주었죠.

I: 그래서 당신은 그들과 꽤 자주 이야기를 했었나요?

D: 네, 그랬어요.

I: 되돌려 생각해 본다면, 당신들은 집단 내에서 일어나는 문제들에 대해서 얘기했나요? 예를 들어 만약 누군가가 정말로 시끄럽다면, 당신들은 왜 그런지 그 이유에 대해 이야기를 나누었나요?

D: 글쎄, 우리는 소음을 좀 줄여야 한다고 말했어요. 그리고 Penny와 Hilary도 이에 동의하고 무슨 일인지 보러 가겠다고 말했지요. 그게 다예요.

I: 당신들은 조금이라도 의사소통에서의 문제에 대해 이야기했나요?

D: 나는 했어요. 왜냐하면 나는 그들이 하는 말을 이해할 수 없었거든요. 그리고 그들은 나보다 더 못 했고 거의 말할 수 없었어요. 그리

고 나는 그들이 하는 이야기를 이해할 수 없었어요. 하지만 Hilary는 단지 가서 들으라고 말했고, 그래서 나는 가서 들었어요. 그들이 말하는 일부 이야기는 재미있었고 이해할 수 있었어요. 하지만 우리가 그들의 가족에 대해 알려고 하자 그들은 불쾌해하고 당황하더군요.

I: 당신 자신에 대해서 이야기해야 했나요?

D: 네, 나는 그들에게 나에 대해 모두 말했어요. 우리 가족에 대해서나 내가 어디에 살았었는지, 내가 어떻게 신경쇠약에 걸렸고 병원에 가게 되었는지도요.

I: 당신은 조금이라도 사람들과의 관계에 대해 이야기했나요? 사람들과 함께 친하게 지내는 것에 대해 이야기를 나누었나요?

D: 아니요.

I: 당신이 무엇을 그렸는지 기억할 수 있나요?

D: 집, 시골, 동물, 사람들이 걷고 있는 모습 같은 거…….

I: 당신이 집을 그렸던 이유를 생각할 수 있겠어요?

D: 음, 왜냐하면 나는 집이나 아파트와 같은 곳에서 사는 것에 대해 생각했었거든요.

I: 그럼 당신이 사람들을 그렸을 땐 이유가 뭔가요? 그 사람들은 당신이 아는 사람이었나요?

D: 사람들은 한때 친구였거나, 또 그들이 지금 하고 있는 게, 이 근처에서 나를 도와주는 사람들이에요.

I: 집단에 있는 누군가에게 집단 경험이 도움이 되었다고 생각하나요?

D: 나에게는 그것이 도움이 되었어요. 만약 문제가 생긴다면 Hilary나 Penny에게 말할 수 있고, 또 나에겐 그것이 정말 유용했어요.

I: 그 외에는 어떤 다른 면에서 도움이 되었나요?

D: 나는 좀 더 평온해졌고 긴장을 풀 수 있었어요.

I: 그렇다면 집단 경험에서 도움이 되지 않았던 면에 대해서는 생각나는 것이 있나요?

D: 좀 시끄러웠고 몇몇은 소리를 질러댔어요. 그건 날 흥미를 잃게 만들곤 했어요.

I: 그것이 당신을 화나게 했나요?

D: 날 화나게 하지는 않았어요. 하지만…… 어, 당신 커피가 식어 가네요. 그건 Tesco의 디카페인 커피인데, 나는 약 때문에 디카페인 커피를 이용하죠.

I: 집단에서 유용한 것이나 혹은 유용하지 않은 것에 대해 또 다른 이야기를 하고 싶은 것이 있나요?

D: 만약 그들이 집단을 유지한다면 장애인이나 학교에서 나온 사람들에게 더 유용할 거라고 생각해요. 그런 사람들을 위해 밤 시간이나 낮에 그들이 더 잘 그릴 수 있도록 돕는 거예요. 아마도 집단의 누군가는 언젠가 진짜 화가가 되거나 훌륭한 무언가를 그릴 것이고, 자신을 위해서도 잘 된 거죠.

I: 돌이켜보면, 당신의 기억에서 특별히 생각나는 건 어떤 것이 있을까요?

D: 걷기 힘든 어린 소녀가 있었고 사람들은 그녀가 계단 오르는 것을 도와주었어요. 또 그녀는 옛날 전쟁 노래를 부르곤 했어요. 그녀가 그리는 건 모두 그녀가 불렀던 노래에 대한 것이었는데, 그것들은 정말 멋진 그림이었어요. 나는 그녀가 노래 부르는 것이 좋았어요. 그녀는 정말 훌륭했어요. 난 지금 노래방에서 그 노래를 부르지만, 부르기까지 2년 6개월이나 걸렸어요. 참 재미있어요.

I: 말하고 싶은 또 다른 것이 있나요?

D: 나는 집단이 좋았다고 생각해요. 애석하게도 난 조금 더 그 집단에 붙어 있지 못했고 버거워지기 시작했어요. 왜냐하면 그 후에 문제가 생겼거든요. 그것이 너무 버거워져서 난 쇠약해졌어요. 그래서 병원 측에서 나에게 그만두도록 했죠. 왜냐하면 그들은 어떤 것이 잘못되어 간다고 봤기 때문이에요. 그들은 내가 신경쇠약이나 어떤 다른 문제를 다시 갖게 되었다는 것을 알았어요. 그래서 내가 가는 것을 그만두게 했어요.

I: 만약 집단이 다시 운영된다면, 당신은 그것을 향상시킬 수 있는 다른 방법에 대해 생각해 볼 수 있겠어요?

D: 소음을 줄이도록 노력해야 하고, 사람들이 들을 수 있도록 음악을 틀었으면 좋겠어요. 그건 사람들이 그림을 더 잘 그릴 수 있도록 도와줄 거예요. 나는 당신이 그 지역사회 공동체에 대해 좀 더 알기를 바란다고 생각했어요. 여긴 정말 잘 되고 있어요.

치료사의 논평: Penny

면담 자료를 읽으면서 필자는 그들이 얼마나 생생하게 집단에서 경험했던 문제거리와 딜레마를 다시금 불러내는지 몹시 놀랐다. 필자는 그것들이 신기하기도 했지만 또한 지치고 무력해지는 느낌이 들었다.

필자는 치료사들이 그 집단에 대해 그리고 그 논쟁에 대해 얼마나 많은 아이디어와 이론을 가지고 있었는지, 그리고 어떤 식으로든 문제를 개선해 줄 것 같은 유용한 접근법을 찾기가 얼마나 어려웠는지를 기억하고 있다. 지금은 당시에는 건드리기조차 불가능해 보였던 가장 고통스러운 문제에 대해 좀 더 지시적인 접근 방식이 있지 않았을까 하고 생각한다.

그 집단에는 그런 직접적인 지시적 접근을 어렵게 하는 뭔가가 있었고, 필자는 면담자료를 읽으면서 이것이 내가 경험했던 가장 강력한 감정과 묶여 있을지도 모른다고 생각한다. 이러한 생각은 장시간 지속된 논쟁을 바라보면서 나온 것인데, 이 논쟁은 필자가 기억하기로는 분노나 강한 감정의 표현이 일상적인 수준 이상이었으며 파괴적이고 처벌적이며 무자비하게 느껴졌다. 실제로 물리적인 폭력은 억제되었지만 여전히 위협은 존재했다. 모든 집단 구성원은 각자 서로 다른 방식으로, 예를 들면 울거나 떠나겠다고 위협하거나, 실제로 방을 나가 버리거나, 심지어 집단을 탈퇴하는 등으로 논쟁의 강도가 견디기 힘들다는 것을 보여 주었다. 이미 언급했듯이, 필자의 감정은 무력하고 지친 느낌이었고, 이러한 감정들은 분노, 실망, 절망이라는 요소 속으로 녹아들어갔다.

면담에 대해서, 그리고 그 집단, 특히 그 집단의 논쟁에 대해서 갖고 있는 필자의 기억에 대해 나는 어떻게 이해해야 할까?

필자는 면담 자료에서 집단이 교류하는 데 어떤 패턴이 있다는 것을 깨달았다. 사람들이 서로 반응하는 때가 있기는 했지만, 이들은 말할 기회가 왔을 때에도, 더구나 다른 이를 희생시켜 그 기회를 얻었을 때조차도 그만큼 반응하지 않았다. 집단 구성원들은 다른 사람이 끼어드는 것은 자신에게는 부적절하며 자신이 원하는 것에 집중하는 것을 방해한다고 생각하고, 혹은 개인적 모욕으로까지 느끼는 것 같았다. 이는 심지어 겉으로는 서로 동의할 때조차도 일어났다. 이러한 교류는 흔히 계속되는 독백의 형태로 변형되어 나타났는데, 말하고 있지 않은 이는 자기가 말할 기회를 기다리면서 아주 간신히 조바심을 감출 수 있는 정도였다.

치료사들은 집단이 운영될 당시 구성원들이 차이를 용납하는 일은 있을 수 없는 일이라고 생각하는 것을 알아차렸고, 또한 분리(separation), 개별화(individuation), 분열(splitting)에 관한 Winnicott 학파 및 Klein 학파의 사상을 염두에 두었다(Klein, 1959; Winnicott, 1971). 집단 구성원들은 모두 살면서 통제력과 자율성, 정체성 부족 문제로 분투하고 있었다. 이들의 소속 욕구, 안전 욕구, 인정받고 사랑받고자 하는 욕구가 다른 사람들과 구별되는 자신만의 독자적 권리를 지닌 인간이고자 하는 욕구와 어떻게 동시에 조화를 이룰 수 있겠는가? 이를 더욱 복잡하게 한 것은 보통 사람들과 다르다는 면에서, 혹은 가치 없는 자신의 모습을 반영해 주는 집단 구성원들에게서 분리되고자 하는 욕구였다. 논쟁이 이러한 상반된 욕구들을 조화시키는 방법을 과연 제공했을까?

Agazarion과 Peters(1981: 109)는 대화를 독점하는 것 또는 독점당하는 것이 서로의 차이점을 구별하기 위해 개인이 초기에 드러내는 공생적 거부(symbiotic refusal)의 집단 표명일지도 모른다고 제안하고 있다. 그리고 집단의 융화라는 암묵적인 개인의 목표에 조력하는 것일 수도 있다는 것이다. 이러한 경우, 논쟁은 집단이 표면상으로 차이를 유지하는 한편 융화를 위해 노력하는 방식의 하나인 것인가?

또한 Agazarion과 Peters(1981)는 집단 작업으로부터 '도주(flight)' 하는 초기 단계, 집단 내에서 '투쟁(fight)' 하는 단계를 언급하였다. 이런 것들이 집단 지도자의 권위에 도전하는 바탕을 형성하게 된다. 이 집단은 바로 '투쟁' 단계로 뛰어들어간 것처럼 보였지만, 동시에 논쟁은 집단 구성원들이 경험했던 문제들로부터 도주하게 만들거나 그 문제에 대한 부정(denial)을 가능하게 하였다. 이는 구성원들에게 도피를 위한 분명하게 규정되고 인식 가능한 구조를 제공했다고 볼 수 있다.

여기서 치료사들의 역할은 어떠한 것이었는가? 필자가 집단과 종종 연관시키곤 했던 이미지는 새끼 새들의 둥지였다. 새끼 새들은 모두, 비록 다른 새가 죽는 한이 있더라도 부모로부터 먹이를 충분히 받으려고 필사적이다. 필자는 종종 집단이 안간힘을 쓰는 것을 봤으며, 필자의 도움으로는 충분치 못하리라는 것을 느꼈다. 두 치료사 모두 치료 시간이 끝나면 허기를 느끼면서 나갔다. 필자는 다른 구성원을 집단에서 없애 버리고 싶고, 좋은 집단과 그들만을 위한 치료사를 두고 싶은 집단 구성원들의 꿈을 반영하는 이미지를 어느 정도 예상하고 있다. 예를 들어, 면담 내용은 모두 다른 사람들이 변하기만 한다면 모든 것이 잘될 것이라는 강한 느낌을 전달한다. 또한 사람들이 치료사들로부터 더 많은 것 또는 서로 다른 것을 좋아했으리라는 것도 명백하다. Susan, Mike, Gary 그리고 David 모두 어떻게 했더라면 그들이 치료사들의 행동, 특히 논쟁과 관련한 치료사들의 행동을 좋아했을지에 대한 의견을 가지고 있었다.

필자의 생각으로는 치료사들이 바랐던 것은 집단이 그 구성원들로 하여금 다름 아닌 그들 자신이 되고 그들 자신으로 존재할 수 있는 공간이 되는 것이었다. 그러나 책임을 지는 것은 어렵고 두려운 일이기에, 종종 치료사들은 책임과 권위를 포기하고 집단 구성원을 어린아이처럼 취급하기도 하였다. 동시에 치료사들은 논쟁 때문에 침묵하는 상태가 되고 권위를 박탈당하였는데, 이 논쟁은 모든 사람에게 똑같이 통제권을 앗아가 버리는 것 같았다.

뿐만 아니라 논쟁은 집단이 함께 모여 하는 작업의 어려움에서 구성원들을 보호하고자 하는 치료사들에게 또 다른 방식으로 영향을 미쳤다. 그 회기들은 항상 강렬했는데, 필자는 빨리 생각하고 이해하고 대답하라는 압력을 느꼈던 것으로 기억한다. Casement(1985)가 말했던 '내부 수련감독자(internal supervisor)'를 위한 공간을 찾기는 힘들었다. 필자는 한심하게 느껴졌지만, 집단 역동 내에서 그에 적합한 장소를 찾도록 이러한 감정을 연결하는 데 실패하였다. 그 당시에 치료사들은 논쟁이 행동화(acting out)—참을 수 없는 감정에 대비한 방어—의 한 형태이고 이를 집단에게 반영해서 알려 주기 위해 많은 시도가 이루어졌다고 생각했다. 그러나 그러한 시도들로 달라지는 것은 없었다. 이제 면담 자료를 다시 읽고 스스로의 한심함을 재음미하면서, 필자는 말을 잃고 권위를 박탈당하는 것이 어떤 기분인지를 치료사들에게 알리기 위해 논쟁이 존재한다는 것이 과연 가능한지 의구심을 가지게 되었다. 아마 필자는 무능하고 부적합하다는 느낌을 부정하고자 하는 집단의 욕구와 공모했던 것 같다. 그리고 필자가 얼마나 무력함을 느꼈는지 말했더라면, 집단원들이 질투 어린 공격으로 표현하고 다른 사람이나 미술매체를 희생양 삼아 자신이 집단에서 깃대를 잡고자 필사적이거나, 혹은 논쟁이라는 그럴듯한 연막 대신 이러한 감정들을 인정하고 인식할 수도 있었을 것이다.

한심하게 느껴지는 것은 분명 학습곤란이라는 문제 자체와 관련된다는 사실을 간과했다는 것이다. 학습곤란이라는 역동은 왜 이 문제가 그토록 직접적으로 접근하기 어려운지 그 원인의 한 부분을 차지했을 것이다. 집단이 학습곤란을 겪는 사람들만을 대상으로 한다는 점은 항상 분명히 밝혔고, 모든 구성원도 이 점은 명백히 알고 있었다고 필자는 확신하며, 그들 중 일부는 스스로 집단치료에 응했던 사람들이었다. 신체장애, 약물치료, 시설, 활동 등과 같은 주제가 학습곤란을 가진 사람을 위해 전적으로 다루어졌지만 학습곤란이라는 문제를 드러내 놓고 언급하는 것은 철저히 피했다. 그 당시 필자는 사람들이 어떤 식이 되었든 자신이 참을 만하다고 느끼는 방식으로 이 문제를 말할 것이라고 생각했고, 치료사들이 달리 어떤 식으로 이에 대해 이야기하는 것은 가혹하며 거의 폭력에 가까운 일이라고 여겼다. 면담 자료를 읽으면서 필자는 우리가 과보호했던 것은 아닌지, 심지어 어느 정도는 그 사실이 입 밖으로 내어놓을 일이 아니라거나 창피한 일이라는 느낌을 유지하게 한 것은 아닌지 생각하게 되었다. 우리가 공공연하게 그 문제를 말하지 않음으로써, 집단원들이 직접적인 분노를 견뎌낼 정도로 충분히 강하다는 점을 느낄 기회를 차단해 버린 것은 아닐까? 필자는 Sinason(1992)의 용기 있는 해석(courageous interpretations)에서 그들이 얼마나 안심하며 만났는지 생각하면서, 우리가 집단 속에서 보다 대담하게 행동할 방식을 찾았어야 했음을 깨달았다.

그러나 집단 구성원들은 그들이 겪은 고통을 다른 사람들과 많이 나눌 수 있었다. 그들이 겪었던 거절과 미움, 죄책감, 무력감 그리고 어쩌다 '좋은' 기분을 느끼면 거기에 매달리려는 끊임없는 몸부림이 격렬하게 진행되었다. Casement(1985)는 치료사들이 Alexander가 기술한 '정서 경험의 교정(corrective emotional experience)'을 꼭 제공할 필요는 없다고 지적하였다. 우리는 분명 그들이 너무나 자주 경험했던 지배적이고 권위적인 태도에 반대되는 문화를 보여 주려고 노력했다. 그러나 그들을 인정해 주지 않는 가족이나 지배적인 직원과 동일시하기를 꺼렸던 우리의 태도를 통해서, 우리는 집단이 그들에 대해 가졌던 해소되지 않은 감정을 탐색할 기회를 좌절시켰다. 또 다른 가능성은, 우리가 파괴적이라고 느꼈던 행동을 피하는 와중에 실제적으로는 집단에게 유용했을 행동 방식을 촉발시킬 무언가를 인식하지 못했을 수도 있다.

Casement(1985)는 내담자가 원하는 것과 필요로 하는 것을 치료사는 구별할 필요가 있다고 언급하였다. 면담을 보면 구성원 모두는 치료사들로부터 그들 자신을 위한 특별한 무엇인가를 원했음이 드러난다. Mike와 Gary는 모두 더 많은 개인적인 관계를 원한다는 것을 분명히 했고, 모든 면담 대상자들은 치료사들이 자신들에게 동의해 주고 집단으로서가 아니라 개인으로서의 그들을 위해 행동해 주기를 얼마나 바랐는지 보여 주었다. 그럼에도 불구하고, 드물게는 구성원들의 환상이 어떻게든 충족되었지만(예: 오직 여성만 참여했던 어떤 주에), 욕구가 실제적으로는 충족되지 않았음을 그들은 여실히 보여 주었다. 필자에게는 논쟁이 그러한 통찰력을 가로막는 데 일조한 것으로 보였다. 또한 아무리 치료에 도움이 되지 않는다고 하더라도 우리가 그들을 위해 행동하고 보호하며 친밀하게 대하고, 혹은 일종의 이상적인 지지를 보내기를 바라는 구성원들의 소망이 표현된 것으로 보이기도 하였다. 한편으로는 의식적·무의식적으로 표현된 이러한 구성원들의 소망에 저항해야 할 필요성을 느끼는 우리의 능력을 극한까지 시험하면서 말이다.

치료사의 논평: Hilary

필자는 집단이 도움이 되었다는 말을 듣기를 바라면서, 또한 최선의 의도를 가지고 운영된 미술치료 집단이 참여자들에게 도움이 되지 않거나 오히려 해를 끼칠 수도 있을까 하는 풀리지 않는 질문에 대한 답을 원하며 면담 내용을 경청하였다. 필자의 첫 번째 반응은 실망감이었다. 사람들의 마음속 갈등은 여전히 너무나 생생했다. 시간이 그 감정을 해소해 주지도 않았고 경험을 바꿔 주지도 않았다. 필자는 결함이 있는 이 집단에서 비통함과 무익함을 느끼는 필자의 반응이 너무나 강력해서 일단 놀랐다. 그러나 두 번째 면담을 들으면서 보다 균형 잡힌 시각이 드러났다. 대부분의 사람들은 이 경험에 대해 긍정적인 느낌을 가지고 있다고 말했고, 이 집단을 친구에게 추천하고 싶다고 했다. 두 사람은 집단 활동의 결과로 마음이 안정되었다고 말했고, 다른 사람들은 자신의 미술작품을 자랑스럽게 여겼다. 무엇보다 집단의 생동감과 집단 활동에 대한 사람들의 참여 정도가 구성원들의 이야기 내용에 충분히 나타나 있었다.

또한 필자의 마음속에는 실제 집단 활동 진행에 관한 의문이 있었다. 우리는 이론적으로 정통했지만 그것이 집단에 참여한 사람들의 경험과 직면했을 때, 그리고 그에 대한 우리 자신의 경험이라는 면에서 그다지 큰 도움이 되지 않는 것처럼 보였다. 집단에 대한 해석과 착상들은 종종 집단에 실패했고 우리가 기대했던 효과를 발휘하지 못했다. 학습곤란을 가진 사람들과 작업할 때는 접근법을 수정해야 하는 것일까? 이에 대해 생각하면서 필자는 그 사람에 대해 장애와의 관련성에 있어서 의문이 들 때 '타비스톡 클리닉 런던(Tavistock Clinic London)'의 심리치료사들이 수행한 연구가 유용하다는 것을 알게 되었다. 이들 연구의 많은 부분이 장애가 성격 발달에 어떤 영향을 미치며, 인간이 자신의 장애에 어떻게 대처하고 장애를 이용하는지, 뿐만 아니라 이의 사회적 함의점에 대하여 담고 있었다. 필자는 여기서 설명하고 있는 집단에 대해 생각할 때, Stokes(1987)가 제시한 인지지능(cognitive intelligence)과 감성지능(emotional intelligence) 간의 구별이 특히 적절하다는 것을 깨닫게 되었다. Stokes는 인지지능 검사에서 낮은 점수를 획득한 사람들이 상당한 수준의 감성지능을 나타낼 수 있으며 학습곤란이 없는 사람은 구별할 수 없는 방식으로 감정을 인식하고 기술하는 능력을 가지고 있다고 언급하였다. 실제로 미술치료 집단 구성원들은 상당히 세련되고 섬세했으며, 개개인이 직접적인 문장을 통해 복잡한 정서를 전달할 수 있을 뿐만 아니라 말로 표현되지 않은 감정에도 민감하다는 것을 보여 주었다.

참여자들의 시각에 대한 관점으로 다시 돌아가면, 그들은 긍정적 의견과 더불어 계단, 더러운 벽, 커피가 없는 것 등 물리적 환경에 대한 불평을 많이 토로하였다. 모든 사람이 소음과 고함 때문에 불편하다고 토로했고, 한 사람은 눈물까지 글썽였다. 대부분의 집단 구성원들은 집단에서 문제를 일으키는 사람으로 Susan을 지적하였다. 계속되는 논쟁은 주로 그녀와 세 명의 남성 참가자 간에 일어났다. 필자가 기억하기로는 Susan이 자신의 화를 표현하는 데 가장 능숙하였다. 때때로 그녀는 까다롭고 말도 안 되게 굴었지만, 필자는 그녀 덕분에 집단에 정직성과 에너지가 불어넣어졌다고 생각하였다. 또한 필자는 공평하고 이해심 많게 대하려고 노력하다 보니 이러한 분노 표현이나 공격적인 언사에서 비롯되는 다른 이들의 고충을 너무 묵살하지는 않았을까 하는 생각을 하기도 한다. 우리는 Susan이 집단의 역동이 기능하는 데 어떤 역할을 맡은 것으로 이해하였다. 때로 우리는 그녀가 다른 사람들의 비합리성과 분노를 투사한 희생양임을 느끼기도 했다. 우리는 그녀가 다른 구성원들이 일상적인 역할을 충실히 수행할 수 있도록 했고, 관계에서 그들 자신이 겪는 어려움을 적극적으로 의사표현할 수 있게 만들지 않았을까 하고 생각하였다. 우리는 관찰한 것들을 공유했지만 집단 역동에 대한 해석은 대개 아무런 반응을 이끌어 내지 못하였다. 시간이 흐른 후 우리는 개인이 그들 분노의 직접적인 원인이나 출처를 통찰하도록 촉진하는 방향으로 접근법을 약간 수정하였다. 이 방법은 조금 더 도움이 되었다. 논쟁을 어떤 식으로 이해하고 다루어야 하는지, 그리고 각 개인이 논쟁에 어떻게 기여하고 참여하고 있는지에 대한 의문은 집단 과정 내내 우리를 따라다녔다. 그러나 되돌아보면 우리가 우리의 영향력에 대해 과대평가했다는 생각이 든다. 논쟁을 유지하고 진행해 나가는 것뿐만 아니라 자제하고 때로는 멈추기까지 하는 역할은 대개 집단 구성원들이 하고 있었다.

필자에게는 여전히 두 가지 의문이 남아 있다. 첫째, 왜 사람들은 그러한 논쟁적인 집단에 계속 참석하였을까? 둘째, 이 집단은 집단 운영에서 얻게 되는 전문적인 만족감이나 흥미와 더불어 나에게 왜 이토록 강력한 절망감을 느끼게 하는 것일까? 우리의 작업 일지를 다시 들여다보고 면담 내용을 들어본 결과, 첫 번째 질문에 대한 답은 어느 정도 얻을 수 있었다. 사람들은 가슴속 이야기를 털어놓는 데 가치를 부여하였다. 그들은 느낀 것을 표현할 수 있으며, 또한 이 표현의 중요성을 인정한 것이었다. 그리고 집단원들은 자신의 미술 작업에서 개인 특유의 표현을 함으로써 우리가 알아차린 것보다 더 많은 것을 얻었던 것 같다.

다시 생각해 보니, 필자는 그들의 작품이 특수한 방식으로 활용되기를 기대했었다. 이는 집단 구성원들의 생각과는 꼭 들어맞지 않았던 것 같다. 필자는 그림이 희생양을 전이시켜 담을 수 있는 적절한 매체가 될 수 있기를 바랐고, 그래서 집단에서 어떤 사람을 희생양 삼는 현상이 감소하기를 기대하였다. 필자는 미술이 견딜 수 없는 자신의 상처, 취약성을 표현할 수 있도록 하여 이들에게 능력을 부여하고, Shaverein(1992)이 기술한 것처럼 내담자가 자신의 감정을 인정(acknowledgement)하고 내사(introduction)하는 과정을 시작할 수 있기를 기대하였다. 필자가 생각건대, 희생양이 된 것은 활동 그 자체였다. 어떤 집단 구성원들은 그리는 활동이 그들의 장애를 드러낼 것이라고 느꼈다. 바로 이것이 만들어지는 작품의 양을 제한하는 효과를 발휘하였다. 감히 종이에 펜을 댄 사람은 다른 구성원들이 자신의 노력을 비웃지 않을까 하는 위험을 감수한 것이었다. 이리하여 종종 아무 말 없이 살짝 작품을 그리고는 보여 주지 않고 보관함에 넣어버리곤 하는 일이 벌어졌다.

그 당시 구성원들이 '지적 장애'나 '학습곤란'과 같은 용어를 사용했다는 기억은 없지만 학습곤란에 대한 경험은 집단에서 중심 주제였다. 최근 몇 년 간 장애에 대한 사회의 태도가 학습곤란을 겪는 사람이 자신에 대해 갖는 내면화된 시각에 미치는 영향에 관해 많은 저술이 이루어졌다. Stokes(1987)는 능력장애(disability)가 있는 개인은 사회적 장애(handicap)를 갖게 됨으로써 불가피하게 희생양이 되며, 그들의 가족과 사회 전반적인 측면에서 손실을 입게 된다고 쓰고 있다. Sinason은 학습곤란이 있는 아동에게서 불완전과 손상에 대한 내면화된 이미지가 어떻게 발달하는지 다음과 같이 생생하게 기술하고 있다. "Hera가 그랬던 것처럼, 그리고 대부분의 부모들이 장애아라는 충격에 직면했을 때 하는 것처럼 만약 어머니의 눈에 비친 최초의 영상이 거부나 혐오감이라면, 사람들이 원하는 아름답고 건강한 아이가 아니라는 지각이 만들어지기 시작한다."(1998: 96) Anne이 그린 그림([그림 3-6] 참조)에서, 그녀는 그림을 미소 짓는 깜둥이 괴물인형(golliwog)으로 설명하면서 그러한 감정을 가지고 있음을 필자에게 알려 주었다. 그녀는 집단 생활 주기의 주요 지점에서 그 그림을 그렸다. 우리 집단의 모임은 그때 9개월 정도 되었는데, 집단원의 수는 세 명으로 줄어 있었고, 우리는 그 다음주에 새로운 집단원들을 소개했다. 그 회기는 Susan과 Gary 사이의 금방이라도 타오를 듯한 논쟁 때문에 불편하게 시작되었다. Penny와 필자는 집단의 변화에 관한 느낌에 집중하고자 노력했다. Susan은 집단에 어떤 힘이나 통제력의 부족이 느껴진다고 말하면서 그것은 자신 때문은 아니라고 하였다. Gary는 새로 온 사람들이 잠재적으로 자기 편이 될 수 있을 것이라고 느꼈다. Anne은 "우리 집단에 온 것을 환영해요."라고 말하면서 자신의 그림을 소개하였다. 이 그림에 대한 이야기가 집단을 활발한 토론으로 뭉치게 하였다. 토론의 형태는 세 명의 집단원이 새로 온 구성원들과 관련하여 느끼는 희망과 두려움으로 구체화되었는데, 새 구성원들이 어떤 사람들이며 집단에 대해서 어떻게 생각할지에 관한 것이었다. 필자는 Anne이 자기가 그린 사람을 깜둥이 괴물인형으로 표현한 것에 관심을 가졌다. 그 인물은 분명히 흰색이었고, 필자가 보기에 머리인지 모자인지 모를 그 윗면에서 삐죽이 나온 검은 머리카락 외에는 깜둥이 괴물인형과 전혀 닮은 점이 없었다. Anne이나 혹은 집단의 다른 구성원들이 그 용어(깜둥이 괴물인형)가 암시하는 인종차별적인 의미를 자각하고 있는지의 여부는 알 수 없었다. 그러나 집단 구성원들은 이전 모임에서 집단에 참여하게 될 사람들의 '타자성(otherness)'에 관한 두려움에 대해 토론할 때 흑인을 넌지시 언급했었다. 현재 참여 중인 사람들은 치료사들을 포함하여 모두 백인이었다. 그림이 내포하는 가능한 의미에

[그림 3-6] Anne: 인물상

대해 생각하면서, 필자는 집단 구성원들이 그들이 일부분으로 속해 있는 문화와 공통되게 어느 정도 폄하하는 이미지와 용어에 대한 인식을 갖고 있는 것이라고 추측하였다. 집단은 '깜둥이 괴물인형'을 이상하고 멍청한 것으로 표현했고, 이것저것 여러 가지 옷 조각으로 만들어졌다고 묘사하였다. 이 깜둥이 괴물인형은 집단의 마스코트가 되어 사랑과 경멸을 동시에 받았다. 사람들은 그 그림이 앞으로 들어올 구성원들에게 이 집단이 어떠한지 보여 줄 수 있을 것이라고 생각하였다. 그 형상이 집단 구성원들 자신을 어떻게 보는지에 관해 전달해 준다고 생각할 때, 필자는 인종차별적이면서도 어린애 같은 의미를 함축하는 깜둥이 괴물인형이라는 단어를 사용한 것이 꽤 흥미롭게 다가왔다. 필자는 이것이 개인 자신을 보는 방식을 잘 설명해 주고 있다고 느꼈다. 그들은 자신을 사회의 구성원으로서 평가절하하고 이질적으로 생각하고 있었다. 집단에서의 갈등은 아마도 그러한 고통스러운 현실에서 눈을 돌리기 위한 방편이 될 것이다.

필자는 바로 앞에서 설명한 모임이 집단 내에 응집된 분위기가 형성된 흔치 않은 경우 중 하나에 포함된 이유가 무엇인지 자문해 보았다. 왜 사람들은 그들의 공통된 경험에서 힘을 받기보다는 오히려 그 경험을 부정했을까? 집단을 운영하면서, 필자는 감히 다른 사람들과는 공유할 수 없는 환상을 가지고 있었던 것을 기억한다. 그 환상은 학대하고 해를 입히면서도 계속해서 관계를 유지하는 커플이 있는 것처럼, 이 집단도 그와 유사한 이유로 계속 함께하는 것은 아닌가 하는 것이었다. 이렇게 이상하고 다소 극단적인 이미지를 되돌아보자니, 여기에 가능한 역전이(counter-transference)의 의미에 대해 곰곰이 생각하게 되었다. Sinason(1992)은 학습곤란과 '부적합한 성(bad sexuality)', 그리고 하자 있는 자녀를 두는 것에 대한 사회의 두려움과의 연관성에 대해 글을 썼다. 그녀는 사람들이 학습곤란에 대해 나쁜 성행위와 관련한 사회문화적 환상을 가지고 있다고 제안하였다. 또한 그녀는 이러한 환상이 학습곤란을 가진 사람에게서도 관찰된다고 지적하였다. 즉, 그들은 자신을 그들 부모의 부적합한 성 활동의 소산으로 볼 수 있다는 것이다.

집단 내의 남성과 여성 간의 관계도 쉽지 않았다. 이 집단은 여성편/남성편으로 갈라지는 경향이 있었다. 남성/여성의 관계가 왜 그렇게 어려운지 그 이유는 분명하지 않았다. 간혹 남성과 여성 간의 관계에서 경험했던 어려움이 이야기되기도 하였다. 집단의 어떤 구성원이 성적으로 학대받은 경험이 있었는지에 대해서는 우리도 듣지 못했다. 당시 우리는 학습곤란이 있는 사람이 이성과 어른스러운 관계의 범위에 들 만한 경험을 키워 갈 기회가 부족할 것이라고 추측하였다. 아마 집단 내에 커플이 생기면 일을 망칠지도 모른다는 무의식적인 두려움도 있었을 것이다. 학대적인 커플 관계에 대한 필자의 이미지가 이 두려움을 반영했던 것은 아니었을까? 그러한 두려움이 함께 뭉치기보다는 서로 분리되고 갈라지는 이 집단의 경향성을 부분적으로 설명해 줄 수 있을 것이다. Sinason(1992)은 학습곤란을 가진 사람의 성 발달에 대해 논하였다. Sinason은 장애가 없는 또래보다는 장애아들이 배변이나 몸을 씻는 데 더 오랜 시간 도움을 받는다는 사실을 지적하였다. 예를 들어, 아동기 후기까지도 어머니가 씻겨 준 소년은 신체에 대한 프라이버시 개념을 발달시키기가 힘들 수 있다. 이러한 개념의 부재는 후에 관계를 정립하고자 할 때 어려움으로 이어질 수 있다. 적절한 경계를 유지하기 어려운 것이 이 집단의 문제인 것으로 보였다. 때때로 여성들은 원치 않는 접촉에 대해 불평하곤 했는데, 남성들은 거절당하고 사랑받지 못하는 것에 대해 느끼곤 했다. 집단 구성원들이 집단 안에서든 밖에서든 이성 친구를 가질 수 있다는 희망은 대개 충족되지 않았고 흔히 비현실적이기까지 했다. 집단에서는 경계에 관해 보다 실제적인 어려움이 존재했는데, 그 지역사회에서 학습곤란을 가진 사람들이 적기도 하고 집단 구성원들은 다른 맥락에서 서로를 알고 있었다. 더군다나 비밀은 유지되기 어려웠다.

면담 내용에서 집단원들이 한 이야기에 직면했을 때 필자 자신을 쓸모없는 존재로 느껴지게 만들었던 두 번째 질문으로 돌아가 보겠다. 마음속에서 장애라는 주제와 함께 이에 대해 생각하면서, 필자는 그 집단에 쓸모없는 느낌을 유지하도록 한 것이 부분적으로 우리가 아니었는지 생각하게 되었다. 우리는 분명히 논쟁 때문에 무력하게 휘둘렸다. Gravestock과 McGauley는 집단 구성원들이 '정상'으로 간주되는 이들에 대해 시샘 어린 공격을 했던 학습곤란이 있는 성인 집단에 대해 기술하였다. 그들은 집단에 대해 다음과 같이 말했다. "우리는 불완전한 집단을 탄생시킨 우리에 대한 그들의 분노가 그들의 불완전함과 함께 그들을 낳은 부모에 대한 분노를 반영하고 있다고 느꼈다."(1994: 161) 아마도 그 논쟁을 우리가 그러한 장애 집단을 운영하는 데 대한 공격으로 이해할 수 있을 것이다. 집단 과정 중에 집단 모임이 이루어지는 방이나 치료실에 대한 불만도 많이 표현되었다. 집단 구성원들은 그 건물이 예전 학교라는 점에 민감하게 반응했는데, 이는 어린아이 취급을 당하는 것과 연관된 것이었다. 지나고 보니, 이러한 실질적인 걱정을 다루었다면 장애를 갖고 살아가는 경험에 대해 집단에서 보다 공개적으로 토론할 기회를 가질 수도 있었을 것이다. 출생으로 비유하는 것은 정말 흥미롭다. 처음 9개월 동안은 이 집단이 끝까지 살아남을 수 있을까 하는 끊임없는 의심이 존재했다. 이 시점이 지난 후 집단은 새로운 구성원들의 영입과 함께 새로 '탄생'했는데, 이때부터는 그들이 새로운 구성원을 받아들인 것처럼 수용하는 과정을 시작하는 것이 가능해졌다. 집단의 상징으로 그려진 깜둥이 괴물인형 이미지가 9개월이 되어서 태어났다는 점도 주목해야 할 흥미로운 점이다.

논평의 많은 부분은 우리가 이전에 해석하지 못했던 점에 초점을 맞춘

것 같다. 쓸모없는 치료사의 역할을 놓아버리기가 쉽지 않다. 바라건대, 경험에서 배울 수 있을 것이다. 의심할 여지 없이, 다음 집단은 그들 나름대로의 도전거리를 가지고 올 것이다.

감사의 말

이 장을 준비하는 데 도와주신 Maggie Higgins, Sandie Taylor, Lyn Davis, 그리고 비밀보장의 원칙으로 여기에 이름을 거론할 수 없는 집단 구성원 여러분에게 감사를 전한다.

참고문헌

Agazarian, Y. and Peters, R. (1981) *The Visible and Invisible Group*, London: Routledge and Kegan Paul.

Casement, P. (1985) *On Learning From the Patient*, London: Tavistock Publications.

Gravestock, S. and McGauley, G. (1994) 'Connecting Confusions with Painful Realities: Group Analytic Psychotherapy for Adults with Learning Disabilities', *Pychoanalytic Psychotherapy*, 8(2): 153-67.

Hughes, R. (1989) 'Transitional Phenomena and the Potential Space in Art Therapy with Mentally Handicapped People' paper given at Conference 'Art Therapy for People with Severe to Marginal Learning Difficulties' held 29 November 1989 at Leicester Frith Hospital, Groby Road, Leicester. (Not published.)

Klein, M. (1957) *Envy and Gratitude*, London: Tavistock.

Shaverien, J. (1992) *The Revealing Image*, London: Routledge.

Sinason, V. (1988) 'Richard III, Hephaestus and Echo: Sexuality and Mental/Multiple Handicap', *Journal of Child Psychotherapy*, 14(2): 93-105.

Sinason, V. (1992) *Mental Handicap and the Human Condition. New Approaches from the Tavistock*, London: Free Association Books.

Stokes, J. (1987) 'Insights from Psychotherapy', paper presented at International Symposium on Mental Handicap, Royal Society of Medicine, 25th February 1987.

Strand, S. (1990) 'Counteracting Isolation: Group Art Therapy for People with Learning Difficulties', *Group Analysis*, 23: 255-63.

Tipple, R. (1993) 'Challenging Assumptions: The Importance of Transference Processes in Work with People with Learning Difficulties', *Inscape*, Summer.

Winnicott, D. W. (1971) *Playing and Reality*, London: Tavistock Publications.

제4장

벼랑 끝에서

학습곤란과 성격장애를 가진 사람을 위한 미술치료

Simon Willoughby-Booth & Joanna Pearce

주요 주제

- 다음과 같은 특성을 공유하는 내담자들과의 미술치료 작업에 대한 경험 반영
  - 중등도의 학습곤란
  - 알려지지 않은 정신건강 문제
  - 간헐적이지만 심각한 반사회적 행동 폭발

핵심 사항

- 현재 존재하는 경계선적 성격장애에 대한 문헌을 기반으로 한 미술치료사로서의 우리의 경험 탐색
- 그러한 사람들과의 미술치료 진전을 보여 주기 위한 사례연구 활용
- 이러한 내담자를 위한 미술치료의 특별한 가치 고찰: 언어 습득 전 문제를 탐색할 수 있는 신체적 경험 담아 주기(containing physical experience) 제공에 적합한 속성에 관해

서 론

대규모 병원에서 학습곤란을 가진 사람을 대상으로 작업하는 미술치료사로 일하면서, 우리는 내담자들이 비록 모두 개별적으로 서로 매우 다르

기는 하지만, 그들을 구별된 집단으로 보도록 지속적인 특성들을 나타내는 한 작은 집단을 발견하였다. 그들은 특정 정신건강 진단을 받지는 않았지만, 그들의 행동은 그들과 그들 주변에 있는 사람들에게 중대한 문제를 나타내고 있었다. 그들은 단지 중등도 수준의 학습곤란을 가지고 있었으며, 일반적으로 예의 바르고 사회적이며 종종 남을 기쁘게 하고자 노력하는 듯 보였다. 그러나 그들 대부분은 정신건강이나 또는 기타 법안에 따른 다양한 이유로 병원에 수용되어 있었고, 간헐적으로 심각한 반사회성을 나타내거나 때때로 범죄적 행동양상을 보였다. 그들 모두 공통적으로 가지고 있는 한 가지 특징은, 그들은 시간이 지나면서, 때로는 몇 년 동안이나 우리 부서와 관계를 유지하였는데, 그것이 그들에게 분명 의미 있는 관계이기도 했지만 우리에게는 종종 혼란과 좌절감을 안겨 주었으며, 우리가 과연 미술치료 과정을 통해 그들에게 제공하고자 한 것이 무엇인지 정의하기 어렵게 만들었다.

우리에게 경종을 울려 주었던 그들은 비록 표면상으로는 서로 다른 진단을 받은 집단이었지만 경계선적 성격장애의 진단 준거와 일치하는 행동을 나타내는 것처럼 보였고, 그래서 우리는 문헌에서 참고 사항을 점차적으로 찾아 나갔다. 따라서 우리는 이 장에서 치료 관련 이론과 임상실제뿐만 아니라 인과적 요인까지 탐색하고, 이러한 내담자들과의 작업에서 우리의 접근 방식이 내포하는 의미를 검토하기 위해 다음과 같은 방향을 취하기로 하였다. 즉, 우리는 작업이 서로 다른 상황에서 어떻게 전개되는지 설명하기 위해 사례연구를 활용할 것이며, 여러 가지로 당황스럽게 하는 그러한 사람들과의 새로운 작업 방식을 개발하기 위해 추후 연구나 조사에 필요한 점을 강조하여 논의를 제시할 것이다.

문헌에 나타나 있는 설명

경계선적 성격장애에 대한 기술적 분류와 진단은 문제시되는 분야이며, 숙련된 전문가들조차도 종래의 전통적인 치료 접근법으로는 반응이 없고 예측 불가능한 행동양상에 의해 여전히 어려움을 겪고 있는 사람들의 욕구와 직면할 때에는 혼란과 좌절감을 받아들일 준비를 해야 한다는 사실이 발견되었다. 이 집단을 설명할 수 있는 일관된 관점을 끌어내기 위한 시도는 정신분석과 심리치료적 견해 및 다양한 치료 접근에서 나온 여러 가지 서로 다른 이론적 모형을 담고 있는 광범위한 문헌에서 조사되었다.

'경계선적 성격장애'라는 용어는 정신의학적 분류인 정신장애 진단과 통계편람 3판(DSM-III, 1980)과 DSM-III 개정판(1987) 그리고 DSM-IV(1994)에서 정식으로 소개되었다. 경계선적 성격장애에 대한 기술적이고 정신분석적 관점을 담고 있는 문헌은 Akhtar(1992), Berelowitz와 Tarnopolsky(1993)에 의해 재검토되었으며, 이들은 이러한 분류에 아직 의문점이 남아 있기는 하지만 타당하다고 결론 내렸다. Akhtar는 분류의 원인이 된 행동의 범위와 초기 정신 발달에 대해 기술하고 그 상태를 다음과 같이 요약하였다.

> 경계선적 개인은 자기 자신을 희생자로 보며, 독선적이며 화가 나 있고 만성적으로 분노를 느끼며, 이상화에 감정적 몰입을 보이거나 타인을 미워하고, 표면적으로는 현실에 적응한 것처럼 보이지만 실제로는 매우 충동적이며, 도덕적 · 윤리적 쟁점에 대해 일시적으로 열중하고, 매우 낭만적이거나 성적으로 문란하며, 분별없이 결정하고 아는 것이 많은 듯 잘난 체하기도 한다. 그러나 암암리에 본래부터 결함이 있다고 느끼며, 자주

> 타인에게 진정으로 의지하지 못하며, 홀로 지내는 능력이 손상되어 있고, 진정한 죄책감을 경험할 수 없으며, 사랑을 지속할 수 없고, 마술적인 사고에 취약하며, 정신증적 삽화를 가진다(Akhtar, 1992: 359).

Akhtar는 각기 다른 성격장애 분류에서 나타나는 행동의 범위를 기술하고 그러한 행동이 생기는 원인이 될 수 있는 초기 개인 발달을 추적하였다. 장애를 상급, 중급, 하급 수준으로 '성격 조직의 위계적 도식'에 따라 분류하는 질병분류학을 개선하고 확대하여 분류의 새로운 체계를 가정하였다. 이는 〈표 4-1〉과 같다.

우리가 확인한 개인의 예후는 이 분류체계에 의한 것이다. 이는 우리의 경험을 반영하였으며, 또한 우리의 개입만 분리하여 본 것이 아니라 전체

〈표 4-1〉 성격 조직의 위계적 도식

	높은 수준	중간 수준	낮은 수준
진단 범주/ 치료/예후			
일치하는 진단	강박 히스테리 공포(회피성) 피학(Type I)	자기애 피학(Type II)	경계선적 유아기적(연극성) 편집증 경조증 반사회성 가장성(as-if) 분열성 분열형
치료 선택	정신분석	정신분석/ 정신분석적 심리치료	정신분석적 심리치료/ 지지적 심리치료/약물 다른 보조적 측정
예후	매우 좋음	좋음	보호

출처: Akhtar, 1992, p. 373

치료 프로그램의 한 구성 요소로서 진행된 개입에 대한 관점을 반영하고 있다.

우리는 미술치료 문헌에서 성격장애를 가진 내담자와의 작업에 대한 것은 아주 조금밖에 찾을 수 없었다. Hughes(1986), Cole(1986) 그리고 Goldsmith(1986)는 성격장애를 가진 학습곤란 내담자와의 작업에 대해 기술하였다. Henley(1991: 69)는 성격장애로 진단받은 적은 있지만 학습곤란이 없는 내담자와의 작업에 대해 기술하였다. Lachman-Chapin(1979)은 Heinz Kohut의 성격발달에 대한 관점, 미술 제작과 창조성과의 관계, 그리고 미술치료에서 이것의 의미와 관련성에 대해 설명하였다. 그녀는 다음과 같은 내담자들과 작업할 때 미술치료사가 특별한 기여를 하고 있다고 주장하였다.

> 전-오이디푸스기 동안의 발달 실패로 인한 응집적 자기(cohesive sense of self)가 부족한 내담자. 이러한 증상은 다수의 정신과 환자들에게 전형적인 것이다. 특히, 신경증보다는 최근 경계선적 성격장애나 자기애적 성격장애를 가진 환자들에게 그러하다(Lachman-Chapin, 1979: 8).

진단 기준

경계선적 성격장애의 DSM-IV(1994: 654)에 따른 진단 기준은 다음과 같다.

> 인간관계, 자기상 및 정서의 불안정성과 현저한 충동성의 지속적 패턴

이 초기 성인기부터 발현되고, 다음에 제시되는 것 중 다섯 가지 이상이 다양한 맥락에서 나타나는 경우

(1) 실제적인 혹은 상상적인 유기(버림받음)를 피하려는 극도의 노력
 주의: 기준5에 포함되는 자살 혹은 자해 행동은 포함되지 않음
(2) 이상화와 평가절하의 양극단 사이를 오가는 것이 특징인 불안정하고 강렬한 인간관계 패턴
(3) 정체성 장애: 자기상 혹은 자기에 대한 감각이 현저하고 지속적으로 불안정한 경우
(4) 잠재적으로 자기 손상적 성질을 지니는 최소한 두 가지 영역에서의 충동성(예: 소비, 성, 약물 남용, 부주의한 운전, 폭식)
 주의: 기준 5에 포함되는 자살 혹은 자해 행동은 포함하지 않음
(5) 되풀이되는 자살 행동이나 제스처 혹은 위협, 또는 자해 행동
(6) 기분의 현저한 반응성으로 기인하는 정서적 불안정성(예: 며칠마다 간헐적으로 나타나 몇 시간 동안 지속되는 강한 기분 저조나 초조 혹은 불안 에피소드)
(7) 만성적인 공허감
(8) 부적절하고 강렬한 분노 혹은 분노 통제의 어려움(예: 빈번한 분노 폭발, 지속적 분노 상태, 되풀이되는 신체적 충돌)
(9) 스트레스와 관련된 일시적인 편집증적 사고 혹은 심각한 해리 증상

우리 내담자 집단이 보이는 행동의 많은 부분이 이러한 기준과 일치하였으며, 비록 대부분 공식적인 진단이 없기는 하지만 이들 중 일부는 실제로 성격장애로 진단받은 적이 있었다. 우리는 진단을 확정하고 차별적인 진단을 하고자 하는 것이 아니라, 미술치료라는 다른 관점을 통해 이러한 구별된 집단의 요구를 알아보는 것에 의미를 두고 탐색하였다. 예를 들어, 경계

선적, 편집증, 반사회성, 분열성과 같이 낮은 수준을 가지고 있는 성격장애 내담자들을 위한 심리치료적 개입의 적합성에 대해서는 실무자들 사이에서 많은 논의가 있어 왔다. 또한 치료사에게 어려움을 주고 치료과정 동안 접근과 역할의 변화를 필요로 하는 혼란되고 위험한 행동을 억제하는 것에 대한 논쟁도 분명 존재한다. 이는 치료 회기 안에서 치료사의 역할이 변화될 수도 있는 학습곤란을 가진 내담자와의 작업에서는 그리 보기 드문 경우는 아니라고 할 수 있다.

내담자 집단에 대한 재고

문헌에 기술되어 있는 설명을 바탕으로 우리는 내담자들 사이에 나타나는 공통성의 요소나 범주상의 연결고리가 있다면 이를 확립하기 위해 우리 내담자들에게 나타나는 특성을 다시 한 번 검토하고자 하였다. 이 집단의 다음과 같은 몇몇 특성은 문헌에서 찾은 것들과 매우 유사하게 나타났다. 즉, 거짓 자기(false self)의 형성이 내적 표상과 외적 표상 간에 매우 큰 격차를 보임, 방어기제로 분열(splitting) 사용, 통합된 정체성의 명백한 부재, 사건에 대한 명료한 그림 제시 불가능, 직접적인 느낌과 보고되는 느낌 사이의 불일치, 그리고 초자아 기능의 결여 등이다. 우리는 이러한 점들을 항상 알고 있었지만 그것을 이 집단만의 구별된 표시로 보지 않았으며, 또한 그 영향에 대해 인지발달에서 한계를 가지고 있는 것으로 접근하여 설명하지는 않았다.

현재 나타나는 행동 중 얼마나 많은 행동이 학습곤란에 의해 가질 수 밖에 없는 당연한 결과로 받아들여지고 있는가? 우리가 지적 손상을 성격이나 행동의 역기능에 의해 불가피하게 야기된 왜곡된 정신 발달과 동등하게 간주하는 것은 너무나 잘못된 가정이 아닌가? 우리 내담자들은 이해력이나 경험 부족으로 새로운 행동을 배울 수 없는 것인가? 그들이 자신의 행동에 책임감을 가지는 것은 절대로 불가능한 것인가? 미술치료가 그들이 어떻게 느끼는지 표현하고 그들 자신과 그들 가치에 대해 보다 충분한 인식을 발달시킬 수 있도록 이들 개인을 위한 공간을 제공하고 있으며, 여기서 그들은 신뢰감과 개인적 만족을 얻을 수 있는가? 아니 기본적으로, 그들이 어떤 상황이며 진정한 개인적 성장은 선택 사항이 아니라는 사실을 우리는 말하고 있는가? 따라서 우리 내담자들에 관해 일반적으로 받아들여지고 있는 인식, 그리고 그들이 왜 그런 방식으로 행동하는지 그 이유 탐색에 실패하고 미술치료적 과정으로 그들에게 유의미한 변화를 일으키지 못한 죄책감에 눈이 멀어 버린 것인가?

만약 성격장애의 근원이 정상적인 신체 · 지각 · 인지 발달을 가진 유아의 초기 환경에서의 실패로 밝혀진다면, 우리가 관찰하는 내담자 집단의 행동은 어떤 유사한 초기 발달 경험 때문이라고 할 수 있다. 이것은 불규칙적이고 예측하기 힘든 유아의 욕구 발달이 완벽히 인지되거나 충족되기 어려운 것과 같다. Akhtar(1992: 142)는 초기의 중요한 외상은 없지만 유아의 욕구가 지속적으로 충족되지 못하는 환경을 나타내는 '누적된 외상'의 개념에 대하여 재검토하였다. 발달상 장애를 가진 아동에게 입원을 필요로 하는 신체적 문제나 신체와 정서의 발달이 동시에 일어나지 않는다거나 오랫동안 알려지지 않은 문제가 생기는 것처럼, 그들이 잘못될 수 있는 수많은 미지수가 생겼을 때 그것이 그들의 양육자에게 과연 쉬운 일이겠는가? 대상관계 발달의 결정적 시기인 분리-개별화 단계 동안, 분명히 이해되지 않은 방식으로 발달이 지체된 유아에게는 많은 어려움이 생길 수 있다. 경도의 학습곤란을 가진 아동의 의존 증가는 의존과 독립 사이의 적절한 균형을 찾는 것이 거의 불가능한 상황을 나타내는 것으로 보인다.

Akhtar의 질병분류학에 따르면, 성격장애의 수준, 유전, 초기 아동기의 환경적 요인 사이에는 상관관계가 있다. 즉, 전-오이디푸스기와 오이디푸스기 동안의 심리적 발달에서 성공적인 애착, 잠복기와 청소년기에서 비롯된 요인들, 심리 구조적 특성들 간에, 우리는 장애가 가지는 본래의 영향보다는 초기 유아기와 아동기의 환경적 요인에서 기인될 수 있는 발달의 실패를 탐색할 필요를 느끼기 시작했으며, 따라서 우리의 치료 모형을 검토하기 시작하였다. 우리는 이를 위해 내담자 집단이 나타내는 행동을 재고하였으며, 이것을 DSM-IV(1994)의 진단 기준과 연결하고자 시도하였다. 다음에서는 우리가 만난 내담자들이 보인 몇 가지 주요한 면에 대해 간략히 기술하고 개요를 소개하고자 한다.

1. 30대 중반의 한 남성인 그를 처음 만난 것은, 그가 실제로 신체적 폭행을 일으킨 후 정신의학 보고서 작성을 위해 의뢰되었을 때였다. 그는 호감을 사려고 노력했고 공손했으며 자신의 잘못이 명백히 아닌 일에 대해서도 사죄를 구하였다. 또한 그는 사건을 차례대로 배열하는 데 어려움을 가지고 있었고, 거의 이해할 수 없는 길고 복잡한 이야기를 꺼내면서 시간 개념에 예기치 않은 어려움을 보였다. 그는 편집증적 관념화를 표현하였고, 무서울 정도로 찡그린 얼굴과 몸짓을 보이며 분노를 통제하지 못하였다. 그는 호러 영화에 사로잡혀 사람들을 놀라게 하고 영화에서 봤던 일들을 행동화하기도 하였다. 때때로 그는 매우 천진난만하고 순종적이었지만 자신의 독립성 부족에 대한 문제와 좌절감에 대해 이야기하기도 하였다.
2. 20대 중반의 남성으로, 그는 매우 말이 많고 호감형이었지만, 자기 퇴행적이었으며 짓궂고 낄낄대며 웃는 경향이 있었다. 그는 많은 관심을 요구하였고 자신을 바르게 보이게 하기 위해 다른 사람들을 조종

하고자 하였다. 그는 자신과 함께 일하는 사람들을 자신에게 특별한 사람으로 보려고 노력하였다. 그는 시간 감각은 우수했지만 때때로 사건에 대한 매우 왜곡된 견해를 드러냈다. 그는 매우 유혹적이었고 성적인 면에서 기회주의적이었으며, 성범죄 행동에 대한 개인력을 가지고 있었다.

3. 30대 여성인 그녀는 자녀에 대하여 매우 양가적인 태도를 가지고 있었고, 많은 도움을 요구하였지만 정작 그것을 이용하지는 못했다. 그녀는 끊임없이 약속을 어겼으며 자신을 극적인 어려움으로 몰아넣었고, 보건 서비스나 사회 서비스에 불가능한 요구를 하였다. 그녀는 알코올 남용과 그녀 자신을 성적인 위험에 노출시킨 이력을 가지고 있었다. 그녀는 정서적인 부분에서 심한 불안정을 보였고 자신의 감정을 속이려고 하였다.
4. 한 젊은 남성은 철회(withdrawl) 양식이 매우 발달되어 있었고, 자동차 없이는 여행을 하지 않았다. 그는 자신의 보호자에게 불가능할 정도로 높은 수준의 요구를 했으며, 만약 좌절될 경우 파괴적이고 자기학대적인 행동으로 위협하였다. 이러한 행동은 종종 심각한 도전이 되기에 충분했다. 그의 기분은 급격히 변화하였으며, 사람이나 상황에 대한 이상화를 하다가도 갑자기 파괴적이거나 공격적인 행동으로 바꾸기도 하였다. 그는 모든 직업 제공을 고의로 방해하면서도 지루하다고 불평하였다. 그는 특유의 양식을 정기적으로 나타내었는데, 그를 거절하도록 꾀함으로써 사람들이 자신을 포기하도록 만들었다.

미술치료의 공헌

Stokes와 Sinason(1992: 48)은 '이차적 정신장애'를 '주요한 손상에 의한 정서적 후유증'으로 정의하였으며, 우리가 만약 취약한 발달을 한 이 내담자들의 환경적 요인의 영향을 인정한다면 진정한 회복 작업을 위해 노력하고 있는 셈이다. 그렇다면 이 과정에서 이상적인 조건은 무엇이며, 미술치료는 어떤 도움이 되는가? 현재 우리가 이러한 내담자들과 하고 있는 작업에서는 그들의 초기 발달력에 대한 매우 확실한 그림을 그릴 수 없다는 것이 명백하다. 즉, 그들의 다양한 원인이 항상 사건과 분명하게 또는 시간적 순서에 맞게 연관되는 것은 아니며, 많은 관련 사실들은 절대 알려지지 않을 것이다. 이는 그들의 발달적 수준의 정도를 추측하기 위해 우리가 할 수 있는 것은 행동관찰뿐이라는 것을 의미한다. 또한 종종 우리는 내담자들이 우리에게 요구하고 질문한 것이 무엇인지 회상함으로써 알 수 있을 뿐이다.

만약 초기 양육 환경의 실패가 대상관계 형성의 실패를 이끌었다면 우리가 할 일은 퇴행이 가능할 수 있는 지속적인 공간, 즉 확실히 안전하게 봉쇄되어 있고 언어습득 이전의 작업을 할 수 있는 공간을 제공하는 것이다. 미술치료는 이 모든 것을 제공할 수 있고, 또한 각종 매체와 발달 여정의 각기 다른 발달 단계에서 만들어진 중요한 대상을 이용하여 대상 생존을 경험하게 함으로써 안전한 행동화를 위한 공간을 제공한다. Lachman-Chapin은 다음과 같이 지적하였다.

> 미술과 미술치료사는 성격과 자아로 통합되지 못한 과장되고 과시적인 소망을 수치심 없이 표현할 방식을 찾는 데 있어 많은 환자들에게 사용될

> 수 있다. 화가처럼, 미술치료사는 보통 사람보다는 욕구를 보다 더 잘 공유할 수 있기 때문에, 이러한 작업을 수행하는 데 적합하다(Lachman-Chapin, 1979: 8).

미술 제작의 기본적 성질과 상징 형성에서 미술 제작의 역할 때문에, 내담자들은 미술 작업을 통해 그들 자신과 깊은 관계를 수립할 수 있고, 기본적으로 치료사는 필시 위험한 존재일 수밖에 없다는 인식이 있기 마련인데, 미술 제작은 이러한 치료사와의 관계를 활용하기 위해 내담자들이 선택하는 방식에 큰 유연성을 두게 한다. 미술 제작 과정의 다기능성(versatility)은 "장기간 어지러운 삶을 산 환자들이 미술 매체나 다른 것을 이용하여 그들의 과거를 상징화하고 재진술하는 방법을 찾도록 가능성의 범위를 제공한다는 측면에서 매우 중요하다."(Lachman-Chapin, 1979: 7) 미술 제작 과정을 통해 중요한 작업이 완성되는 동안, 사람의 중요성을 도와주는 사람이 되거나 혹은 목격자가 되는 것에 두었던 내담자들과 작업한 시기가 있었으며, 작업의 초점이 치료사가 놀이를 요청하는 역할로 보이도록 하는 다른 시기도 있었다. 쓸모 있는 존재로 느껴지는 경험은 이러한 작업의 또 다른 구별되는 특성이며, Winnicott이 청소년에 대해 언급했던 것을 떠올리게 한다. "부모가 도울 수 있는 부분은 아주 적다. 그들이 할 수 있는 최선은 살아남는 것, 어떤 중요한 원리도 포기하지 않고 온전하게 살아남는 것이다."(Winnicott, 1971: 171)

미술치료 환경

이 장의 사례 자료는 큰 도시 지역에 있는 학습곤란 대상자들을 위한 서비스에서 우리의 작업을 끌어낸 것이다. 내담자들은 일반적으로 다음의 세 가지 상황 중 하나에 놓여 있었다. 즉, (1) 도시 교외에 있는 학습곤란을 가진 사람을 위한 전통적인 거주형 병원의 미술치료 부서, (2) 학습곤란과 행동문제를 가진 사람들을 위한 작은 거주형 센터, 그리고 (3) 법의학적이고 정신건강문제에 대한 사정과 치료를 제공하는 경도에서 중등도 학습곤란을 가진 사람들을 위한 소규모 거주형의 주간 병원 단위 등이다.

병원의 미술치료 부서는 설립된 지 25년이 훨씬 넘었으며, 비록 병원은 문을 닫았지만 이 부서는 큰 스튜디오를 갖추고 잘 완비되어 있었고, 내담자들이 안전하고 지지받는 느낌을 가질 수 있는 작업하기에 매우 좋은 장소였다. 이 부서는 병원에서의 생활 양식을 합병하였으며 다학제(multi-disciplinary) 범위의 서비스를 받을 수 있는 곳이었다. 내담자들은 경우에 따라 이 부서와의 관계를 수년간 유지하면서 미술치료가 그들의 인생에서 중요한 역할을 하도록 했다. 두 거주형 단체는 학습곤란을 가진 사람이 직면하는 추가적 문제를 다루는 새로운 서비스의 일부분이었다. 두 가지 모두, 미술치료는 치료 프로그램에서 없어서는 안 될 부분이었으며 주간 병원 서비스의 일부로 잘 완비된 미술실을 갖추고 있었다. 미술치료사들은 의료진과 간호 스태프, 작업치료, 의사소통치료, 그리고 임상 심리를 포함하는 다학제 팀의 일원이었다. 이전에 병원 환경에서 보았던 몇몇 내담자는 현재 새롭게 구성된 집단들 중 하나에 소속되어 있으며, 그래서 우리는 연속적인 치료를 유지할 수 있었다.

각각의 서로 다른 환경에서 미술치료실이라는 것은 우리 내담자들이 미술치료에 성공적으로 참여하는 데 필수적인 환경을 유지하여 안전함을 제공한다. 내담자들은 빈약한 사회화, 의사소통 곤란, 정신건강이나 행동장애를 포함하는 표면화된 여러 가지 원인, 또는 '사정(assessment)'을 위해 미술치료에 의뢰되었다. 그러나 우리는 이 집단 사이에서 성격장애에 해당되는 진단 준거를 충족하고 우리가 성격장애로 간주했던 집단과 일치하는 상당수의 사람들을 확인하였다.

사례연구

다음의 사례연구들은 이러한 내담자 집단에 관한 우리의 경험과 그 내담자들의 미술치료 경험을 반영하였다.

Jean

Jean은 후견인의 보호하에 있는 32세의 여성으로, 우울 상태가 의심되고 가족이 있는 집으로 돌아가도록 한 지시 조항을 끊임없이 어겼기 때문에 필자(Joanna Pearce)가 일하는 치료 센터에 의뢰되었다. 그러고 나서 그녀는 가사 책임을 분담하면서 가정의 성격을 띤 활동 프로그램을 제공하는 공동생활가정(group home)에 살게 되었다. 그녀는 수면 양상에 장애를 보였으며, 동기와 자존감이 낮았고, 자신 안에 자기를 심각하게 고립시키고 있었다. 그녀는 극도로 혼란되어 있었고 일관된 대화를 유지하지 못했으며 극히 짧은 단기기억 능력을 나타내었다.

Jean은 외동딸이었으며 비록 자격증 없이 학교를 졸업하였어도 뚜렷한 문제 없이 사범학교를 통과하였다. 그녀의 할머니는 그녀의 가족과 함께 살았다. 질환이 처음 나타난 것은 그녀가 18세 때였다. 이때 그녀는 자신을 스스로 고립시켰으며, 직업을 잃었고, 어머니가 먹이고 입혀야 할 정도로 심각하게 퇴행하고 있었다. 그녀의 가족은 과도한 음주 형태로 상당히 혼돈된 생활양상을 가진 것으로 보였고, 그녀가 경도의 학습곤란을 가진 것이 발견되었음에도 별다른 조치를 취하지 않는 것 같았고, 결국 그녀는 병원치료를 그만두었다. 28세 때 그녀는 비밀리에 그녀의 지역보건의에게 의뢰되었으며, 당시 그녀는 심각한 체중 저하를 보였고 가족 상황도 상당히 나빠진 것으로 밝혀졌다. 그녀의 가정에서 그녀를 분리하기 위해 후견인의 보호를 받게 되었다.

미술치료 사정 기간 동안, 그녀는 빙빙 도는 소용돌이 형식의 선을 그리고 그 영역을 채우는 작업에 열의를 보였다. 이는 그녀의 매우 고정된 작업 양식이었으며 자기 유지(self-maintenance)의 한 종류로 보였다. 그녀는 과거와 현재를 혼동하면서 자신의 현 생활 상황에서의 문제에 관한 극심한 고통을 말하고자 하였다. 그녀는 종종 침울한 침묵에 빠져들었으며 그녀가 말하고 있는 것이 무엇인지, 그리고 그녀 주위에 있었던 사람들이 누구인지 짧은 시간 내에 잊어버렸다. 그녀가 쓰는 그 '어리석은 노인'이란 말은 현재 그녀를 돌보고 있는 여성과 그녀의 할머니를 가리키는 말이었다. 그녀는 거의 자신의 부모에 대해 직접적으로 언급하지 않았고 부정적 방식으로는 절대 말하지 않았다.

필자는 Jean과 함께 개별 회기와 집단 회기에서 작업하였다. 집단 작업은 그녀와의 일대일 회기 속에 포함되었고, 그녀는 이미지를 만들어 나가면서 그녀의 학창시절에 대해 이야기하기 시작하였다. 그녀를 가정으로 돌려보내고자 한 것은 결국 실패하였고, 그녀는 정신건강 호스텔에 있는 이상적인 임시 수용시설과는 거리가 멀어 보이는 곳으로 옮기게 되었는데, 그곳은 지원에 대한 개입이 보다 적은 곳이었다. 비록 그녀에 대한 개인적 보호는 줄어들었지만 여기에서 그녀는 정서적으로 성장하였다. 종종 그녀가 유지하던 본래의 방식으로 돌아오기는 했지만 그녀는 미술 작업에서 끊임없이 새로운 방식을 시험하였고, 이 시점부터 그녀가 큰 흥미를 가지고 하는 일이 무엇인지 언급하기 시작했으며, 이것은 아주 미미한 변화이기는 하지만 매우 놀랄 만한 일이었다. 그녀는 전혀 신경 쓰지 않는다는 듯이 여전히 그녀의 가족에 대해서는 전혀 말하지 않았으며, 보다 적극적으로 종일 센터에 머무르려 했고 전체 활동 프로그램에 참여하려고 하였다. 그녀의 기억은 크게 향상되었지만, 매달 월경기간을 기억하지 못하거나 전체적으로 자기 자신을 스스로 돌보거나 관리하지 못하는 문제를 계속해서 보유함으로써 특정 문제 영역을 가지고 있었다. 마침내 그녀는 매우 높은 수준의 지원을 받아 단독 아파트로 옮기게 되었고, 이 시기 즈음 그녀의 부모와 할머니는 건강이 좋지 않았는데 얼마 후 그녀의 어머니는 세상을 떠났다.

그녀와의 일대일 회기는 그녀에게 필요할지 모를 어떤 애도 작업에 초점이 맞추어졌다. 잠시 동안 그녀는 무난하던 행동양상조차도 너무 까다로워져서 미술 작업을 전혀 하지 않으려 하였고, 때때로 시작하자마자 바로 그만두려고 하였다. 그러나 그녀는 그 시간을 어머니를 잃은 것에 관해 이야기하는 데 사용하였다. 다음으로 그녀는 종이를 축축하게 만들어 그 젖은 종이에 그림을 그리는 데 몰두하기 시작했으며, 그 작업은 매우 대담했으며 아주 흐트러져 있었지만 단지 그 종이 내에서만 그러하였다. 그것은 극적이고 인상적이었으며, 그녀는 공공연하게 그것을 준비하고 나타내는 데 열심이었고, 그것은 많은 주목과 인정을 받았다. 이 작업이 근본적으로 갖는 물리적 성질과 잠재적인 산만함은 퇴행의 안전한 형태였고, 이렇게 수용과 긍정의 경험을 하게 된 것이 그녀 자신에 대한 가치와 수용의 증가로 이어졌다고 필자는 생각한다. 그녀의 정체감과 자기 가치감은 최근 다소 복잡한 방어를 점차 늦출 수 있게 되었고, 전에는 그녀의 삶에서 수용하지 못했던 사실이나 감정에 대해 인정하기 시작하는 지점까지 발달하였다.

그녀가 참여한 직후 임상심리학자는 그녀에게 기억평가검사를 하였는데, 필자는 그때 "그녀는 아무 기억이 없는 것으로 나타난다."라고 한 임상심리학자의 언어적 보고를 기억하고 있다. Jean에게서 보다 뚜렷한 그림이 나타날수록, 그녀가 왜 기억하지 않는 것을 선택했는지 알 수 있을 것이다.

이러한 최근 작업까지 그녀와 필자의 관계는 거의 감정을 섞지 않은 일반적인 관계였다. 즉, 그 작업의 객관적인 성질은 너무 가까워진 사람들이 잠재적인 위협이 될 때 그녀가 깊이 신뢰할 수 있는 어떤 것을 제공해 주었다. 그녀는 현재 필자의 강압적인 역할로 알게 된 것에 대해 도전하기 시작했고, 이것을 할머니에 대한 자신의 감정을 통해 작업으로 연결할 수 있게 되었다. 이는 또한 그녀가 어렸을 때 보살핌을 제대로 받지 못했다는 면에서 그녀의 어머니에 대한 상실과 연결되었다.

미술치료는 복합적인 형태로 그녀에게 돌봄(care)을 제공하는 부분이라고 볼 수 있다. 즉, 치료 센터의 환경은 그녀가 자신의 속도대로 작업할 수 있도록 맞추어졌으며 그녀에게 넓은 접근 범위를 제공하였다. 이는 미술치료가 그녀를 담아 주는(containing) 환경으로 기능하는 동안, 그녀에게 자신의 관여 수준 이상으로 더 많은 통제를 할 수 있도록 하였다.

Alan

Alan은 그의 보호가정 직원을 폭행하여 치료 센터에 의뢰되었다. 그는 중등도의 학습곤란을 가지고 있었으며 다른 확인된 정신건강 진단은 없었다. 그가 어렸을 때 어머니는 아버지를 떠나 재혼을 위해 미국으로 갔지만, 그 결혼은 오래가지 못했다. 그의 어머니는 그와 새 남동생을 데리고 자신의 어머니와 함께 살기 위해 돌아왔다. Alan의 남동생도 학습곤란이 있었지만 Alan만큼은 아니었다.

Alan의 개인력에서 볼 때 아주 어릴 때부터 그의 어머니와 할머니는 그를 그의 남동생과 불리하게 비교하면서 그의 까다로운 행동을 다룰 수 있도록 도와달라고 끊임없이 요청하였는데, 이와 달리 전문가는 Alan을 자신의 어려움의 수준을 숨기기 위해 열심히 노력하는 매력적인 아동으로 보고하였다. 나이가 들어가면서 그의 행동은 점점 문제가 되어 가고 있다고 보고되었으며, 그는 다양한 시설로 보내졌지만 금방 집으로 돌아왔다. 그는 때로는 대규모 시설에서 시간을 보내었는데, 이는 그의 분노의 초점이 되었다. 그는 자신의 형제와는 접촉이 없었지만 어머니와는 여전히 관계를 가지고 있었으며 어머니는 규칙적으로 Alan을 찾아왔다. 그가 치료를 수락한 이후부터 그는 일대일 미술치료를 받았지만 집단 작업은 강력히 거부하였다.

그의 표상은 딱 정해진 모습을 띠었는데, 그는 언어적이고 권위를 나타내는 장신구나 회의, 서류가방 등을 좋아하였다. 그는 많은 신체적 문제를 가지고 있었으며, 그것은 그가 과거의 어떤 문제에 집중하여 자신의 기분을 종종 그러한 신체적 문제로 표현한 데 기인하였다. 실제로 그의 폭발하는 기질은 폭력적이고 해로웠으며 무단이탈의 이력을 가지고 있었다.

우리가 처음 작업을 시작했을 때, 그는 거의 항상 자신을 센터로 보낸 책임자에게 화가 나 있었고, 이는 대부분의 상황에서 도망치거나 달아나는 그의 반응으로 명백해졌다. 바깥에서 일어나는 일에 끊임없이 관심을 갖고 현재 자신의 문제를 해결할 수 있는 보다 중요한 사람들과의 만남을 계획하거나, 또는 잠을 자러 가는 그의 행동들은 센터를 떠나고자 하는 그의 실제 시도였을 뿐만 아니라 현실 관여에 대한 그의 무능감도 나타내는 것이었다. 그는 자주 치료에 협력하는 것을 거부했고 약물치료나 구금이 필요할 때까지 상황을 확대시켰다. 다른 모든 것과 마찬가지로 그는 미술치료에도 고르지 않게 출석하였지만 변화를 관찰하기에는 충분했다.

그의 심상 제작(image-making) 수준이 그의 언어적 능력에서 기대되는 것보다 훨씬 더 미숙하다는 것은 시작부터 분명했고, 이는 그가 자신의 어려움을 어떤 방식으로 용케 숨겨 왔는지 필자에게 알려 주었다. 그는 비웃음을 사는 것과 사람들이 자신의 그림을 좋지 않게 보는 것에 대해 큰 두려움이 있었는데, 필자에 대한 그의 극히 양가적인 태도의 밑바탕에는 필자에게 그러한 비밀을 털어놓는 데 대한 두려움이 존재하였다. 그는 현재 진행 중인 회기들이 비밀보장이 되는지 거듭 확인하였고, 필자는 이러한 행동이 회기 내용에 대한 그의 구체적인 관심사를 반영하기보다는 그 작업에 대해 비웃을지도 모른다는 두려움과 더 많이 관련되어 있다고 느꼈다. 그의 그림은 종종 일시적이었지만 매우 강렬하게 그를 끌어들였다. 작업의 한 단계 동안, 그는 열정적으로 몇 장의 종이를 계속 사용하며 일련의 소용돌이 모양의 달걀 형태 그림들을 마구 그려 나갔다. 우리는 이 작업 바로 전에 우리가 얼마나 가까워지고 함께 놀 수 있는지 알아보기 위해 상대방이 그린 것을 보고 반응하여 작업하는 대화방식을 전개했고, 이는 그 작업에서 꽤 중요한 단계로 보였다.

때때로 그의 작업은 그의 극도로 낮은 자존감을 직접적으로 표현했는데, 새로운 가정에 어울리는 집을 만들기 위해 상자를 사용했을 때 그는 그것을 뚱뚱한 개를 위한 개집으로 만들었다. 시설에서 함께 거주하는 사람에 대한 분노를 그려 보기로 한 시도에서는 소용돌이치는 형태를 만들고 그 안에 매우 망설이면서 점을 그려 넣었다. 그는 이것이 자신에 대한 심상이며, 그가 이 안에 갇힌 상처 입은 작은 소년을 보호하고자 한 것을 인정하였다.

최근 센터에서의 그의 행동은 보다 신뢰할 수 있게 되었으며, 그는 자신의 감정에 대해 일부나마 설명할 수 있게 되었고 작업 참여 시 약간은 책임감을 가지게 된 것으로 보였다. 그는 미술치료 회기에서 미술활동은 줄어들었지만 자신에게 문제가 되는 가족과 관련한 감정을 보다 자유롭게 말하기 시작했고 자신의 고통에 대해서도 설명하려고 노력했다. 그리고 시설에 함께 거주하고 있는 사람과의 관계 문제는 남동생에 대한 그의 질투심과 어머니의 거부로 인한 그의 슬픔으로 다시 초점이 맞추어지게 하였다.

우리 작업의 초기에 필자는 Alan에게 그가 도망칠 수도 없고 그를 버리지도 않을 장소(치료 센터)를 찾게 될 것이라고 말했다. 그는 필자가 그에게 짜증을 내거나 강압적으로 보일 수 있는 상황으로 필자를 몰아가려고 계속해서 노력해 왔다. 그가 미술치료 회기에서 잠을 자곤 할 때, 그리고 다시금 심하게 격해질 때면 필자는 중립적으로 반응하고자 노력하였고, 옳은 상황으로 보일 때에는 그가 필자에게서 원하는 반응이 무엇인지 물어보기도 하였다. 그가 우리 관계를 지각하는 방식은 끊임없이 변화하고 있었으며, 필자는 종종 그 상황에 대한 그의 반응에 놀라기도 하였다.

Alan 입장에서 그가 필자를 이용하는 것은 그가 미술 작업을 하는 것만큼이나 중요했다. 필자는 회기를 유지해 나가면서 그의 대처 전략의 범위에 대해 조사하고 그것의 적절성을 파악하였다. 그러나 그의 감정을 포함시켜 미술 작업을 한 것이 관계의 시작점이 되었다. 미술 작업은 조작될 수 없기도 하지만 또한 그가 완전히 통제할 수도 없었기 때문에, 이를 통해 그는 자신의 진실된 모습을 시험적으로 바라보게 되었다. 그와의 작업은 보호 유니트(secure unit)라는 구조 내에서만 가능했고, 지지적인 작업이 그에게 제공되었다. 치료 팀은 보다 인지적이고 행동적인 작업이 지속적으로 병행될 필요가 있다는 관점을 취하게 되었다.

Jean과 Alan 두 사람 모두 초기 양육 환경의 부정적 측면에 대한 반응으로 창조된 자기 세상을 가지고 있었다. 이러한 그들의 '자아'는 그들을 더 이상 지켜내지 못했고 괴롭게 하였다. 이 '실패'는 그들이 '치료'를 받도록 했지만, 그렇다면 치료의 끝은 어디인가? 이전의 자아는 해체되어야 하고 새로운 자아의 발달이 고무되어야 한다. 이때 지지적인 인지 작업은 존재의 새로운 방식을 부드럽게 설명하고 허용하게 하며, 미술치료는 다른 사람과 시간을 공유하고 세상과 관계를 재형성하는 초기 방식으로 돌아갈 기회를 제공할 수 있다.

결 론

성격장애라는 개념이나 질병분류학 측면에 기초해서 살펴볼 때 더 쉽게 이해될 수 있는 학습곤란을 가진 사람들의 집단이 몇몇 있다. 우리는 그들의 욕구가 충분히 탐색되지 않았고, 중요한 개인적 변화를 이룰 수 있는 그들의 잠재력 또한 충분히 탐색되지 않았다고 생각한다. 이 분야의 유력한 치료 접근법은 행동치료, 인지치료, 약물치료 등이며, 심리치료는 널리 사용되지 않거나 지금까지 잘 입증되지 않았다. 우리는 미술치료의 효과성과 구조화된 치료 프로그램으로서의 미술치료의 위상을 밝힐 수 있는 추가 조사에 대한 필요성을 느꼈다.

우리는 이 장에서 우리가 대답한 것보다 더 많은 질문들을 불러일으켰지만 그것은 우리를 밝게 비추어 주었고 미술치료가 뚜렷한 역할을 한다는 생각을 확인시켜주었다. 미술치료는 내담자가 정교한 방어로부터 한 발 비켜설 수 있도록 했으며 언어적 · 비언어적 방식으로 자기 신뢰와 대상 신뢰를 확립하도록 하여 점차적으로 참자기(true self)를 재건하는 작업이 가능하도록 하였다. 이는 분명 종종 잠재적으로 피해야 할 위험한 과정으로 보여 퇴행을 수반하기도 한다. 그러나 미술을 제작하는 과정에서 의식적 통제의 관여가 어느 정도 옮어지기 때문에, 우리 미술치료사들은 미분화된 경험이 가져올 수 있는 잠재적인 혼란에서 벗어나 미술 작업 자체의 객관성 성질이 안전을 유지하도록 하고 그러한 경험이 치료에서 인정과 수용을 가능케 한다는 점을 믿고 시도하는 데 정통하다. 바로 여기에 이러한 내담자 집단을 위한 미술치료의 잠재적 가치의 핵심이 존재한다.

참고문헌

Akhtar, S. (1992) *Broken Structures: Severe Personality Disorders and Their Treatment*, New York: Jason Aronson.

Berelowitz, M. and Tarnopolsky, A. (1993) 'The Validity of Borderline Personality Disorder: An Updated Review of Recent Research' in Tyrer, P. and Stan, G. (eds.) (1993) *Personality Disorder Reviewed*, London: Royal College of Psychiatrists/Gaskell.

Cole, P. (1986) 'Psychopathology Illustrated through Art Therapy', *Inscape*, February: 10-14.

Diagnostic and Statistical Manual of Mental Disorders: III(1980); III Revised (1987); IV (1994). Washington DC: American Psychiatric Association.

Goldsmith, A. (1986) 'Substance and Structure in the Art Therapeutic Process–Working with Mental Handicap', *Inscape*, Summer, 1986: 18-22.

Henley, D. R. (1991) 'Facilitating the Development of Object Relations Through the Use of Clay in Art Therapy', *American Journal of Art Therapy*, 29(3): 69-76.

Hughes, R. (1986) 'Destruction and Repair', *Inscape*, February: 8-10.

Kernberg, O. F. (1976) *Object Relations Theory and Clinical Psychoanalysis*, New York: Jason Aronson.

Khan, M. M. R. (1963) 'The Concept of Cumulative Trauma', *Psychoanalytic Study of the Child*, 18: 286-386.

Khan, M. M. R. (1974) *The Privacy of the Self*, New York: International Universities Press.

Lachman-Chapin, M. (1979) 'Kohut's Theories on Narcissism: Implications for Art Therapy', *American Journal of Art Therapy*, 19(1): 3-9.

Masterson, J. F. (1976). *Psychotherapy of the Borderline Adult: A Developmental Approach*, New York: Brunner/Mazel.

Stokes, J. and Sinason, V. (1992) 'Secondary Mental Handicap as a Defence' in Waitmann, A. and Conboy-Hill, S. (eds.), *Psychotherapy and Mental Handicap*, London: Sage Publications.

Tyrer, P. and Stan, G. (eds.) (1993) *Personality Disorder Reviewed*, London: Royal College of Psychiatrists/Gaskell.

Waitmann, A. and Conboy-Hill, S. (eds.) (1992) *Psychotherapy and Mental Handicap*, London: Sage Publications.

Winnicott, D. W. (1971) *Playing and Reality*, London: Tavistock.

제5장

공간의 상실

자폐증, 또는 자폐 성향을 가진 내담자들을 대상으로 한 미술치료의 타당성

Lesley Fox

주요 주제

- '자폐증' 이라는 용어에 대한 필자의 개인적 이해는 미술치료사로서의 개인 경험과 방대한 학술 자료에서 얻은 통찰을 반영한 것이다.

핵심 사항

- 자폐에 대한 최근 견해와 미술치료와의 관계성 검토
- 자폐를 가진 사람의 잠재적 치료 욕구에 대한 고려
- 미술치료가 자폐증 내담자들의 상징 기능 교정에 어떻게 촉매 작용을 하는지를 설명하는 사례 제시

자폐증에 대한 논점은 너무나 방대하므로 이 장에서 자폐와 관련한 다양한 주제 모두를 포괄적으로 검토해 볼 수는 없다. 대신 지역사회 환경을 중심으로 학습곤란을 가진 성인을 대상으로 한 필자의 15년간의 작업 경험에 바탕을 두었다. 이 장의 첫 부분에서는 필자와 함께 작업했던 내담자들을 이해할 수 있도록 조명해 주는 주제를 선별하여 그에 대한 이론적 관점을 끌어내 보고자 한다. 그리고 이 장의 두 번째 부분에서는 이론과 실제 치료 사이의 연결을 보여 주기 위해 자폐증 내담자들을 대상으로 한 필자의 작업에서 몇 가지 측면에 대해 논의해 보고자 한다.

미술치료사의 현황에 대한 인식

이 영역에서 일하는 많은 미술치료사가 있다. 그러나 그들의 경험을 확보하는 것은 쉽지 않다. 미술에 관해 출판된 자료를 이용할 수 있고 보통 자폐증에 대해 다른 전문가들이 쓴 책을 볼 수도 있는데, 그러한 자료에는 그들이 미술 도구를 사용하는 능력이 이미 확립되어 있다고 언급하는 경향이 있다. 물론 때때로 Nadia(Selfe, 1977)나 Stephen Wiltshire(Sacks, 1995: 186)와 같은 예외적인 사례도 있다. 역사적으로 영국의 국립자폐협회(National Autistic Society)는 치료 면에서 정신역동적 방식에 대해 회의적이었는데, 이는 그러한 상태의 원인을 어떤 식으로든 부모의 책임으로 두는 1회용 이론에 대한 반응의 일부일 수 있다. 필자의 경험은 다른 미술치료사들의 경험과 일치할 텐데, 필자는 보호자나 가족들이 내담자의 구조적 관리를 위한 지침 제공과 평가에 관여하는 심리학 전문직에서 나온 정보에 가치를 둔다는 사실을 발견했고, 이는 어느 정도 미술치료사들의 기여와는 상충되는 것으로 생각되었다. 이러한 현상은 역설적이지만 자폐 성향이 상징 사용과 상상력 발달에 어려움이 있는 것으로 인식되는 데 부분적인 원인이 있을 것이다.

필자의 첫 자폐증 내담자들은 미확정 진단을 받거나 심리학자들을 함정에 빠지게 하는 경향이 있었다. 또는 드물게는 뛰어난 미술 능력을 보이거나 시설에 잘 적응하였다. 현재는 '학습장애(learning disabled)'로 부르고 있지만 포괄적인 용어로 '지적 장애(mentally handicapped)'의 범주하에 섞여 있는 내담자 집단과 작업한 지난 몇 년 동안, 필자의 눈에 어느 정도 자폐적 성향을 보이는 상당수의 내담자들이 점차 포착되었다. 필자는 현재 이러한 상태에 있는 내담자들을 중점적으로 의뢰받고 있으며, 미술치료가 그들의 치료에 중요한 공헌을 할 수 있다는 것은 더욱더 명백해져 갔다. 당시 필자가 담당한 건수의 1/3 이상이 자폐 스펙트럼상의 어느 지점에 놓인 내담자들이었다.

다른 전문가의 몇 가지 이론적 관점

이미 지적하였듯이, 특히 심리학, 정신분석학, 심리치료 분야의 다른 전문가들로부터 만들어진 작업에서 매우 유용한 부분들을 살펴볼 수 있다. 유전, 정서, 생물학, 외상 등 자폐의 원인에 대한 서로 다른 많은 추론이 있었지만, 그러한 상태에 대한 병인론은 여전히 명확하지 않으며 단일 원인으로 단정할 수 없다. 그것은 유기체가 여전히 총체적인 단위로 아주 명백히 기능할 때 동시에 발달되어 나타나며 논리적으로는 기본적인 1차 방어(basic primary defence)로 비유할 수 있으므로 뇌의 보다 고차원적인 기능에 영향을 주는 비정상적 발달에 기인한 장애로 출현한다.

심리학자 Uta Frith의 언급에 따르면, '정보 처리 체계의 결함' (Frith 1990: 100) 때문에 그러한 상태가 나타나며, 자폐증을 가진 사람들의 모든 연령에서 나타나는 공통 분모는 "응집성 있고 의미 있는 생각들을 얻을 수 있도록 정보를 일제히 끌어내는 능력이 결여되어 있다고 결론내린다. 세상에 대한 감각을 만들어 내는 마음의 소질에 결함이 있다." (Frith, 1990: 187)는 것이다. 그녀는 다른 모든 이차적 증후와 함께 자폐의 근본적인 특징들도 모두 고려하였다.

자폐증은 원래 Kanner(1943: 217)에 의해 정의되었고, 이후 학자들마다 서로 다른 진단 기준에 초점을 두었다. 1987년 세계보건기구(WHO)에서 내린 기준은 다음과 같다.

- 증상이 3세 이전에 발병하여 존재함
- 호혜적인 사회적 상호작용(reciprocal social interaction)의 질적 손상
- 언어적 · 비언어적 의사소통과 상상력이 필요한 활동에서의 질적 손상
- 행동, 흥미, 활동에서 두드러지게 제한되고 반복적이며 상동적인 패턴
- 전반적 발달 장애의 다른 영역에 포함되지 않는 경우

이와 관련시켜 생각할 때 '아스퍼거 증후군'(Asperger, 1944: 76)은 일반 발달에 미치는 효과가 덜 치명적이고, 그 결과 학습곤란을 가진 내담자들에게서 잘 나타나지 않으며, 말의 지연이나 인지적인 면에서 지연을 보이지 않는다는 것이 다른 증후군과의 주요 차이점이다.

자폐증의 유병률은 1만 명당 2~4명이며 자폐적 성향을 보이는 학습곤란을 가진 사람의 발병률은 1만 명당 22.5명 꼴이다. 성별에 따른 발생 비율은 여성보다 남성이 더 높지만 여성에게 보다 심각한 영향을 미치는 것으로 보인다. 문화적 요인이나 사회계층에서 자폐증의 발병은 신뢰할 만한 상관관계를 보이지 않는 것으로 나타났다(Frith, 1950: 57).

예를 들어, 간질과 같은 특수한 상태가 자폐증과 함께 발생할 수 있다. 자폐증을 가진 대다수의 사람들은 그 증상의 특징이나 발달에 미치는 자폐증의 전반적인 영향, 그와 관련된 어려움 때문에 독립적으로 생활할 수 없거나 장애를 갖게 된다.

심리치료에서 나온 중요한 증거로, 일부 사례에서 자폐 증상은 심리치료를 받을 만한 여지가 있음을 보여 주었다. 이러한 것들은 사례연구들과 Frith가 결함을 보이는 내담자들에게 내적으로 일어나고 있는 것에 대해 정신분석이나 심리치료적으로 설명한 데서 상당 부분 얻을 수 있었다. Tustin은 기능적으로 이러한 결함이 발생하는 원인에 대해 설명하고자 노력하였다. 그녀는 '기질성 자폐증'과 '심인성 자폐증' 간의 차이를 구분하

였는데, "기질성 자폐증은 감각손상이나 뇌손상에 기인하는 데 반해 심인성 자폐증은 삶과 삶의 일부분을 위협하는 것으로 보이는 망상적인 외상적 상황에 기인한다."(Tustin, 1992: 11) Tustin은 이러한 두 유형의 자폐증 사이를 명확한 선으로 뚜렷이 구분할 필요는 없다고 생각하였다. 그녀는 심인성 자폐증이 분리에 대처하는 정신적 능력을 가지기 전에 분리를 지각하게 된 유아기에 기인하며, 그 결과 '잠재적인 공간'을 닫으려는 시도와 더불어 발달을 정지시키기보다는 뒤틀어진 발달이 존재하게 된 것으로 보았다(Winnicott의 견해).

> 신체적으로 분리되었다는 비극적인 자각을 하기 이전에 존재하는 단계인 융합(fusion)이라는 망상적 단계는 정상적인 초기 유아기 단계는 아니며 어머니와 아동이 모두 결탁한 비정상적인 상태로, 그것을 자극하는 환경적인 압력뿐만 아니라 어머니와 아동 사이에 유전적 민감성도 존재할 수 있다. 필연적으로 그들 사이에 공간이 없음을 느끼게 되므로, 이러한 과도한 접근성은 '대상 관계(object relations)'의 발달을 방해한다. 이는 인지 및 정서 발달이 방해받았음을 의미한다. '폐쇄(closing down)'라는 자폐증의 성질은 더 큰 방해가 된다(Tustin, 1992: 12).

Tustin은 대상을 사용하여 자폐적인 아동과 정신병적인 아동 사이를 더 자세히 구별하였다. 즉, 어려운 대상에 의해 '자동 생성되는 캡슐화(auto-generated encapsulation)'는 보이지 않는 사람의 존재를 부정하는 손실을 막는 데 사용되며, 자기와 자기가 아닌 것에 의한 '혼돈된 관계(confusional entanglement)'는 불가피하게 혼란을 가져오고 아동이 외부 대상과 관계를 맺게 한다. 그녀는 쉽게 구별할 수 없는 이 두 유형과 더불어 이 두 유형의 치료적 요구들이 매우 다르다는 것을 발견하였다(Tustin, 1992: 46, 74).

Alvarez(1995)는 타비스톡 클리닉에 있는 내담자들과 작업하면서, 증상이 외상 후에 필수적으로 수반되는 것은 아니지만 의사소통이 중단되거나 혹은 여러 가지 이유로 의사소통이 전혀 일어나지 않는 것과 같은 덜 극적인 각본에 의해서도 나타난다는 것을 관찰하였다.

비록 잠재적인 결과와 치료적 개입이 Tustin이 칭한 심인성 자폐증과 기질성 자폐증에 따라 달랐지만 문제되는 영역은 여전히 동일하게 남아 있었다. '잠재적 공간'을 이용할 수 없거나 폐쇄시킴으로써 상징을 사용하는 능력이 발달되지 않았다. 이러한 사람은 모든 경험이 새롭고 예측할 수 없으며 분류할 수 없다는 세계관에 고착될 수 있다. 즉, 본질적으로 자신의 기억이나 예견을 이용할 수 없고 수정되지 않은 본능적인 감정이 그대로 투사되어 늘 공격에 대한 두려움으로 세상을 살아가면서 '지금-여기'에 있게 된다. 이것이 스펙트럼의 최극단이다. 다른 것들은 정상 발달 단계를 통과할 수 있지만, 심리적·정서적·인지적인 부분에서는 계속해서 초기 발달 상태의 영향을 받아 고르지 않게 발달하면서 점점 적응성이 부족해진다.

상징 형성의 중요성

필자는 Frith가 자폐증을 가진 내담자들에게서 발견한 공통적인 요소는 "적절하고 의미 있는 사고를 얻기 위해 정보를 일관되게 끌어내는 것에 대한 무능"(Frith, 1990: 187)이라고 간주하였으며, 이는 상징 사용 능력이 획득되는 발달 단계를 어떤 이유에서건 성공적으로 통과하지 못한 내담자를 가리키는 것으로 보인다. 이것은 또한 자폐를 가진 사람이 자주 드러내는 많은 특징을 설명해 줄 수 있었다.

Segal(1988: 49-65)은 편집성-분열성 자리(paranoid-schizoid position)와

우울적 자리(depressive position)라는 Klein의 개념을 사용하여 상징 형성의 방해는 개개인의 초기 대상관계에서 반영된다고 제시하였다. 초기의 상징들은 투사적인 동일시 과정 동안, 그리고 상징으로서가 아니라 실제 초기 대상으로 유아가 전능한 통제감을 경험할 때 형성된다. 우울적 자리 후에, 전능한 파괴적인 힘에도 살아남은 외부 대상은 전체적이고 자율적인 실재하는 것으로 경험된다. Winnicott(1986: 106)은 객관적으로 지각된 대상과의 관계에서 첫 충동은 파괴적이며, 객관적인 대상관계에 관한 무의식적 환상은 점점 파괴적으로 진행된다고 제안하였다. 전능한 사고보다는 오히려 현실적인 것을 발달시키고 초기의 본능적 목표들을 수정하는 과정은 상징을 사용하는 능력의 발달에 따라 좌우된다. Segal(1998: 49-65)은 신체상을 제작하여 바람직한 상징 관계를 확립하는 것에 대해 기술하였는데, 본질적으로 유아의 최초 대상물인 젖가슴을 재창조하는 작업이 가치가 있으며 이때 미술매체는 투사를 가능하게 하여 결국 승화의 과정으로 이용될 수 있다.

미술치료의 역할

조기 치료가 이루어지면 보다 나은 예후로의 발전 가능성이 있음은 분명하다. 이러한 종류의 문제를 가진 사람이 성인기에 이르러 임상 장면에서 발견될 때, 그것은 어떤 치료든 성공적인 경험을 가져다주지 못하거나 부분적으로만 성공할지도 모르며, 그들의 정서 발달과 인지 발달이 지연된 것으로 가정하도록 한다. '치유(cure)'에 대한 기대가 너무 크면 실망감을 초래할 수 있다. 그러나 자폐증을 가진 사람이 자신의 가능성을 이룰 수 있도록, 또한 덜 두렵고 보다 충만하게 살아갈 수 있도록 제공될 수 있는 것들은 많다.

내담자를 있는 그대로 수용하는 것은 항상 중요하며, 이들과의 시작점부터 무조건적 관심과 존중의 원리는 매우 유용하다. 예술가로서 우리는 다양성을 널리 알릴 수 있으며, 그것은 세상을 지각하고 처리하는 서로 다른 방식들을 인식할 수 있는 가능성을 제공하여 타인들을 '정상'의 틀 속으로 억지로 밀어넣지 않도록 우리 자신이 가지고 있는 조건화를 인식하는 데 필수적이다.

각 내담자에 따라 커다란 차이점이 있음에도 불구하고, 의사소통과 신뢰의 증진, 보다 창조적인 표현과 정서적인 통합, 인지적 발달을 위해 미술매체 사용 능력을 촉진하는 것과 같이 전체적인 치료 목표들은 매우 비슷할 수 있다.

필자는 자폐증 내담자와의 미술치료 회기 내에서 일어나는 것들에 대한 잠재적인 의미를 보다 민감하게 알고자 노력하면서 치료 장면을 설정하였다. 필자의 서비스에서 자폐증을 가진 내담자에게 이상적이었던 것은 구조화된 시간을 제공하는 것이었으며, 또한 이는 최대한 개개인의 욕구를 채울 수 있도록 구조화되어야 한다. 그리고 미술치료 회기가 보다 비구조화된 특성을 가질 때에는 내담자에게 일정하게 정해진 시간을 제공하였다. 그것은 내담자 욕구의 경계에 따라서 치료사에 의해 구조화된 것이므로 거기에는 항상 탐색을 위한 잠재적인 공간이 조금 더 존재한다. 이는 Tustin이 이용할 수 없는 것으로 기술했던 그 공간을 말한다. 치료사는 필요할 때 그 공간 내에서 내담자를 지지할 것이다. 그 공간은 본래 Winnicott이 제시한 '잠재적 공간'(1986: 106)으로, 여기서 치료사는 초기 발달 단계를 재통과하는 데 필수적인 지지를 적절하게 제공하고자 할 것이다. 필자는 잠재적 공간을 나를 넘어서 작업 공간이라는 물리적 경계에 이르기까지 확장해 나가고 있다.

작업 공간을 현존하는 것으로 규정하여 기꺼이 받아들이는 것이 중요하다. 그것은 경험의 또 다른 영역을 통해 즉시 깨달을 수 있는 공간을 제공할 수 있다. 내담자가 그들의 선택에 의해 거기에 머무르는 경험은 매우 중요하다. 이에 이르는 성공적인 길은 쌍방향 의사소통으로, 쌍방향 의사소통은 종종 내담자에게 회복할 수 있다는 확신을 준다. 필자는 내담자가 의사소통을 할 수 없는 것처럼 보일 때조차도 쉽고 간결한 언어를 사용하여 제안된 프로그램을 함께 선택하는 문제에 대해 이야기를 한다. 그런 다음에는 내담자들이 비록 말하는 수준은 매우 제한되어 있었지만, 거의 늘 초기에 나타냈던 것보다 훨씬 나아진 언어 이해 수준을 보여 주었다. 또한 이 경우에는 의미 있는 환경 맥락 내에서 잠재적으로 더 나은 말하기와 언어 발달을 위한 기회가 될 수 있다. 창조적인 경험들과 창의적인 능력의 발달은 인지적 지능의 전체 기능에 영향을 미칠 수 있는 것으로 알려져 있다(Gardner, 1989: 167-182). 침묵을 지키고 전-언어기(pre-linguistic) 수준의 발성을 하거나 혹은 제한된 어휘를 사용하는 내담자에게는 그들이나 타인에게 말한 것을 듣는 경험과 잠재적으로 의미 있는 환경 속에서 소리와 그 뜻을 구별하는 기회가 필요할 수도 있다. 더불어 가치 있는 어떤 종류의 반응들을 할 수 있는 공간이 있다는 것을 이해시키고 발달시킬 기회를 주어야 한다. 그러나 내담자들이 말을 할 때, 소리나 어조, 의향에서보다는 내용적인 측면에서 덜 반응할 수 있다는 것을 기억하는 것이 필요하며, 종종 그들의 개인적인 공간에 관해 매우 예민한 내담자들의 경우에는 소리가 오히려 방해가 되거나 반대로 도움이 될 수도 있다(Fox Coyne, 1992: 60).

Jason

필자는 미술치료에서 효과를 보고 있다고 생각되는 자폐증 내담자를 가명을 사용하여 소개하고자 한다. Jason은 30대 초반의 젊은 남성이다. 자치구에서 멀리 떨어진 곳에 위치한 기숙학교에 다니는 Jason은 학습곤란을 가진 내담자들을 대상으로 하는 대규모 시설 내의 행동치료 단체에 참석하였다. 도덕적 풍토와 여론의 변화, 그리고 최근 마침내 제정된 법안에 의해 그 시설은 현재 문을 닫았으며, 지역사회를 중심으로 한 복지에 대한 철학과 방침이 실제적인 현실이 되었다. 필자가 일하고 있는 주간보호치료단체(Day Therapeutic Care Unit)는 한때 시설 보호 내에서 그들의 삶을 보내기를 바랐던 Jason과 같은 젊은 성인들을 위한 치료와 보호를 제공하기 위해 특별히 설립된 곳이었다.

Jason은 자폐증으로 고통받고 있는 다른 내담자들과 함께 지역사회에서 제공하는 작은 단체에서 지내고 있다. 시설에서의 행동치료 집단은 매우 구조화된 프로그램으로 구성되어 있었는데, 미술치료는 포함되어 있지 않았고 오히려 상위의 큰 시설에서 분리된 개념으로 보는 것이 맞을 것이다. Jason이 지역사회 치료 보호 단체로 이동하였을 때 그는 미술치료 부서에 의뢰되었는데, 그것은 사정을 위해 모든 내담자에게 제공되는 방침이었으며 그는 2년 동안 전문가들에 의해 보살핌을 받았다.

미술치료 사정은 보통 개인이나 집단을 대상으로 매주 6~8회기로 실시된다. 이 미술치료 사정은 서비스 제공이 내담자에게 도움이 될지의 여부를 평가할 목적으로 이루어지는 조사 과정이다. 내담자는 자신의 표현적·정서적·창조적·심리적·신체적 욕구를 평가받는다. 또한 발달단계 사정은 내담자가 그리는 그림 수준으로 진행되며, 사정은 내담자들의 인지 기능으로 이루어진다. 이는 치료 계획에서 적합한 유형을 공식적으로 표시할 수 있도록 하며 실제 목표를 계획하기 위한 토대가 된다. 또한 내담자의 안녕에 관해 다른 관리자와 의사소통할 때 필요한 형식으로 기능한다.

Jason은 그의 나이보다 훨씬 어려 보였다. 처음에 그는 매우 겁이 많아 보였고, 반복적인 흔들기(rocking) 및 뛰기(jumping) 동작을 하지 않을 때에는 느리고 조심스러운 움직임을 보였다. 때때로 그는 자신의 손을 물거나 머리카락을 잡아당겼다. Jason은 약물치료로는 완전히 통제되지 않는 간질로 고통받고 있었다. 말을 할 때 그의 어휘력은 상당히 제한되어 있었지만, 그가 말하는 수준보다는 보다 많이 이해하는 듯 보였으며 그의 이해력은 발달하고 있는 것으로 판단되었다. Jason의 말은 '예'와 '아니요'라는 간단한 단어를 포함하여 자신의 생각을 나타내고 있었다. Jason은 전형적인 한 단어 반응은 이해할 수 있었지만 말하는 것이나 언어적 상호작용을 선호하지 않는 것처럼 보였다.

필자는 동료들과 함께 쓰는 사무실을 개방하기로 결정하였으며, 그러자 Jason은 주저하며 차를 마시러 나의 방에 들어왔고 때때로 필자는 동료가 없을 때 필자의 내담자들과 함께 앉아 있기도 하였다.

필자는 Jason의 개인적 공간에 억지로 들어가 그를 처음 만났는데, 그의 개인적 공간은 일반적인 곳보다 좀 더 넓었다. 그는 필사적으로 물건을 던졌는데, 습관적으로 창문 밖으로 물건을 던진 다음 그것을 가지러 방 밖으로 달려가곤 했다. 필자는 Jason이 안전함을 느끼는 데 필요한 공간이 얼마나 많은지 보다 잘 자각하고자 하는 특유의 의사소통 방식을 알아차렸고, 그래서 예를 들면 그의 의자 뒤로 지나가야 할 경우 내가 무엇을 하고 있는지에 대해 말하거나 필자의 움직임과 말을 천천히 함으로써 그가 안전함을 느낄 수 있도록 하였다. 필자는 Jason이 주로 통제된 난화 수준에서 미술 도구를 사용하는 것에 주목하였다. 그러나 그러한 자발적인 미술 작

[그림 5-1] Jason: 아이들의 의인화된 영웅

업은 그 외에는 거의 찾아볼 수 없었다. 그는 미술치료 회기에 매번 어린이용 동화책을 가지고 왔다. 그리고 마침내 그 동화책에 필자가 손을 댈 수 있도록 허용되자 그것을 그에게 읽어 주었는데, 이는 우리에게 상호작용할 기회를 제공하였다. 의인화된 영웅 그림([그림 5-1])은 그가 전체적으로 그 캐릭터를 모방할 수 있었다는 것을 보여 주며, 연결되지 않은 부분들로 구성되어 있다. 공간은 만화 테이프 시리즈를 얻어서 이야기를 듣는 기쁨을 공유함으로써 Jason이 공상과학 만화에 강한 흥미를 가질 수 있도록 하였다. 출석하는 또 다른 내담자는 고물 꾸러미에서 찾아낸 프로그램으로 탈것을 만드는 데 도움을 받았는데, 그것은 자연스럽게 관심을 공유하게 하는 성질을 가졌다.

이 시점에서 필자의 동료가 다른 곳으로 옮기게 되어 우리가 병행하여 치료작업을 했던 가족 상황은 종결되었다. Jason은 필자의 내담자가 되었고, 필자는 총 4명의 집단 구성원들과 함께 그를 정기적으로 만나기 시작하였다. 다른 집단 구성원들 모두 그와 함께 생활하는 시설 동료였다. 회기의 길이는 그 시설 집단의 오후 작업에 상응하도록 90분에서 시작하여 점차 늘려 나갔다.

Jason의 치료 목표는 우리 부서의 철학적 정신에 따라 다음과 같이 설정되었다. 자기 표현과 창조성을 기르도록 돕기 위해 편안하고, 위협적이지 않은 분위기에서 자발성 · 독립성 · 선택권 촉진하기, 자존감과 자신감을 회복하도록 격려하기, 그의 능력에 중점 두기, 자신의 행위에 대한 책임성 부여하기, 대인관계 기술과 사회적 상호작용 증진시키기, 자기 통찰과 자기 성찰 발달시키기, 오래 지속되어 온 정서의 변화 이끌어 내기, 그리고 역할 모델링을 통한 학습 능력 향상시키기 등이다. 미술치료는 동시에 서로 다른 수준에서 작업할 수 있으므로 미술작업 또한 심리 변화와 정서적

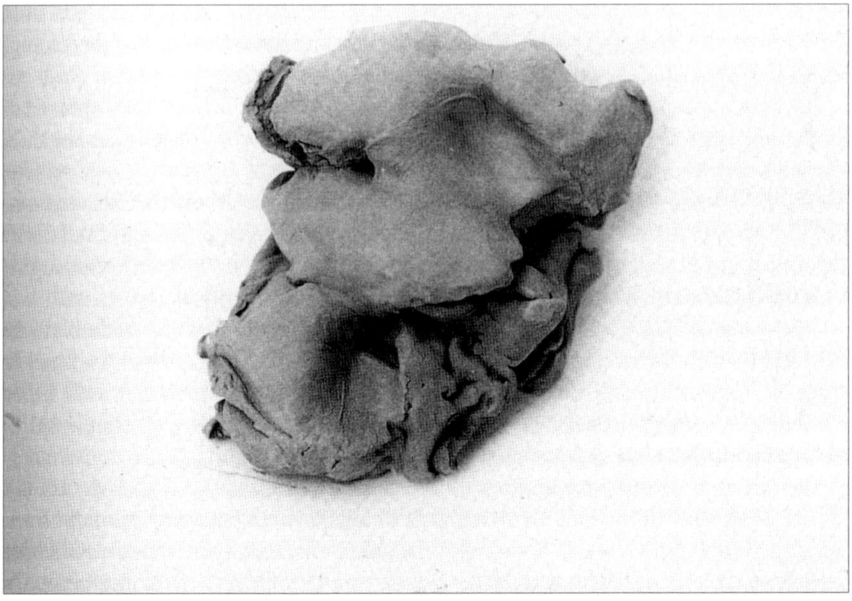

[그림 5-2] Jason: 위안을 주는 점토

안녕에 영향을 미치는 심리치료적 관계의 발달에 의사소통을 위한 도구로 사용될 수 있다. 그리고 그림 발달 면에서 Jason의 발달 단계가 점검될 것이다. 이 영역에서의 변화들은 그가 잠재력을 통해 충분히 발달할 수 있음을 시사하는데, 그것은 퇴행이나 초기 발달 단계를 재통과하는 것과 관련된 것으로 그의 기능 수준을 나타낼 수 있다.

Jason은 회기 중에 플라스틱 가방 안에 굳지 않게 보관되어 있었던 유연한 작은 점토 조각을 매주 같은 장소에서 조용하게 앉아 작업함으로써 변화에 대응하였다([그림 5-2] 참조). Jason은 손가락을 적셔 점토의 패인 홈을 천천히 시험적으로 문지르며 몇 달 동안 작업하였고, 그 활동은 그에게 위안이 되는 것처럼 보였다. 그는 미술치료 회기 동안 율동적인 감각성, 부드러움, 축축함과 관련된 경험을 상기하고 재현하면서 초기 발달 단계로 퇴행하는 듯 보였다. Jason은 비록 조용히 작업하였지만, 자신의 주위에서 일어나는 일들을 관찰하고 있는 것 같았다.

Jason은 두 개의 긴 탁자를 붙인 것보다 더 큰 종이를 펼쳐서 작업하자고 집단에 제안하면서 자신의 점토 작업에 변화를 시도하였다. 그는 롤러와 물감을 사용하여 집단 활동에 함께 참여하였고 다른 도구를 사용해 보자는 제안은 사전에 거절하였다. 그는 새로운 활동으로, 점토를 문지르는 동작을 앞뒤로 움직이는 기본 동작으로 바꾸었다. 그러한 발달은 무기한으로 계속될 수도 있는 점토를 문지르는 동작이 반복 활동으로 고착될지의 여부를 생각하면서 과연 그가 미술치료 회기에 참여함으로써 이점을 얻을 수 있는지에 대해 필자가 심각하게 의문을 제기하고 있던 시기에 일어났다. 이는 우리 사이를 조용히 협상하는 상황에 대한 하나의 모범이 되는 것처럼 보였고, 한 단계 전진하는 그를 위한 시기였다. 필자의 기대와 갈망이 발전할 수 있다는 자신감을 그에게 불어넣었거나 그의 내부에 있던 자신감을 확인시켜 주었을 것이며, 또는 그에게 필자의 잠재적인 불쾌감과 포기를 피하도록 하는 자극을 제공했을지도 모른다. 몇 달 후 변화가 일어났고, 그 변화는 일종의 젖을 떼고 이유를 시키는 과정으로 비유될 수 있었다.

변화의 가장 큰 부분은 미술치료 실습생(Penelope Wilson)과 필자가 함께했던 Jason이 소속된 5명의 구성원으로 만들어진 집단에 있었다. Wilson은 그녀의 미간행 훈련 연구(1994)에서 집단 회기의 삶을 통찰력 있게 요약했는데, 여기서 그녀는 각 내담자가 그들의 서로 다른 욕구에 따라 매체와 집단을 이용하는 상이한 방식에 대해, 그리고 집단 상호작용이 어떻게 고무되고 이 영역에서의 집단 작업의 이점은 무엇인지에 대해 기술하였다.

이 집단은 실제적으로나 정서적으로 담아 주기(containing) 작업이 요구되는 지속적인 잠재적 혼란으로 인해 순식간에 너무 복잡해졌기 때문에, 필자는 부분적으로 이 집단에 장기 미술치료 실습생을 연속해서 도입하기로 결정하였다. 그것은 또한 매우 주관적인 영역에서 작업하는 동안에도 객관적으로 볼 수 있는 필자의 능력을 강화하였다. 내담자는 각자 두 명의 치료사와 함께하면서 안전함을 느끼는 것 같아 보였고, 그 집단을 표현하자면 두 '부모'를 가진 어린 아동이 있는 가족 환경을 연출하는 것처럼 보였다. 이에 상응하는 상황으로, 단독 치료사에게 요구하는 것은 한부모에게 요구하는 것과 다르지 않아 보였다. 또한 필자는 이 내담자 집단에게 변화는 중요한 문제였다는 것을 깨닫게 되었다.

자폐증을 가진 사람은 상징적인 수준으로 자신의 내면과 의사소통하는 능력이 부족하여 종종 준거점을 구체적인 영역인 그들 자신의 밖에서 만드는 것처럼 보이므로, 외부 변화에 대해서 불안, 공황, 혼미, 혼란, 분노 및 부인과 같은 유형의 반응들을 나타낸다. 일반적으로 학습곤란을 가진 사람들에게는 부서 간에, 그리고 교대로 보호 인력이 지속적으로 제공되면서 변화가 항상 존재한다. 대부분의 내담자들은 사회적인 관계와 전문적인 관계 사이를 식별하는 데 어려움을 경험하는 것으로 보이며, 종종 보호 인력의 이동에 대해 강력한 감정들을 표현하기도 한다. 자폐 내담자들을 대상으로 하는 필자의 집단에서는 보호 인력의 영속적인 변화에 대해 실제적인 수준에서 다루어졌는데, 그 변화는 무엇이 똑같이 남아 있는지를 강조함으로써 매우 빠르게 일어났다.

훈련생들은 학년이라는 제한된 시간 범위를 가지기 때문에, 그 제한된 기간 동안 훈련생들을 번갈아 집단에 소개하는 것은 무척 유용하였다. 그것은 계속적인 지지가 보장되는 동안 내담자들이 상실을 경험하고 시간이 지나면서 변화를 경험하도록 하는 장을 제공하였다. 그것은 내담자로 하여금 이러한 문제들을 둘러싼 개념을 발달시킬 수 있도록 하였고, 집단은 변화를 수용할 수 있게 되었다. 우리는 시간 개념을 조력하기 위해 간단하게 만든 일정표를 사용하였으며, 훈련생들이 참여하거나 떠나게 되는 상황과 관련된 문제들을 철저히 다루어야 할 필요성을 잘 인식하고 있었다.

Jason의 움직임에 따라 다른 집단원들과 함께 그림을 그렸던 그 주에 Jason은 자신의 점토 작업으로 되돌아갔지만, 그다음 회기에는 그림을 그리기 시작하였다. 그는 자기 자신을 지지하기 위해 강렬한 눈맞춤을 일으켰는데, 이는 잠재적으로 두 가지 목적을 가지고 있는 것으로 생각되었다. 하나는 자신의 존재를 나타내고 확인하기 위하여, 다른 하나는 치료사와 하나가 되려는 시도로 눈맞춤을 한 것이었다. Jason은 그에게 존재하는 무력감과 응시하는 시선의 강도를 통해 강렬한 관계를 추구하였다. 미술치료 훈련생 Simon Hastilow는 한 회기가 끝나갈 무렵 Jason이 점점 동요되어 가는 모습에 대해 기술하였다. 그는 찌푸린 얼굴로 작업을 그만두었다. 그는 일어서서 자신의 팔로 탁탁 치는 동작을 반복하기 시작했다. 급기야 그는 훈련생의 머리 옆을 치게 되었다. 충동적으로 Hastilow는 Jason에게 혹시 화장실에 가고 싶은지 물었고 Jason은 '예'라고 대답했으며, 이후 Jason은 혼자 힘으로 화장실에 갈 수 있었다. 이는 Jason이 Hastilow가 이미 자신의 욕구를 알고 있었을 것이라고 느끼고 있음을 시사한다. 이 사건은 '자폐적 성인을 대상으로 한 미술치료에서의 공생적 관계'라는 미간행 연구(Hastilow, 1995)에 도움을 주었다.

Jason은 자신이 처리하기 힘든 문제에 직면하게 되면 때때로 본능적이고 우발적인 신체반응으로 표현하는 것에 의지하였다. 즉, 침을 뱉거나 때리고 물건을 던졌다. 때리는 동작을 할 때 그는 마치 때리는 것을 억누르고자 애쓰는 것처럼 종종 그 동작을 제지하려는 것처럼 보였다. Jason이 이해할 수 있는 간단한 표현으로 설명하여 그의 반사회적 행동을 단념시키는 것은 중요한 일이었다. 시간이 지나면서 Jason은 자신의 행위에 대한 어떤 개념을 형성할 수 있게 되었다.

Jason의 신체적인 몇몇 표현은 다른 대상보다는 자기 자신을 향한 것이었는데, 예를 들면 자신의 손을 깨물거나 머리카락을 잡아당기는 것이었다. 그의 신체를 경계로 그 주변에서 일어나는 행위들은 서로 다른 복합적인 기능을 갖는 것으로 볼 수 있는데, 예를 들어 그의 자기라는 감각을 강화하고 해체(dissolution)를 막는 기능을 하거나 다른 사람을 향한 공격을 억제하고 신체적인 수준에서 고통의 정확한 위치를 찾는 기능을 하였다. Jason은 자기가 자신의 손을 다치게 하지는 않을까 하는 우려를 수용하고 내면에 존재하는 고통을 인정할 수 있게 되었다. 감정들을 인정하고 그것들에 이름을 붙일 수 있도록 도와준 것이 그로 하여금 자신의 감정을 버텨내고 그러한 감정들에 휩쓸리지 않도록 조력한 것으로 보였다.

초기에는 종종 Jason 옆에 앉아 있는 것, 조용하게 말하는 것, 위협적이지 않으면서 안전한 존재라는 생각을 활성화시키는 것, 관심이 언제 필요하고 언제 방해가 되는지 알아차리는 것이 불확실하거나 위태롭게 느껴졌고, Jason이 자신에 대한 공격이나 방어 욕구를 경험하는 것처럼 보이는 지점에서는 두려웠다. Jason은 그와 함께하는 사람이 누구든 그 사람에게 자신의 감정을 투사하는 경향이 있으므로, 이것이 일어나는 때를 알아차리고 우리로 인한 위험은 없도록 그와 의사소통할 수 있는 방법을 찾는 것이 중요했다. Jason과의 초기 작업에서 많은 부분이 같은 공간에서 함께 있는 방식에 대하여 교섭하는 이러한 영역 내에 존재하였다.

Jason이 자신은 별개의 인간이고 필자는 그가 생각하고 느끼는 것을 이상하게도 알지 못한다고 생각하는 것을 격려하기 위해 노력하는 것은 중요한 것 같았다. 예를 들면, Jason은 그림을 그릴 준비가 되었을 때 대개 펜을 먼저 쳐다본 다음 필자를 쳐다보았다. 그의 의사소통에 반응하는 동안, 필자는 그가 도움을 필요로 하는지 묻기도 하고 그가 그림을 그리고 싶어 하는 것을 필자가 어떻게 아는지 그에게 말해 주었는데, 그것은 그가 펜과 필자를 번갈아 쳐다보는 것을 필자가 보았다는 것이었다. Jason은 이러한 분리와 관련된 개념에 놓이면 퉁명스러워졌지만, 필자는 서로 쌍방이 주고받으면서 즐거울 수 있고 또한 집단이 함께 유쾌하게 상호작용할 수 있다는 것을 보여 줌으로써 이에 대해 보상하고자 노력하였다. 이는 Jason의 감정을 알고 있다는 것을 밝히는 것과 관련되는데, 예를 들어 다른 내담자가 주목받을 때 그 내담자처럼 언어적으로 유창하지 않은 것에 대한 그의 감정을 인식하고 그러한 문제들이 타당한 것으로 이해하며 그가 상호작용할 기회를 확보해 주는 것을 포함한다.

가끔씩 낮게 발작하는 Jason의 증상은 변화되지 않았지만, 최근 그는 탁자 위에 베개를 놓고 머리를 누이고는 엄지손가락을 빨며 휴식을 취하기 시작했고 이따금씩 눈을 깜박이며 필자를 쳐다보다가는 깊은 잠에 빠져들었다. 그는 필자가 여전히 그 자리에 있는지 확인하는 것처럼 보이지는 않았지만, 필자가 제 자리에 있을 것임을 아는 듯했다. 그리고 잠에서 깨어난 그는 펜을 쥐고 활발히 독립적으로 자유롭게 그림을 그리면서 우리를 놀라게 하였다.

Jason이 그림을 그리고 이야기를 하는 능력을 진전시켜 나가는 동안 그는 또한 치료실이라는 공간을 살펴볼 수 있게 되었다. 필자는 Jason이 사진이나 거울을 건너기 힘들어한다는 얘기를 들었는데, 그 이유는 그의 행동 반경에 따라 조사해 나가면서 명백해졌다. 치료실에는 이전에 다른 집단과 박물관을 방문했던 기록이 그 집단 구성원들의 사진과 함께 걸려 있었다. Jason은 관심을 보였고, 사진에서 필자와 미술치료 훈련생을 포함한 몇몇 사람들을 알아보았다. 처음에 우리는 그가 다른 집단들과 우리를 함께 공유하는 것에 대해 불편해한다고 생각했다. 그러나 후에 그가 그 사진 이미지의 원래 특성을 퍼즐 맞추듯 찾아 맞추고 있었고, 또한 그 사진 속에 내담자가 있는지 생각하고 있었다는 것을 우리는 알게 되었다. 이 시점에서 그는 이전의 훈련생인 Penelope Wilson의 사진을 만지는 것을 즐기는 듯했고, 심지어 입까지 맞추었다.

사진에 관심을 보이자 Jason에게 자기 자신의 사진을 좋아하는지 질문했고 그는 처음에 이에 대해 거부의 뜻을 보였다. 몇 주 후, 부분적으로 사진에 대한 그의 계속되는 관심과 더불어 그에게 보낸 반영과 지지로 그가 또한 자신의 옷차림에 대한 관심과 자부심을 갖게 되면서 그는 마음을 바꾸었다. 우리는 각기 다른 티셔츠를 입은 Jason의 사진을 수집하였다. 필자는 Jason의 옷에 대한 관심이 그의 피부 경계와 정체성을 자각하고 시간의 흐름을 깨닫도록 발달시키는 한 부분일 수 있다고 생각하였다.

첫 번째 사진으로 필자는 미술치료사 훈련을 받고 있는 Hastilow와 함께 있는 Jason을 찍어 주었다. 위험이 적기는 하지만 그를 위한 모험을 하는 사이, 나중에는 그도 그들이 함께 찍은 두 장의 사진을 가진 것에 무척 기뻐하게 되었다. 그것은 또한 실제 사람이 있었던 장소를 그가 보다 쉽게 이해할 수 있도록 만드는 것처럼 보였다. (이 시기에 두 집단이 있었는데) 집단원 모두 카메라를 조작할 수는 없었지만, 필자와 훈련생과 함께 미술작업을 하면서 그들은 모두 자신의 사진을 원하게 되었다. 그림을 넣어 일정표를 만들고 있던 또 다른 내담자를 담당하는 핵심 관리자의 요청에 따라, 그리고 매우 짧은 작업을 기록하기 위해 훨씬 빨리 카메라와 사진이 집단에 소개되었지만 Jason은 전혀 관심을 보이지 않았다. 현재 그는 자기 자신을 위해 그것들을 깨달아 가고 있다. 처음에 Jason이 자신의 사진을 받았을 때에는 부서지기 쉬운 자기 감각의 허약함이 흘러나오는 것이 분명히 보였다. 필자가 생각 없이 몇 장의 사진을 그에게 바로 주었을 때, 그는 고의로 사진에 음료수를 쏟아버렸지만 "이런 안 돼."라고 말하며 바로 후회하는 것처럼 보였다. 그는 지지를 받으면서 이러한 감정들에 대처할 수 있게 되었고 사진을 만지고 바라보면서 많은 회기들을 보냈다.

이미지와 자기에 관해 배워 나가는 과정의 일환으로 우리는 거울을 도입하기로 결정하였고, 처음에는 두 집단의 내담자들 모두 혼란스러워한다는 것을 바로 알 수 있었다. 필자는 다른 집단의 구성원에게 Jason에게 말을 걸어보라고 요청했고, 그는 Jason보다는 거울 이미지에 주목하여 말하였다. Jason은 거울 속의 이미지에 대답하였다. 그들 모두 당황하긴 했지만 무섭다기보다는 재미있는 듯 보였고, 우리는 그들이 이 작업 과정에 안심하고 흥미를 잃게 될 때까지 수차례에 걸쳐 거울을 이용한 활동을 하며 이야기를 나누었다.

Jason은 또한 일부 사진들 속 가족의 특성에 관해 관심을 가지는 것처럼 보였고, 비록 그가 훼손시킨 사진을 갖게 된다 하더라도 최근 세상을 떠난 그의 가족 구성원이 포함되어 있는 사진을 갖고 싶다는 마음을 드러낼 수 있게 되었다. 이러한 그의 요청이 전달되었고 충족되었다. 이제 이 사진을 갖게 된 Jason은 이미지에 대해 그가 이해하고 있던 것을 변화시킬 수 있을 것으로 생각된다. 우리는 Jason이 사별을 겪었다는 것을 알고 있었지만—

정말 그의 행동은 한순간에 악화되었다—Jason이 직접 그것에 대해 말을 꺼내도록 두는 것이 중요하다고 판단되었고, 결국 그는 시험적으로 해 보게 되었다. 일단 그가 직접 말을 꺼내자, Jason이 그와 같은 활동의 필요성을 실감하게 하는 데 보다 초점을 두고 도움을 줄 수 있었다. 그 사람의 이름을 말할 수 있고 정당하게 슬픔을 드러낼 수 있는 것이 그에게는 커다란 위안이 되는 것처럼 보였다.

미술치료사 훈련생들에 관해서는 그들이 떠난 후에도 계속해서 살아 있다는 것을 Jason에게 알려 줄 방법이 없었다. 그러나 우리는 사진을 적용할 수 있었고, 그들이 여전히 살아 있으며 Jason이 그들을 기억하고 있는 것처럼 그들도 Jason에 대해 가끔 생각하고 있다는 사실을 납득시킬 수 있었다. 이렇게 안심하게 되자, 그는 어느 정도 자신의 소망과 공상을 매우 주요하게 고려해 보는 수준에까지 다다른 것으로 보였으며, 뿐만 아니라 자신의 어려움에 대해서도 추상적인 개념으로 어느 정도 설명할 수 있는 것 같았다.

Jason과 필자 단둘이서 작업을 하고 있을 때, 그가 죽음에 대한 개념을 통합하는 데 도움을 줄 수 있는 사건이 발생하였다. 회기의 시작 무렵, 그는 죽은 호박벌을 발견하였다. 그는 호박벌을 가리키며 겁에 질려서는 주위에서 무엇인가 던질 것을 찾았다. 그는 어떤 의미가 있을지도 모르는 우유팩을 집어서는 방을 가로질러 그것을 세게 던졌다. 필자는 벌을 쓰레기통에 버리지 않고 벌의 죽음은 일정하게 순환되는 주기의 일부분이고 그 삶은 의미를 가지고 있으며 존중과 감사의 마음을 가져야 할 것이고 전혀 두렵지 않다는 것을 보여 주는 것이 중요하다고 생각하였다. 줄곧 Jason과 손을 잡고 있으면서 필자는 벌을 주워 담아 아래층으로 내려가서 땅에 묻었다. 필자는 벌의 무덤 앞에서 꽃들 사이에서 살았던 벌의 삶에 대해 사색하며 생산적인 삶에 감사하는 마음을 가지고 벌에게 작별인사를 하는 몇

마디 말을 건넸다. 이 삽화는 아동기에 동물 세계에서의 죽음을 경험한 것과 같은 느낌을 가지고 있었고, 필자 또한 Jason에게서 죽음은 최근 어떤 형태로 고통스럽게 나타난 현실이었다는 것을 인식하게 되었다. 그 회기를 마칠 때 Jason은 필자의 볼에 애정 어린 키스를 했다.

같은 시기 나머지 다른 집단원인 Tom도 Jason과 더불어 자신의 욕구를 살펴보고 있었는데, 그것은 부분적으로 분리감과 상실감을 수반하는 그의 가족사건에 대한 반응으로 촉발된 것 같았다. 그는 자기 자신을 '아래에 괴물이 있는' 침대의 모습을 대충이나마 나타낼 수 있는 단계에서 색이나 미술 매체를 사용하는 경험 자체에 몰두하면서 감각적으로 색상을 사용하는 단계로 퇴행하였다. 그의 기분은 극단적으로 변화하였는데, 조증처럼 쾌활하고 분주하다가도 극도로 우울해하고 불안해하며 금방이라도 눈물이 날 것 같거나 집착하였다. 각각의 붓놀림은 그가 알고 있던 사람들로 인식되었다. Tom은 종종 "와, 나는 그녀를 반으로 잘랐어. 오, 이런!"이라고 하며 불안과 즐거움을 동시에 표현하면서 그것들을 반으로 가르거나 물감으로 지우기도 하였다. 그의 세계에서 중요한 인물에 대해 이렇게 가시적으로 상징적인 파괴를 하는 것을 둘러싼 놀이와 대화는 그 인물들이 독립적으로 존재한다는 생각을 더 분명히 갖도록 이끌어 그가 그들에 대해 갖고 있는 모순되는 감정과 그의 내면에 있는 그러한 감정의 위치를 통합하는 데 도움을 주었다.

Tom은 이미지를 만들어 나가는 것에 대단히 집착하였다. 그는 퇴행하기 이전보다 더 강한 신념을 가지고 이미지를 창조했으며, 그 이미지들을 통해 그림에서 어떤 일이 일어나고 있는지 수다스럽게 재잘거리고 마구 웃으며 장난을 치기도 하였다. 그때까지 Tom은 자신의 그러한 행동이 말로 상호작용하는 대화능력이 덜 발달된 Jason에게 어떤 영향을 미칠지 안중에도 없어 보였다. 상호작용은 Jason이 자신에게는 Tom과 같은 수준으로 말하는 의사소통 능력이 없다는 것에 대한 감정을 인정함으로써 촉발되었고, 뿐만 아니라 Jason에게 주고받는 기회를 제공하여 그러한 상호 교환의 필요성을 자각하게 하고 Tom의 수다가 Jason을 방해할 수도 있다는 것을 Tom이 깨닫도록 함으로써 상호작용이 자극되었다. 공간, 침묵 그리고 힘의 교환은 서로 준비를 갖추게 하고 관심을 공유하게 함으로써 구체적인 세계로 연결되었다.

Tom은 세상에 대해 매우 호기심이 많았는데, 예를 들면 Tom이 다 닳은 펜을 가리키며 "그건 죽었어요. 그렇지 않나요?"라고 물었을 때 두 내담자 모두에게 죽음에 대한 의문이 다시 제기되었다. 그가 그림 붓 또는 탁자에 입맞춤을 하고 새 선풍기에 "안녕."이라고 하거나 빈 음료수 깡통에서 죽음을 떠올리는 경우 그의 경험의 주관적인 성질이 분명히 드러나지만, 이는 마치 우리의 공간에 죽음의 가능성이 있는 것처럼 그가 어려운 주제를 다루고 있는 것으로 느껴졌다. 우리는 이러한 문제에 대한 감정이 존재할 것이라는 점을 인정하면서 떠나는 것과 죽는 것의 차이점, 그리고 그것이 영향을 미치는 범위에 관해 간단히 이야기를 나눌 수 있게 되었다.

또한 Jason은 그의 자리 옆에 있는 벽을 따라 전시된 사진들을 관찰하면서 천천히 그림을 그리는 작업을 계속하였는데, 당시 그의 그림은 통제된 난화 수준으로 그가 가장 좋아하는 색조인 빨간색을 두드러지게 사용하여 그 색상 조각들을 이어 붙여 구성한 그림이 대부분이었다. 색채 치료에서 빨간색은 기본 차크라 중에서 주요 색상으로 알려져 있으며, "아이들은 사춘기에 이르기까지는 완전히 뿌리내리지 못하기 때문에 빨간색을 좋아하는 경향이 있다."(Wills, 1992: 76)는 것은 상당한 근거가 있는 것으로 간주된다. Jason의 그림은 앞서 점토를 매끄럽게 문지르던 그의 작업의 연장선으로 볼 수 있으며, 결과적으로 이는 위안과 교감에 대한 초기 경험에 기초한 것으로 보였다. 그는 그림을 그릴 수 있게 되기까지 집중적인 지원이 절

[그림 5-3] Jason: 과도기적 대상인 그림

대적으로 필요하였다.

18개월이 넘는 기간 동안 Jason은 ([그림 5-3]과 같이) 여러 달에 걸쳐 그린 몇몇 그림을 가지고 작업해 왔으며, 2회에 걸쳐 기물 파괴와 같은 난폭한 행위와 맹목적인 분노를 보이며 자신이 그린 그림을 훼손하였다. 사람에 대한 파괴적 공상과는 대조적으로 자신이 작업한 것을 파괴하는 이러한 행위는 그가 그린 그림들이 아마도 과도기적 대상(Winnicott, 1986: 1-30)으로 기능하고 있을지도 모르며, 그가 이 과도기적 대상을 창조하고 파괴했다는 것을 나타낸다. 미술 매체나 도구를 가지고 행동화하는 파괴적 충동은 이러한 내담자들과 작업하는 사람들이라면 익숙할 것이며, 필자가 다른 내담자들에게서 몇 차례 봐 온 과정이기도 하다.

만약 지시를 받는다면 Jason은 이전에도 소설 속의 등장인물을 모방하여 그리려고 했겠지만, 현재 그의 그림은 보다 응집성 있고 덜 고집스럽게

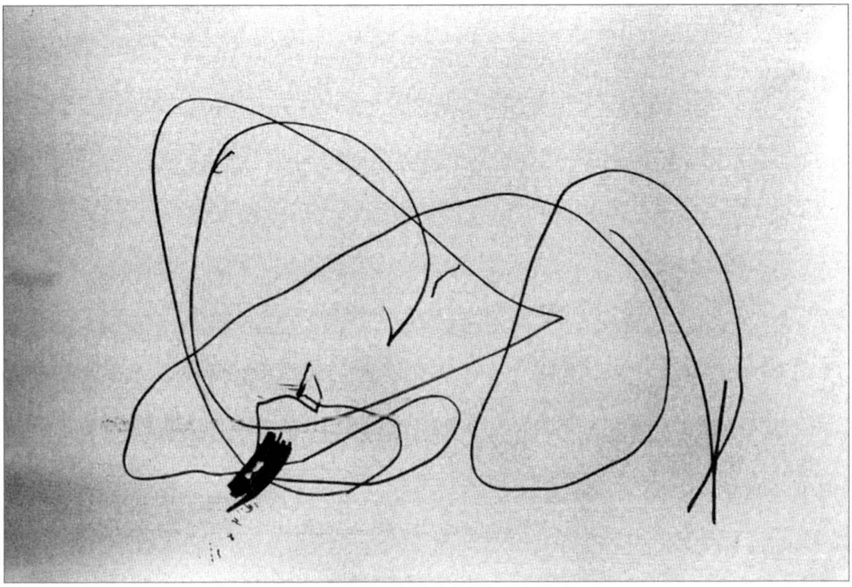

[그림 5-4] Jason: 탐구의 시작

만들어지고 있으며 맥락상 의미가 있고 통상적인 발달 단계와 같은 방식으로 발달하고 있는 것 같다. Jason은 자신의 그림에 좀 더 융통성을 가지게 되었고, 새 종이를 선택하는 것을 기뻐하며 종종 한 회기에서 하나의 작품을 그가 만족하는 수준까지 완성시켜 나갔다. 이전과 동일하게 작은 조각으로 통제된 난화 수준의 기법을 사용하면서도 중간 중간에 많은 여유를 두었고, 그는 또한 그가 가장 좋아하는 만화에 나오는 로켓의 그림을 이해하게 되었으며 어느 정도 다른 집단원의 작업에서 영향을 받아 혼자 힘으로 자유롭게 빠르게 원형의 난화를 시도해 나갔다. [그림 5-4]는 그에게서 앞뒤로의 전후진 운동이 탐구되고 있는 경우를 보여 주고 있다. '산타클로스와 개' 를 나타내는 [그림 5-5]는 Jason이 보다 상징적으로 표현할 수 있게 되면서 전후진 운동을 통합하고 있는 모습을 보여 준다. 그가 어린이용 TV 공상과학물에 나오는 꼭두각시 인형 캐릭터 'Brains' 를 그린 [그림

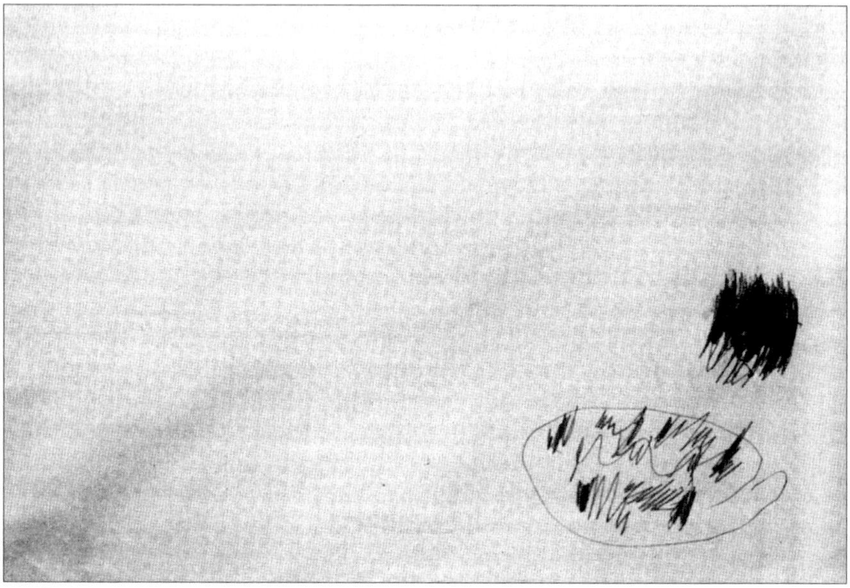

[그림 5-5] Jason: 산타클로스와 개

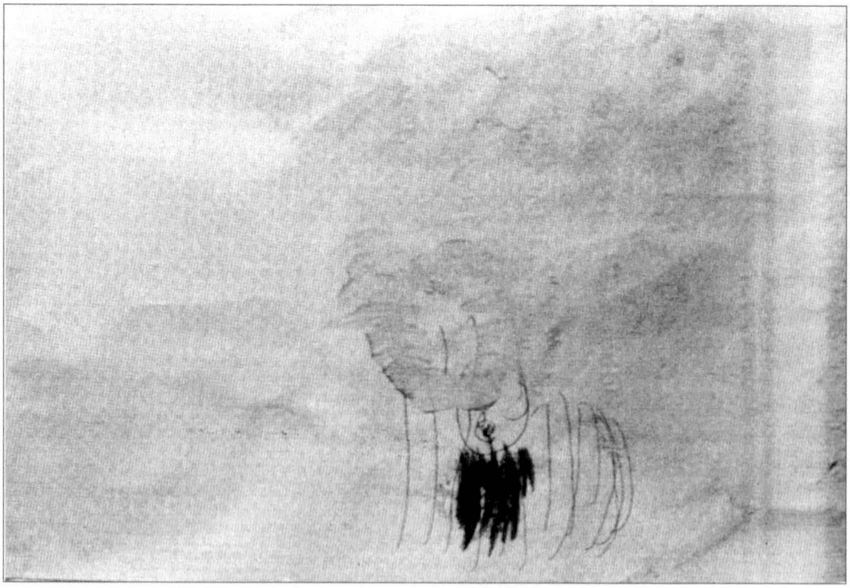

[그림 5-6] Jason: 어린이용 TV 공상과학 시리즈 속의 꼭두각시 인형 'Brains'

5-6]은 인물을 그린 초기의 그림([그림 5-1] 참조)보다는 입과 내부를 강조하여 더욱 전체적인 모습을 갖추고 있다.

앞서 언급하였듯이, 상호 역동성이 전경으로 더욱 명백하게 떠오르고 있으며, 새로운 매체인 콜라주를 활용한 그의 최근 작품에서는 무의식적 상징성이 나타났다. 그의 첫 번째 콜라주 작품은 표면적으로는 어머니의 무릎에 앉아 있는 아이의 이미지로 나타났는데, 이 둘은 미소를 머금고 있었으며 행복해 보였고 그림을 보는 사람 쪽을 응시하고 있었다. Jason이 이 이미지에 무척 관심을 둔 것을 알아채고, 필자는 그것을 이용하여 그림을 만들어 보자고 그에게 권유하였다. Jason의 가위를 다루는 솜씨가 비록 능숙하지는 않았지만, 필자가 그 종이를 잡고 있는 동안 이미지를 잘라 낼 때 그는 아이의 머리 부분을 가로질러 수차례 잘랐고, 어머니 부분의 테두리에 이르러서는 정확히 가위질을 멈추고 어머니 모습의 안쪽으로는 조금도 자르지 않았다. 그것은 마치 그의 감정이 어머니 이미지로 투사되어 어머니를 보호함으로써 그가 손상을 입었을 때의 느낌에 대해서, 또는 강한 복수심에 불타는 느낌에 대해서 표현하고 있는 것처럼 느껴졌다. Jason은 어린 소년이 상처를 입었으며 그가 성장한 어른이기는 하지만 내부는 그 어린 소년처럼 느껴진다고 인정하였다.

내부와 외부의 개념은 고통의 소재에 관한 우리의 의사소통에서 계속해서 다루어졌으며, 어떤 펜은 겉의 펜대와 속심의 색깔이 다르다는 Jason의 새로운 인식을 통해 다루어졌다.

Tom 또한 거의 동일한 시기에 콜라주를 사용하기 시작하였다. 그는 아기 캥거루가 어미 캥거루의 주머니 속에서 자고 있는 사진이나 부드러운 털이 달린 어린 동물들이 잠들어 있거나 깨어나는 그림들을 사용하였다. 점차 그들의 작품에 생산적인 일치점이 보이는 듯했다.

Jason과 Tom과의 작업은 장기적으로 계속되었으며 그럴 만한 가치가 있는 일로 확인되었다. 그러나 모든 내담자에게 미술치료가 유효한 기회로 이용될 수는 없으며, 모든 미술치료사 또한 똑같은 방식으로 작업하지는 않는다. 모든 내담자가 그러하듯이, 그들 개인의 욕구와 안건이 반응을 이끌어 낸다. 필자는 몇몇 개인의 경우 보다 단기적인 치료가 더 적합하다는 것을 알고 있다. 그리고 여전히 미숙한 방식으로 관계를 맺으면서 단독으로 기능하는 내담자들의 경우에는 자폐증을 가지고 있지 않은 사람들로 구성된 집단에 속함으로써 혜택을 볼 수 있는데, 여기서 미술 도구와 치유관계를 구축하고 관계 맺는 능력을 개발하는 동안 그들의 일상생활에서의 어려움을 그 축소판에서 탐구할 수 있기 때문이다.

필자가 이 장의 제목으로 쓴 것은 Jason과 함께 작업하면서 알게 되고 얻게 된 인식이 무엇인지에 관한 것으로, 정보를 의미 있는 개념으로 처리하지 못하면 어떠한 기분이 들지, 세상이 얼마나 두렵고 혼란스러워 보일 것인지, 상징을 사용하는 우리의 능력은 얼마나 중요한지에 관한 것이다. 이 장은 주제의 방대함을 보여 주면서 시작하였고, 불가불 필자의 실제 사례로 제한하였다. 특히, Jason이나 Tom과의 작업 일부를 제시함으로써, 유형의 잠재적 공간 내에서 치료적 관계의 진전을 통해 내담자가 과거 초기의 발달단계를 통과하거나 재통과하도록 하는 것이 어떻게 가능한지 보여 주고자 노력하였다. 이는 개념화 능력의 발달 수준과 유사하게 상징을 이해하는 능력을 발달시킬 수 있도록, 그리고 발전하고 있는 개인으로 세상과 성공적으로 의미 있는 관계를 가질 수 있도록 미술 재료를 상징적으로 활용하게 함으로써 성취되었다.

참고문헌

Alvarez, A. (1995) Lecture 'New Developments in the Psychotherapy of

Children with Autism', The Tavistock Clinic 75th Anniversary Conference: *Mind in the Balance: Issues in Mental Health*, London: Tavistock Clinic.

Asperger, H. (1944) 'Die autistischen Psychopathen im Kindesalter', *Archiv für Psychiatrie und Nervenkrankheiten*, 117: 76 136.

Fox Coyne (1992) 'The Display and Exhibition of Art Work done in an Art Therapy Setting', unpublished MA thesis, University of Hertfordshire.

Frith, U. (1990) *Autism: Explaining the Enigma*, Oxford: Blackwell.

Gardner, H. (1989) 'Project Zero: An Introduction to Arts Propel', *Journal of Art and Design Education*, 8(2): 167-82.

Hastilow, S. (1995) 'Symbiotic Relationships in Art Therapy with Autistic Adults', unpublished PG Dip. A.Th. Clinical Training Study, University of Hertfordshire.

Kanner, L. (1943) 'Autistic disturbances of affective contact', *Nervous Child,* 2: 217-50.

Sacks, O. (1995) *An Anthropologist on Mars,* London: Picador.

Segal, H. (1988) 'Notes on Symbol Formation' in *The Work of Hanna Segal,* New York: Aronson.

Selfe, L. (1977) *Nadia: A Case of Extraordinary Drawing Ability in an Autistic Child,* London: Academic Press.

Tustin, F. (1992) *Autistic States in Children,* London: Routledge.

Wills, P. (1992) *The Reflexology and Colour Therapy Workbook,* Longmead: Element Books.

Wilson, P. (1994) 'A Group of Five Autistic Young Adults', unpublished PG Dip. A.Th. Clinical Training Study, University of Hertfordshire.

Winnicott, D. W. (1986) *Playing and Reality,* Harmondsworth: Pelican Books.

World Health Organisation (1987) *Mental Disorders: A Glossary and Guide to their Classification in Accordance with the 10th Revision of the International Classification of Diseases (ICD-10),* Geneva: World Health Organisation.

제6장

험프티 덤프티[1]의 껍질

미술치료에서의 사폐적 방어기제 다루기*

Margaret Stack

+ 주요 주제

- 여러 가지 자폐적 성향을 나타내는 남성과 진행된 2년간의 개인 미술치료에 대한 상세한 기술

+ 핵심 사항

- 보호시설 맥락에서의 장기 미술치료에 대한 설명
- 특히, Tustin의 '자폐적 캡슐화(autistic encapsuation)' 개념을 다룬 문헌을 사용하여 그 과정에 관해 집중 조명
- 탐색과 변화의 가능성을 지지하는 '버텨 주기 기제(holding mechanism)' 로서 미술치료의 중요성

배 경

이 장은 중도 학습곤란을 가진 것으로 진단받고 보호시설에서 생활하고 있는 내담자를 대상으로 한 2년간의 개인 미술심리치료에 초점을 두고 있

1) 역주: 험프티 덤프티(Humpty Dumpty)는 영국의 전래동요(nursery rhyme)에 나오는 주인공, 담벼락에서 떨어져 깨져 버린 달걀의 의인화, 땅딸보, 한 번 부서지면 원래의 상태로 고쳐지지 않는 것을 의미한다.

다. 자폐와 비슷한 여러 가지 성향을 나타내는 내담자와의 작업과정은 이러한 내담자 집단에 대한 참고문헌과 관련하여 보호시설 맥락에서 기술하였다. '무지'와 무력감을 장기간 견뎌 냄으로써 얻은 통찰은 결국 내담자가 처한 상태의 본질을 조명한 관련 이론적 모형에 의해 입증되었다.

서 론

형태 없는 모습, 색깔 없는 그늘

마비된 힘, 움직임 없는 몸짓

—Eliot, 1925/1982, 〈The Hollow Men〉

T. S. Eliot의 시 〈공허한 인간(The Hollow Men)〉에서는 의미 없는 목소리, 보지 못하는 눈, 형태 없는 형상이 무력한 외형이나 껍질 안에 마비된 채 남아 있는 상태에 대한 극심한 두려움을 강렬하게 묘사하고 있다. 이 시는 '자폐적 캡슐화'에 대한 Tustin의 정의를 반영한 것이다. Tustin은 자폐적 캡슐화 과정을 "얼어붙은 삶은 이러한 경향이 어떤 식으로든 방출될 수 없다면 살아 있는 죽음에 이르게 한다."(1990: 158)고 서술하였다. 자폐적 캡슐화의 1차적 기능은 보호이지만, (보호시설에서 생활하거나 자폐를 가진 특정 개인처럼) 이것만 오로지 과도하게 사용될 경우에는 우리의 감정이나 의사소통, 삶을 저지하는 효과를 가져 '장애를 초래하거나 불리한 결과'를 낳게 된다(Tustin, 1990: 133).

1943년, Kanner의 선구적인 연구는 '초기 유아 자폐증'을 단일 영역에 대해서는 가끔 능력을 발휘하면서도 동일성에 대한 강박적 요구와 심각한 사회적 고립을 나타내는 것으로 간주하면서 '생득적인 정신치제'와 그 증상을 기술적으로 구분하였다. 비록 이 사례연구의 대상은 정신결함(mentally defective)으로 진단되었고 전통적인 Kanner의 의견에서 보면 자폐가 아닐 가능성이 있기는 하지만, Kanner와 이후 이 분야 연구자들이 제시한 자폐적 성향을 다수 보여 주고 있다. 그러나 이 사례연구에서 자폐에 대한 진단과 정의를 둘러싼 논쟁을 검토하고자 하는 것이 필자의 의도는 아니며, 그보다는 오히려 이 사례연구의 대상인 Dillon(가명)의 복잡한 특징과 그가 사용하는 '방어적 껍질'(Tustin, 1990)을 이해하기 위한 수단으로 Kanner(1943), Tustin(1990) 및 Sinason(1992)의 이론에 따라 통찰해 보고자 한다.

Dillon의 복잡한 행동이나 기능과 같은 그의 감각 능력에 대한 정보를 얻기 위해서는 연대순 형식으로 그의 기관별 이력과 개인력을 광범위하게 추적해 볼 필요가 있다. 필자는 먼저 지금까지 Dillon의 미술치료 처치에 영향을 미쳤던 철학적 원리의 변화를 반영해 주는 정신장애 분야와 관련된 영국 미술치료 문헌에 대한 검토부터 시작할 것이다. 다음으로 Dillon의 초기 개인력과 의학 병력, 구체적 행동 분석표를 포함하여 보호시설 이전 · 이후의 생활에 대해 논의할 것이다. 이렇게 광범위한 자료를 통해 Dillon을 소개한 다음 2년에 걸친 개인 미술심리치료와 관련하여 미술치료적 환경이 그의 처치에 어떤 영향을 주었는지 살펴보고자 한다. 필자와 Dillon과의 개인 작업은 두 단계로 나누어 기술하였으며, 이를 통해 그 관계를 포괄적으로 나타내고 분명한 통찰을 제공할 것이다. 또한 각 단계는 관련 이론에 따라 논의되고 성찰될 것이다. 결론은 내담자를 통해 제시된 소재를 바탕으로 이끌어 낼 것이며 Dillon에 대한 미술치료의 효과성과 장래성에도 초점을 맞출 것이다.

필자의 의도는 관련이 있으면서도 광범위한 개인력 정보와 의학적 배경지식을 통해 Dillon을 소개하는 데 있다. 그의 긴 개인력은 그가 거쳐 온 보호시설 관련 경험을 보여 주며, 지금까지 그의 미술치료 처치에 영향을 미쳤던 철학적 경향을 그대로 반영한다.

초기 개인력

연옥의 비밀을 말할 수 없다만
말을 한다면
당장에 네 영혼은
두려움에 오그라들리라.

–Shakespeare, *Hamlet*, l. v. 13–16

Dillon은 (정신지체인을 위해 1870년에 설립된) 빅토리아 시대의 대규모 보호시설에 8세 때 입소한 이후로 지금까지 살아왔다. 그는 현재 44세다. 비록 병원은 '지역사회 안에서의 보호(care in the community)'라는 철학에 따라 1994년 9월 공식적으로 문을 닫았지만, Dillon은 행동 · 정서 장애로 간주되는 개인들을 위해 특별히 병원 부지에 지어진 공동생활가정에서 계속해서 거주하고 있다.

Dillon은 5개월 때 입양되었고, 그의 의료적 기록에 따르면 생후 2개월즈음에 홍역과 백일해를 앓았다. 비록 명확히 기록되지는 않았지만, 이러한 병이 잇따른 그의 입양문제와 관계가 있을 것이다. 그에 대한 사례 기록을 보면 그의 첫 '경련적 발작'이 적혀 있으며, 그의 양부모가 이를 어렴풋이 짐작한 것으로 판단할 수 있는 "무엇인가 잘못되었다."라는 말은 그의 나이 2세 때 처음으로 등장하고 있다.

그는 4세 때 짧은 기간 동안 학교에 다녔지만, 파괴적 행동으로 주류교육(mainstream education)에 적합하지 않은 것으로 간주되었다. 이 시기 그에 대한 자료를 보면 "그는 어른 아이 할 것 없이 모두를 죽이고 싶어 한다."고 진술되어 있다. 그의 발작이 증가함에 따라 그는 간질병이 있는 것으로 진단되었고, 그가 8세가 되던 해인 1960년에 보호시설로 입소하게 되었다. 입소 승인서에 그는 괴성을 지르고 헛기침을 하며 물건을 훔치는 경향이 있는 '거친 아동'으로 기술되어 있다. 그에 대한 심리 보고서에는 "어른에 대한 적대감이 예측되고 생애 초기 학대가 의심된다."고 기록되어 있다. 또한 그들은 그가 혼자 놀기, 조각그림 맞추기, 블록 쌓기를 좋아하고 자주 혼자서 동요를 흥얼거린다고 언급하고 있다.

이 기간에 그에게 붙은 진단명은 그를 '명백한 치우(痴愚, imbecile)[2)]나 '고등급(high grade)의 저능' 그리고 '간질환자'로 묘사하고 있다. 이러한 명칭은 1980년대에 '중증 저능(severely subnormal)'으로 개정되었으며, 오늘날에는 '학습장애(learning disabled)'라는 포괄적인 용어로 여전히 존재하고 있다. Dillon의 진단명에 '자폐증(autism)'은 포함되어 있지 않다. 그러나 필자는 그가 언어장애, '나' 대신 '그'라는 인칭대명사를 사용하는 대명사 반전, 의례적인(ritualistic) 강박 행동, 그리고 사회적 관계를 발달시키는 데 어려움을 보이는 측면에서 자폐증과 유사한 다수의 성향을 나타낸다고 생각한다. 이에 대해서는 다음 부분에서 다루도록 하겠다.

조사에 따르면 지난 36년간 축적된 수많은 기록에도 불구하고, Dillon 본인에 관하여 사실에 입각한 발달적 정보가 빈약하다는 것이 분명해졌다. 기록의 대부분은 주로 반복적인 간호 기록, 지속적인 약물치료에 대한 평가, 발작에 대한 관찰, 행동적 프로그램과 기타 사건에 대한 보고로 이루어

2) 역주: 치우는 과거 지적 장애 또는 정신박약에 해당되는 사람 중 정신연령이 2~7세인 사람을 일컫던 용어다.

져 있었다. Dillon의 아버지가 상담자에게 보낸 편지에서 그의 개인적이거나 사회적인 세부사항에 대해 소수 찾아볼 수 있었고, 역으로 그의 교육적 수행에 관해서 일부 알 수 있을 뿐이었다. Dillon의 개인력 자료에 따르면, 그와 양부와의 지속적인 접촉 기록은 남아 있었지만 그의 생모나 양모, 형제에 관한 언급은 전혀 없었다.

행동적 프로파일

Dillon은 창문을 깨거나 직원을 공격하고 자해를 하거나 남을 화나게 하는 욕설을 하는 등 문제행동의 이력을 가지고 있었다. 그는 몇 가지 특유의 강박적인 행동을 드러내 보였는데, 예를 들어 끊임없이 혼잣말을 하고 자주 자신을 질책하는 행동을 병행하는 방식이었다. "그는 정말 그의 머리카락을 잘라…… Dillon, 그러지 마……." Dillon은 항상 '나' 대신 '그'를 사용하여 자신을 3인칭으로 나타내고 타인과의 대화를 단조로운 노래를 부르는 듯한 자신의 독백과 섞어 표현하였다.

그는 발끝으로 걷고 종이를 단단히 말아서 꽉 쥐고 다니다가 계속해서 휘두르곤 했다. Dillon은 끊임없이 종이를 만지거나 물어뜯다가 닳게 되면 하루에도 몇 번씩 종이를 바꾸었다. 그는 원을 따라 걷거나 앉아서 종이 막대를 휘두르는 일정한 반복적인 움직임을 취하였다. Kanner가 제시한 자폐를 가진 사람들의 특성과는 달리, Dillon은 다른 사람들에게서 자신의 '시선을 회피'하지 않았고 오히려 지나치게 응시하였다.

비록 Dillon이 연속된 학습결과와 엄격하게 규정된 일과를 바탕으로 특유의 시간 감각을 가지고 있는 것처럼 보이기는 했지만 날짜, 달, 연도 혹은 계절과 같은 일상의 관례적인 의미에서의 시간 개념은 가지고 있지 않았다. 그렇기 때문에 그는 어떤 변화를 견뎌 내거나 적응하는 데 어려움을 보이면서 일상에 대해 강박적이었다.

미술치료 이력

Dillon은 1982년 9월부터 미술치료 부서에 다니기 시작하였고, 이 글을 쓰는 시점에서는 14년 정도 다닌 셈이 된다. 이 시기의 의뢰서를 살펴보면, 그는 "특수학교를 마치기 이전 6년 동안 병원에 있는 모든 부서에 다녔다."고 적혀 있다. 그가 한 부서에 오래 있지 못하고 병원의 다양한 부서에서 거부된 원인으로 제시된 것은 '그의 지속적인 파괴적 행동'에 관한 것이었고, 이러한 행동에 대해 의료 담당자는 "학대와 관련이 있다."고 추측하였다. 의료 담당자는 Dillon에게는 "그를 껍질 밖으로 이끌어 줄 온화하고 일관성 있으며 확고한 치료사와 함께하는 것이 필요하다."(1982년 의료 담당자의 의뢰서)고 제안하였다.

그 당시 미술치료 부서의 철학은 행동적 모형과 발달적 모형을 이용하여 일반적으로 보급되어 있는 의학적 정통성을 반영하고 있었다. 이의 창시자라고 할 수 있는 Bruce Males는 1973년에 부서 내에 미술치료를 보급하여 '창조적 환경'이라는 맥락 내에서 '발달적 원리'를 신봉하면서 정신장애를 가진 개인들과 작업하는 특정 방식을 개척하였다. 개방형 작업장에서의 비지시적 접근으로 설명할 수 있는 이것은 자발적인 창조성과 미술을 만드는 과정에 내재하는 치료적 가치를 강조하였다(Stott & Males, 1984: 18). 이 철학은 이전에는 '행동화'되었던 것들을 구체적 유형 그리고 상징적 방식으로 표현할 기회를 제공하고, 또한 시간과 공간의 일관성을 제공하면서 수년간 Dillon에 대한 처치의 핵심을 형성하였다.

1980년 후반에는 보다 '지시적'인 접근을 취한 증거가 Dillon에 대한 사례 기록에서 나왔는데, 즉 '확장된' 혹은 '그다음 발달단계로 나아가기' 위한 시도로 치료사의 '적절한 중재'(Stott & Males, 1984: 119)와 더불어 Dillon에게 공작용 점토, 물감과 찰흙 등의 다양한 매체를 도입한 것이 기록되어 있었다.

이 부서에서는 그 개인에게 적합하다고 판단되는 것에 따라 지시적 접근과 비지시적 접근이 골고루 사용되었다. 이들이 사용한 접근은 1977년 심리학 부서와 미술치료 부서의 공동 연구로 착수된 연구 프로그램의 결과에 의해 타당성을 인증받았다. 그 결과는 개인의 욕구나 상황에 따른 이 두 접근의 효과성을 보여 주었다(Males & Males, 1977).

1987년으로 추정되는 Dillon의 자료에는 "그의 행동이 점점 더 강박적으로 되어 가고 있으며 정형화된 틀에 박힌 채색 방식은 절대 변하지 않는다."라고 보고되어 있다. 즉, 그는 "종이 한 장당 순서대로 한 색상만을 채워 나가며 차례대로 팔레트를 비워 갔다." 이후 각 회기에서 일련의 선으로 그린 그림이 이어졌다. 때때로 내용은 달랐지만, '시계, 강아지, 숫자, 알파벳 및 집'을 혼합하여 반복적인 방식으로 이미지가 만들어졌다. 1990년과 1991년에는 학생에 의해 두 차례의 연속적인 사례연구 형태로 Dillon과의 개별 작업이 계획되었다는 첫 증거가 나타났는데, 하나는 자연스러운 상황에서의 '관찰'이었고, 다른 하나는 '비지시적'으로 접근하였다(Ogle, 1991; Thomas, 1990). 보다 상세하게 연구된 후자의 연구에서는 Dillon의 능력과 일대일의 수준에 열의를 나타내는 그의 모습을 다음과 같이 보여 주고 있다.

> 나는 이들 회기에서 엄청난 양의 소재가 만들어졌고 그것이 표현될 수 있도록 이 작업을 촉진하는 관계의 성장을 나타낸다고 느꼈다. Dillon은

> 소년/성인남자 심상의 새로운 주제를 드러내 보이면서 …… 동일한 심상을 반복하는 오래된 틀을 깨뜨려 버렸다(Thomas, 1990).

그 학생은 Dillon과의 개인 미술치료 회기를 지속적으로 해 나갈 것을 권장하였으나 유감스럽게도 그 당시 부서의 변동에 따라 그것이 불가능해졌다. Dillon은 그 뒤에 대기자 명단에 올랐고 이전의 반복적인 심상을 만드는 상태로 되돌아가 버렸다. (Strand의 작업[1990년]에서 알 수 있듯이) 새로운 치료사들의 유입으로 1990년대에는 보다 정신역동적인 지향점이 반영되었고, 이에 따라 미술치료 훈련에서 강조하는 것도 동시에 변화되었다.

1992년 9월, 필자가 그 부서에서 일을 시작했을 때, Dillon은 일주일에 두 번씩 참여하여 많은 수의 그림을 그려 내기는 했지만 반복적인 양식이었고, 어떤 한 회기에서는 40장 정도의 고양이 이미지를 그려 내기도 했다. Dillon은 회기 처음에 다른 내담자들과 구별되었는데, 젊어 보이는 외모와 (그의 생활 연령을 착각하게 만드는) 소년 같은 모습 때문이다. 이렇게 확연한 차이점에도 불구하고, 그의 독자성과 스스로 자신을 고립시키는 특성 그리고 겉으로 "요구하지 않는 습관은 그에게 주의를 기울이지 않고 간과하기 쉽게 만들었다." (Ogle, 1991)

필자의 치료담당 건수가 대기자 명단까지 포함하게 되자, 필자는 곧 개방형 작업장에서 이루어지는 회기 내에서 그를 관찰하기 시작하였다. 그는 필자가 조용히 보내는 관심에 눈맞춤과 미소를 보내고, 그림이 완성되면 자발적으로 필자에게 가져오는 것으로 반응하였다. 그는 마침내 필자가 앉아 있는 곳으로 종이 꾸러미를 들고 와 바로 내 옆에서 작업하기 시작하였다. 그가 작업을 할 때 쓰는 의례적인 방식은 지속되었지만, 물고기, 배, 나무부터 동물이나 무생물체에 이르기까지 풍부한 어휘로 자신이 그린 이미지를 필자에게 소개한 것처럼 필자가 있을 때 그의 작업 내용은 변화를 거듭하였다. Dillon과 필자 간의 접촉이 점차 안정적으로 확립되어 가면서, 필자가 작업실 내에 있을 때에는 그의 영역적 우세성도 확대되었다. 그는 다른 내담자들의 연필이나 크레용을 부러뜨리고, 또는 그들이 있는 방향으로 자신이 들고 있던 종이 막대를 신경질적으로 휘두르면서 다른 내담자들에게 그의 공격성과 독점욕을 행동화하기 시작하였다. 그 뒤로 필자는 시간표를 다시 확인하고 주 1회씩 Dillon에게 개별 미술치료 회기를 제공하기로 하였다.

Dillon과 개인적으로 보아 온 지 이제 2년 남짓 되었다. 이 기간 동안 불가피하게 시간표가 변경되기도 하였고, 언젠가는 작업실에서의 회기를 종결해야 할 이유기(weaniney)가 오겠지만, Dillon은 연장된 기간 동안 새로운 회기와 원래의 회기에 지속적으로 정해진 시간에 나타났다.

Dillon과의 미술치료

지난 2년간 축적된 Dillon에 대한 다량의 기록 자료와 더불어 이 장에 배분된 공간의 제약 때문에, 필자는 사례의 소재를 선택하여 제시할 필요성을 느꼈다. 따라서 되풀이하여 발생하는 주요 주제에 초점을 두고 이를 두 가지 맥락 내에서 기술하고자 한다. 이러한 글의 구성체제는 Dillon이 그의 처지에서 살아남기 위한 수단으로 사용했던 과정에 관심을 두어 통찰할 수 있도록 할 것이며, 2년간의 관계에 대해 개괄적으로 설명해 줄 것이다.

Dillon에 대한 자료를 살펴본 결과, 초기 10회기 동안 소개된 주제가 우리가 관심을 두었던 치료의 첫 단계/첫 해에 일어난 것이 분명해졌다. 이러한 이유로, 이들 회기의 내용은 이 기간 동안 나타난 주요 관심사들을 요약한 형태로 제공하고자 한다. 그러나 이러한 초기 회기에 관해 현재 제시하고 있는 해석과 연결점은 2년간 Dillon 특유의 구어적 · 회화적 언어를 판독한 경험과 이후 얻게 된 깨달음에 의한 것으로, 그에 대해 익숙하지 않거나 '알지 못하는' 초기 상태에서 나온 의견이 아니라는 사실을 유념하기 바란다.

필자는 첫 10회기 동안 일어난 순서대로 관련 주제를 간단히 기술할 것이며, 이러한 주제들을 관련 심리역동 이론에 따라 치료의 첫 단계를 좀 더 확장한 맥락에서 연결시켜 논의하고자 한다. 두 번째 단계 역시 동일한 체제로 진행할 예정이지만, 논의 시에 이 두 단계를 연결시켜 설명할 것이다.

미술치료: 첫 번째 단계

> 나에게도 허락해 주오
> 그런 의도적인 변장을 하게 해 주오
>
> –Eliot, 1925/1982, 〈The Hollow Men〉

첫 회기에서 Dillon은 정신없이 흥분해서, 그러나 의례적인 방식으로(in a manic but ritualistic manner) 개인 치료실을 탐색하였고 각 선반과 찬장, 그 내용물들을 샅샅이 살피며 순환적인 신체 동작을 동반하였다. 탐색하는 동안 Dillon은 가위 한 자루를 찾았고, "나는 모르겠어요, 그가 그의 머리를 왜 잘랐는지, 그는 항상 매주 그래요……. 당신은 당신의 머리를 잘라서는 안 돼요……."라고 말하며 가위를 필자에게 건네 주었으며, 자기 자신을 3인칭을 사용하여 계속해서 질책하였다.

필자는 그가 (나에게 가위를 건네는 행동을 통해) 자신을 지켜 주기를 필자에게 바라고 있고 그가 왜 자신의 머리를 잘랐는지 이해하도록 도와주기를 바란다고 해석하였다. 또한 필자는 치료실 내에서 서로의 안전에 대한 필요성을 거듭 강조하였다. Dillon은 머리카락을 자르는 대상에 대한 더 이상의 어떤 탐색에도 저항하였고, 익숙한 고양이 그림들을 잇달아 그리며 빠져들었다. 필자는 그가 낯선 새로운 환경 내에서 무엇인가 익숙한 어떤 것을 바라는 그의 요구를 인정하였고, 새로운 방식에 적응하는 데에는 시간이 걸릴 것이라고 말해 주었다.

이후 이어진 회기들은 가위와 그의 머리카락을 자르는 것에 대한 의미를 밝히는 데 도움을 주었다. 소년/성인남자라는 주제는 집과 가위의 이미지와 함께 4회기에서 나타났다. 소년은 성인남자로, 또는 성인남자가 소년으로 때때로 변화되어 나타났는데, 소년이라는 심상은 머리카락의 유무로 구분되었다. 이러한 심상들을 만들어 나가는 동안 Dillon은 머리카락을 자르는 것에 대해 엄청나게 많은 이야기를 했으며 그의 가정에 대한 이야기도 끊임없이 하였다. 그가 아버지의 차라고 설명한 노란색 자동차 그림은 후에 맥락에 따라 집을 방문하는 것이 변형되어 나타난 이미지이거나 아버지에 대한 상징으로 표상되었다. 이어서 그는 5회기에서 "그의 아빠는 항상 그의 머리카락을 잘라."라고 폭로하기 시작했다(최근까지 계속된 임상은 지역사회 서비스 사용의 증가로 크게 줄어들었다.). Dillon은 이러한 자신의 모습에 대해 양가감정을 나타내었는데, 그는 머리카락을 자르는 것에 대해 계속해서 자기 자신을 질책하는 동안 웃기도 하고 자신의 머리를 공격적으로 치기도 하였다. 가위, 아버지, 자동차, 남근 형상의 비행기라는 상징들이 그의 그림에서 나타났다([그림 6-1] 참조).

또한 5회기는 Dillon이 필자를 'Christine'으로 부른 첫 회기였다. (Christine은 필자가 오기 전 병원에서 몇 년간 일했던, 그가 매우 좋아하는 사촌의 이름으로 밝혀졌다.) Dillon은 밑에서 합쳐지는 나무 두 그루를 그리고는 Christine을 어떻게 쓰는지 물어보았다. 이는 필자를 Christine으로 보면서

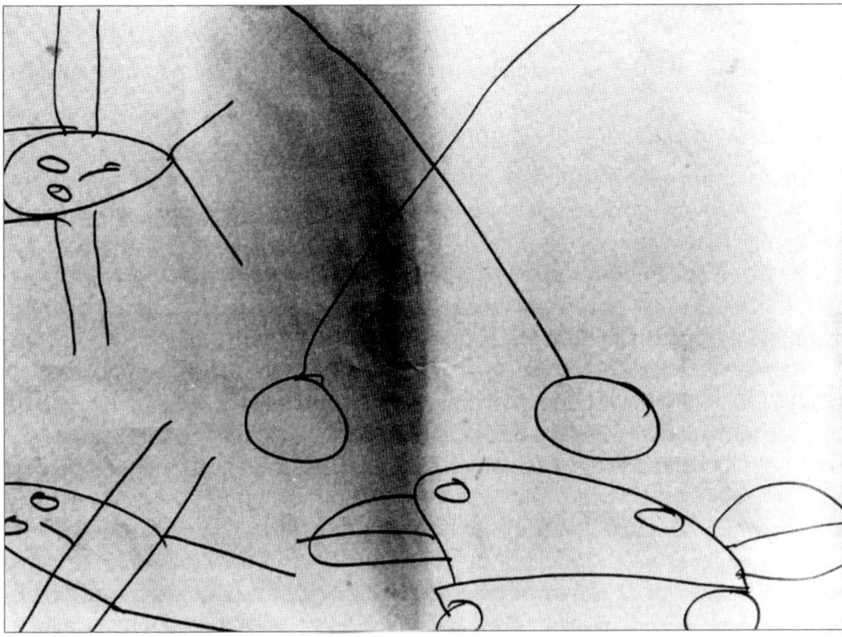

[그림 6-1] Dillon: Dillon의 아버지, 가위, 비행기, 자동차

대략 1년간 지속되었던 Dillon의 이상화(idealisation)를 나타내는 것으로 보이며, 후에 제시될 두 번째 단계에서는 그가 필자를 좋은 대상으로 지각하는지 또는 나쁜 대상으로 지각하는지에 따라 Christine과 Margaret 사이를 왔다 갔다 하기도 했다. Christine이라는 주제는 그다음 회기(6회기)에서도 다시 나타났다. Dillon은 '나의 집'을 그렸고 'Christine이 사는 곳'이라고 소리내어 중얼거렸다. 그러고 나서 그는 'Christine의 집에 사는 갈색 고양이'를 그렸다. Dillon이 그린 고양이 이미지는 상실, 질투, 전치(displacement)의 감정과 연합되어 있는 것으로 판단되었다. 예를 들어, 그는 '집에 있는 예쁜 새끼 고양이'에 관해 양가적으로 말하였고, 그때 '그 고양이를 발로 차고 꼬리를 당긴 것'에 대해 자책하였다. 가족으로서의 고양이는 Dillon 자신이 할 수 없는, 즉 집에 사는 것이 허용되는 그 자신의

대체물을 상징하는 것으로 그의 전치 감정의 저장소가 되었다. 'Christine의 집에 사는 고양이'는 전이(transference)를 통해 질투와 소망의 요소를 포함하고 있는 것으로 보였다.

다음 회기(7회기)에서 Dillon은 새로운 심상인 험프티 덤프티(그의 가장 강력한 자아상)를 보여 주었다. 험프티 덤프티는 필자가 그에게 휴일 때문에 다음 회기를 취소해야겠다고 알려 주었을 때 나타났다. Dillon은 당혹스러운 것 같았고 몸이 좋지 않다고 말하며 바닥에 쓰러져서는 구토를 하였다. 그러고 나서 그는 자장가 같은 음률로 "그는 다시 원래대로 돌아올 수 없었어."라고 반복하며 몇 장의 험프티 덤프티 그림을 그려나갔다. 필자는 그의 고통을 인정하고 내가 전한 소식이 마치 '한 대 맞은 것처럼' 느껴지게 만들었을지도 모르겠다고 말해 주었다. 그는 "그는 항상 떨어지고 벽과 바닥에는 피가 있어요"라고 말했다. 필자는 그에게 나는 꼭 돌아올 것이라고 안

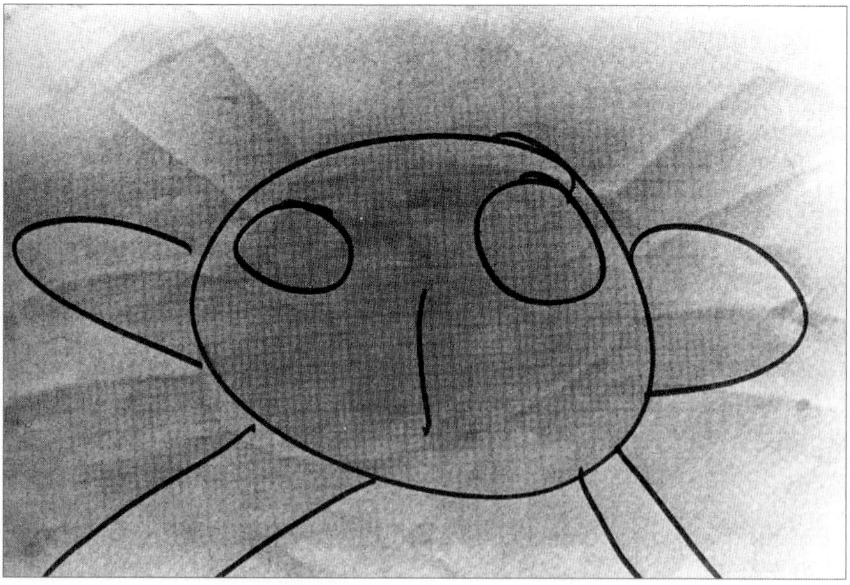

[그림 6-2] Dillon: 험프티 덤프티

심시켰다. 그리고 그가 그 자신을 보호하기 위해 강력한 '껍질'을 필요로 했던 것이 오히려 더 쉽게 그를 상처받도록 하는 원인이 된 것 같다고 말하며 그는 험프티 덤프티처럼 깨어지지 않을 것이라는 말을 덧붙였다. Dillon은 또 다른 험프티 덤프티를 그려나가며 필자를 응시하였고 "'모자'는 어디로 가야 돼요?"라고 물어보았다. 필자는 머리 부분을 가리켰고, Dillon은 뒤이어 험프티 덤프티의 머리에 모자를 그려 넣었다([그림 6-3] 참조). 그는 회기가 끝나기 전에 모자를 쓴 험프티 덤프티를 두 개 더 그렸는데, 이는 분리에 대해 특별히 더 보호하고 또는 생각하고 듣는 것을 제지하려는 시도로 생각되었다.

휴일 이후 8회기를 실시하였다. Dillon은 방을 조사하고 물건들을 다시 정리하는 동안 혼잣말을 하면서 자신의 머리카락에 몰두해 있었다. 그는 가위 한 자루를 찾아 두고는 공을 그린 다음 그것을 작은 조각으로 잘라서

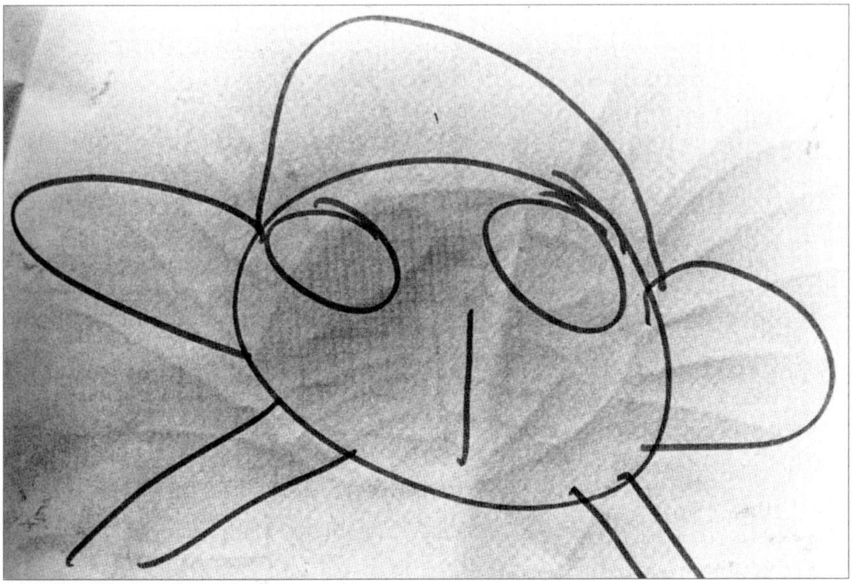

[그림 6-3] Dillon: 모자를 쓴 험프티 덤프티

필자에게 건네 주었다. Dillon은 같은 속도로, 그것도 능숙하게 자신의 이마 쪽 머리카락을 한 웅큼 잘랐고 자기 자신을 호되게 꾸짖으면서 가위를 필자에게 넘겨 주었다. 이후 연속해서 20개 정도의 일련의 험프티 덤프티를 그려 나갔다. 회기 내에서의 불안은 휴일로 인한 휴지기에 의해 촉발된 것으로 보였다. 돌이켜 생각해 보면, Dillon은 종이와 그의 머리카락을 자르고 20여 개의 험프티 덤프티 그림을 그리고 나에게 종이 조각을 건네 주면서 그가 얼마나 혼란스럽고 불안정하게 느꼈는지 상상할 수 있는 모든 방법을 동원하여 '버텨 주기 기제'의 필요성을 설명하고자 했던 것 같다.

비슷한 행동으로 Dillon은 9회기를 맞이했고, 회기가 시작되기 전에 머리카락을 한 웅큼 잘라냈다. 연이은 회기에서는 "그의 아빠는 어떻게 그에게 많은 머리카락을 주었지."라고 하거나 "그는 어제 많이 뽑아 버렸어."라고 말하면서, Dillon의 조증이 반영되어 나타났다. 그러고 나서 그는 소년을 그렸는데 '머리카락이 많은' 모습으로 바뀌어 있었다. 이후 그는 그의 목, 턱, 눈썹, 코, 배, 엉덩이에서 그의 이차성징을 나타내는 체모를 종종 뽑아 왔던 것으로 드러났다.

이러한 발견 후 몇 개의 털북숭이 곰 그림([그림 6-4] 참조)과 험프티 덤프티 그림이 이어졌다. Dillon은 작업을 하면서 자장가 리듬의 노래를 불렀다. 노래를 부르는 것이 그를 진정시키는 것처럼 보였다. 그리고 그는 'Jack과 Jill' '눈 먼 세 마리 생쥐'와 자기가 좋아하는 동요들을 불렀다. 그는 평정을 되찾았지만, 필자는 동요의 가사에 포함된 잔인함에 깜짝 놀랐다. '부서진 왕관'이나 '잘린 꼬리'는 자해를 시도하는 자신의 모습을 반영하는 것이었다. 필자는 Dillon에게 그가 남자의 몸인데도 소년으로 남아 있기 위해 무슨 일이든지 하여 나에게 보여 주려고 필사적으로 애쓰고 있다고 말을 꺼내었다. Dillon은 필자를 바라보았고 (거세된 성기의 형태와 닮은) 비행기와 그 안에 타고 있는 남자를 그렸다([그림 6-5] 참조).

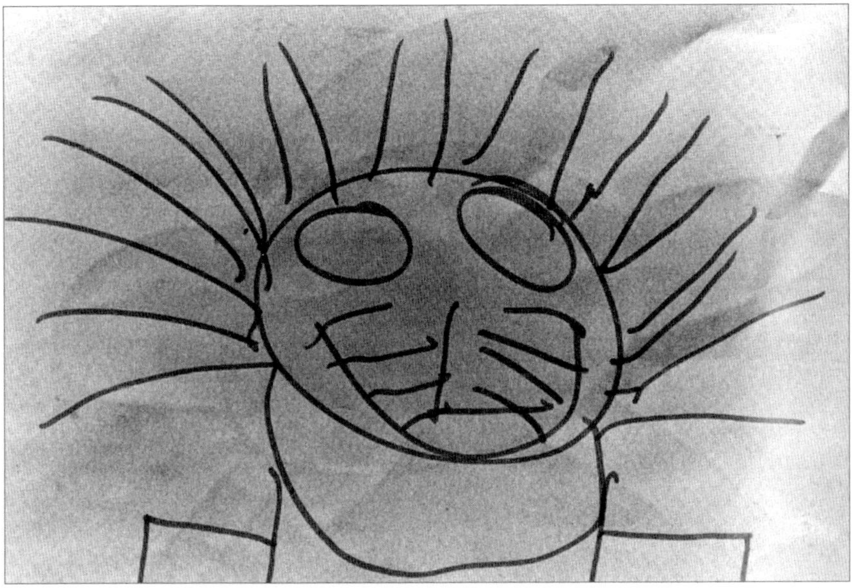

[그림 6-4] Dillon: 털북숭이 곰

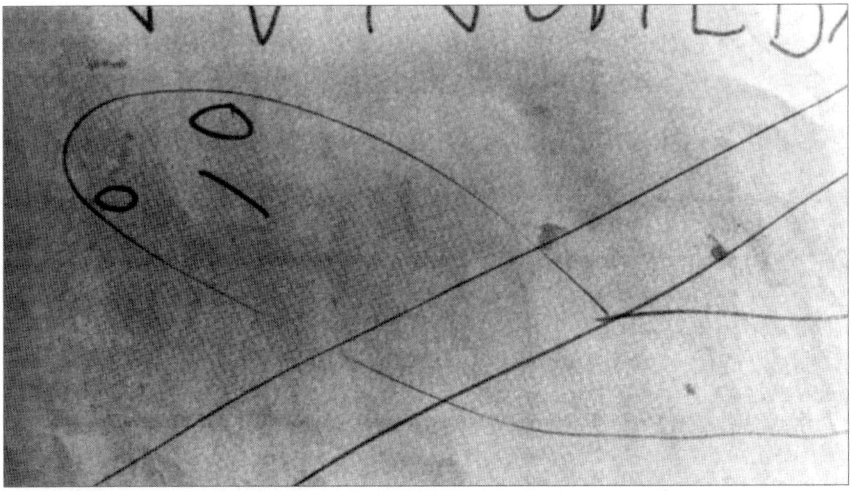

[그림 6-5] Dillon: 비행기와 그 안에 있는 남자

다음 회기(10회기)에 Dillon은 짧게 깎은 머리로 나타났다. 그는 시종일관 가라앉아 보였으며 '머리숱이 많은 소년', 만화 곰 캐릭터인 '요기 베어(Yogi Bear)', 채색과 처리가 통합되지 않은 그림 등 단지 3개의 그림만 그리면서 이미지를 만드는 데 어려움을 겪었다. Dillon은 회기 내내 짧게 깎아 꺼칠꺼칠한 자신의 머리를 문질렀고, "그가 왜 그러는지 그는 모르겠어."라는 말을 반복하며 혼란스럽고 무기력해 보였다.

필자는 그가 자신의 머리카락을 자른 이유를 기억하기 어려워한다는 것을 알게 되었고, 이는 의례적으로 점점 반복하는 행위를 통해 그 본래 의미가 잊힌다는 점을 시사한다.

치료의 첫 번째 단계에 대한 반영과 관련 이론

내담자로부터 제시된 소재에서 드러난 첫 번째 주제는 '이발'에 대한 것이었다. 이는 후에 '가정', 그의 '아버지'와 연결되었으며 '소년/성인남자'의 이미지로 교체할 수 있도록 하였다. Sinason은 장애 아동을 둔 대다수 가족들이 마음의 상처를 다루는 유일한 방법은 "아동이 계속해서 아기인 채로 있도록 하는 것"(Sinason, 1991: 21)이라고 제안하였다. 아동은 이러한 소망을 내면화하여 "자신의 역량을 발휘해 성장하고 분화하는 것이 거절이나 죽음으로 이어질 것"(Sinason, 1991: 21)이라는 두려움을 느끼게 된다. Dillon의 상황에서 보면, 그는 이미 생모와 양모에 의해 이중의 거절 경험을 가지고 있다. 이런 이유로 거절 또는 죽음에 대한 그의 두려움은 반드시 공상이나 백일몽이라고는 할 수 없다(Sinason, 1991: 21). Dillon은 이차성징이라고 할 수 있는 체모의 출현을 성인기와 동등하게 여겼을 뿐만 아니라 머리카락도 그렇게 생각하였고, 따라서 자신의 머리를 공격하는 데 전념하였으며 이는 그의 장애와 연관된 것이었다. 공격의 범위는 자기 자신에게만 하는 자해였는데, 이는 그가 집을 방문할 때 안전하기 위해, 또한 아버지의 사랑을 얻기 위해 털이 없는 소년으로 남고자 한 필사적인 시도로 보였다. Dillon의 아버지가 자진해서 했던 이발사라는 역할은 그의 공상의 근원이자 잇따른 사해의 원인이 될 수 있을 것이다. Dillon의 경우 이러한 행동 실행은 그가 집을 방문하고 가족들이 그를 수용해 주는 것과 불가분한 관계에 있었다.

Bicknell은 지적 장애가 있는 개인의 유아화(infantilisation)에 대하여 다음과 같이 논의하였다. '피터팬과 웬디(the Peter Pan and Wendy)' 증후군이 발생하면, 아동에게는 '아동'이 수용되도록 초기 발달 단계에 머물도록 하지만 나중에 장애를 가진 성인으로 성장했을 때에는 훨씬 수용되기 어렵게 만든다(Bicknell, 1983: 71). '유아화'는 전이 과정과 Dillon이 동요를 흥얼거리는 4세 소년이 아니라 실제로는 44세의 성인 남자라는 사실을 상기하고자 무척 애쓰는 나 자신을 종종 발견할 정도로 필자의 역전이 과정에 만연되어 있었다.

Dillon의 자해와 성적 억압은 '비행기 안에 있는 남자'로 표현된 9회기(그리고 다수의 다른 회기)에 매우 생생하게 상징화되어 있다. 이 심상은 내부에 있는 단절되고 다친, 혹은 산산조각 난 대상인 기만된/거세된 남자의 모습을 하고 있었다. Dillon이 직면한 딜레마는 복잡한 것이었다. 만약 성인 남자로서의 자신의 상태를 인정한다면 아버지나 가정을 잃을 위험이 있기 때문에 그는 두려웠다. 그러나 그가 이러한 시간왜곡 현상에 갇힌 채로 남아 있었다면 그는 더 많은 좌절과 자해, 그리고 그의 부모에 대한 양가감정으로 위태로웠을 것이다.

Wheeley(1992)에 따르면, 그리스 신화의 인물인 오이디푸스에 대한 Freud의 해석은 아동기 발달상 피할 수 없는 단계라고 분석하여 오로지 오이디푸스의 행위에만 초점을 맞추었다. 그녀는 Freud의 이론이 아폴론 신의 신탁으로 받은 예언을 무시하고 아들을 낳고는 결국 그 아들을 죽이기 위해 산 중턱에 아들을 버린 부모의 행위는 생략하였다고 밝혔다. Wheeley는 만약 Freud가 신화 전체에 대해 필연성이라는 동일한 원리를 따르거나 적용했다면, 오히려 유아 살해에 대한 부모의 소망이 오이디푸스 콤플렉스에서 보편적인 단계이자 근친상간과 살인에 대해 아동이 집착하는 전조로 받아들여졌을 것이라고 제안하였다. Freud의 이론은 후에 Klein과 Winnicott에 의해 수정되어, 소멸에 대한 유아의 두려움을 그들의 무방비 상태에 대한 '조적 방어(manic defence)'로 간주하게 되었다. Dillon의 상황에서 볼 때, 신화의 첫 부분인 아이를 버리거나 죽이고자 하는 부모의 소망은 그의 개인력상의 입양이나 시설보호와 같은 사건으로 미루어 보아 가장 관련 있는 것이었다. 따라서 '유아 살해에 대한 공포'는 그의 조적 방어와 자폐성 방어의 많은 부분을 촉진하는 요인으로 기능했을지도 모른다.

마찬가지로 Dillon은 치료나 접촉하는 것, 다치는 것, 그의 자폐적 껍질을 깨는 것, 그리고 억제하지 않고 털어놓는 것에 대해 두려워하였다. Tustin은 "자폐아동들은 그들의 신체가 이등분되어 있는 것으로 경험하는데, 이때 한쪽 반은 어머니를 표상하고 나머지 반쪽은 아기를 표상한다. 이 두 개의 반쪽이 처참하게 산산조각 나서 다시는 절대 합쳐지지 못할 위험이 있다."(1990: 46)고 주장하였다. 이 주장은 공휴일에 비롯된 잠깐의 휴지기에 대한 소식을 듣고 Dillon이 "다시는 붙일 수 없고 되돌릴 수 없었어."라고 험프티 덤프티를 소개한 그의 반응, 그리고 잇따라 일어난 그의 발작이나 기절과 같은 충격적인 행동을 필자가 이해할 수 있도록 해 주었다. Tustin은 대부분의 신체적 공포가 표면화되는 것을 치료와 같은 처치가 "껍질로 인해 보호받는 느낌을 저지한다."(1990: 46)고 제시하였다. 마찬가지로 Dillon의 껍질은 스스로 자신을 온전한 전체로 '버텨 내기' 위해 수많은 기제를 포함하고 있는 복잡한 구조라고 볼 수 있을 것이다.

이것은 Symington이 어머니가 부재하거나 어머니와 만날 수 없을 때 아기가 의지하는 '원시적 전능의 과정(primitive omnipotent processes)'을 간결하게 설명한 것과도 유사하다. 그녀는 아기는 "시각, 청각, 촉각, 후각과 같은 감각 자극에 주의를 집중하며 자신의 주의가 이러한 자극으로 가득 차 있을 때 자신이 온전하게 존재한다고 느낀다."(1985: 481)고 하면서 아기는 여러 감각 자극에 주의를 집중하는 것처럼 다양한 방식으로 자신을 전체로 유지하고 버텨 내고자 시도한다고 주장하였다.

Dillon의 '보호 껍질'을 만들어 냈던 그의 다양한 생존기제는 마치 '자아(self)' 또는 '제2의 피부'(Bick, 1986: 114)에 대한 신체적 경계를 형성하려는 것처럼 방 주위를 몇 번씩 발끝으로 걸어다니는 의례적인 반복 행동 형태의 일정한 신체적 움직임을 포함하고 있다. 그의 주의가 이러한 방식에 관여하고 있지 않을 때에는 '시각적 자극'의 일종으로, 또한 외부 지극과 의사소통을 막는 수단으로(Symington, 1985) 자신의 얼굴에 근접하여 종이 막대를 휘두르곤 했다. 마찬가지로, 중요한 타인과의 대화를 자신의 독백 속으로 넣어 한 주제에서 다른 주제로 마구 오가는 Dillon의 지속적인 혼잣말은 분리를 통제하거나 부정하기 위한 전능성의 시도로 볼 수 있으며, 또한 '지속적 움직임'이라는 점에서 원시적 방어와 관계가 있다(Symington, 1985). "이러한 모든 움직임은 피부를 지속적으로 보호하려는 활동으로 보인다. 만약 움직임이 멈추면, 이것은 어떤 틈처럼 느껴질 것이며 자아가 쏟아져 나와 버릴지도 모르는 피부의 구멍으로 느껴질 것이다." (Symington, 1985: 481) 이것은 Gardner(1984)의 '공간지능(spatial intelligence)' 이론과 Rees(1995)가 '자아에 대한 정의'를 제공하고자 박탈 경험이 있는 개인들을 대상으로 '내적 일관성과 통제를 유지하기 위해' 강력한 동기가 되는 충동에 대해 연구한 것을 상기시킨다.

그러나 사용된 과정들이 아무 때고 중단되면 방어기제의 기능을 발휘하여 개인을 단단한 장벽 속에 가두어 버리면서 병리적으로 변해 간다. 자아를 전체로 유지하여 버텨 내고자 감각 자극에 집중하는 것은 "유아 자폐증의 가장 극단적이고 변하지 않는 형태"(Symington, 1985: 483)라고 할 수 있다. Tustin에 따르면, '자폐적 껍질'이라는 구조는 "자신의 감각을 우위에 두고 다른 모든 것은 대부분 제외시켜 버리는 '구속복'[3] 또는 '피신처' 안에"(Tustin, 1990: 31) 개인을 가둔다. 따라서 그녀는 "이러한 아동들과의 효과적인 작업은 치료사가 그들이 '살아가고 움직이는' 그들 특유의 세상과 그들이 불확실한 존재감을 가지고 있다는 사실을 알고(심리적으로) 그들을 '버텨주는' 환경을 만드는 데 달렸다."(Tustin 1990: 32)라고 표명하였다.

이렇게 Dillon과의 초기 작업은 그가 이해받았다고 느끼고, 그 결과 심리적으로 버텨주는 환경에서 자신이 파괴되지 않았다고 느끼도록 그 특유의 구어적 · 회화적 언어와 그 저변에 깔린 의미를 풀어 나가는 데 주로 관여하였다.

미술치료: 두 번째 단계

아, 감시는 끔찍하고–고뇌는 깊기만 하다
귀가 듣기 시작하고
눈이 보기 시작할 때;
맥박이 뛰기 시작하고, 머리가 다시 생각하기 시작할 때;
영혼이 육신을 느끼고, 육신이 굴레를 느낄 때.

–Anne Brontë, 1972, 〈On becoming〉

3) 역주: 구속복이란 정신이상자, 광포한 재소자 등 폭력적인 사람의 행동을 제압하기 위해 입히는 것을 말한다.

필자는 치료의 두 번째 단계가 Dillon이 자해를 그만두면서 시작되었다고 생각한다. 첫 1년간의 개별 미술심리치료가 종결되어 가고 있을 무렵, 수개월 동안의 행동화 경향에 이어서 그의 자기 파괴적 행동은 중단되었다. (그 정도는 덜하더라도) 파괴와 억압의 주제는 계속되었지만 그림을 그리면서 심상을 만들 때에만 한정하여 나타났다. 이 두 번째 단계에서, 필자는 정기적인 일상이 깨어질 때의 Dillon의 반응에 초점을 두고자 한다.

1994년, 크리스마스로 2주간의 휴지기를 가진 후 Dillon은 동요된 상태로 일찍 도착하였다. 이 회기에서 그는 '크리스마스(X-mas)'에 대해 그 특유의 일관성 없는 방식으로 이야기하였고 문과 창문에 X를 표시한 집 그림을 그렸다. 그다음에는 '고양이와 Cherry(고양이는 병원 애완동물이며 Cherry는 말)'를 그렸다. 필자는 크리스마스가 지난 후부터 그가 사랑하는 것과 사람들을 잃어버린 것처럼 느끼는 것 같다고 언급하였다. Dillon은 필자를 바라보며 "머리 다쳤어요?"라고 물었다. 필자는 순간 뭐라고 대답해야 할지 알 수 없을 정도로 깜짝 놀랐지만 곧 그에게 나는 머리를 다치지 않았다고 안심시켰다. 필자는 그가 휴일 동안의 휴식을 어떻게 보내었는지 알아보려고 했지만 그의 저항에 부딪혔다. 되돌아보니 필자는 그가 한 질문의 의미를 탐색하는 대신 그에게 너무 직접적인 대답을 했던 것 같다. 필자의 실수는 그의 조증이 뒤따라 나타나면서 명백해졌다. 회기는 필자는 물론 생각하는 것까지 저지해 버리는 자기도취적인 험프티 덤프티가 만들어지면서 악화되었다. Dillon은 이 회기에서 32개의 험프티 덤프티를 그렸고, 그중 10개에는 모자를 씌웠으며 그림들을 매우 빠른 속도로 완성시켰다. 필자가 그림 속 이미지의 의미를 탐색하거나 연결점을 만들어 보려고 노력할 때마다 그는 모자를 그렸는데, 이는 생각하는 것이 너무 견디기 힘들다는 것을 나타내는 것처럼 보였다. 이후 2, 3회기에서는 Dillon의 일상적인 반복 행동을 다시 안정시킬 수 있기는 했지만 그가 자신의 껍질에서 철수하도록 하고 그의 불안을 감소시키는 데에는 보다 많은 회기가 소요되었다.

7개월 후에 Dillon은 미술치료 부서의 이동과 병원의 폐쇄로 3주간 치료가 중단되었고 이에 따라 또 다시 분리의 기간을 보내게 되었다.

3주간의 휴지기 후 필자는 우리의 새로운 환경에 대한 혼란을 반영하는 것으로 보이는 매우 조증 상태에 있는 Dillon을 만나게 되었다. (중단과 분리는 그가 과거에 경험하였던 거절당하거나 거부된 경험의 목록들을 떠올리게 하는 것으로 판단되는데) 중단과 분리에 대한 그의 이전 반응들을 인식하고 필자는 그의 불안을 담아 줄 수 있도록 보다 지시적으로 되어야 할 필요성을 느꼈다. 필자는 그의 왔다 갔다 하는 의례적 행동을 중단시키고 그에게 앉아서 내 말을 경청해 줄 것을 요구하였다. Dillon은 이를 따랐고 필자를 응시하였다. 필자는 휴지기 동안의 중단이 그의 일상을 무너뜨린 사실을 알고 있으며, 병원에 많은 변화가 있었고 우리의 새 부서가 공간이 그리 크지 않다는 것을 인정한다고 말해 주었다. 필자는 우리 모두 적응하는 데 어려움을 겪고 있다고 설명하였고 보다 쉽게 적응하기 위해 우리가 함께 작업할 수 있다고 제안하였다. Dillon이 주의를 기울여 주었기 때문에 필자는 (저장 공간이 협소한 이유로) 더 작은 종이를 사용해 보자고 제안할 수 있었으며, 다음 그림으로 넘어가기 전에 각각의 심상에 대해 함께 생각해 보자고 제안하였다.

Dillon은 종이를 가리키며 "잘라요."라고 말했다. 이 회기에서 Dillon은 종이 반쪽을 이용해서 매우 상세하게 심상을 만들어 냈다([그림 6-6] 참조). Dillon은 처음으로 컬러 마커팬을 필자에게 주면서 한 개의 창문 안에 눈사람을 그려 달라고 했고 이후 그는 그것을 따라 그리기 시작했다. 이 상징적 반영은 버스의 창문을 채우면서 회기 내내 계속되었다. 이어진 다음 회기들에서 이러한 새로운 행동 방식은 계속 유지되었는데, Dillon은 더 작

[그림 6-6] Dillon: 사람과 동물로 가득 찬 버스

은 종이를 사용하고 필자를 그림을 그리는 데 참여시켰다.

Dillon의 지시에 따라 필자가 그림을 그리는 것은 지금까지 계속되고 있으며 그는 이러한 새로운 심상들을 모방하고자 시도하고 있고, 이에 따라 그의 회화적 어휘력과 필자의 이해도가 증가하고 있다. 이러한 회기들의 후반부는 그를 곤란하게 만드는 각 회기의 종결에서 따르는 분리 때문에 늘 의례적인 험프티 덤프티 그림으로 되돌아가는 경향이 있다.

치료의 두 번째 단계에 대한 반영과 관련 이론

Klein의 편집성-분열성 위치에 대한 해석에서 Segal은 초기에 존재하는 자아(ego)에 대해 다음과 같이 묘사하였다. "대부분 아직 조직화되지 않았고 …… 끊임없이 변화하고 있으며 이것이 통합되는 정도는 하루하루 다

르고 매 순간마다도 다르다." (1988: 25)

유사하게, Dillon의 정서적 상태는 '분리(Splitting)'와 '투사(projection)'의 형태로 방어적 와해(defensive disintegration)를 일으키는 견딜 수 없는 불안(Segal, 1988)의 영향을 받아 동요한 것이다. Dillon은 미술을 사용하여 자신의 불안 정도를 마치 필름에 한 장면씩 찍어 내듯이 심상들을 빠르게 연달아 완성시킴으로써 그의 내적 와해를 반영하는 그의 다양한 상태를 보여 주고 있다.

이는 크리스마스 휴지기 이후의 첫 회기에 잘 나타나 있다. Dillon의 상징화 능력은 회기의 초반부에 집과 동물 그림에서 생생하게 드러나고 있었다. 그러나 그의 불안이 증가할수록, 그의 심상은 '필자'를 차단하고 사고를 처리하는 그의 자원이 고갈된 것처럼 '사고'하는 것도 방해하여 점점 더 강박적이고 반복적으로 변해 갔다.

Symington은 "생존기제를 잘못 이해하면 환자가 자신을 이해하는 사람은 아무도 없다고 느끼면서 그들의 반응을 쉽게 강화시킬 수 있고, 따라서 근원적 불안을 보유하면서 자신이 직접 버텨 주는 환경이 되어야 한다." (1985: 484)고 주장하였다. 이에 따르면 치료회기 동안 Dillon의 불안과 조증이 증가하는 것은 그가 필자에게 처음에 이해받지 못했기 때문이며, 그 결과 그는 강박적인 형태로 심상들을 창작하면서 스스로 신체적인 버텨 주기에 의지해야 했다.

Dillon의 "당신, 머리 다쳤어요?"라는 말과 그에 담긴 함축적 의미는 그에게 대답을 하기 이전에 탐색되어야 했다. 결과적으로 그의 조증을 불러일으킨 필자의 직접적인 대답은 일종의 공격으로 느껴졌음이 틀림없다. Dillon은 휴일 동안의 중단(break)을 신체의 골절(break)이나 고통과 동등하게 생각하는 것 같았다. 이것은 머리를 다쳤다(the broken head)는 그의 말로 언어화되었고 이어서 험프티 덤프티 그림으로 상징화되었으며, 이어서 회기 내에서 그가 쓰러지고 발작하는 모습으로뿐만 아니라 필자의 현기증, 두통, 더 이상 생각할 수 없는 것과 같은 역전이 감정으로 나타났다.

Sinason는 다음과 같이 말하였다.

> 기질적 뇌손상이 있거나 정신적 외상을 입게 되면 사고를 담당하는 실제 기관이 영향을 받게 되며, 그렇다면 생각하는 것이 불쾌한 신체 감각이 되어 갈 것이라고 나는 생각한다. 예를 들어, 머리를 흔드는 것은 어떤 나쁜 감각을 머릿속에서 지워 버리는 방법이지만, 때때로 생각을 정리하려는 필사적인 시도이기도 하다(Sinason, 1992: 225).

Sinason의 이론은 Dillon이 자신의 사고를 막고자 의지했던 부분에 대해 조명하고 있다. 자신의 머리카락을 자르는 행동으로 나타난 그의 머리에 대한 공격, 잦은 기절과 발작 및 그의 지속적인 반복 활동은 그의 보호 껍질을 형성하고 있는데, 이러한 행동 이력은 의사소통과 사고를 막으려는 것이다. McCormack은 사고 과정의 재활성화에서 고통을 나타내는 경도 학습곤란을 가진 35세 남성에 대해 설명하였다. 그의 환자는 "만약 누군가와 앉아서 귀 기울여 들어야 한다면 그것은 '갈고리'로 내 머리를 헤집는 것이다."라고 말했다. 처음에 McCormack은 환자의 귀담아 듣지 않는 행동을 통해 자신이 공격받고 있다는 느낌을 받았다. 그러나 '진정한 고통은 들어야 하는 것과 또한 그에 대해 사고해야 하는 것'으로 나타났다. 2년에 걸쳐 이러한 환자를 지켜봐 온 McCormack은 "그들이 생각해 낸 것의 대부분은 실제로 매우 고통스러운 것이다. 사고와 기억은 견딜 수 없는 외상에 대해 인식하도록 이끌 수 있다."(McCormack, 1991: 61)고 말했다.

이러한 다양한 이론을 염두에 두고 필자는 3주간의 휴지기 이후 재개한 회기에서 버텨 주는 환경을 구체적으로 제공하기 위해 보다 지시적인 접근을 취하였다. (Dillon이 생각하기 위한 그가 본래 가지고 있던 자원들을 공격함으로써) 심리적으로 버텨 주는 환경이 이 시점에서 충분히 제공되지 못했기 때문에, 필자는 무력하고 고통스러운 위치를 우회해서 갈 필요가 있었다. 따라서 새로운 환경에 대해 구체적인 미술 매체를 적용하자 그는 조증적인 도피에서 방향을 바꾸어 또 다른 생생한 대상을 수반하는 건강하고 새로운 일과에 적응할 수 있게 되었다. 이 새로운 단계는 적어도 짧은 시간이나마 Dillon이 어떤 것을 받아들이고 흡수하여 생각할 수 있도록 하는 새로운 회화적 어휘를 학습할 가능성을 열어 주었다.

Tustin(1990)은 자폐 환자는 그들의 자폐적 상태와 그러한 상태에서 벗어나는 것에 대한 두려움에 접근할 수 있는, 비유하자면 그들이 '현실적으로 돌아오도록' 돕기 위한 '양식을 가지고 있다고 생각되는' 치료사가 필요하다고 하였다. Tustin은 "그러한 환자들은 그들이 살든지 죽든지 그들에게 깊은 관심을 가지고 있고 마치 그들이 살아 있는 것처럼 그들에게 말을 건네며 그들의 존재를 확신시켜 줄 수 있는 양육자가 있다고 느끼는 것이 필요하다."(Tustin, 1990: 47)고 주장하였다.

결 론

자, 아이야, 어서 오너라!
거친 들판 물가로 손에 손을 잡고
요정과 함께 오너라
세상은 생각보다
눈물이 많은 곳이니.

—W. B. Yeats, 1986/1990, 〈The Stolen Child〉

Yeats의 '요정 아이(fairy child)'나 '요정이 앗아간 예쁜 아이 대신에 두고 가는 못생긴 아이(changeling)'에 대한 묘사는 아일랜드 민속에서 인간 정신의 변질이나 불가사의한 변화를 설명하고자 하는 많은 신화들을 바탕으로 하여 나온 것이다. 그러한 신화들의 다수가 자폐와 유사한 상황을 둘러싼 단절과 미스터리를 설명하기 위해 역사와 많은 문화 속에서 서서히 발전해 왔다.

Kanner와 이후 이 분야의 연구자들은 자폐의 특성에 대해 조명하였지만, Tustin의 '자폐적 캡슐화'라는 이론은 Dillon이 그의 곤경에서 살아남기 위한 수단으로 사용한 복잡한 방어기제에 관해 필자가 고찰하는 데 가장 적합한 관점을 제공해 주었다.

Dillon의 자기상을 나타내는 가장 눈에 띄는 상징인 험프티 덤프티는 그의 취약한 상태를 적절히 묘사하고 있다. 그는 달걀껍데기(껍질)와도 같은 그의 보호막이 깨어지고 그 안의 내용물이 걷잡을 수 없이 쏟아져 나와 다시는 제자리로 되돌릴 수 없을 것 같은 두려움 속에서 살고 있었던 것이다. 그러나 달걀은 또한 탄생과 새 생명을 상징하며, 필자가 생각하기에 Dillon과의 미술치료의 두 번째 단계를 대표하는 것 같다. 여기에서 그는 각 회기의 첫 부분에는 필자와 상호작용하고 그다음에는 스스로 버텨 주는 환경을 제공하는 수단(Symington, 1985)으로 반복적인 험프티 덤프티 그림을 통해 물러나면서 그의 껍질의 안과 밖을 오갈 수 있는 능력을 보여 주었다. 그의 보호 껍질을 형성하는 이러한 신체적인 버텨 주기는 그의 지속적인 존재와 생존에 필수적인 것이었다.

Dillon은 미술치료가 어떻게 그 고유의 방어기제에 손상을 주지 않으면서, 안전하고 적합한 의사소통의 수단을 제공하는지 보여 주었다. Dillon에게서 미술의 사용은 다른 모든 것은 대부분 제외시키고 그 자신의 "감각을 우위에 두는 '구속복'이나 피신처"(Tustin, 1990: 31)에 자신이 희생되지 않도록 함으로써, 그의 껍질의 보호기능이 유지되는 동안 껍질의 안과 밖을 오갈 수 있도록 허용하여 삼투적인 방식으로 그의 껍질 구조 속으로 스며들었다.

현재, Dillon의 주된 관심사는 병원의 폐쇄 및 내담자와 직원의 재배치에 관한 외부 변화와 관련되어 있다. 이러한 외부 상황은 마찬가지로 내부 상황도 변형되었다는 것을 보여 주며, 일관성과 동일성에 대한 그의 욕구와 함께 걸려 있는 문제다. 껍질과 비슷한 역할을 하는 그의 전능성의 보호에도 불구하고, 그의 변화를 다루는 자원이 고갈된 것은 무엇보다 그를 더 취약하게 한다. 이제 지배적인 현 상황은 정체와 불활성의 기간과는 크게 달라졌다. 이러한 변화들이 아무리 외상적이고 극적인 것으로 입증된다 할지라도 Dillon의 자기 경계를 새로이 구축하고 바로잡도록 돕는 전례 없는 기회를 제공할 것이 틀림없다.

Rees는 "우리 모두는 종종 우리가 쓸 수 있는 매우 제한된 도구를 가지고 상황을 이해하고자 하는 강력한 동기적 충동을 지닌다. 우리의 경험을 순서대로 배열하면서 우리는 심리적 연속성과 우리의 정서적 생존을 확보한다."(Rees, 1995: 119)고 주장하였다. 중도 학습곤란을 가진 사람을 대상으로 한 미술치료 연구에 대한 그녀의 결과는 이 가설을 입증해 준다. 이 내담자 집단에 대한 Rees의 빈틈없는 관찰에서 그들의 반복성과 명백한 저항은 종종 치료적 관계에 대해 나타났던 것처럼, Rees의 연구는 Dillon의 공간적 행동(spatial behaviours)에 대해 필자가 이해한 것들이 통찰력 있고 적절하다는 것을 증명해 주었다.

동시에 이 사례연구에 관해 써 나가는 과정은 서류를 정리한 후 나중에 잊어버리는 일반적인 작업 실제와 달리, 필자의 작업을 반영하고 평가하며 그 가치를 가늠할 수 있는 기회를 허락한 귀중한 과정이었다. 또한 반영의 과정은 종종 필자가 내담자의 저항과 무기력한 기간의 확대로 좌절에 휘말리게 될 때, 필자가 당연한 것으로 여기고 간과했던 변화의 영역을 밝혀 주었다. 그러나 Tustin(1990), Sinason(1992), Symington(1985) 및 Rees (1995)의 이론에 덧붙여 좋은 슈퍼비전의 영향도 이 "이름 붙여지지 않은 정서의 원시적 늪"(Rees, 1995: 119)에서 빠져나올 수 있도록 하였다. 이러한 지식들이 모여 'Dillon이 경험을 배열'할 수 있도록 돕는 데 필요한 도구들을 미리 준비할 수 있었고, 이러한 끊임없는 변화의 시기를 통해 '심리적 연속성'과 '버텨 주기'를 제공할 수 있게 되었다.

후 주

* 이 글의 초판은 'Humpty Dumpty Had A Great Fall'이라는 제목으로 1996년 *Inscape* 1권 1호에 실렸다.

참고문헌

Bick, E. (1968) 'The Experience of Skin in Early Object Relations', *International Journal of Psychoanalysis,* 49: 484-486.

Bicknell, J. (1983) 'The Psychopathology of Handicap, *British Journal of Medical Psychology,* 56: 167-178.

Brontë, A. (1972) *Poems*, ed. Denis Thompson, London: Chatto and Windus.

Conference proceedings (1984) *Art Therapy as Psychotherapy in Relation to the Mentally Handicapped*, 29-30 November 1984, St Albans College of Art and Design, Hertfordshire.

Eliot, T. S. (1925/1982) 'The Hollow Men' in *T. S. Eliot-Selected Poems*, London: The Chaucer Press Ltd.

Gardner, H. (1984) *Frames of Mind-The Theory of Multiple Intelligence*, London:

Heinemann.

Gray, J., Hughes, R., Cole, P. and Pearson, M. (1985) 'Art Therapy as Psychotherapy with the Mentally Handicapped', *Inscape*, 2.

Hughes, R. (1988) 'The Application of Object Relations Theories to Art Therapy with Three Women with Mental Handicap', *Inscape*, Summer.

Kanner, Leo (1943) 'Autistic Disturbance of Affective Contact', *Nervous Child*, 2: 217-250.

Males, J. and Males, B. (1977) Unpublished survey, Psychology Department, StLawrence's Hospital, Caterham, Surrey.

McCormack, B. (1991) 'Thinking, Discourse and the Denial of History Psychodynamic Aspects of Mental Handicap', *Irish Journal of Psychological Medicine*, 8(1): 59-64.

Ogle, J. (1991) Unpublished essay, St Albans College of Art and Design, Hertfordshire.

Rees. M. (1995) 'Making Sense of Marking Space-Researching Art Therapy with People who Have Severe Learning Difficulties' in *Art and Music: Therapy and Research*, Gilroy, A. and Lee, C. (eds.), London: Routledge London.

Shakespeare, W. (1987) *Shakespeare's Complete Works*, W. J. Craig (ed.), Oxford: Oxford University Press.

Segal, H. (1988) *Introduction to the Work of Melanie Klein*, London: Karnac Books.

Sinason, V. (1991) 'Interpretations that Feel Horrible to Make and the Theoretical Unicorn', *Journal of Child Psychotherapy*, 17(1): 11-26.

Sinason, V. (1992) *Mental Handicap and the Human Condition-New Approaches from the Tavistock*, London: Free Association Books.

Stott, J. and Males, B. (1984) 'Art Therapy for People who are Mentally Handicapped' in *Art as Therapy-An Introduction to the Use of Art as a Therapeutic Technique*, Dalley, T. (ed.), London: Tavistock Publications.

Strand, S. (1990) 'Counteracting Isolation: Group Art Therapy for People with Learning Difficulties', *Group Analysis*, 23: 255-263.

Symington, J. (1985) 'The Survival Function of Primitive Omnipotence' in *Journal of Psychoanalysis*, 66: 481-487.

Thomas, G. (1990) Unpublished case study, St Albans College of Art and Design, Hertfordshire.

Tipple, R. (1992) 'Art Therapy with People who Have Severe Learning Difficulties', in *Art Therapy, A Handbook*, Waller, D. and Gilroy, A. (eds.), Buckingham: Open University Press.

Tipple, R. (1993) 'Challenging Assumptions of the Importance of Transference Processes in Work with People with Learning Difficulties', *Inscape*, Summer.

Tipple, R. (1994) 'Communication and Interpretation in Art Therapy with People who Have a Learning Disability', *Inscape*, 2.

Tustin, F. (1990) *The protective Shell in Children and Adults,* London: Karnac Books.

Wheeley, S. (1992) 'Looks that Kill the Capacity for Thought', *Journal of Analytical Psychology*, 37: 187-210.

Yeats, W. B. (1886/1990) *The Poems,* Daniel Albright (ed.), London: Dent.

제7장

성폭행! 통합과 의지에 대한 침해

Rose Hughes

주요 주세

- 성폭행을 당한 학습곤란을 가진 여성과의 개인 미술치료 회기에 대한 설명

핵심 사항

- 특히 보호받을 권리를 충분히 누리지 못하는 학습곤란을 가진 사람의 측면에서 성폭행의 본질과 사회적 지각에 대한 몇 가지 소견
- 미술치료에서 자기 결정과 신뢰를 증가시키면서 무력화와 기만에 대한 경험을 대체할 수 있는 방법
- 가장 민감한 영역(성폭행에 대한 영역)에서의 지지적인 치료동맹 형성의 힘

이 장은 성폭행을 당한 학습곤란을 가진 여성에 관한 내용으로, 그녀에 대한 미술치료 적용과 더불어 이 비극적인 인생 사건을 악화시킨 법률 및 사회적 요인에 대해 보다 폭넓게 살펴보고자 한다. 맨 먼저 Beatrice를 소개하는 데 배경이 되는 성폭행에 관한 몇 가지 관찰보고부터 제시하고자 한다.

성폭행

'rape'를 『롱맨 영어 사전(*Longman English Dictionary*)』에서 찾아보면 다음의 세 가지 측면으로 정의된다.

1. 훔치거나 약탈하거나 침해하는 행위나 사건
2. 여성에게 그들의 의지에 반하여 성적인 관계를 강요하는 범죄
3. 극도로 난폭한 폭행

일반적으로 2번이 'rape'의 의미로 즉시 이해되고 있으며, 1번과 3번은 범죄와 피해자를 가늠하기 위한 판단 기준으로 볼 수 있다. 피해의 진실성과 중요성에 대한 이러한 가치 체계는 실재하는 것으로, 최근 남성 성폭행과 성매매 여성에 대한 성폭행의 보도를 통해 알 수 있다. 우리 사회에서 이 두 가지 부분은 매우 다른 이유로 사실상 성폭행으로 분류하기 어려운 듯하다. 이는 남성은 신체적 또는 정신적 강압에 결코 쉽게 굴복하지 않을 것이라 기대되고 성매매 여성은 어떤 식으로든 자유의지를 박탈당한 상태로 그들에 대한 강제적 폭행이 있을 수 없다는 생각 때문이다. 이 부분을 바라보는 시각에 아무리 진보적인 발전이 있다 하더라도 그것이 신빙성을 갖는 경우는, 예를 들면 최근 전국 신문이나 지방 신문에서 보도된 다음과 같은 두 사례와 같이 극히 제한된 상황에 불과하다. 그중 하나는 다수의 성매매 여성들이 에이즈에 걸린 남성과 콘돔을 사용하지 않는 성관계를 가지도록 강요당한 것이고, 다른 하나는 어떤 젊은 남성이 런던의 한 주차장에서 낯선 이들에게 동성 간 성폭행을 당한 것이다. 요약하면, 이렇게 두 사건이 피해자에 대한 편견을 극복하고 널리 알려진 이유는 단지 에이즈 바이러스

와 남성에게 가해진 낯선 사람에 의한 강간이라는 사실 때문이었다.

여러분은 학습곤란을 가진 여성에 대한 성폭행의 끔찍한 참상을 다룬 신문의 머리기사를 얼마나 많이 보아 왔는가? 설사 있다 하더라도 사실은 거의 없을 것이다. 이는 일반적으로 의지와 침해라는 것이 그러한 여성들을 위해, 또한 그들의 편에서 높이 평가되고 있지 않기 때문이다. 그러나 그들의 권리를 보호하기 위한 법적 시도가 있었다. 버터워스의 경찰법(Butterworths Police Law; English & Card, 1994)에서는 성폭행이 합의로 이루어진 성관계가 아니라고 하였고, 특히 1976년 성범죄에 대한 법령은 '여성이 정신적으로 미숙하거나 어리거나 만취하여 상황에 대한 인식이나 이해도가 동의할지 혹은 저항할지의 여부를 결정하지 못하는 상태'까지 포함시키고 있으며, English와 Card는 다음과 같이 견해를 밝혔다.

> 이러한 경우에는 여성에 의해 명백하게 동의가 이루어졌다 하더라도 진정한 허락이라고 할 수 없다. 상당히 최근의 사례에서 항소법원은 허락과 항복은 차이가 있다고 명시했다. 즉, 여성이 항복한 것이 반드시 허락한 것이라고는 볼 수 없다(English & Card, 1994: 601).

이러한 상황에서 성폭행이 일어난 것으로 받아들여졌으며, 여성 및 여성 인권을 손상시킨다는 인식과 함께 법적으로 공모가 적은 환경으로 판단된 것으로 보도되었다. 그러나 최근 몇 년간 세간의 관심을 끌고 있는 강간 사건에 대해 타블로이드판 신문과 대중문화의 견해는 남성의 유죄성과 여성의 정당성 면에서 상반된 의견을 드러내고 있다. 이를 극명히 보여 주는 한 예로, 미국의 권투 선수 Mike Tyson의 경우를 들 수 있다. 그는 강간 혐의로 수감되었지만 대중과 프로 권투 세계에서는 그의 석방에 대해 아무런 질문 없이 돌아온 것을 환영하였고, 늦은 밤 버스 정류장에서 버스를 기다리는 여성들은 정류장 광고 스크린에서 그의 얼굴이 크게 확대된 사진과 대면하게 되었다. 그 사진에는 곧 다가올 Frank Bruno와의 권투 결전에 관해 언급하고자 그의 목을 가로질러 '도전자'라는 단어가 씌어 있었다. 버스 정류장에서 유죄를 선고받은 강간범의 태연한 얼굴을 본 여성과 소녀들은 말을 잇지 못했다. 몇 주만에 Tyson은 또 다른 성폭행 사건으로 다시 심문받게 되었다.

또 다른 관점은 자신보다 46세나 어린 16세 소녀를 성폭행하고 유죄선고를 받아 1996년 5월에 수감된 재계의 거물 Owen Oyston에 의해 나타났다. 그는 이러한 학대를 숨기고 정당화하기 위해 이 성폭행 사건을 단순한 '정사(affair)'로 표현하였다.

모든 성적 학대는 그것이 성폭행으로 보이지 않도록 계산된 환경에서 발생한다. 보다시피, 이렇게 보이지 않도록 조장하는 방법에는 여러 가지 방식이 있다. 한 가지 방법은 무엇을 원하거나 좋아하는지 꼭 집어서 말하지 않는 것이다. 이를 위해 학대자는 원하는 것을 명확히 설명하기보다는 양면성을 조장하는 방식을 사용한다. 이를 위해 학대자는 원하는 것을 명확히 설명하기보다는 양면성을 조장한다. 성폭행은 종종 피해자를 책임지고 돌보고 보호하는 역할을 하는 사람이나 동료 집단의 구성원과 같이 아는 사람에 의해 가해진다.

의지와 통합성이 이미 저하되어 있는 학습곤란을 가진 사람의 취약성을 파악하는 것은 그리 어렵지 않다. 학습곤란이라는 용어는 개념 형성에 어려움이 있는 사람들을 나타낸다. 따라서 이들에게는 많은 것이 느껴질 수 있지만 말로는 명시되지 않고 지칭되지 않은 채 남아 있다. 성폭행은 속여서 빼앗는 것이며 성폭행범은 사기꾼이다. 이 속임수는 단순히 신체적 폭력으로만 실행되는 것이 아니라 정서적 방식과 정신적인 방식으로도 행해진다. 학습곤란을 가진 여성은 다른 사람들의 동기에는 악의가 없을 것이라 생각하며 그들이 가진 정서적 관계에 속임을 당할지도 모른다.

혼란은 아무리 적다 해도 성폭행의 전제조건으로 야기된다. 이러한 혼란은 정서적으로나 신체적으로도 나타날 수 있다. 학습곤란을 가진 사람은 교육과 성숙할 수 있도록 지도받는 것에 대해 과거에 거부당한 많은 경험을 가지고 있어 느낌이나 정서에 이름을 붙이고 이해하거나 탐색하는 것이 잘 되지 않는다. 그들은 성폭행 전에도 그런 취급을 받고 있었고, 따라서 신체적으로나 심리적으로 취약하다고 할 수 있다. 이러한 특성을 이용하여 이 사기꾼 성폭행범들은 그들이 하는 일이 발각되지 않도록 하고 모든 것을 속이고 구별하지 못하도록 혼란을 조장하고 자기통제와 사고에 대한 무력화를 자극하며 느낌이나 감각을 조종한다.

Beatrice

Beatrice는 성관계를 가졌다. 그녀는 성교를 나타내는 단어를 알고 있었지만 성폭행이라는 단어는 알지 못했다. 그러나 그녀는 자신의 어떤 느낌을 지정하여 제시하고 자기가 경험한 사건에 대하여 자세히 이야기하며 자신이 겪은 고통을 실연해 보여 줄 수 있었다. 이 장에서 필자는 반복적으로 그녀를 성폭행한, 장애인이 아닌 '평범한(normal)' 남성에 대해 재판이 진행되는 동안 그녀의 지지를 목적으로 10회기의 미술치료에 의뢰된 그녀의 상태에 대해 먼저 제시하고, 다음 단락에는 Beatrice라는 인물에 관해 간단히 그려 내면서 그녀의 사례를 탐색할 것이다. 그런 다음 그녀와 이루어진 미술치료 회기의 측면에서 조망하여 그녀의 개인적 고통을 공개적으로 조사함으로써 정신내적으로 불러일으켜진 모순을 밝혀 보고자 한다. 마지막으로 성폭행에 의한 피해에 대해 확실히 제시할 것이다.

40대 중반인 Beatrice는 학습곤란을 가지고 있었다. 그녀는 읽기나 쓰기를 약간 하는 수준이며, 지금은 지지적인 환경 내에서 요리와 자신을 보살피는 방법을 배우고 있다. 그녀는 세 자매 중 맏이이며 그녀의 부모는 은퇴한 상태다. 그녀는 정기적으로 캠핑카에서 그녀의 부모와 함께 휴일을 보낸다. 이러한 것들이 그녀의 인생에 있어 가장 중요한 부분이며, 그녀가 머무르는 캠프는 그녀에게 춤추고 놀 수 있는 기회를 제공함과 동시에 그녀가 보살피면서도 동일시할 수 있는 어린아이들과 함께 노는 기회를 제공한다.

그녀의 일상은 탁아소에서의 시간제 자원봉사와 사회교육센터의 집단에 참석하는 것으로 이루어진다. 그 외에 그녀의 사회생활은 그녀처럼 학습곤란을 가진 친구들과의 비정기적인 만남이다. Beatrice는 더 많은 교제의 필요성과 자신의 가정 환경 내에서 그것을 적극적으로 추구할 것이라고 종종 표현하고 있다. 그녀는 가끔 매우 동요된 모습을 보이기도 하는데, 이러한 고통은 그녀의 교제와 애착에 대한 욕구에서 나온 것으로 보인다. 그녀는 대화하는 것을 좋아하고, 만약 그녀가 처음 보는 것이라 생각하면 집요하게 그것에 대해 이야기한다. 그녀는 자신이 존중을 받고 자신의 말을 경청해 주는 환경에서 사람들에게 많은 애착을 느낄 수 있다.

개인의 자율성과 사회적 통합의 한계 때문에, 또한 주요 욕구를 충족하는 것과 성숙하고 균형잡힌 자기애적 욕구를 획득하는 것이 지연되면서, Beatrice를 포함한 일부 학습곤란을 가진 사람들은 보통 아동기에 국한된 활동에서 행복과 편안함을 찾는다. 이것은 그녀가 아이라는 것이 아니라, 사회적이고 정서적인 원인 전반에 근거를 두고 볼 때 '성인'이 안전과 행복을 얻는 일에서 그녀도 똑같은 정도로 안전과 행복을 얻을 수는 없다는 것을 시사한다. 이러한 타협점이 순진성(naïvety)으로, 순진성은 안전을 취하기 위한 대가라고 할 수 있다. 그러나 안전하다고 추정된 것이 실제로는 항상 개인을 위해 기능하는 것은 아니며 그들의 취약성을 영속시킬 수 있다.

Beatrice가 즐거움과 자극을 바라며 사회적 참여에 대한 욕구를 가지고 있다는 것은 놀이공원이나 아동용 물놀이장에서 놀고 있는 자신의 모습을 그린 그녀의 그림에서 볼 수 있다. 그녀에게서 삶의 기쁨은 여전히 아동기의 이러한 안전한 장소에 있는 그녀의 모습으로 상징화되고 있나. 그러한 것들은 그녀의 내적 자원을 유지하도록 하는 정상적인 것이다.

필자는 그녀가 살았던 단기 훈련 단체에서 시설거주자 대상의 동계 야간 프로그램의 일환으로 미술치료 집단을 운영하였으며, 그때 Beatrice가 참가하여 그녀를 처음으로 만나게 되었다. 그 단체의 관리자는 내담자 집단의 자기표현 능력과 대인관계를 향상시켜 줄 수 있는 미술치료 집단을 원하였다. 그 단체는 내담자의 독립생활 기술을 발달시키고자 조력하고 있었으며, 장기적으로는 최소한의 지도감독하에 지역사회 내에 위치한 아파트에서 스스로의 힘으로 살아갈 수 있도록 준비시키는 데 목표를 두고 있었다. 즉, 인내와 독립, 그리고 실제적인 가사 기술 수준을 성취하는 것이 이 단체의 주안점이었다. 따라서 미술치료 집단은 내담자로 하여금 이러한 훈련 과정에서 일어나고 있는 어떤 어려움에 대해 표현하고 탐색할 수 있도록 하고 동료 집단원들 사이에서 서로 친밀성을 경험할 수 있도록 계획되었다.

이 집단은 그림을 그리고 색칠하는 시간과 집단원이 모두 함께 토론하는 시간을 허용하는 구조화된 비지시적 집단이었다. 커다란 탁자를 중심으로 그림을 그리고 채색을 하는 작업이 이루어졌고, 토론은 작품을 바닥에 놓고 그 주위로 집단원들이 편안한 의자에 원형으로 둘러앉아 이루어졌다.

집단원들은 꽤 다양한 욕구를 가지고 있었다. 자폐 성향을 다수 지닌 한 사람은 물감을 사용하고 그 집단과 함께 있는 것을 즐기는 것으로 보였다. 어떤 사람은 정신분열증의 병력을 가지고 있었는데 큰 슬픔과 걱정을 가지고 있었다. 또 다른 젊은이와 예민한 성격의 어려 보이는 한 남자는 대인관계 불안을 탐색할 공간을 필요로 하였다.

Beatrice는 그녀가 '좋은 것'과 '나쁜 것'이라고 부르는 심상을 그리는 그림 패턴을 발달시켜 나갔다. 즐거운 놀이 활동으로 가득했던 휴일에 대한 기억은 보통 '좋은 것'으로 표상하였으며, 대개 '나쁜 것'은 일상 속의 걱정과 시련을 반영하였다. 그녀는 이 과정을 정서적 균형을 찾는 데 활용하는 것처럼 보였고, 집단 내에서 타인을 더 깊이 알아가기 위해 자신의 이야기를 나누고 공간을 부여하며 경청하는 시간을 계속 이어 나갔다.

Beatrice가 겪은 사건

그녀를 담당하는 관리자가 무엇인가 잘못되었다는 것을 알아차린 것은 집단이 종결되고 난 몇 달 이후였다. 단체 주변에서 Beatrice의 모습을 목격하기가 점점 힘들어졌고, 그 단체 바로 앞 교외의 거리에 위치한 그녀의 아파트를 오가는 모습도 거의 볼 수 없었다. 그녀는 분명히 점점 위축되고 있었으며, 평소와 달리 문조차도 열어 주지 않으면서 그녀의 담당 관리자가 아파트에 들어오는 것을 거부하였다. 끈질긴 노력 끝에 그녀와 접촉하게 되자, 그녀는 그녀가 당했던 극도로 고통스러운 일련의 사건에 대해 털어놓았다.

지역의 '평범한' 10대 소녀 몇몇이 그녀에게 친구가 되어 주었으며 그녀의 아파트에 방문하였다. 그들은 기꺼이 우정을 받아들이는 Beatrice를 좋아하고 보살펴 주면서 Beatrice와 직원들의 신뢰를 얻었다. 그러나 얼마 후 그들은 젊은 '평범한' 남성을 그녀에게 데려왔고 성관계와 아기에 대해 토론하기 시작했다. Beatrice가 자궁절제술을 받았음에도, 그들은 그녀가 아이를 가질 수 있다고 확신시키고 어머니가 되는 것에 관한 환상을 부추졌다. 그들은 이 젊은 남성이 그녀에게 아기를 줄 것이라고 말하고는 자리를 떠났다. 젊은 남자는 남아 있었고, 잘못 이해하고 있는 혼란스러운 상태의 그녀에게 모호하게 동의할 것을 제안한 뒤 난폭하고 합의되지 않은 성폭행을 서질렀다. 그녀의 학습곤란과 조작이나 속임수에 쉽게 영향받는 특성으로 볼 때, 그녀가 과연 잘 알고 분별 있는 선택을 할 수 있었을지에 대해서는 매우 의심스러웠다.

그녀가 성관계에 대해 "안 돼(No)."라고 말했음에도, 그는 몇 번이나 그녀의 질과 항문에 출혈을 일으키는 성관계를 하였다. 이 사실이 경찰에게 고발되었고, 그 젊은 남자는 런던 중앙 형사 법원의 재판에 회부되었다. Beatrice는 그 남자가 처벌받기를 원했다. 그녀는 속상하고 화가 났으며 혼란스러웠다.

치료

성폭행과 임박한 법정 심리에 대한 고통에서 그녀를 조력하기 위한 10회기의 개인 미술치료는 그녀가 속한 단체를 책임지고 있는 지방 의회의 자본으로 운영되었다. 그러나 필자는 이것이 그녀의 감정을 탐색하고 훈습하거나 그녀가 내면적으로 지속할 수 있는 지지를 치료사인 나에게서 받기에는 충분한 시간이 아니라고 생각하였다. Beatrice는 이미 필자를 알고 있었기 때문에 신뢰는 이전의 상태를 유지하고 있었다. 그러나 필자는 그녀가 안전감을 느낄 수 있도록 하기 위해서는 회기 수가 너무 적고 치료의 초기 · 중기 · 종결이 너무 빨리 진행될 것이라는 점에서 미안한 마음을 느꼈다. 필자는 일단 표현되고 탐색된 감정은 치료사에게 지지를 그만두어도 될 시점이 분명히 보일 때까지 경험되어야 한다는 것을 알고 있었다. 내담자의 의존성을 막고 보다 장기간의 치료에서 오는 방어를 낮추는 데에는 단기치료가 유용하다고 제시한 사례들이 있다. 한편, 장기치료는 내담자가 계속되는 관계 속에서의 전이를 통해 초기의 의미 있는 중요한 관계에서의 약점과 강점을 재경험하고 탐색할 수 있도록 한다. 그렇다면 Beatrice의 경우에는 보다 장기적인 치료가 그녀의 내적 자원을 한층 강화시키고 그녀에게 준 피해를 보다 완벽하게 몰아내도록 도울 수 있다고 필자는 생각한다. 그러나 우리 사이에 진행되는 과정과 반향을 불러일으키는 경험은 단지 시간만으로 저울질하거나 측정될 수는 없다. 이와 관련하여 James Mann은 자신의 저서인 『시간제한을 둔 단기 심리치료(*Time-Limited Psychotherapy*)』에서 다음과 같이 말하였다.

> 시간과 현실 사이의 관계를 설명하는 것은 매우 어려운 일이다. 우리는 현실을 초월해야 시간으로부터 분리될 수 있고, 시간 감각에서 벗어나야 현실에서 분리될 수 있다. 절대적 시간은 시계나 달력으로 판단되지만 실존적 시간은 관찰되기보다는 살아가면서 경험되는 것이다(Mann, 1973: 3).

또한 Wolfe는 "모든 순간은 지난 4천 년의 성과다. 파리처럼 하루하루 이어가는 목숨, 죽음으로 가는 여정, 그리고 매 순간이 모든 시간을 비추는 창이다."(Wolfe 1952: 3)라는 말로 시간의 의미를 표현하였다.

그럼에도 불구하고 필자는 여전히 이러한 짧은 치료 과정에 마음이 놓이지 않았으며 Beatrice 역시 미술치료가 계속될 수 있기를 바라는 그녀의 소망을 분명히 표현하였다. 우리는 그저 이러한 상황을 감수할 수밖에 없었다.

회기가 시작되었다. 치료 회기는 필자의 집에 있는 미술치료실에서 실시되었고, 이 작은 방에는 커다란 탁자와 의자, 다양한 미술 매체, 전화기가 준비되어 있었고, 정원으로 나 있는 또 하나의 문이 있었다. 그녀와의 초기 면접은 언어적으로 이루어졌고, 주로 그녀가 나올 수 있는 날짜와 시간, 교통수단을 확인하고 치료의 목적에 대한 그녀의 지각을 확립하는 등 실제적으로 고려해야 할 사항들을 다루었다. 또한 우리는 그리기, 색칠하기, 말하기 가운데 그녀가 선호하는 방식으로 회기를 구조화하는 것에 관해 의논하였다. 이러한 선택은 유동적으로 이루어지게 하였다.

Beatrice는 자신의 경험에 관해 매우 빨리 구체화시켰다. 그녀는 성폭행에 대한 그림([그림 7-1] 참조)을 그렸고, 그러한 일이 일어나도록 상황을 만든 10대 소녀들에 대한 분노를 이야기하였다. 그녀는 그 남자에게 그만두라는 요청을 했음에도 그가 웃고 넘긴 것에 대해 기억해 냈다. 그녀는 성관계를 원하지 않았지만 처음에는 신체적인 흥분을 느꼈다고 말했다. 경찰의 심문이 수차례 이어지고 그녀의 간병인과 가족에게 이 사건이 폭로되자 그녀는 망연자실해 보였으며 가끔 공황과 불안에 압도당했다. 그녀는 자신의 정당성에 대한 바람을 서로 다른 분열된 방식으로 목소리 높여 이야기할 것이 분명했다. 그녀는 경찰 심문에 대해 토론하기 시작했고, 자신에게 일어난 일을 잊어버리고 싶지만 동시에 자신의 감정에 접촉하고 싶다고 말했다. 경찰 조사와 연합된 성폭행에 대한 공포는 그녀로 하여금 자신의 감정을 부정하고 분리시키도록 만드는 것처럼 보였다. 그녀는 치료를 폭풍 속의 대피소와 같이 하나의 안식처로 사용하고 있었다. 그녀는 과거 매우 즐거웠던 휴일이나 모든 행복했던 순간에 대해 그림을 그렸다. 그녀는 이전에 사용했던 단어들과 현재 속해 있는 치료 집단에서의 미술을 사용하면서, 한 단어로 이루어진 대답과 단순한 문장에 삶에서 '좋다'고 생각하는 것과 '나쁘다'고 생각하는 것을 담은 그림 이미지를 결합시켜 설명하였지만 이에 압도되는 것을 피하기 위해 감정들을 차단하고 억제하고 있었다.

[그림 7-1] Beatrice: 성폭행

그녀에게서 많은 혼란이 표현되었다. 그녀가 성폭행을 당했을 때 그러했던 것처럼 곧 다가올 재판 때문에 겁을 먹은 것일까? 사실 그렇게 보였고, 그녀는 우울과 부인 속으로 도망칠 비상구를 찾고 있었다. Storr는 우울과 창의성에 대한 글에서 다음과 같이 행하도록 자극함으로써 우울을 책임지게 할 수 있다고 하였다.

> 잠재적 피해자가 외로움, 고난, 고통과 싸워 나갈 수 있도록 촉구하고, 종종 보상 없이 자신의 깊은 곳을 탐색하고 거기서 찾아낸 것을 기록하도록 하라. 이것만 할 수 있다면 압도되는 것에서 벗어날 수 있을지도 모른다(Storr, 1988: 143).

억압하기 위한 투쟁은 숨겨진 채 지속되고 있었는데, 이것의 유해성은 한두 명의 사람이 그녀에게 "그 일은 잊어버려."라고 말하고 있다고 하면서 그녀가 자신의 사고를 그들에게 투사시켜 구체화함으로써 표현되었다. 그녀는 화가 났다.

이후 그녀는 다시 성폭행에 대한 그림을 그렸다. 전과 마찬가지로 일련의 성폭행을 묘사한 그림은 거의 윤곽만 가진 성냥개비 형태로 나타났다. 그 이미지에는 전혀 감정이 담겨 있지 않았지만 그녀는 먼저와는 달리 화가 나 보였고 그림을 완성하고는 그것을 쳐다보려고도 하지 않았다. 그녀는 그 그림을 탁자 위에 엎어 놓았고, 이어서 놀이공원에 갔던 행복한 기억에 대해 그림을 그려 나갔다. 그녀는 잠시 동안만 고통스러운 감정에 직면할 수 있다는 의미의 말을 했다. 그다음 주 미술치료 회기에서 그녀는 그 사건을 살펴보고 싶지 않으며 그림에서 행복한 순간들을 잃어버렸다고 말했다. 또한 무의식적 표상이 언어적으로는 탐색되지 않았다. 그녀는 분명히 정서적 고통이 나타나는 것에 대해 방어하고 있었고, 더군다나 성폭행과 법적 절차를 거치면서 든 생각이나 감정들로 인해 삶에서 신체적으로나 정서적으로 통제력을 너무 많이 상실한 후였기 때문에, 필자는 그녀의 통합을 위해, 말하자면 먼저 그녀 본연의 신뢰를 복구하기 위해 그녀 자신의 인생의 배는 그녀가 조정하는 것이 바람직하다고 생각하였다. Storr는 창의적 과정에 대한 글을 쓰면서 자기 통제(self-mastery)가 어떻게 우울을 극복하는 전제조건이 되는지 재차 설명하였는데, Beatrice에게서 미술치료의 사용도 이러한 본질적 탐색을 시작할 수 있게 한 것으로 보였다.

> 우리는 이제 백척간두에서 진일보할 수 있으며, 우울에 압도되지 않도록 개인을 보호하는 방법이 될 수 있는 창의적 과정에 관해 이해하고 있다. 즉, 창의적 과정은 우울로 통제력을 잃었던 사람들에게서 통제 감각을 회복하는 수단이 되며, 어떤 이유에서건 우울을 동반하는 인간관계에서의 신뢰 상실이나 사별로 인해 손상된 자아를 다양한 범위에 걸쳐 복구하는 방식이라고 할 수 있다(Storr, 1988: 143).

다음 회기에 그녀는 마치 더 이상 자제할 수 없다는 듯이 아주 큰소리로 말하면서 속상하고 화가 난 모습으로 도착하였다. 뒤죽박죽된 생각과 느낌들을 잘 정리해 보니, 그녀를 치료실로 데려오던 택시기사가 주소를 찾을 수 없자 그녀를 길거리에 그냥 내리게 한 것이었다. (이 사건은 그녀와 함께 택시를 탔던 그녀의 간병인에 의해 알게 되었다.) 이러한 거절과 지지의 부족은 분노를 촉발시키는 계기가 되었다. 그녀는 미술치료 회기가 짧은 것이 그녀를 담당하는 직원이 책임을 다하지 않기 때문이며 그들은 그녀가 상담자를 만나도록 강요하고 있다고 생각하였다(즉, 새로운 상담자에게 처음부터 모든 것을 다시 밝혀야 할 것이다.). 또한 그녀는 그녀의 오랜 친구들을 포함하여 어떤 남자라도 그녀의 아파트에 찾아오면 그녀를 아파트에서 내쫓으려고 위협하는 것으로 믿었다. 그녀는 분명히 매우 취약했으며 주위의 모든 사람으로부터 학대받고 있다고 느꼈고, 이를 자세히 살펴보면 이러한 감정들이 상호작용하여 그녀가 벌을 받고 있다고 확신하도록 조장하고 부추기고 있었다. 간병인이 그녀를 더 많이 통제하면서 그녀가 고립될수록 그것이 그녀를 보호하는 것이라고 생각할지도 모르지만, 사실 그것은 성폭행 사건이 발생한 것이 그녀가 무엇인가 잘못하고 있었기 때문이라는 것을 암시하였다. 그것은 또다시 적절한 보살핌과 자율성, 자기 통제가 상실되었다고 느끼게 하여 그녀에게 고통과 광란적인 상태를 일으키는 것으로 보였다.

이러한 혼돈과 정서적으로 격앙된 상태는 진한 붉은색의 일몰 그림([그림 7-2] 참조)으로 나타났다. 그것은 필자에게 여성의 생식기와 약간 비슷하게 보였고, 필자는 그녀에게 이를 설명해 주었다. 그러자 그녀는 자발적으로 그 성폭행 사건 이후 얼마나 괴로웠는지, 그리고 그녀의 '질과 항문'에서의 출혈에 관해 이야기를 계속해 나갔다. 그 고통은 미술치료 회기까지 이어진 것으로 보였고, 그녀의 현재 삶과 관계에서의 감정에 투사되었고 그 공격에 의해 불러일으켜진 감정을 반영하였다. 마치 의도적이지만 무의식적으로, 신체적 · 정신적으로 가해진 폭력이 표출되듯이, 그녀가 그려 내는 이미지들은 점점 더 잔인해지기 시작했다.

필자는 이전에도 학대받은 사람들의 작품에서 이러한 장면을 본 적이 있다. 온몸을 두드려 맞은 아이들은 미술치료를 하며 무의식적으로 상처, 혹, 그리고 부서진 형체가 여기저기 흩어져 있는 그림들을 만들어냈다. 이렇게 이전에 억압된 감정들을 내뿜는 것은 필자의 생각에 큰 슬픔과도 같은 과정이다. 이러한 표출은 우울을 해결하고 이인증(depersonalisation)과 정신상태의 혼란으로부터 개인을 보호하는 기초가 될 수 있다. 필자가 단순한 시각적 그림 작품이 아니라 자발적이고 무의식적인 그림이라고 보는 이 학

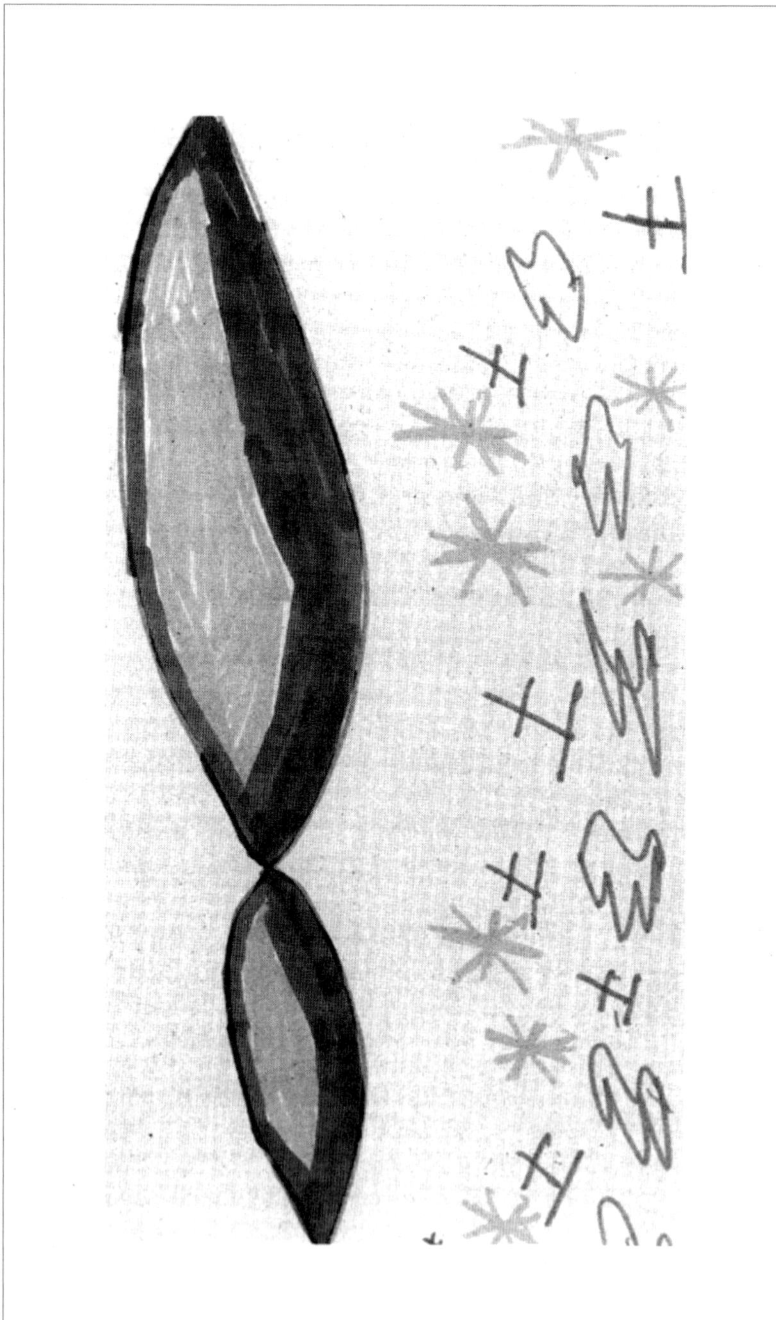

[그림 7-2] Beatrice: 진한 붉은 색의 일몰

대받은 사람들의 그림은 그들의 공포나 고통이 명암과 색상, 질감, 양감, 선으로 나타남으로써 매우 카타르시스적이다. 이러한 '배출(letting-out)'이 억압과 표현 사이에 갇혀 버린 사고 및 감정에 의한 이인증과 혼란을 부추기는 고립인 우울을 일으키는 내면화를 해결할 수 있다.

이러한 과정이 내담자에게는 굳이 구체적으로 설명되지 않더라도, 고통을 직면하고 공유하고 방출하는 것은 마치 눈물이 아픈 가슴을 어루만지듯이 치유의 과정을 돕는다. 1940년대, 미술치료의 창시자인 Hill은 환자들의 미술 작품이 종종 그들이 가장 좋지 않았을 때의 정시적 깊이를 표현한다는 점을 관찰하였다. "아픈 사람이 쏟아내는 감상적이고 공상적인 분출물을 종종 건강이 호전되어 갈 때 같은 당사자에게서 나오곤 하는 진부함과 융화시키는 것은 진정 쉬운 일이 아니다."(Hill, 1945: 41)

일몰을 나타내는 그림을 그린 후에 그녀는 계속해서 집, 꽃, 갓 태어난 아기가 있고, 강한 것인지 방해가 될 만큼 크고 무거운 것인지는 확실치 않지만 그러한 큰 손을 가진 자기 자신이 놀고 있는 이미지의 '행복한 가족'이라는 그림([그림 7-3] 참조)을 그렸다. 그것은 마치 그 회기의 첫 부분에 있었던 그녀의 고통에서 벗어나려는 노력으로 보였다. 갓 태어난 아기라는 심상은 10대 소녀들이 Beatrice가 아기를 가질 수 있다는 생각을 믿도록 강요한 것에서 나타난 주제라는 생각이 들었다. 그녀의 그림에서 아기는 엄마, 아빠, Beatrice, 그리고 또 다른 유사한 모습을 한 인물로 구성된 작은 가족의 새로운 출발을 표상하는 것으로 보였다.

아기와 가족 그림으로 나타난 것과 같이, 이러한 이상을 재현하는 것은 망가지고 강탈당한 인간애와 유대감을 교정하려는 것으로 보였다. Beatrice에게 놀이공원과 물놀이장이 그녀 자신과 그녀의 삶에서 기쁨과 자유를 나타내는 것처럼, 아기와 가족은 그녀에게 좋은 내적 대상을 표상한다. 즉, 아기와 가족은 내적으로 친밀감, 안전, 유대감 및 사랑을 표상하

[그림 7-3] Beatrice: 행복한 가족

는 것이었다. 이러한 해석은 시각적 심상을 통한 관찰뿐만 아니라 그녀의 언어적 연상을 바탕으로 하였다. Beatrice는 흥미롭게도 어떻게 해서든 이 가족의 안팎에 존재하였다. 그녀의 높은 정서적 · 정신적 염원뿐만 아니라 그녀의 몸을 온전하게 지키고자 하는 통합성 모두에 대한 성폭행의 잔인한 냉소는, 절대 아기를 가질 수도 없고 아기가 될 수도 없다는 것을 머릿속으로 알고 있는 이 여성의 내면의 존엄성을 이미 짓밟아 아기와 가족 그림으로 구체화되었다.

그녀는 어떤 사람이 그녀를 아기라고 부르며 그녀에게 좀 성장하라고 이야기한 것에 대해 떠올리며 화를 내었다. 그녀의 분노는 강간이라는 잔인한 폭력에 짓밟히면서 삶에서 얼마나 많은 방해를 받고 있는지에 대해 그녀도 이름 붙일 수 없는 격분을 표현한 것이었다. 또한 그 후에도 살아남아 있는 그녀의 욕구와 정서 표현의 잔존물이 도전받고 무시당한 것에 대한 표현이었다. 그녀는 그녀 자신의 것이 아닌, 그녀에게는 옳게 느껴지지 않았던 결정과 견해를 받아들이도록 압력을 받아 다시 한 번 성폭행에 의한 무력감과 모욕을 증폭시켰던 감정에 대해 일상적인 말로 명확히 털어놓았다. 그녀는 특히 간병인이 그녀의 아파트에 들어가기 위해 열쇠를 사용하는 것에 대해 화를 냈는데, 이는 성폭행과 연관되어 있음이 분명하다. 그녀의 분노의 중심은 그녀가 이렇게 정서적으로 나타내기 시작하면서 분명해져 갔고, 분노의 표현은 그녀가 개인적 힘과 경계를 되찾고 재설정하려는 욕구를 실제로 보여 주는 한 방식으로 생각되었다.

경계를 설정하고 정의하고자 하는 자유의지는 때때로 학습곤란을 가진 사람에게는 무시되거나 과소평가되는 것이라고 할 수 있다. 그들의 영향력을 뺏는 이러한 무력화는 명백하고도 미묘하게 그들을 침묵시키고 그들을 학대받기 쉽게 만든다. 필자가 느끼기에, 그녀의 분노는 압도당한 것이라기보다는 극복하고 경청받기 위한 큰 동인(motivator)이었다. 그녀가 자신의 사고와 감정을 모두 표현함에 따라 필자 역시 그녀의 말을 경청하고 그녀를 인정해 주고자 노력하고 또 노력하였다. 이는 그녀에 대한 필자의 역전이 관계가 어느 정도 암묵적인 합의하에 동맹을 구축하였고 그것은 그녀가 그녀의 내면과 그녀 주변에서 만들기 원했던 것이었기 때문에 그렇게 힘들지 않았다.

치료적 동맹은 그녀가 홀로 고통과 불의를 극복하는 여행을 하지 않아도 된다는 것을 의미하였다. 그녀는 필자에 대한 신뢰를 보여 주었고 그 동맹은 배신이나 분간하기 어렵고 애정이 없는 것에 대해서만 투사하느라 시간을 보내지 않도록 방어해 주는 것처럼 보였다. 신뢰가 완전히 붕괴될 경우 이 단기치료는 역효과를 낳을 것이다. 마찬가지로 그녀의 부모의 애정 역시 신뢰할 만한 것으로 보였지만 그녀는 분명히 이 회복의 여정을 (그녀의 부모의 사랑은 믿을 만했지만) 홀로 겪고 있었다.

극도로 잔인했던 성폭행은 성정체감이나 성적 관계, 사회적 독립을 다시 통합시키도록 함으로써 성숙을 위한 여행을 시작하게 하였다. 그녀는 이 여행을 아직 아물지 않은 상처를 가지고 조심스럽게 망설이면서 접근하였다. 성폭행은 그녀의 대인관계와 정신내적인 관계마저 파괴하려고 위협하였다. 그녀는 그녀의 그림과 필자와의 관계를 통해 그녀의 성격을 되찾고 인식하게 되었다고 필자는 생각한다. Storr는 이러한 성숙에 관련된 것과 그 위험성을 Beatrice의 사례에서와 같이 파괴의 시도로 묘사하였다. 그녀의 성격과 내적인 좋은 대상은 성폭행에 의해 압도되고 파괴될 위험에 직면해 있었다. 그것은 그녀의 신체적 통합뿐만 아니라 그녀 고유의 내면적 통합에 대한 침범이었다.

> 성격은 타인을 파괴하거나 또는 타인에 의해 흡수되는 이렇게 서로 다른 두 가지 방식으로는 존재할 수 없고, 대인관계에서의 성숙은 자기 자신과 다른 사람 모두 사라지는 것이 아니라 서로 타인의 성격을 지지하고 실현하도록 기여하는 것이 요구된다(Storr, 1960: 43).

법정 소송과 치료

이 사건의 재판이 있기 전에 필자는 Beatrice를 담당하는 관리자에게서 알 수 없는 이유로 재판이 연기되었다는 한 통의 전화를 받았다. 2주 뒤에 이러한 이유로 또 다른 4회기의 미술치료를 지원받게 되었다. Beatrice와 필자는 주어진 기회를 가장 효과적으로 진행할 방법에 대해 상의하였다. 우리는 남은 회기를 법정 상황 직전과 직후의 주에 똑같이 나누어 실시하는 것이 가장 유용할 것이라고 결정하였다. 이를 위해서는 3주간 치료를 중단해야 했다. 이것은 어려운 결정이었고, 매우 중요한 것으로 생각되었던 탐색과 표현에서의 안전과 지속적인 지지를 동시에 불안정하게 만들고 있었다.

이러한 짧은 휴지기 이후 Beatrice가 돌아왔을 때, 그녀는 첫 회기에서와 마찬가지로 또다시 단순한 형태로 성폭행에 관한 그림을 그렸지만 처음의 그림과는 달리 색채를 사용하여 이전에 억압했던 감정들을 즉시 드러내 보였다. 당황스러움과 고통스러움이 나타났다. 그녀는 또한 순간적인 양가감정에 의한 혼란을 그녀의 자유의지로 그 감각에 관해 조금 더 탐색할 수 있었다. 성폭행을 당하는 동안 그녀는 아주 잠시 성적 자극을 느꼈었다. 필자는 이 사실—그녀는 그녀가 속해 있는 단체의 직원 중 한 명에게 이것을 털어놓았고 이후 그 직원은 경찰에게 이 사실을 알렸다—이 바로 그 사건을 재판에서 기각되게 만들었다는 것을 비공식적으로 듣게 되었다. 성관계에 대한 그녀의 이성적이고 정서적인 거부는 신체적 접촉에 대한 일순간의 반응보다 더 우선할 정도로 충분히 강한 증거로 보이지 않았던 것이다. 이 문제는 결론에서 다루어질 것이다.

그녀가 상실했던 것과 남은 회기 동안 회복하고자 고통스럽게 노력하기 시작한 것은 그녀에게 본래 성적이지 않은 친밀한 관계로 보였던 아름다운 사랑이라는 신념에 대한 그녀의 희망과 신뢰, 믿음, 기쁨이었다. 한 회기 동안 그녀는 다음과 같은 노래를 메들리로 불렀다.

> 데이지, 데이지, 내게 너의 대답을 다오, 다오. 난 반쯤 미친 것 같아, 온통 너의 대한 사랑 때문에. 멋진 결혼이 되진 않을 거야, 나는 마차를 빌릴 수가 없으니. 하지만 너는 달콤해 보여, 우리 둘을 위한 자전거의 의자 위에서……. 에델바이스, 에델바이스, 매일 아침마다 너는 나를 반겨 주네. 아담하고 희며, 깨끗하고 밝게, 나를 보는 모습이 행복하게 보이는구나.

> 눈 속의 꽃아, 활짝 피고 무럭무럭 자라기를, 영원히 피고 자라나렴. 에델바이스, 에델바이스, 나의 조국을 영원히 지켜다오……. 당신이 이 세상에서 유일한 소녀라면 난 유일한 소년이야. 아무것도 중요하지 않아, 지금 이 세상엔, 우리는 이전과 똑같은 방식으로 계속 사랑할 거야. 에덴동산은 우리 둘을 위해 만들어졌고, 아무것도 우리의 기쁨을 망치진 못해. 난 그런 멋진 일을 너에게 말할 거야, 그렇게 멋진 일을 하게 될 거야. 네가 이 세상에서 유일한 소녀라면, 나는 유일한 소년이야……. 나는 끊임없이 비눗방울을 불어, 예쁜 비눗방울을 공중으로. 그들은 날아가네 더 높이, 하늘 가까이, 그리고는 내 꿈처럼, 그들은 점점 사라지고 죽어 가네. 행운은 항상 숨어 있어, 난 어디라도 찾아볼 거야. 나는 끊임없이 비눗방울을 불어, 예쁜 비눗방울을 공중으로.

이러한 노래에 흐르는 전반적인 정서는 남성과 여성 간의, 그리고 세상과의 희망차고 애정 어린 관계에 대한 내용이었다. Beatrice의 노래 안에서 이러한 초월 정신에 대한 그녀의 바람을 분명히 볼 수 있었다. 꿈이 점점 사라져 가는 것처럼 보인다고 한 노래의 마지막 구절에서조차도, 어떤 것이 계속해서 아름답기를 바라는 영원성을 볼 수 있었다. 호기심으로 열어 본 판도라의 상자가 세상의 모든 죄악을 꺼내어 놓지만 이후 희망도 따라오듯이, Beatrice에게도 그 상자는 본의 아니게 강제적으로 열렸지만 결국에는 판도라의 상자와 마찬가지로 희망이 떠오를 것이다.

Beatrice는 빨간색 선으로 격자무늬 비슷한 패턴([그림 7-4] 참조)을 계속해서 그려 나갔고, 그녀는 이 격자무늬 각각의 독립적 공간 안에 다음과 같은 단어들, 즉 곤란한(troubled), 화난(angry), 위태로운(shaky), 시끄러운(noisy), 잠을 잘 수 없는(cannot sleep), 기쁨(joy), 희망(hope), 사랑(love) 등을 썼다. 그 그림은 정서적으로 만족한 감정인 기쁨, 희망, 사랑과

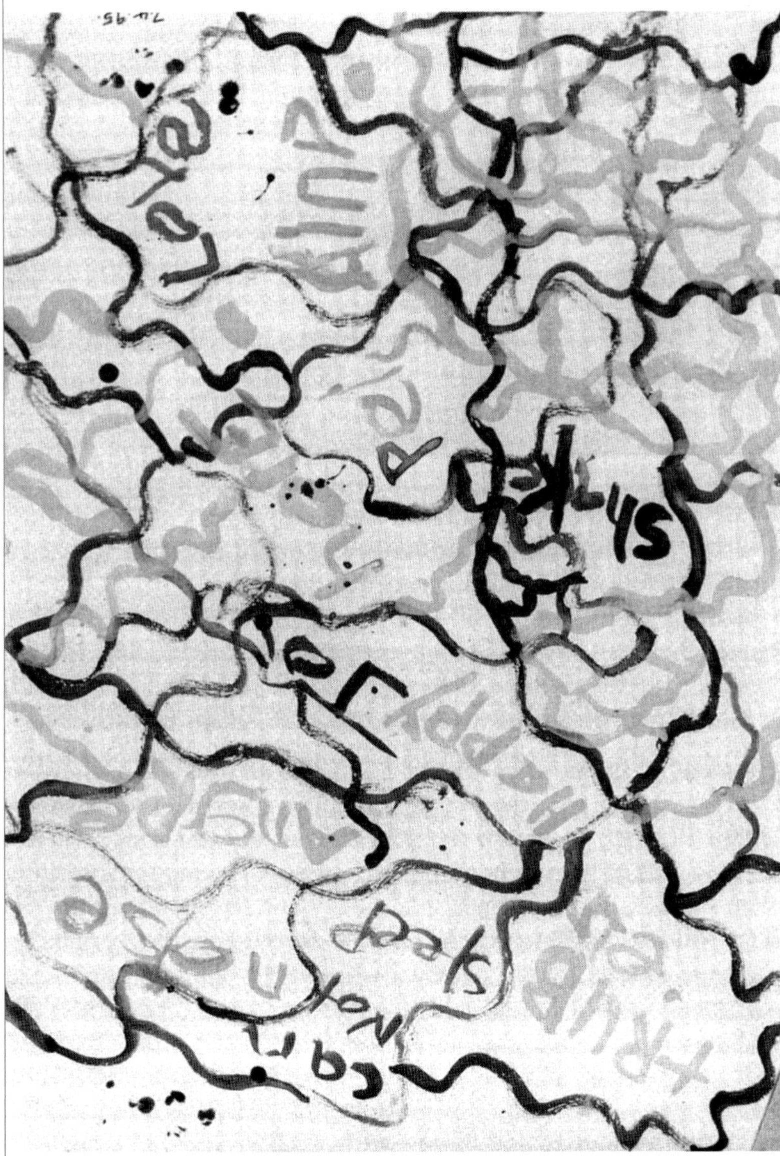

[그림 7-4] Beatrice: 격자무늬 안에 채워 넣은 감정

함께 그녀 내면의 고통과 괴로움을 나타내는 단어들이 모여 엉킨 실처럼 보였다. 그것은 이전에는 별도의 심상으로 분리시켜 표현한 '좋은 것'과 '나쁜 것'이라는 삶의 이중성이 마치 이 한 심상 안에 함께, 보다 명료하게 나타난 것처럼 보였다. 마치 이전에 서로 분열된 그녀 자신의 측면들을 그녀 안에서 접촉시켜 평화를 찾도록 강요하고 있는 것 같았다. 성폭행에 의한 극심한 정신적 고통은 일체감을 형성하는 데에서 더 이상 구분되어 분리할 수 없는 것이 되었다. '나쁨'은 성폭행범에 의해 모든 의미에서 그녀를 침범하였지만, 이제 그것은 그녀에게 점점 통합되어야 했다. 그녀는 강렬한 감정적 병치(juxtaposition) 상태에 있는 그녀 자신의 양가감정에 대처하는 기술을 배워야만 할 것이다. Brown과 Pedder는 이러한 분열(splitting)을 다음과 같이 기술하였다.

> 분열은 어린이들의 영원한 관심사가 영웅과 괴물, 착한 요정과 마녀, 현대판으로는 닥터 후(Dr. Who)와 달렉(Dalek)[1]으로 설명될 수 있듯이, 자신과 타인에 대한 좋고 나쁜 면의 완전한 분리를 수반한다. 임상적으로 우리는 이것을 자기와 타인에 대한 이상화(idealisation)와 경멸(contempt) 사이에서 좋은 감정과 나쁜 감정 간의 분열에서 찾아볼 수 있다(Brown & Pedder, 1979: 28).

재판 날짜가 지난 몇 주 뒤에, 그녀는 심상을 통해 남성적인 특성과 여성적인 특성에 대한 통합 가능성을 탐색하기 시작하였지만, 그 이전에는 이에 대한 많은 절망감이 표출되었다. 이는 질서정연하고 차분하며 일관된 정서를 선호하는 Beatrice가 생활하는 보호시설 가정에서는 특히 곤란한 것이

1) 역주: 닥터 후는 시간 여행자 '닥터'의 시공을 초월한 모험을 그린 영국 BBC 방영 SF 드라마이며, 여기서 악당 역으로 나오는 로봇이 달렉이다.

었다. 그녀의 정서적 표현은 그녀가 느끼기에 거부되고 있었다. Beatrice의 수면 패턴과 식습관은 점차 불규칙해졌다. 그녀는 자신을 잘 돌보지 않았고, 그녀가 느낀 왕성한 분노와 슬픔의 감정은 간병인들에게는 그녀의 '불쾌함과 나쁜 행동'의 신호로 받아들여졌다. 필자는 이것이 단지 그녀의 환상이 아니라 인간애와 대인관계에서의 절망이 복합적으로 강력한 영향을 미쳤을 것이라고 확신한다. 그녀 주변의 사람들은 그녀의 정서적 삶을 이해하기 힘들었을 것이다.

재판이 있기 전 두 회기에서 그녀는 휴일에 캠핑을 떠나는 그림을 그렸지만, 이러한 기분전환도 재판에 관한 가득 찬 걱정을 막을 수는 없었다. 이 심상의 중심이 되는 모티프는 쇠꼬챙이에 끼운 살색의 돼지를 굽고 있는 것이었다([그림 7-5] 참조). 마치 재판이 또 다른 학대이며 그녀는 그러한 자신의 두려움을 용감하게 숨기려고 노력이라도 하는 것처럼, 그녀의

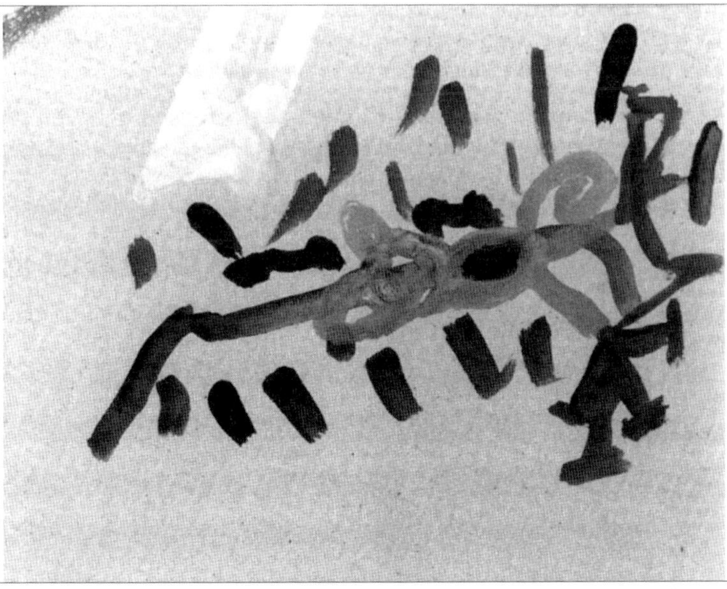

[그림 7-5] Beatrice: 돼지 구이

그림과 그녀의 다른 모든 미묘한 의사소통은 통제력의 상실, 취약성, 무방비에 대한 그녀의 느낌을 암시하고 있었고, 그러는 동안 그녀의 이야기는 그녀의 법적 논쟁과 적지 않은 가르침에 대해 전달하고 있었다.

재판 바로 직전의 회기에서 그녀가 '좋은 시절'이라는 그림을 그리는 데 몰두하면서 정서적 회피를 시도한 것은 좀 더 성공적이었다. 그녀는 회기를 떠나기 전에 분명 "싫어(No)."라고 말했고, 그가 그녀에게 했던 일을 좋아하지 않았기 때문에 피고가 교도소에 가기를 원한다고 차분한 목소리로 필자에게 말하였다.

재판 당일에 그녀는 그녀의 심리가 언제, 어디서 시작될 것이라는 정보도 없이 순회 형사 법원(Crown Court)의 로비에서 아침을 보냈다. 그녀는 소식을 기다리는 동안 그녀의 담당 관리자와 함께 차를 마시러 법원 내의 매점으로 갔다. 그 관리자는 그녀가 줄을 서서 기다리는 동안 한 남자가 그녀 쪽으로 달려와서는 "난 여기서 풀려날 거야."라고 소리쳤다고 나중에 필자에게 이야기해 주었다. Beatrice는 그녀를 학대한 사람을 알아보지 못했거나 그의 말을 이해하지 못한 것으로 보였다. 몇 분 뒤 그녀의 심리가 재판에서 기각되었다는 게시문이 안내되었다. 이에 대해 Beatrice에게 공식적인 설명은 전혀 없었던 듯했고, 반복된 공격의 격렬함과 "안 돼."라고 말한 그녀 자아의 진실성이 보잘것없는 순간적인 감각적 흥분을 근거로 합의에 대한 문제로 바뀌어 버렸다. 그렇게 해서 그는 법적인 의미에서 교묘히 벗어나게 되었다. 이 결과를 들었을 때 필자의 역전이 감정은 그녀에게 접근하여 "나는 풀려날 거야."라고 떠벌리던 학대자와 Beatrice를 지킬 수 있도록 제대로 정비되지 않은 법 체계에 대한 격분으로 물들었다. 필자는 또한 슬픔을 느꼈고 그녀가 걱정되었다.

Beatrice는 재판의 기각으로 자신의 의견이 주장되지 못했는데도 법적으로 재판이 끝났다는 사실에 안도감을 표현하였다. 그러나 한편으로는 이따금씩 급격한 혼란을 보이기도 하였다. 그녀는 남은 회기를 남성과 여성과의 관계를 살펴보는 데 활용하기로 결정하였다. 마치 재판의 종료가 그녀에게 분열을 치유하기 위해 나아갈 기회를 준 것 같았다. 그러나 사건에서의 수위 외부 변화에도 불구하고 그녀가 이렇게 성숙한 면모를 보이고 빠른 적응을 하는 것이 필자는 오히려 걱정되었다. 그녀는 분노의 감정을 어떻게 끊어 낸 것인가? 필자는 그녀의 성폭행을 다루었던 재판이 초점으로 두었던 방향 때문에 그녀의 정서 과정에 많은 왜곡이 일어나지는 않을지 걱정스러웠다. 필자는 성폭행에서와 마찬가지로 현재 그녀가 조종당하고 혼란스럽게 느끼는 것은 아닐까 생각하였다. 특히, 그녀가 그녀의 법적 논쟁과 관련한 쟁점에 대해 전에 없이 정확하고 문맥상 분명하게 말했을 때 이러한 것을 느꼈다. 필자는 이러한 뚜렷한 '집중력'과 '힘'이 그녀 자신의 것이 아니라 실패 위에 세워진 일과성 자아 이식(transient ego transplant)이라는 점에 슬퍼졌다.

다음 회기에서 그녀는 조용했으면 좋겠다고 말했는데, 필자는 이를 그녀가 내면적으로 조용해지기를 바란다고 이해하였다. 아마도 이것은 그녀의 상처와 분노를 초월하기 위한 그녀의 해결 방법일 것이다. 그녀는 자신이 직접 주제로 선택했던 남성과 여성과의 관계에 대해 그림을 그렸다. 남자와 여자 모두 안전하게 보였고, 그들은 개별적으로 안전하게 지켜 주는 테두리로 각자 떨어져서 둘러싸여 있었다.

이러한 경계의 명확성은 붉은색과 초록색의 남자로 표시되어 있는 누름단추 신호식 횡단보도(pelican road-crossing)[2)]를 그린 그녀의 그림에서 보

---

2) 역주: '펠리컨 크로싱(pelican crossing)'이라고 불리는 영국의 횡단보도는 원래 'pedestrian light controlled crossing'이라고 길게 일컬어졌으나 이를 축약하여 'pelican crossing'이라고 부르게 되었다고 한다. 대부분의 펠리컨 크로싱은 통행자가 건너편 신호등이 빨리 초록색으로 바뀌기를 원할 경우 누르는 버튼이 설치되어 있고 전광판에는 남자 형태의 빨간색 정지한 모습과 초록색 걸어가는 모습의 점멸등이 표시되어 있다.

다 확실하게 살펴볼 수 있다. 이 심상은 Beatrice가 안전함을 느끼는 경계진 세상과 그것의 명료성을 보여 주었다. 그러나 '남자에 대해 잘 알아 가기'라는 성숙함을 풍기는 그녀의 말은 그녀가 안전함을 느끼고 싶었음을 시사하는 심상과는 전혀 일치하지 않았다. 친밀한 의미에서 잘 알아 가는 것, 이 어법이 일반적으로 쓰이는 의미는 이 경우 그녀의 내적 현실과는 전혀 다르다고 필자는 생각한다. 그것은 그녀의 재판과 관련한 그 밖의 다른 의견이나 시선, 그리고 강간당하고 법정에 서야 하는 그녀의 감정과 어설프게 상호작용한 '철들고 성장해야 한다.'는 압력과 더불어 이끌어진 역설적이고 의식적인 측면이었다.

Beatrice와의 미술치료 회기에서 필자는 그녀가 자신을 위한 보다 정확하고 완전한 그림을 찾을 수 있도록 시도하고 돕기 위해 말과 심상 사이를 역설적으로 사용하였다. 말하자면, 그녀에게서 말과 심상을 빼앗지 않도록 필자는 항상 그림들을 공개적으로 해석해 주지는 않았지만, 그것들이 그녀에 의해 꺼내어질 때 보다 잘 다루어질 수 있는 영역들을 부드럽게 연결시켜 열어 주려고 노력하였다.

Beatrice와의 작업 이후, 필자는 대학의 지하실에서 두 명의 젊은 '평범한' 남자에게 성폭행을 당한 학습곤란을 가진 20세의 여성과 또 다른 단기치료를 진행하였다. 그 남자들은 현재 수감 중이며, 때때로 매우 유머러스한 필자의 내담자는 그녀의 정신적 외상을 극복하기 위한 해결책을 확장하고 신체적 역량과 독립성을 좀 더 높은 수준으로 성취하기 위해 노력하고 있다. 그러나 이 남자들의 유죄 선고는 흔치 않고 잘 볼 수 없는 경우라는 것이 여전히 널리 펴져 있는 생각이다. 굳이 많은 조사 없이도, 필자는 내담자들로부터 과거 학대경험에 대해 떠올리고 털어놓게 할 수 있으며 날짜와 시간, 장소는 알 수 없지만 학습곤란을 가진 사람의 간병인의 진술에 따라 학대로 의심되는 경우를 상기시킬 수 있다.

요 약

'진짜' 성폭행과 성학대는 한결같이 지각할 수 있는 명백한 공포를 가진다는 일반적인 가정이 있지만, 뒤섞인 감정들이 교묘하게 조작된 감각과 행동에 따라 사랑이나 두려움, 증오로 자극될 때 학대당한 것에 대한 혼돈이 생길 수 있다. 이러한 것들이 엮어져 인간관계에서의 애정 경험을 통합하고 단일화하는 데 충돌을 일으킨다. 학대당한 사람들이 학대에 대한 그들의 신체적 · 정신적 저항을 입증하도록 법적으로 허용하는 것이 가장 중요한 것 같다.

생활 연령은 성폭행 사건에서 개인의 책임이 어느 정도인가에 대한 가정과 동일하게 다루어지는 것으로 보인다. 필자는 Beatricc가 중년이라는 사실이 학습곤란을 가진 여성이 받았음직한 순진함에 대한 변호를 불러일으키지 못했다고 생각한다. Beatrice는 다른 많은 학습곤란을 가진 사람들처럼, 기능적 기술과 개념적 기능화의 양쪽 면에서 순탄하지 않은 발달을 보였다. 그러나 Beatrice는 자신의 욕구와 사고, 감정에 따라 진정한 자아 통합을 이루었다. 그녀는 학대자에 의한 속임수와 억압에도 그녀의 '싫다'는 말이 '거부'를 의미한다는 것을 알았다. 법체계에 의해 그녀의 자아 통합이 무의미해진 것은 성폭행범이 그녀에 대한 침해에도 그 죄에서 벗어나게 되어 그녀를 보잘것없는 인간으로 추락시킨 데에서 볼 수 있다.

Beatrice는 그녀가 잘못된 상처를 입었다는 명확한 사실에 대해서 법률상의 사회적 확증을 찾을 수 없었다. Storr는 내적 안전감은 진실을 통해서 높아진다고 하였다. Beatrice의 진실은 성폭행에 의해, 또 법적 절차에 의해 배신당했다. 이렇게 그녀의 세상에 대한 안전감은 두 배로 손상받았다.

> 그러나 진실에 대한 애정은 흔히 안전감을 찾으면서 동기화될 수 있다는 사실에는 의심의 여지가 없다. 어떤 현실적 측면에 대한 새롭고 진실한 통찰력을 가지게 되는 '유레카' 경험은 그에 따라 외부 세계에 대한 제어력을 강화하므로, 개인의 안전감을 증가시킨다. 이해력의 증가는 일반적으로 힘의 증가—비록 힘의 증가는 현실이 아닌 상상이더라도—로 느껴진다(Storr, 1972: 240).

미술치료 회기에서 Beatrice는 자신이 겪은 사건에 대한 법적 처리와 제도상의 취급을 뛰어넘어 진실을 표현하고 보여 주기 위해, 그에 대해 이야기하고 그림을 그리고 가시화하면서 자신의 현실과 접촉하기 시작하였다. 수동성이나 공포, 충격은 합의에 의해 응한 것처럼 잘못 해석될 수 있다. 성폭행, 학대 그리고 이에 수반되는 모든 것은 학대받은 사람이 앞으로의 애정 관계에서 쌓아 나가야 할 신뢰를 한없이 손상시키고, 그들 자신 속의 미묘한 감정 상태뿐만 아니라 타인에 대한 그들의 경험과 지각 사이를 구별하는 그들 자신의 역량에 대한 신뢰 또한 측정이 불가할 정도로 망가뜨릴 수 있다. 동일한 한 사람을 향한 사랑과 증오의 감정이 자신 안에서 모두 가능하다는 것을 인식하는 것은 성숙하고 건강한 일일 수 있지만, 강간범을 증오가 섞인 사랑이라는 맥락으로 중화시키는 것은 바람직하지 않다.

Beatrice는 성폭행에 대한 증오로 조롱당하고 훼손된 자신에 대한 사랑을 이룩했다. 성폭행범은 자신을 사랑하지 않았다. 그는 성폭행으로 자신에게도 해를 입혔다. 성경에 나오는 "너 자신을 사랑하듯 이웃을 사랑하라."는 말은 거꾸로 하면, "너 자신을 미워하듯 이웃을 미워하라."는 말이 된다. 성폭행은 다른 모든 사랑 욕구의 기초가 되는, 사랑의 가장 근본적인 형태인 형재애와 인간애를 파괴한다.

Beatrice는 이러한 사랑을 이제 막 채워 가기 시작했고 필자는 그녀의 치유와 발전을 도울 수 있을 만큼 충분히 내적으로나 외적으로 인간애가 불러일으켜지기를 바라고 있다. 미술치료는 Beatrice가 성폭행당했던 사실이나 법정에 서는 것에 대한 생각, 감정, 느낌과 접촉하고 표현할 수 있도록 하였다. 그녀는 자신의 괴로움을 밝혀 나갔고, 삶에서의 '좋음'과 '나쁨'을 재통합하기 시작했으며, 사랑과 신뢰를 되찾아 나갔다. 이러한 사랑에 대해 Erich Fromm은 다음과 같이 썼다.

> 모든 형태의 사랑의 근본이 되는 가장 기초적인 종류의 사랑은 형제애다. 나는 형제애라는 말로 책임감, 보호, 존경, 다른 인간 존재에 대한 이해, 다른 사람의 생명을 촉진하려는 소망 등을 표현하고자 한다. 이것은 성경에서 "네 이웃을 네 몸 같이 사랑하라."고 말하고 있는 것과 같은 종류의 사랑이다. 형제애는 모든 인간에 대한 사랑으로, 그것은 배타성이 없다는 점에 특징이 있다. 내가 사랑의 능력을 발달시켜 왔다면, 나는 나의 형제들을 사랑하지 않을 수 없다. 형제애를 통해 모든 사람과의 결합과 인간적 유대, 인간적 일치를 경험한다. 형제애는 우리는 모두가 하나라는 경험에 바탕을 두고 있다. 재능, 지능, 지식에 차이가 있다 하더라도 그것은 모든 사람에게 공통된 인간적 핵심의 동일성과 비교해 볼 때 무시해도 좋은 것이다. 이러한 동일성을 경험하기 위해서는 주변으로부터 핵심으로 침투할 필요가 있다. 내가 다른 사람을 주로 피상적으로 지각하고 있다면 대개 차이점만을 지각하는 것이며, 이 차이점이 우리를 분리시킨다. 내가 핵심으로 파고들면 그때 나는 우리의 동일성, 곧 우리는 형제라는 사실을 지각하게 될 것이다. 이 중심과 중심의 관계는 바로 '중심적 관계'다(Fromm, 1995: 37).

이 장을 마치며, Beatrice의 '노래하는 회기'가 떠오른다. 특히, Fromm

이 했던 말과 멋지게 부합하는 다음과 같은 부분이 떠오른다.

> 에델바이스, 에델바이스, 매일 아침마다 너는 나를 반겨 주네. 아담하고 희며, 깨끗하고 밝게, 나를 보는 모습이 행복하게 보이는구나. 눈 속의 꽃아, 활짝 피고 무럭무럭 자라기를, 영원히 피고 자라나렴. 에델바이스, 에델바이스, 나의 조국을 영원히 지켜다오…….

참고문헌

Brown, D. and Pedder, J. (1979) *Introduction to Psychotherapy: An Outline of Psychodynamic Principles and Practice,* London: Tavistock.

English, J. and Card, R. (1994) *Butterwoths' Police Law* (fourth edition), London: Butterworths.

Fromm, E. (1995) *The Art of loving,* London: Harper Collins.

Hill, A. (1945) *Art Versus Illness,* London: George Allen and Unwin.

Mann, J. (1973) *Time-limited Psychotherapy,* Boston, Mass.: Harvard University Press.

Storr, A. (1960) *The Integrity of the Personality,* Harmondsworth: Pelican.

Storr, A. (1972) *The Dynamics of Creation,* Harmondsworth: Penguin.

Storr, A. (1988) *Solitude,* London: Harper Collins.

Wolfe, T. (1952) *Look Homeward Angel,* London: Charles Scribner's Sons.

제8장

과연 미술치료가 이루어지고 있는 것인가

중도 학습곤란을 가진 아동과의 작업에서 발생하는 몇 가지 문제점

Sigrid Räbiger

주요 주제

- 교육 장면에서 미술치료사로서 중도 학습곤란을 가진 아동과 작업한 필자의 경험에 대한 반영

핵심 사항

- 학습곤란과 중도 학습곤란 간의 본질적인 차이점
- 미술이 치료일 때와 치료가 아닌 때를 알고, 특히 정확한 사정과 다른 치료적 접근법에 정통할 것을 강조
- 주로 경계가 없는 아동의 욕구를 충족시키기 위해 미술치료가 도입되고 구조화되는 방식에 대한 수정 방안

필자는 다소 특이한 길을 거쳐 미술치료로 이르게 되었다. 필자는 원래 대학에서 미술교육을 전공했고, 그래머스쿨(grammar school)[1]에서 'O' 레벨[2]이나 'A' 레벨[3] 학급을 가르쳤지만, 스스로 잘할 수 있는 것처럼 보

1) 역주: 그래머스쿨은 대학 입시 준비 교육을 주로 하는 영국(특히 과거)의 7년제(11~18세) 인문계 중등학교를 말한다.

2) 역주: 'O' 레벨은 ordinary level을 말하는데, 과거 잉글랜드와 웨일스에서 보통 16세의 학생들이 보는 과목별 평가 시험이다. 1988년에 GCSE로 대체되었다.

3) 역주: 'A' 레벨은 advanced level을 말하는데, 영국 대입 준비생들이 보통 18세 때 치르는 과목별 상급 시험이다.

이는 대학 진학반의 유능한 학생들보다 "선생님, 못 그리겠어요."라고 말하는 학생들에게 훨씬 많은 관심이 간다는 것이 필자에게 점점 확실해졌다. 그래서 필자는 '잘 그릴 수 없다'고 말하는 학생들을 대상으로 정확한 모사만이라도 그리게 하기 위한 작업을 시작했다. 필자는 그들에게 만들어진 모든 형태는 타당하며, 우리는 모두 대상을 서로 다르게 보고 있고, 매우 다양한 표현방식이 있으며, 아무도 똑같은 '사진'을 만들어 내기를 기대하지 않는다는 생각을 심어 주고자 노력하였다.

그래서 필자는 모임을 시작했고, 노인과 장애인을 위한 주간센터에서 점차적으로 미술 공예를 활용한 작업을 하게 되었다. 필자는 노인 및 어린 아동과의 작업이 특히 점토 작업에서 유사한 방식을 띤다는 것을 알게 되면서 그 문제와 특별한 욕구들에 보다 많은 관심을 가지게 되었다. 동시에 필자가 살고 있는 자치구 소속의 가정교사(home tutor)를 제안받아 학교공포증을 가진 아동들을 위한 '미술교사'가 되었다. 필자는 어느 날 *Inscape*지를 훑어보다가 필자의 상사에게 나는 내가 '미술치료사'라고 생각한다고 말했다. 그녀는 지지하듯이 "나는 당신이 미술치료사 외의 다른 뭐라고 생각해 본 적이 없어요!"라고 대답하였다. 필자는 여전히 미술치료 훈련을 할 수 있는 위치에 있지는 않았지만 이후 1980년에 자폐 성향의 아동을 위해 설립된 가족나무(Family Tree)라는 사립학교에서 일하기 시작하였다(여기에는 6명의 아동 및 6명의 교사, 이와 짝을 이루는 비디오 기사가 있었으며, 우리는 항상 비디오로 녹화하여 기록하고 이를 통해 검토하고 토론하였다.). 필자는 시간제 미술치료사의 격려로 세인트 올번스의 2년간 주 1회 시간제 과정에 등록하면서 그와 함께 교육과 미술치료를 하게 되었다.

우리는 가족나무에서 아이들을 일반 초등학교로 통합하였으며, 결국 대부분 최소한의 도움을 받는 주류 교육(mainstream education)으로 옮겨 갔다. 방과 전후로 매일 두 번 진행되는 지도자 및 직원들과의 회의는 필자에게 매우 중요한 배움의 경험이었다. 그러나 얼마 후 필자는 우리가 아이들의 행동상의 미묘한 차이를 진솔하게 관찰하기보다는 오히려 각 아동에 대한 '사례를 만들어 내고 있다.'는 비판적인 생각을 갖게 되었다. 아동들의 연령은 2~10세였고, 우리는 그들과 30분간의 회기 동안 일대일로 작업하였다. 일대일 작업에서는 한 명의 치료사가 아동의 욕구나 기분, 능력에 따라 보조를 맞출 수 있었기 때문에, 이러한 경험은 일대일 개별 치료나 일대일 교육의 효용성에 대해 필자가 전적으로 신뢰할 수 있도록 하였다. 우리는 때로 자폐아동에게 심리치료를 활용한 최초의 인물인 Tustin의 수련감독을 받았다. 그녀는 특별히 문제가 되는 아동의 비디오를 주시하고는 우리가 놓치거나 무의식적으로 강화한 작은 부분까지도 놀라운 통찰력으로 짚어 내었다. 필자는 높은 지능을 가진 자폐아동의 잠재 능력이 낭비되는 것과 그들의 발달을 막는 고집스럽고 기괴한 표현으로부터 자유롭게 벗어나도록 도와주려는 욕구로 열정적이 되었다. 또한 필자는 자폐아들이 서로 어떤 차이점이 있는지에 대해서도 인식하게 되었다. Tustin(1981)은 후에 이들을 혼란형(the entangled: 자신의 어머니와 다른 가까운 성인을 분리시키지 못함)과 고립형(the encapsulated: 어떤 종류의 터치나 신체적 접촉, 친밀함도 참을 수 없음)으로 분류하였으며, 그녀는 후자를 '껍질형(shell-like)'으로 기술하였다.

필자는 미술치료사 자격을 취득하자마자 중도의 학습곤란(원래 ESN [educationally subnormal]으로 불리는 교육적 지체아동은 중등도[moderate]를 뜻하는 'M'과 중도[severe]를 뜻하는 'S'로 분류됨)을 가진 아동을 위한 학교에서 근무하는 행운을 누리게 되었다. 이 아동들은 2~19세였으며, 필자는 중도 학습곤란에 대해서 유아 또는 초등학교 교사로서의 경험이나 훈련이 가장 좋은 훈련임을 깨닫기 시작했다. 운 좋게도 필자는 가족나무 학교를 경험하였고, 이는 정상적인 단계와 일탈에 대한 적절한 비교를 가능하게 하여 필자가 아이들을 도울 수 있도록 하였다. (한때 특수학교의 교사들에게는 먼저 적어도 5년간 일반 공립학교에서 경험을 가지도록 하는 의무조항을 두고 있었다. 필자는 여전히 이것이 타당하다고 생각한다. 그리고 필자는 특수교육이 개선되기를 바라고 있지만 특수교육 훈련에 대한 시도는 비판적으로 생각한다.) 필자는 일반화된 학문적 결론보다는 보다 구체적인 것이 필요하다고 확고히 믿고 있는 사람이다. 필자는 작업에서 연령, 크기, 외모 등에 기인하여 가정을 만들어 내기보다는 아동이 실제적으로 위치하는 단계에서 시작하는 것이 중요하며 그 단계부터 작업하는 것이 필수적이라는 것을 알게 되었다.

그러한 학교에서의 경험을 가진 사람이라면 누구나 아이들이 때때로 외형상 고의로 파괴적인 것처럼 보이는 것이 파괴적인 효과는 있지만 항상 파괴적인 의도가 있는 것은 아니며 대부분의 경우 생각없이 무의식적 수준에서 기능하는 것임을 알 수 있다. 그러한 행동은 공황, 두려움, 혼란에서 발생한 것이며, 종종 필요한 반응을 완전히 자각하지 못한 데서 야기된다. 만약 그러한 학교에서 적어도 하루 이상 보내 보지 않는다면, 많은 아동이 걸을 수 있고 신체는 보통의 10대만큼 크지만 몇 개월밖에 안 된 아기보다 사물이나 사람에 대해 더 많은 개념을 가지고 있는 것은 아니라는 이들의 진정한 불가해성(utter incomprehensibility)을 전하기는 어려울 것이다. 이러한 모든 관찰은 필자가 직접 경험한 것이며 11년간 특수교육 현장에 있었던 경험에서 나온 것이지만, 대부분의 다른 전문가들도 동의할 것이라고 필자는 생각한다. 19세 아이를 데리고 신발을 사러 간 한 교사는 그 아이보다 두 살짜리 자신의 딸이 '더 잘하는' 것 같다고 말하기도 하였다. 즉, 이러한 아이들을 위해서는 이 내담자 집단과의 작업으로 다시 돌아왔을 때 첫 번째 모습보다 더 잘하기를 희망하고 감상적으로 생각하기보다는 이들을 이해하고 관찰하는 데 어느 정도 감정적인 무정함을 필요로 한다. 그리고 교육 심리학자와 필자는 매우 밀접한 관계를 가지고 작업하는 데 중점을 두었는데, 왜냐하면 우리 둘은 가능한 한 발달 수준에 대한 이해를 바탕으로 작업하였고 그러한 아동들을 개별적으로 평가할 기회를 각자 가지고 있었기 때문이었다.

미술치료가 어떤 내담자 집단에게 효과가 있는지 미술치료의 효과성에 대해 새삼 의문을 재기하는 것이 놀랍게 보일지 모르겠지만, 이는 학습곤란과 중도 학습곤란 사이를 구별하기 위해 중요하다. 이것의 구별은 '더' 심각한가 또는 '덜' 심각한가 하는 경우를 가리키는 것이 아니라, 종종 정신장애의 정도와 관련하여 근본적으로 상이한 상태를 말한다. 필자의 생각으로는 중도 학습곤란을 가진 대다수의 많은 아동은 경계를 필요로 하며 통제력이 대단히 부족하다. 그들은 대부분의 경우 무의식적 수준에서 기능한다. 따라서 미술치료의 주요한 기여점이라고 할 수 있는 무의식적인 접촉을 활성화시키는 점은 적절하지 않으며, 어떠한 치료든 '풀어놓기' 보다는 구조와 경계를 제공하는 것을 필요로 한다. 위축되어 있거나 정신적 외상을 가지고 있는 아동을 제외한 대부분의 아이들의 경우에는 특히 작은 집단 안에서 그들이 가진 문제를 처리할 수 있도록 '풀어놓는' 것이 좋을 것 같다. 그러나 이러한 아동을 대상으로 미술치료를 사용하는 것은 대개 중도의 발달 지체 때문에 예기치 않은 문제들을 일으킬 수 있다. 필자는 읽고 쓰는 것을 배우기 위해 필요한 것만큼이나 미술을 사용하는 데에도 동일한 인지 수준이 필요하다는 사실을 우리가 얼마나 간과하고 있는지에 대해 오래전부터 강조해 왔다(Räbiger, 1990). 무엇보다 이러한 아동들 대부분은 유희하지 못하며 전-유희 단계(pre-play stage)에 있기 때문에 그것 자체가 그들이 배우는 능력을 방해한다. 확실히 미술 매체를 사용하기 위해서는 유희할 수 있는 것이 필요하다. 중도 학습곤란을 가진 아동에게는 미술치료와 미술 매체가 강요와 위협 또는 완전히 무의한 것으로 지각될 수도 있다.

내담자 집단에 대한 정의

필자가 작업했던 특수학교의 중도 학습곤란을 가진 아동들의 연령대는 2~19세였으며, 이들은 대략 서로 간에 매우 많은 차이를 보이는 서너 가지의 주요 범주로 나누어 볼 수 있다. 첫째, 미술을 최소의 수준으로 사용할 수 있는 특수 보호 집단(special care group)으로 선천적 뇌손상, 또는 홍역, 백일해, 뇌막염과 같은 초기 아동기 예방접종의 거부반응으로 뇌손상을 갖게 된 아동들이다. 일부 간호진은 정상적인 예방주사로 그러한 치명적인 반응을 나타내는 아동은 이미 초기에 몇 가지 약점을 가질 수밖에 없다고 종종 얘기하는데, 필자는 이에 대해 의학적인 근거가 있다고는 생각하지 않는다. 다시 말해, 소수 아동의 경우 그러한 예방접종의 결과로 자폐와 유사해진다는 연구들이 있지만 필자는 이를 단정할 수 있는 어떠한 의학적 증거도 알지 못한다. 그러나 필자가 처음으로 그 학교에 합류하였을 때에는 많은 아동이 이전에 필자가 작업한 적이 있는 높은 지능지수를 가진 자폐아동과 유사한 특징을 가지고 있거나, 또는 흔히 사용되는 전문용어로 '자폐 성향(autistic features)'을 가지고 있다는 것에 놀랐다. 자폐 성향은 자폐와 뇌손상, 또는 어떤 다른 합병증을 함께 동반하는 것이 가능한 반면, 자폐 특유의 구체적 사고의 한계가 있기는 하지만 자폐와 높은 지능 수준을 함께 가지는 것도 가능했다. 이에 대해서는 이 장의 다른 부분에서 자세하게 살펴볼 것이다.

이 특수 보호 집단의 아동들은 신체상의 크기로는 청소년기에 도달하고 정상적으로 사춘기에 놓일지 모르지만, 정신적 · 정서적 발달 수준에서는 단지 몇 주 혹은 몇 개월의 수준에 머물러 있었다. 그들은 자신의 환경에 대해 거의 인식하지 못했고, 초점을 맞추기 위해 눈을 사용하지 않았으며, 말을 하지 않거나 손발을 거의 움직이지 않았고, 또한 종종 뇌손상으로 인한 신체적인 손상을 가지고 있었다. 이 집단을 위해서는 성공적인 음식 섭취, 그리고 만약 팔이나 손 사용이 가능하다면 어떤 형태로든 스스로 음식물을 섭취할 수 있도록 장려하고, 이것이 어디서든 가능할 수 있도록 하는 데 중점을 둔 안정적인 간호가 우선시 되어야 한다. 이들에게 미술 매체를 제공하는 것은 유모차에 있는 아기에게 그림붓을 가지고 접근하는 것과 같으며, 그럼에도 불구하고 마치 비활성화된 것에 충격을 주어 그것을 활성화시키는 것처럼 소리와 색의 형태로 '자극(stimulation)'을 경험하게 하는 것이 하나의 경향이 된 것 같았다. 그러나 필자는 이것이 잘못된 지도라고 생각한다. 그것은 언어가 아닐 뿐만 아니라 언어를 이해한 것도 아니기 때문에 필자가 보기에 폭행이나 공격의 한 종류로밖에 보이지 않았다.

다음 집단은 첫 번째 집단의 아동과 매우 유사하지만 걸을 수 있고 특수교육이 필요한 것으로 알려져 있었다. (비록 이 학교에 다니는 아이들 모두가 특별한 요구를 가지고 특수교육을 필요로 하지만 말이다.) 또한 이들은 눈맞춤이 되지 않거나, 아니면 성인을 뚫어지게 응시하지만 손과 눈의 협응이 제대로 되지 않았다. 그들은 아직 탐색을 할 때 모든 것을 입으로 가져가는 단계였으며, 그래서 모든 미술 매체를 먹는 것으로 보았다. 한 번은 물 '놀이'를 제공할 수 있었지만 이것조차도 흥미를 자극하거나 집중을 끌어내는 데 성공하지 못했다. 뇌막염에서 살아남은 한 사람이 있었는데, 그는 청각 및 시각 장애를 가지고 있음에도 접촉하는 것을 몹시 싫어하여 그와 함께 하려는 노력은 매우 어려웠다. 사실 이 집단의 대부분은 일종의 조증을 가지고 있거나, 격렬하게 팔을 흔들고 어떤 물건이나 대상을 두드리거나 치는 동작 등의 자각하지 못하는 파괴성을 가지고 있었고, 또는 수동적이거나 무기력하고 반응이 자동적이었다. 그러한 아동에게 미술치료를 허용치 않는 것이 '공정하지 않다'는 생각은 너무 감정에 치우친 것 같지만 필자에게는 그러한 생각 자체가 부적절성을 인정하는 태도로 보였다. 이러한 아동이 그들의 발달 수준에 도달했는지 아닌지, 현재 어느 수준에 있는지를 파악하고, 잘 되지 않는 것을 존중해 줌과 동시에 무엇이 되고 있고, 혹은 될 수 있는지 관찰하는 것은 너무나 중요하다. 그러나 필자는 이러한 집단과 작업해야만 했다. 아마도 이 작업에서 가장 치료적일 수 있는 부분은 비록 미술치료가 다소 그들의 혼란과 당황스러움을 가중시키거나 심화시킬 수 있다 하더라도, 잠시 머리를 식힐 수 있도록 학교 교실 밖으로 내보내 주고, 그렇게 해서 몇 차례 마음대로 계단을 오르내리기도 하면서 미술치료실을 오고 가는 여정 그 자체에 있었다.

자폐 성향

자폐 성향을 가진 아동들로 이루어진 이 '집단'은 공교롭게도 다른 집단들에 뿔뿔이 흩어져 있어 그들이 하나의 집단에 함께 있었다고 볼 수는 없지만, 그들의 요구는 학급의 나머지 아이들과 종종 심각하게 갈등을 일으켰다.

이들 개인은 학습곤란과 함께 일부 정신질환이 공존했으며, 멍하고 혼란스러워하는 것처럼 보이는 '전투 신경증(shell-shocked)'과 같은 방식이나 혹은 보다 흥분성을 띠고 공황에 휩쓸린 것처럼 허둥대는 징후를 보이면서 외상화 단계를 보여 주었다. 정신과 의사로서 자폐아동에 대해 깊이 연구한 Tustin(1972, 1981)과 그녀의 전기를 쓴 Spensley(1995)는 매우 사실적으로 자폐 상태를 기술하였다. 그들은 어떤 대상이나 독특한 버릇에 강박적으로 의존하는데, 예를 들어 손가락을 비틀거나 튕기고 흔들면서 자신의 의식, 자각을 유발하여 외부 세계를 유지하고자 한다. 그들은 외부 세계를 인정하고 느끼는 대신 자신의 신체 감각에 집착하여 몰두한다. 즉, 이러한 '마술적인 강박관념'이 종종 자폐아가 자신에게 제공되는 어떤 활동에도 흥미 없어 하도록 하여 두려움과 공포가 깊어지는 것을 막는다. 그들에게 제공되는 재료들은 부정되고 오용되며 무시된다. 그러나 이들의 외형상 무감정과 고집스러운 행동 뒤에 공포가 깔려 있음을 인식해야 한다. Tustin은 이러한 아동에게는 그들이 보다 안전하게 느낄 수 있도록 돕는 통상적인 기준보다 확고한 견제와 엄격한 경계가 필요하다고 설명하였다. 또한 그녀는 자폐아동이 문을 여는 데 다른 사람의 손을 사용하고 치료사를 때때로 유용한 '조각들'의 조합으로 보기보다는 완전한 인간으로서 치료사의 실제 존재 자체를 무시하는 버릇이 있기 때문에, 치료사가 이들에게 어떤 '대상'으로 사용되지 않도록 해야 한다고 충고하였다. Spensley (1995: 89)는 전체 장을 '정신장애와 정신질환(Mental Handicap and Mental Illness)'을 다루는 데 할애하였다. 그녀는 중도 학습곤란을 가진 많은 아동이 가지는 주요 자폐 성향으로 일반화 능력이 결여된 구체적 사고, 세상에 대한 문자 그대로의 융통성 없는 해석을 들었으며, 이에 따라 놀이를 할 수 없고 인지 발달이 지연된다고 논하였다. 놀이를 할 수 없는 아동은 배울 수 없다는 사실에 주목해야 할 것이다.

Storr는 『처칠의 블랙 독(*Churchill's Black Dog*)』[4]이라는 제목의 수필 모음집에서 정신분열증과 그 밖의 다른 정신질환들은 상징 기능의 실패와 만족하지 못하는 현실에서 유래되며, 따라서 내부 세계는 점점 더 타인이나 다른 것을 이해할 수 없게 된다고 묘사하였다(Storr, 1965: 323). 그는 더 이상 성격의 실체로서가 아니라 순간적인 일시적 정서에 의해 좌우되

4) 역주: 블랙 독은 우울증을 달리 부르는 말로, 만성 우울증으로 고생하던 영국의 수상 처칠이 "나는 평생 동안 검은 개 한 마리와 함께 살아왔다."고 고백하면서 자신의 우울증을 블랙 독이라고 부른 것에서 유래하였다.

는 상태가 되면서 응집력이 어떻게 점점 손상되어 가는지 기술하였다. 이것이 얼마나 강력한지는 많은 우리 아이들의 상태에서 설명될 수 있다. Bettelheim의 장애아 치료 학교(Orthogenic School)에서 전문가들이 말했듯이, 제정신이 아닌 것처럼 보이는 것은 상태가 나빠진 것으로 볼 수 있으며, 이는 정신질환과 정신장애가 불가피하게 혼합된 중도 학습곤란을 가진 아동에게는 틀림없는 사실이라고 할 수 있다.

Spensley(1995)는 학습의 실패는 불가피하게 대인 관계에 대한 이해의 실패를 동반하는데, 이것은 정신요법의 성질을 띠는 치료에 해결하기 어려운 문제를 안겨 주었다고 우리에게 상기시켰다. Tustin(1972, 1981)은 자폐 또는 정신병을 치료하기 위해 신경증 또는 경계선 내담자에게 알맞은 치료 기법을 가져와 사용하는 것에 대해 우리는 신중하지 않으면 안 된다고 말하였다. 그러므로 필자는 미술치료 기법뿐만 아니라 재료의 사용 시에도 이를 똑같이 적용해야 한다고 생각한다. Spensley는 정신적인 영역의 이해에 무능한 정신병적 손상 상태를 가지고 있는 정신장애인에 대한 치료적 접근 방식이 과연 적합한지에 대해서도 마찬가지로 우리는 신중해야 한다고 말하면서 끝을 맺었다.

정신병적이고 자폐 성향이 있는 아동 사이에 존재하는 극도의 공황과 두려움은 종종 공격적이고 폭력적인 반응을 일으킬 수 있다. 만약 어떤 특정 물건이나 사람을 공격하려는 것이 아니라 공포에서 벗어나기 위해 때리거나 공격한다는 사실을 이해할 수 있다면, 그들을 꾸짖고 질책하기보다는 안심시키는 것이 가능할 것이다. Spensley는 소위 폭력이라고 하는 잘못된 반응은 긴장과 피해망상적 두려움을 강화시킬 수 있다고 지적하였다. 그녀는 사실 위협을 하는 사람들이 오히려 항상 다른 사람들을 무서워하는 것이며, 특히 자신들의 어려움을 도와주고 책임져야 할 사람들에게서 두려움을 감지하는 것보다 폭력의 위험을 증가시키는 것은 없다고 말하였다. 보햄 우

으로 채우거나 때로는 전혀 채색을 하지 않았다. 또한 그는 다른 많은 자폐 아동과 마찬가지로 자폐증 특유의 상동적이고 보기에 무심한 듯하면서 강박적인 방식으로 줄무늬를 그리거나 또는 한 가지 색상으로 종이 한 장을 모두 덮기도 하였지만, 일반적으로 그의 미술 작품은 보다 정교하고 섬세해져 갔다. 필자는 이렇듯 그가 미술 작업에 대한 문을 열고 더 많이 허용하는 모습을 보이는 것은 외부 세계를 향해 그의 심리적 자발성을 펴 나가고 그 자신에 대해 좀 더 잘 보여 주려는 것과 상징적으로 관련될 수 있다고 확신한다.

Karl은 한손에는 펠트펜을 쥐고, 다른 손의 손가락은 마치 더 잘할 수 있도록 지도라도 하듯이 그림 그리는 손에 올려놓고 그림을 그려 나갔다. 미술실 밖에서는 Karl이 파괴적이고 예측할 수 없는 행동을 보이는 데 반해, 미술실에서는 앉아서 완전히 열중하여 차분히게 그림을 그렸는데, 그것은 제대로 이해받지 못하고 있는 이소년에게 치료적인 것으로 보였다. 두려움과 공황으로서의 자폐적 '폭력'을 이해하는 것은 매우 중요한 일이다. 언어 능력이 좋고 창의성이 뛰어난 또 다른 청소년이 있었는데, 그는 쾌활하고 머리가 좋으며 말을 잘했지만 동시에 대단한 행동적 문제를 가지고 있었고, 하루는 필자의 치료실에 있는 일방경을 향해 빗자루를 집어던졌다. 그때 Karl은 바깥의 소음과 소동에 개의치 않고 앉아서 침착하게 그림을 그리고 있었다. 후에 필자는 그의 심상이 산산이 부서진 유리 조각과 실제로 닮아 있다는 사실을 깨닫게 되었다. 그는 이전에는 어떤 식으로든 비유적이거나 상징적인 그림을 그린 적이 없었는데 말이다.

그 학교에서의 마지막 집단은 어느 정도 언어를 구사하고 언어이해력도 있는 집단으로, 사실 많은 아시아계 아동은 비록 언어는 사용하지 않았지만 그들 부모의 언어와 영어를 모두 훌륭히 이해하면서 두 가지 언어를 사용할 수 있었다. 이 집단은 비록 불안정한 지각적 모순을 가지고 있기는 했지만 외상 경험이 없었고 사회성을 보유하고 있었으며 종종 비유적이거나 상징적인 그림을 그릴 수 있었다. 이러한 아동들 중 일부는 이 학교에 잘못 배치되었을 수 있으며, 중등도 학습곤란을 가진 아동을 위한 학교에서 시작했어야 할 수도 있다. 그러나 그 학교는 삶의 대부분을 병원에서 보내야 하는 아이들을 초기 청소년기에 병원에서 해방시켜서 이들을 포함한 많은 아이들이 보다 넓은 영역에서 작은 성취라도 할 수 있도록 하자고 결정 내리고 설립된 것이었으며, 그러한 노력은 모든 아동에게 '교육'을 받을 수 있는 권리를 부여한 새로운 교육법(1992)이 제정되기까지 계속되었다. 필자는 전에 이러한 아동 집단에 대해 쓴 적이 있다(Räbiger, 1990). 그들은 누군가로부터 많은 도움을 받는 정서적으로 '버텨 주는' 환경이 심각하게 결손되어 너무나 확연히 손상되어 있었고, 그들이 조증적 흥분폭발을 일으키고 그들을 둘러싼 환경에 대해 이해할 수 없다는 식의 표현을 함으로써 환경에 심각한 상해와 혼란을 야기하였다.

더 기능이 좋았던 이 소규모의 집단은 이러한 행정 관리상의 결정 때문에 큰 고통을 겪었고, 의심할 여지 없이 그들의 잠재력을 최대한으로 발휘하지 못했다. 잠재적으로 가장 유능한 집단은 '유아반(9~13세)'이었다. 이들의 일부는 전-읽기(pre-reading)와 전-쓰기(pre-writing) 단계 기술에서 뛰어난 준비성을 보여 주었으며, 비록 이러한 잠재력에 대한 관심이 충분하지 않아 그 기회가 상실되기는 하였지만 충분히 중등도 학습곤란을 가진 아동을 위한 학교로 옮길 수도 있었을 것이다. 이것은 또한 어떤 한두 명의 아동에게 적합한 것이 다른 한두 명의 아동에게는 혼란과 고통을 야기한다는 사실 때문이었다. 이들의 인지적인 특질조차도 개인 회기의 필요성을 설명하기에는 충분치 않았던 것이다. 이 아동들의 인지적 잠재력은 미술실에서 상징적인 그림이나 전-상징적(pre-figurative) 그림을 만들어 내는 능력 또는 단순히 재료를 조작하는 방식 중 하나로 나타났고 그들이 행동하는 일반적인 방식에서도 종종 나타났다. 그러나 많은 아동이 꽤 자세하게 얼굴을 만들면서도 몸이나 사지를 붙이는 경향을 결국 보이지 않은 것은 흥미로운 일이었다. 이는 중도 학습곤란 아동들의 불균형한 발달을 시사한다.

사 정

미술실에서 아동의 형상화 능력을 통해, 그리고 상동 행동의 부재를 통해 인지적 잠재력을 확인하는 것은 가능하다. 오른쪽 용기에서 붓을 찾고 크레용은 크레용끼리, 펠트펜은 펠트펜끼리 같은 통 안에 넣는 것처럼 물건들을 분류하는 '세트(set)'를 아는 능력도 한 지표가 될 수 있다. 학습곤란을 가졌다기보다는 단지 청각장애를 가진 것이 분명한 한 소년은 자신의 첫 번째 그림의 형태를 색칠하면서 10개 이상의 색상을 붓으로 색칠하였다. 이것 또한 흔치 않은 일인데, 대부분의 아동은 물감으로 채색하기보다는 그림을 그리면서 크게 발달하기 때문이다. 다행히도 그 소년은 곧 청각손상을 가진 아동을 위한 학교로 옮겨졌고 잘 성장하였다. 가슴에 달린 보청기 장치가 있는 상자를 꽉 붙잡는 그의 행동은 언어기술의 결핍과 단어에 대한 명백한 무관심 때문에 청각장애로 추정된 많은 자폐아동이 반복적으로 보청기를 수세식 변기로 던져 버리는 행동과는 매우 대조적인 것이었다. 자폐 기제가 강한 아동일수록 가장 정교한 의학적 청각손상 검사를 한다 할지라도 반항할 수 있고, 그에 따라 여전히 잘못 진단받는 경우도 있다. 학교사회복지사는 필자의 의견에 동의하였는데, 청각장애로 진단된 자폐 청소년이 필자가 미술실로 다가오면서 내는 샌들 소리에 머리를 돌리는 것을 보았다는 것이었다. 이 소년은 아직 보청기를 사용하지만 자주 그것을 멀리 던져 버리곤 했다.

필자는 물감으로 색칠을 하든, 파스텔 혹은 점토를 사용하든, 심지어 상징적으로 그림을 그릴 수 있을 때에도, 어떤 상황에서도 줄무늬를 사용하는 자폐아동들의 일관성 때문에, 이들에 대한 수년간의 밀접한 관찰을 통해 미술실에서 자폐아동에게 접근하는 능력을 발달시켰다. 한 소년은 주름진 골판지로 복잡한 줄무늬 구조를 만들었다. 그러나 특히 중복장애의 경우 최고의 사정 도구는 필자가 생각하기에는 음악치료인 것 같다. 필자는 비디오 영상에서 각자의 선율을 가진 어린 중복장애 아이들이 함께하는 소규모의 집단을 보았다. 대부분의 아동은 전형적으로 무관심하고 의식하지 못하는 듯했지만, 한 어린 소녀는 자신의 선율이 연주되고 있는 것을 깨달았을 때 눈에 띄게 활기를 띠고 눈이 긍정적으로 밝아졌다. 이것으로 볼 때 그 소녀는 분명 지능이나 이해력을 가지고 있는 것으로 보였다.

중복장애에 대한 정확한 사정의 중요성은 심각한 무정위 운동증(athetosis)은 가지고 있지만 눈의 깜빡임으로 의사를 표현하는 영리한 한 소년의 예로 설명될 수 있다. 그는 어른의 농담에 반응함으로써 언어 이해력을 보여 주었지만, 말을 할 수 없었으며 사지가 예기치 않은 순간에 사방으로 움직여 어떠한 협응도 방해하기 때문에 팔다리를 사용할 수도 없었다. 그는 씩씩하게 점토와 채색 활동을 하는 데 애쓰고 있었지만, 필자는 그가 노력하면 할수록 얼굴에 땀이 젖고 좌절이 비치는 것을 보고 이것이 어떻게 그에게 '치료적'으로 작용할 수 있을지 확신할 수 없게 되었다. 필자의 좌절감은 어떤 한 직원이 교실로 걸어 들어와 그에게 선의로 무엇을 만들고 있는지 물어보았을 때 더욱 깊어졌는데, 왜냐하면 그때 필자는 그가 어떤 형상을 만들 수 있을 것이라는 기대도 하지 않았으며 그가 할 수 있는 최선은 단순히 재료를 조작하는 것이라는 데 만족감을 두고 있었기 때문이었다. 스스로 밥도 먹을 수 없었던 이 소년을 결코 학습곤란을 가진 이들을 위한 학교에 배치해서는 안 될 일이었다. 신체장애인을 위한 학교가 그의 의학적 상태를 더 잘 이해하고 그를 도울 수 있는 보다 나은 수단을 가지고 있다고 할 수 있다. 『옥스퍼드 의학사전』은 무정위 운동증에서 지능은 흔히 영향받지 않는다고 제시하고 있다.

필자가 본 음악치료의 또 다른 장점은 필자와 함께 작업했던 또 다른 소년에 대한 비디오에 나타나 있다. 그는 자폐 성향뿐만 아니라 뇌수종(hydrocephalus)을 막고자 션트(shunt)[5] 시술을 했고 절뚝거림과 같은 신체장애도 가지고 있었다. 가족으로부터 학대당하고 위탁된 이 아동은 극도로 저항적이었지만, 결국 요구된 순시에 따라 세 개의 드럼을 치도록 설득되었고 자신이 만들어 낸 소리로 보상을 받으면서 협동의 즐거움을 배웠다. (눈맞춤이 되는 아동들이 거의 없듯이, 미술실에서 그들이 만드는 어떤 것을 보는 것을 통해 보상받는 아이들도 거의 없다.) 음악치료, 적어도 Nordoff-Robbins 방식에서 음악치료의 한 가지 장점은 두 명의 작업자를 둔다는 점이다. 그중 한 명은 아이들이 만들어 내는 어떤 소음도 수정하여 (피아노를 통해) 알아들을 수 있는 선율로 만들고, 이때 다른 한 명은 필요할 때 아이들을 지원하고 적절한 때 활동할 수 있도록 지도한다. 이는 상징적인 양육을 제공하고, 따라서 중요한 '버텨 주기'를 제공하는 것으로 보였다. 필자가 다른 곳에서 기술했던 'Daphne'(Räbiger, 1990)의 사례 또한 그 학교에서 보냈던 마지막 해에 음악치료를 한 것인데, 그녀의 고함소리와 비명소리는 피아노 소리가 그녀를 위해 잠시 멈출 때마다 맑은 음악적 목소리의 매우 조화로운 '선율'로 바뀌었다. Daphne는 다분히 음악적인 재능이 생기게 되었고 그녀가 말할 수 없는 많은 단어들을 노래할 수 있게 되어 이러한 경험은 그녀에게 이중으로 의미 있는 것이었지만, 필자는 치료적 이득을 얻기 위해 반드시 음악적(혹은 미술적)일 필요는 없다고 생각하며 이

5) 역주: 션트는 수술적 치료로 뇌척수액 순환계에 집어넣는 유연한 튜브나 작은 관을 말한다.

는 미술치료도 마찬가지다.

Spensley(1995)는 중도 학습곤란을 가진 아동이나 사람들과의 작업에서 보다 정신역동적인 접근을 하고 있는 유력한 사례를 제시하였다. 준비가 미비했던 직원들은 종종 아동의 행동들을 '의도된 것'이자 고의적인 파괴 행위로 보았고 그들의 작업 전반에 좌절감을 가중시킨다고 생각하여 스트레스를 받고 있었다. 필자의 경험에 따르면, 축제나 슈퍼마켓, 방문 등과 같은 이 세상의 일상적인 측면이 이 아동들에게는 낮은 이해력 때문에 큰 동요를 불러일으킬 수 있고 나아가 보다 공격적인 행동으로 이어지게 하는데, 이러한 일상 사건이 아동에게 어떤 효과를 가지는지에 대한 그들의 이해력은 부족하였고 혹은 전혀 이해하지 못하고 있었다. 그러한 폭발행동은 모두에게 부정적 영향을 끼칠 수 있는데, 아동은 걱정하게 되며, 직원은 난처해지면서 보다 예민해지고, 주변에서 목격한 사람들은 아동에 대해 좀 더 두려움을 느끼게 된다. 이러한 경우에는 보다 특별한 관심이 요구되며 그렇지 않으면 더 좋은 작업도 소용이 없을 수 있다. Bettleheim은 그의 직원과 세부사항 기록을 놓고 회의를 하면서, 지난 2주 동안 화장실에 갔던 아동이 한 명도 없는 것에 대해 이야기하며 세부적인 것에 주의를 기울일 것을 강조하였다(Sutton, 1995). 세부적인 특성에 주의를 기울이는 것은 대단히 중요하다. 우리는 각 아동에 대해 개별적으로 관찰하고 생각해야 하며, '포괄적인' 이론을 적용해서는 안 된다. 저 상황에서 저 아동에게 무엇이 과연 적합한지를 생각하는 것이 필수적이다. 더욱이 자주 간과되고 있는 사실은, 만약 해결책이 작용하고 있거나 유용하다고 생각된다면 이러한 특정 접근법을 벗어나 변화를 필요로 할 때를 깨닫는 것이 중요하다. 우리는 변화를 허용해야 하며, 특히 기계적 일상이 너무 쉽게 형성되는 자폐 성향을 가진 아동의 경우 더욱 그러하므로, 동일성에 대한 고정된 욕구를 둔감화시키고 그들의 기대치에 미묘하게 변화를 줄 수 있도록 안전한 테두리 내에서 변화를 거듭하는 것이 매우 중요하다. 마찬가지로 연령을 고려해서는 안 되며, 모든 것은 발달 단계에 있다. 출생 시 무호흡증을 겪은, 폭력적이고 과체중이며 정신병적인 한 청소년은 전환기적 대상을 절대 놓지 않으려는 큰 욕구를 보였다. 필자는 그의 기록을 읽으면서 그가 어디에나 가지고 다녔던 헝겊 조각을 '나이에 적합하지 않다.'는 이유로 빼앗겼다는 사실을 보게 되었다. 필자가 이 학교로 오기 전까지는 이것이 합당한 일이었을지 모르지만, 필자는 바로 이 빼앗는 조치가 직원을 위협하고 마찬가지로 아동도 위협하는 것으로 사용 되어 그의 반사회적인 공격 행동을 진적으로 악화시켰다고 감히 추측했다. 이 소년은 손에 대한 성적 집착을 가지고 있어 손을 사용할 경우 정신없이 자위로 빠져들었기 때문에 미술치료로 작업을 하는 것이 매우 힘들었다. (미술실에서 손을 사용하지 않기는 매우 어려운 일이다.).

치료에서 미술의 사용

필자는 폭력적이거나 무감동한 아동을 고무하거나 달래기 위해 미술 매체가 사용될 수 있는 다양한 방식에 대하여 기술한 적이 있고(Räbiger, 1990), 또한 발달상의 시작점으로서의 난화(scribble)에 대한 가치를 인정해야 한다고 언급해 왔다. Fordham(1994)은 원(circle)의 발견과 자기(self) 감각의 출현을 위한 바탕의 준비로 볼 수 있는 '나'의 발견, 이 두 발견 간의 관계에 대해 논의하였는데, 우리 아이들 대부분은 이 부분에 뚜렷한 결함을 보인다. 그는 '나(I)'에 대한 감각, 완전성(completeness)에 대한 감각, 개인적 상태(individual status)의 순간적 인식에 대한 감각 및 자기와 타인 간의 경계에 대한 감각을 표현하는 것으로 보이는 것이 원이라고 말했는데, 우리 학교의 아동들은 또한 이러한 부분에서도 부족하다. Fordham

(1957: 134)은 나쁜 경험조차도 포함할 수 있는 담아 주는 역할로, 그리고 정신내적 위험에 대한 보호 경계선으로 아동들이 원을 사용하는 것을 관찰하였다. (그는 또한 Jung의 만다라에 있어서 원의 사용을 비유하였다.) 우리 아동들의 언어 이해에 관한 혼란은 매우 재능 있는 청소년이 그린 물고기 그림에서 볼 수 있듯이 꽤 흥미로운 방식으로 드러나는데, 이 그림의 작업자인 Abba는 아마도 일종의 독립적인 생활로 나아갈 수 있으리라 생각된다. 그녀는 안에 눈(eye)이 있는 물고기를 그렸다. (이는 그 자체로 매우 발달된 성취라고 할 수 있을 것이다.) 그러고 나서는 '눈(eye)'과 '나(I)' 사이에서 헷갈려 하였고 마침내 물고기 안에 그녀 자신이 있는 그림으로 끝냈다([그림 8-1] 참조).

또한 이는 초기 난화기에서 볼 수 있는 그림으로, 이 단계에서의 원의 사용은 (가로선 난화에 대조되는 것으로) 무의식적 수준에서 전-형상화(prefiguration)에 대한 자각이 일어나고 있는 것이다. 그래서 이는 종종 (무의식적으로) '얼굴'로 이르게 하거나 '눈(eye)'을 나타내는 점으로 사용될 수

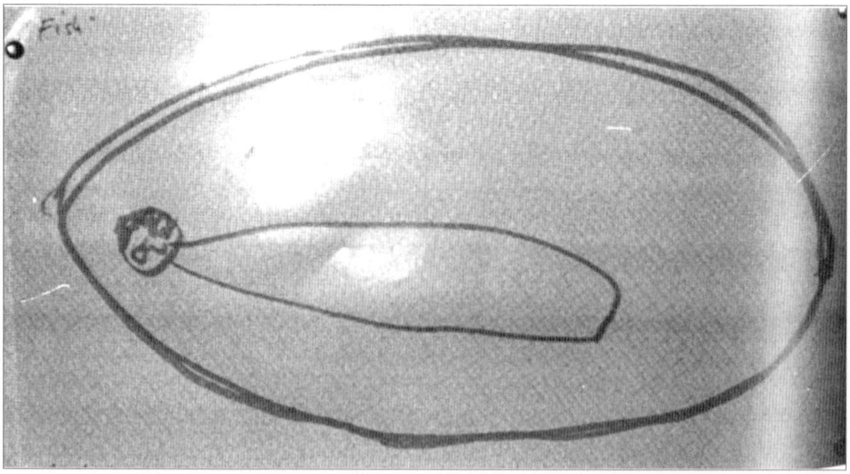

[그림 8-1] Abba: '눈(eye)'과 '나(I)'를 담고 있는 물고기

있다.

우리 같은 학교에는 보다 재능 있는 아이들 사이에서조차도 일반적으로 보편화된 무력감이 존재한다. 이는 Daniel의 그림에서도 나타나고 있는데, 말도 잘하고 매우 재능 있으며 사회적으로 능숙한 청소년인 그는 말을 타고 학교에 방문한 경찰관을 그리기로 결정하였다. 그가 다소 어려워하는 것을 보고는 그가 하고 있는 것에 대해 좀 더 생각해 보도록 하면서 필자는 그에게 말은 몇 개의 다리를 가지고 있는지 물었다. 그는 약간 부끄러워하며 마치 말마다 모두 서로 다른 다리 개수를 가진 것처럼 "몰라요, 본다는 걸 잊었어요!"라고 대답했다([그림 8-2] 참조).

필자는 미술치료에서 물을 사용하는 놀이가 얼마나 이로우며 그것이 때때로 어떻게 더 나은 발달을 이끌어 내고 미술 매체와 관련될 수 있는지 기

[그림 8-2] Daniel: 말

술한 적이 있는데, 그것은 적어도 아직 구강기에 머물러 있는 그들이 마셨을 때 안전한 것이어야 한다(Räbiger, 1990). Daphne의 사례가 성공한 것은 그녀의 자아가 끔찍한 행동을 일으킬 만큼 강하다는 사실에 기인할지도 모르는데, 그래서 그녀는 그 행동 때문에 매일 미술치료를 받게 되었다. (필자의 추측으로는, 미술치료 고유의 이점이 인정되었다기보다는 교실에서 벗어나고 싶은 필요성이 더 크게 반영되어 미술치료로 할당된 것이 아닌가 한다.) 비록 치료를 시작할 당시에는 매우 심한 파괴적인 행동으로 절망했다 하더라도, 이러한 아동과의 작업은 결국 매우 할 만한 가치가 있었다.

점토는 또 하나의 매우 중요한 매체로, 그것은 일차적 초기 수준인 촉각적인 경험을 통해 비상징적으로 단순하게 사용될 수 있다. 점토는 어떤 형태를 만들거나 눌러서 움푹 들어가게 할 수도 있고 만들고 나서도 마음대로 없앨 수 있는데, 이러한 점토 작업을 통해 아동의 자율성을 촉진할 수 있다—이는 살아오는 내내 매우 낮은 자율성을 가질 수밖에 없었던 우리 아동들에게 매우 중요한 경험이 된다. 날이 무딘 칼이나 날카롭고 뾰족한 물건과 같은 '위험한' 도구들은 구멍을 뚫거나 자르는 데 사용될 수 있고, 이렇게 하여 잠재적인 숨은 배출구를 제공하거나 혹은 공격적인 감정을 공공연하게 표현하는 것일 수도 있다. 한 청소년은 점토로 만들기를 하면서 이러한 가능성을 매우 잘 이용하였고, 꽤 의례적인 양식-제작을 발달시켜 후에는 길게 말아 고리 모양으로 감아서 항아리를 만들기 시작하였다. 또한 점토를 다루면 종종 음식이 표현되고 때때로 '공유하는' 놀이의 형태가 일어나 언어를 촉진할 수 있다. 언어치료사와 대화하면서 필자는 손이 말과 연결되어 있다는 사실을 이해하게 되었고, 그렇게 볼 때 이전에 기술했던 비미술적 활동과 점토 및 플레이도우의 사용은 모두 언어 발달을 촉진시킨다고 할 수 있다. 이러한 특성과 더불어 형태 인식을 통해 점토는 이차원적인 기법들보다 얼굴과 팔다리를 만드는 보다 쉬운 방식을 제공

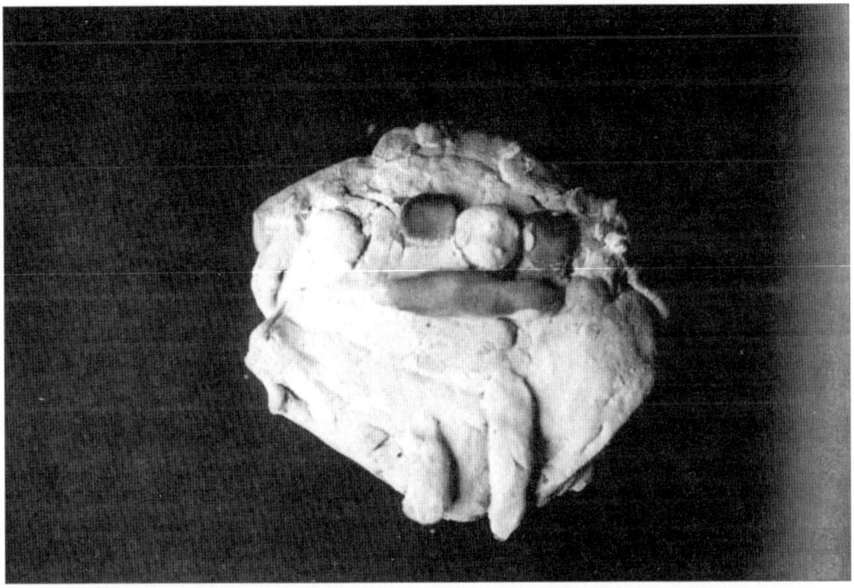

[그림 8-3] Roger: 다리가 얼굴에 붙어 있는 점토 인물상

할 수 있다. 그러나 아직 신체 개념을 통합하지 못한 Roger가 만든 것처럼 얼굴 자체에서 다리가 뻗어 나가는 경우도 있다([그림 8-3] 참조).

핑거 페인팅 역시 유사한 자율성의 효과를 가지고 있지만, 이를 사용하기 위해서는, Lowenfeld가 지적한 것처럼 아동이 이 매체에 대한 준비가 되어 있는지, 그리고 너무 항문기 단계에 고착되어 있지는 않은지 등을 신중하게 고려하는 것이 중요하다(Räbiger, 1990). 핑거 페인팅을 하면서 모든 흔적을 닦아 없애고, 그런 다음 그것들을 다시 도입할지 아닐지는 아동의 선택이다. 또한 핑거 페인팅은 색상 혼합을 인식하도록 하는 확실한 기회가 되며 색의 변화를 체득하도록 한다. 아동이 찍은 자국을 실제로 자세히 지켜볼 경우, 그 자국은 매우 중요한 것을 의미한다. 이후 탁자를 깨끗이 닦도록 돕는 것조차도 발달적이며 치료적인 경험이 될 수 있고, 마찬가지로 무질서한 어지러운 상태가 악화되기보다는 오히려 잘 담아질 수 있도록 하여 아동을 안심시킬 수 있다. 게다가 언어는 또 하나의 요인이며, 그리고 또 다른 발달 단계는 아동이 만들어진 작품을 찍기 위해 공중에 손을 들 수 있을 때 도달하게 된다. Daphne는 만든 것을 찍을 준비가 되었을 때 자발적으로 손을 올림으로써 점점 의사소통할 수 있게 되었는데, 이것이야말로 진정한 의사소통이다.

다양한 굵기의 부드러운 연필에서 단단한 연필에 이르기까지, 뿐만 아니라 분필, 콩테 크레용(conté crayons), 색연필과 사인펜 등은 서로 다른 분위기와 표현을 할 수 있는 각기 다른 기회들을 제공한다. 몇 가지 주요 색상과 보조 색상은 이미 만들어져 있으며 이젤의 선반 위에는 개별 붓이 마련되어 있다. 큰 아이들은 흔히 물감을 사용할 수 있게 되고 때때로 붓을 씻는 것과 같은 미술 활동을 배우게 된다. 그러므로 많은 미술 매체가 인지 발달과 사고를 촉진시킬 수 있으며 통제력을 증가시킨다고 볼 수 있다. 그러나 여전히 붓을 씻는 행위에 자동화된 많은 아동이 존재하는데, 그들은 어떤 색을 선택할 때 매우 과하게 열중하여 붓을 씻고 종이 위에 붓을 대지 않을 정도로 씻고 또 씻으며, 지적하거나 상기시켜 줄 때까지 계속해서 붓을 씻는다. 모노프린트는 빨대를 통해 불어서 칠하거나 병에서 바로 짜내어 칠해서 만들어 낼 수 있는데, 모든 기법은 각 개별 아동의 그 당시 요구와 단계에 따라 선택될 수 있다.

신체상

이 매체 도구는 아동이 과제를 이해하거나 이행할 준비가 되기 전에 소개될 경우 일어날 수 있는 손상에 대한 매우 중요한 예시가 될 것이다. 이 방법은 이용 가능한 공간과 선호하는 방식에 따라 바닥에 눕거나, 또는 문이나 벽에 기대서게 하여 그 사람의 가장자리를 따라 본을 뜨는 것이다. 그러고 나서 이목구비나 특징들을 채워 나간다.

자신이 땅 위에 왜 누워야 하는지 이해할 수 있는 언어 이해력이 부족한 다운증후군을 가진 한 청소년은 좋은 의도로 그녀와 함께 신체상을 그리려고 한 교생실습 중인 한 학생의 시도 때문에 매우 격분하였다. 이 다운증후군 소녀는 아직 난화 단계에 머물러 있었으며 윤곽이나 자신의 생김새를 '채우는 것'에 대한 개념을 가지고 있지 않았다. 필자가 교생실습 중인 학생과 이 문제에 관해 논의하자, 그 학생은 자신이 대학에서 배운 기법들을 적용하지 않았다면 자신의 지도교수가 오히려 격노했을 것이라고 필자에게 말하였다. 이는 중도 학습곤란을 가진 사람과 작업하는 실습생들이 그들의 욕구나 발달 수준과 같은 내담자 집단에 대한 이해를 하는 데 상당히 부족하다는 것을 증명한다.

더불어 신체의 각 부분 특색을 채우기 이전에 사람의 신체 윤곽은 그 사람과 유사성을 지닌다는 사실에 필자는 놀라움을 금할 수가 없었다. 이는 머리카락이나 눈의 색상보다는 오히려 양팔을 옆구리에 끼는 방식 등과 같은 신체 자세에서 우리 성격이 잘 표현된다는 것을 나타낸다. 신체상을 그릴 수 있는 사람들은 결과물의 실제 크기뿐만 아니라 자신의 삶과 닮은 결과물에 전율하였다. 그 밖에 다른 종류의 치료적인 효과 역시 놀라운 것이었다. 가족나무 학교에서 10세의 한 자폐증 소년은 필자와 함께 신체상을 만들었는데, 우리는 미술실 문에 그것을 붙여 놓았다. 그의 어머니가 그를 데리러 왔다가 매우 놀라서는 "어머, Donald, 너 아주 크구나!"라고 소리쳤고, 이는 이후 그의 어머니가 그를 나이에 적합한 방식으로 다루는 데 도움을 주었다. 6세 소년인 Darren은 많은 부분에서 거의 6세 수준으로 기능하고 있었고 중등도 학습곤란을 가진 아동을 위한 학교로 곧 옮길 예정이었는데, 그는 자기 자신을 그리는 작업을 통해 신체에 관심을 증가시키면서 발달의 준비가 된 것처럼 보였다. 필자는 첫 번째 회기부터 그와 친밀하게 작업하였으며, 그가 멍한 모습으로 그림을 그리고 있을 때 성차에 관해 그가 가질 수 있는 불확실성이나 불안을 나타내고 그에 대한 자각을 할 수 있도록 "치마는 어떻게 그리지?"라는 질문을 하기도 하였다. 필자가 그에게 우리가 그의 머리와 팔에 어떤 색을 섞어 쓸 수 있을지 질문하자, 그는 바로 "검은색!"이라고 대답하였다. 비록 그는 자메이카 사람이었고 필자는 아니긴 하였지만, 필자는 소매를 걷어붙여 볕에 그을린 필자의 팔의 색상을 보여 주었고 또한 그와 얼마나 비슷한지 언급하면서 그의 선택에 대한 의견을 말하였다. 그는 놀라며 필자에게 "백인이에요?"라고 물었고, 이는 인종의 차이점이 색상에 관한 것이라기보다는 정서적 친밀감이나 정서적 일체감에 관한 것임을 보여 주고 있다. 비록 그는 인종 문제에 대해 매우 호전적인 가족의 일원이었지만 완전히 필자와 동일시하여 우리는 더욱 친밀하게 작업하게 되었다.

몇 가지 사례

미술 매체의 사용으로 전혀 이득을 얻지 못하는 것으로 보이는 아이들조차도 미술 매체를 사용하는 것은 가끔 격려가 되고 놀랄 만한 반응을 이끌어 낸다. 우리는 이러한 모든 아동 내에서도 심각한 발달지체를 가지고 있는 아동에 대해 이야기를 하고 있는데, 변화나 개선이 느릴 것이라는 점을 각오해야 하며 비록 절망감을 종종 느끼게 되더라도 끊임없는 신념을 가져야 한다.

Teresa는 과체중이었으며 무관심하고 비언어적이며 활발하지 않았고, 끝없는 반복 때문에 작업에 완전히 지친 듯했고 우리가 아무 소용없는 것처럼 보였다. 이따금씩 쳐다보기는 하였지만 필자에 대한 인정이나 반응은 거의 없었고, 걷는 것인지 앉는 것인지 혹은 어떤 매체를 사용하는 것인지 알 수 없을 정도로 모든 동작이 너무나 느렸다. 식당에서 그녀는 아무 생각이 없는 듯 의자를 계속해서 뒤로 뺐고, 그렇게 해서 매일 땅에 넘어지는 것이 자기 자신 때문이라는 사실을 알아채지 못했다. 필자는 그녀가 좀 더 활동적이고 흥미를 가질 수 있도록 거친 판지에 분필로 긁게 하거나 미끄럽고 반짝이는 종이에 부드럽고 자유롭게 흘려 쓸 수 있는 사인펜으로 그녀가 하고 싶은 대로 칠하여 표시하게 하는 등 다양한 매체를 제공하였다. 그러나 그녀는 점토, 핑거 페인팅, 플레이도우 등 모든 매체를 무감동하게 받아들였다. 그녀는 심지어 정토를 가방 안에 넣어 치워 둔다 해도 눈치채지 못할 정도였다. 거의 아무 변화나 발전 없이 4년간의 시간이 흐른 어느 날, Teresa는 갑자기 시끄러운 소음을 내면서 검정색과 하얀색 콩테 크레용에 강한 힘을 담아 빙글빙글 돌리면서 원기왕성하게 원을 그려 나가기 시작하였다([그림 8-4] 참조). 이는 분명 무엇인가, 그리고 그것도 종이 위에 아주 효과적으로 표현하고 진술한 것이라 할 수 있다. 필자는 이것이 어떤 유의미한 큰 발전에 이르렀다고 말할 수는 없지만, 적어도 그녀를 해방시키고 분명 우리 사이에 강력한 연결고리를 만들어 주었다고 생각한다. 그녀는 간질을 가지고 있었기 때문에 (그녀가 모든 것이 느린 것은 간질에 의한 약물 복용과 큰 관련이 있는 것 같다.) 학교에 결석을 많이 하였는데, 그래서 우리는 처음에 가졌던 추진력을 잃게 되었다.

이러한 작업에서 흥미로운 것, 그러나 이론이나 가정에서 만들어진 것이 아니라 그것이 만들어 내는 참으로 본질적인 것은 거의 동일한 흔적을 만들어 낸다는 사실로([그림 8-5] 참조), 비슷하게 조용하고 느리며 수동적인 행동 방식을 가지고 있었지만 서로 매우 다른 아동들에 의해서 동일한 표시가 만들어졌다. James는 뚜렷한 자폐 성향을 가진 10대 소년으로, 필자

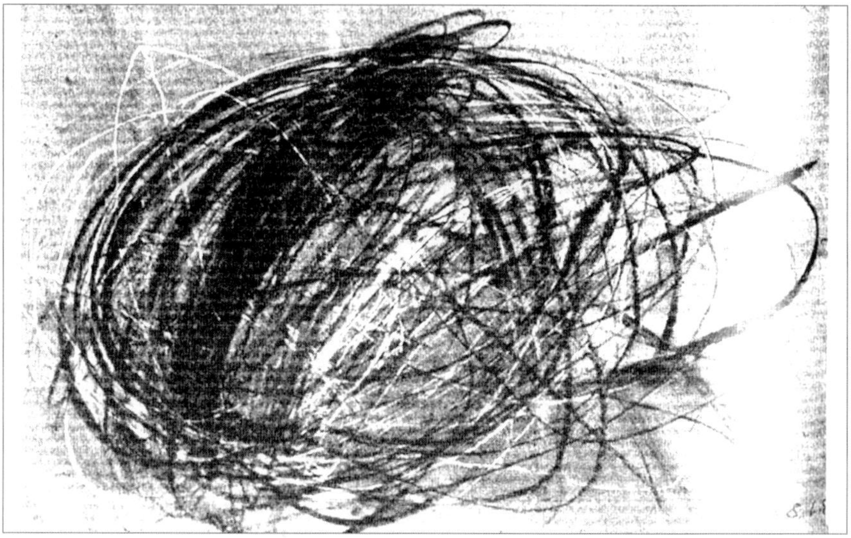

[그림 8-4] Teresa: 검정색과 하얀색 원

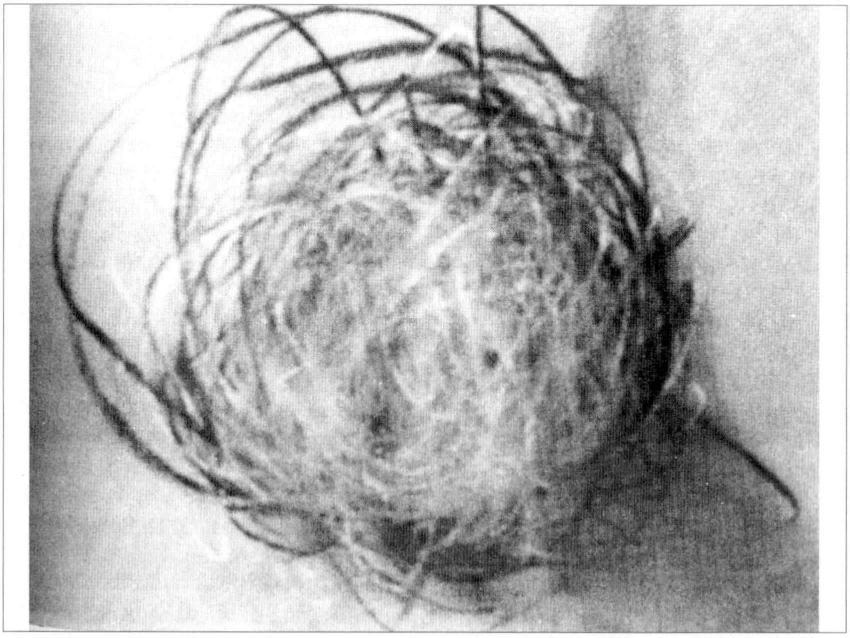

[그림 8-5] James: 검정색과 하얀색 원

는 사춘기 신체 변화에 대해 나날이 발전해 나가는 그의 자각을 표현한 점토 이미지를 인용한 적이 있다(Räbiger, 1990). 그는 상징적인 회화적 표현도 가능했고 그런 면에서 볼 때 Teresa와 너무나 다른 아동이었음에도, 그 역시 어느 날 갑자기 자신의 의견을 주장하며 검정색과 하얀색 원을 원기 왕성하게 눈에 띌 정도로 한없이 그려 나갔으며 Teresa와 너무나 유사한 양상을 보였다. James는 얼마간 언어를 사용하고 매우 순종적이었지만, 필자는 미술치료를 통해 그에게 접근해야겠다고 생각했고, 치료는 매우 천천히 여러 해에 걸쳐 이루어졌으며, 결국 그는 자신을 표현하고 주장할 수 있게 되었다. 사실 후에 그의 노부모는 그를 매우 다루기 힘들어했고, 그는 자신이 싫어하는 다양한 일에 항의하며 소리를 지르고 식당 바닥에 드러눕기도 하면서 '울화 기질(temper tantrums)'을 보이기 시작했다. (Teresa 또한 교실에서 울화 기질을 서슴지 않고 내보였다.) 또 한편으로 이것은 그러한 환경—대부분의 아동은 미술실 내에서만 자기주장을 계속하였지만, 몇몇 아동은 바깥에서도 그렇게 행동하였고 그들의 교사나 보호자에게 문제를 안겨 주었다—에서 미술치료가 갖는 문제점 중 하나인데, 자기표현을 마구 방출하는 것은 사회적 순응에 극히 적합하지 않을 수 있다. 과연 무엇을 해야 하는가? 어떤 행동이 가장 유용한가? 이것은, 다시 말해 개별 아동마다 그들에게 가장 알맞은 특정 반응이 각각의 상황에서 요구된다는 뜻으로, 한마디로 대답할 수 없는 문제다. 뿐만 아니라 이러한 아동들은 기본적으로 순종적이고 그들의 울화가 극복할 수 없는 문제는 아니다. 필자는 그들의 증가된 자기주장이 그들에게 결국 이익이 될 것이라는 것에 과감히 한 표를 던지고 싶다—아마 오토바이에 시동을 걸 때와 약간 비슷한 것 같다. 그러나 학교에 있는 미술치료사처럼 미술실에서 그러한 것을 억제하기보다 오히려 조장하고 이끈다고 보인다면 무시무시한 책임감을 느끼는 사람도 있을 것이다.

이것은 또한 학교 지원들 간 밀접한 의사소통의 필요성을 보여 주는 것으로, 실질적인 학교 시간표 구조 내에서는 상당히 어려운 일이기는 하지만 아동들과 함께 미술치료를 진행해 나가려면 이와 같은 의사소통이 필수적으로 중요하다. 감정이 폭발하는 원인 가운데 하나는 교내에서 발생하게 되는 억압인데, 학생 수가 6명에 불과하더라도 교실에서의 압박은 발생한다. 우리는 교사와 사회복지사가 아이들을 압박하면서도 고심하고 있다는 것을 이해해야 한다. 그러나 미술치료사의 경우에는 평온하고 긍정적이며 생산적인 회기를 보내고 나서 얼마 지나지 않아 아동의 귀익은 괴로운 울부짖음을 듣는 것은 상당히 사기를 저하시키는 일이다. 아동이 관심이나 인정을 얻기 위해 소리를 지르거나 고통을 호소하는 것을 너무 줄이고 무시하기보다는 잠깐 동안 개인적 관심을 보여 주고 집단 속으로 재통합시킴으로써 교실로 돌아갔을 때 무사히 잘 적응할 수 있도록 해야 하는데, 이는 사실상 쉽지 않은 일이다. 치료사가 아동을 교실로 데려가 자리에 앉히고 아동이 할 수 있는 일을 찾아주려고 하는 것은 자칫 월권행위로 보일 수 있다. 압박을 받고 있는 교사와 사회복지사와 같은 학교 직원들은 그러한 행위를 상황을 돕고 아동에게 관심을 기울이는 것으로 보기보다는 자신들을 비판하는 것으로 매우 민감하게 반응할 수 있기 때문이다. 온갖 종류의 분노가 생겨날 수 있는데, 그중 하나가 개별적으로 아동과의 작업이 허용되는 특권에 대한 '질투심'이다. 앞서 언급했던 광범위한 집단화에서조차도 한두 명을 위한 활동은 다른 한두 명의 욕구와 크게 갈등할 수 있었듯이, 사실 교실에서 발생하는 감정폭발과 행동화의 가장 큰 원인은 각기 서로 매우 다른 욕구와 상이한 발달 단계에 있는 학생들을 잘못 짝지었을 때 발생한다.

Spensley(1995)는 이러한 작업에서 일어나는 오해와 몰지각의 종류에 대해 매우 생생하게 묘사하였다. 필자의 의견으로는 그러한 학교에서 가장 최악의 측면 중 하나는 '학교'라는 이유로 학생들에게 무엇인가 '가르쳐야' 한다고 생각하는 것이며, 교육의 진정한 의미가 무엇인지 더 깊이 고려하지 않고 발달 단계와 무관하게 부적절한 강요를 하는 것이다. 반대로 발전할 수 있는 잠재력을 가진 아동들에 대해서는 충분한 기회를 제공하지 않고 있는데, 특히 '유아반'의 경우 그들 중 일부는 치료적인 것과 대립되는 성질인 인지적인 면에서 개별 회기가 이루어진다면 훨씬 큰 효과를 볼 수 있을 것이다.

한 예로, 중도의 학습곤란을 가진 아이를 대상으로 한 미술치료는 (표현하는 구상적 기술이 거의 혹은 전혀 가능하지 않을 때조차도) 아동에게 그들 자신을 그려 보게 함으로써 그림에 표현된 무의식적 요인을 사용하는데, 이는 학습곤란자 대상이 아닌 다른 환경에서의 미술치료와도 매우 비슷하다. 다운증후군을 앓고 있는 Binesh가 그 보기가 될 수 있는데, 그는 겉보기에 매우 밝고 열정적이며 재미있고 기분파인 아시아계 소년으로 마카톤(Makaton)[6] 수화를 아주 잘했지만 다른 장애아동의 느린 행동이나 낮은 이해력에 쉽게 화를 내고 짜증을 부렸다. 처음 Binesh를 알게 되었을 때, 그는 의사소통으로 말을 하는 대신 주로 불평하듯 끙끙거리는 소리를 내곤 했지만 나중에는 보다 언어적인 방식의 이해하기 쉬운 말을 사용하게 되었다. 그는 미술치료에 들쭉날쭉 참여하였다. 그가 초기에 그린 그림은 놀라울 정도로 실톱을 정확하게 묘사하고 있었지만([그림 8-6] 참조), 어떤 때에는 아예 그림을 그리지 않은 적도 있었다. 그는 주로 목공예 도구들로 표현하였지만 때로는 그림을 그렸고, 몇 년이 지난 후에는 보다 자세하고 정교한 그림을 그리게 되었으며, 때때로 좀 더 자신이 하고 싶은 일이나 자신의 소망을 실현하는 그림들을 그렸다. 예를 들어, 그의 담임교사의 말에 따르

6) 역주: 마카톤은 문어의 이해를 도와주는 그림 상징물뿐만 아니라 구어를 보존하기 위해 수화와 몸짓을 주요 단어의 어휘로 사용하는 의사소통 체계의 하나를 말한다.

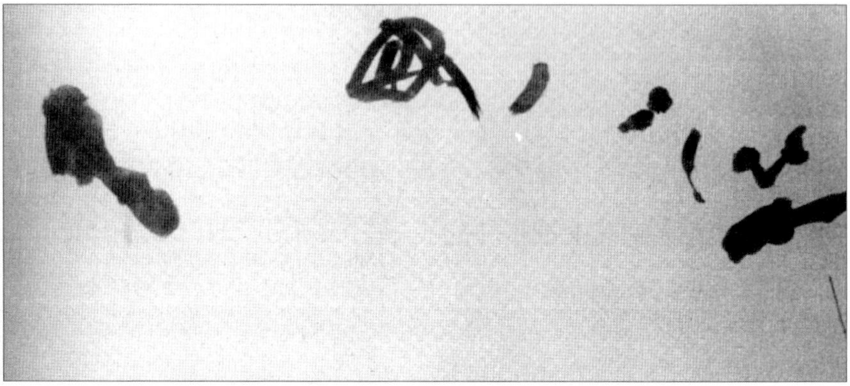

[그림 8-6] Binesh: 실톱

면, 그는 수영에 대한 두려움이 있음에도 계속 물속에서 멋지게 수영하는 자신의 모습을 그린다는 것이었다. 그는 또한 자 등의 도구를 가지고 수영장의 네모난 모양을 능숙하게 그리는 법을 습득했다. 그는 이를 다루는 법을 아주 기쁘게 배웠으며, 그것은 또한 Binesh를 위해 상징적인 경계 내지 담아 주기를 제공했을지도 모른다. 그러던 중 Binesh의 가족에게 큰 변화가 일어났다. 그의 아버지가 어린 고모를 돌보기 위해 집을 떠나게 되었고, 따라서 Binesh는 학교에서 집을 오갈 때에 전에 살던 집으로 가야 할지 아니면 새로운 집으로 가야 할지 항상 확실치 않은 상황에 놓이게 되었다. 그는 소속감을 잃고 가족에게서 별로 중요하지 않은 존재가 된 것 같은 기분을 느꼈는데, 그 감정을 어떤 언어적 치료의 결과물 못지않게 아주 훌륭한 그림으로 표현하였다. 즉, Binesh는 그림에 세 개의 분리된 점을 그렸는데 각각의 점을 '아빠, Binesh, 엄마'라고 하였다. 자신의 상황을 그대로 표현하고 있는 것이었다([그림 8-7] 참조). 그러나 그의 담임교사는 필자의 이러한 해석에 동의하지 않았으며 "아이들은 원래 점을 잘 그린다."고 주장하였다. 적어도 미술치료실만큼은 Binesh가 자신의 절망감을 표현하고 집중적인 관심을 받을 수 있는 공간이었으며, 후에 그는 이전의 자신감 있고 활

[그림 8-7] Binesh: 아빠, Binesh, 엄마

동적인 태도로 되돌아갔다. 단순히 필자가 함께하는 가운데 그림을 그리고 이미지를 만들어 내는 것이 그에게는 '치료'의 효과로 나오게 된 것이었다.

요 약

필자는 중도 학습곤란을 가지고 있는 일부 아동에게는 미술치료가 사실 부적절하고 필요도 없으며, 심지어 상처를 주기까지 했음을 보여 주고 싶었다. 미술치료를 시작하기 전에는 무엇보다 아동의 발달 수준을 평가하는 것이 필수적이다. 또한 미술치료는 아동의 욕구에 맞추어 적용되어야 하며, 아동이 혼란스러워할 때 이를 그대로 내버려두지 말고 차근차근 미리 준비된 단계로 이끄는 것이 필요하다는 것을 어떻게 알게 되었는지도 설명하고 싶었다. 게다가 아무런 의욕이 없는 상태에서 지나친 자극을 주는 것은 종종 문제가 된다. 즉, 열정적인 치료가 무관심한 아동을 활발하게 만들 것이라는 전제는 잘못된 것으로 사실은 그 반대이며 자칫 부정적인 효과까지 가져올 수 있다. 동시에 미술치료는 아동의 정서적인 잠재력을 발달시켜 나중에는 인지적인 잠재력까지 키울 수 있는 유용하고 치료적인 접근법이다. 언어 사용이 미숙한 아동의 경우, 아직 비구상화 수준이라 하더라도 그림을 그리고 또는 마찬가지로 점토를 사용하는 것이 (항상 그런 것은 아니지만) 느낌이나 감정, 두려움을 표현하는 수단이 된다. 그러나 아쉽게도 그것은 너무 자주 무의미하고 완전히 쓸모없는 것으로 보이기도 한다. 필자는 아동 개개인에 대해 관심을 가지고 미술치료실을 꾸준히 오가도록 독려하는 것이 바로 '치료'이며, 학교를 나왔다 안 나왔다 하도록 내버려 두는 것보다 훨씬 효과적이고 통제가 가능한 방법이라고 생각한다. 그리고 아동이 정상이라고 믿고 실생활에서 혼자서도 잘해 나갈 수 있으리라는 기대를 거는 자체도 치료에 포함시킬 수 있다고 생각한다. 단지 여러 가지 도구나 미술재료를 스스로 사용하는 것만으로도 치료에 도움이 된다. 필자가 '버텨 주기'와 담아 주는 기법을 고려한 것은 흔히 학제나 시설에 묶여 무력해졌거나 혹은 가족으로부터 상처받고 스트레스받은 아동을 위한 것인데, 이러한 아동들을 위해서는 성인 모두 그들 자신에 대해 공감하는 것이 애정에 굶주린 아동의 발달과 정신건강에 필수적이다. 또한 필자는 많은 사람들에게 미술치료가 가져오는 효과를 목격하고 미술치료가 사람들을 도울 수 있다는 것을 보여 주고 싶었다. 사람들이 미술치료를 더 잘 이해하게 된다면 참으로 기쁘고 기운 나는 일이 되겠지만, 주로 중도 학습곤란을 가진 아동을 대상으로 작업하는 미술치료사부터 자신이 하는 미술치료가 이러한 내담자 집단에게 치료적인지, 그리고 효과가 있다면 어떤 방식으로 그것이 이루어지고 있는지 질문해 보아야 할 것이며, 만약 치료의 성과가 없다면 그 결과를 받아들이고 인정하는 태도도 필요하다.

참고문헌

Fordham, M. (1957) *New Developments in Analytical Psychology,* London: Routledge and Kegan Paul.

Fordham, M. (1994) *Children as Individuals,* London: Free Association Books.

Lowenfeld, V. (1965) *Creative and Mental Growth,* New York: Macmillan.

Räbiger, S. (1990) *Working with Children in Art Therapy,* London: Tavistock Routledge.

Spensley, S. (1995) *Frances Tustin,* London: Routledge.

Storr, A. (1965) *Churchill's Black Dog,* London: Fontana/Collins.

Sutton, N. (1995) *Bruno Bettleheim: The Other Side of Madness*, London: Duckworth.

Tustin, F. (1972) *Autism and Childhood Psychosis,* London: Hogarth Press.

Tustin, F. (1981) *Autistic States in Children,* London: Routledge and Kegan Paul.

제9장

'안녕' 이라 말하는 것 배우기

학습곤란에서의 상실과 사별, 그리고 미술치료의 역할

Edward J. Kuczaj

주요 주제

- 학습곤란을 가진 사람, 그리고 그 가족의 삶에서 상실과 사별의 경험

핵심 사항

- 상실의 경험이 학습곤란을 가진 사람의 삶에 만연되는 방식
- 학습곤란을 가진 사람이 슬픔에 대한 개인적 경험을 부인하는 경향
- 이 영역의 핵심 주제 탐구에 풍부한 장이 될 수 있는 미술치료의 가능성

당신은 당신의 머리 위로 나는 슬픔의 새들을 막을 수는 없다. 그러나 당신은 그것이 당신의 머리에 둥지를 틀지 못하게 막을 수는 있다.

–중국 속담

서 론

이 장은 지난 10년에 걸쳐 영국 국가의료서비스기관(NHS Trust)에서 미술치료사로 일하면서 축적된 필자의 작업과 경험에 바탕을 두었다.

학습곤란을 겪는 개개인의 삶의 질과 기회들을 개선하려는 몇 년간의 다

양한 움직임이 이룬 성과 가운데 하나는 심리치료적인 개입이 다른 서비스들과 함께 정상적인 선택의 한 가지로 여겨지게 되었다는 점이다.

개개인은 대개 지역사회에서 학습곤란을 담당하는 팀의 구성원이나 보호자에 의해 미술치료에 의뢰되기도 하고 때때로 스스로 알고 미술치료를 찾는 경우도 있다. 이 장에서 논의하는 사례 경험들은 병원과 지역사회 센터 중심의 내담자들을 다루고 있으며, 모두 평균 3개월의 사전 검토와 6주간의 사정 기간 동안 수행된 것들이다. 다른 치료적 중재법과 마찬가지로 제공되는 치료와 관련된 사항에 대해서는 내담자와 합의하였으며, 이들 개개인은 주도적인 선택의 기회를 가지며 어떤 단계에서도 치료를 철회할 수 있었다.

이 장의 목표는 내담자와 치료사 모두 우리 삶의 어떤 지점에서 경험할 수 있는 상실감을 바라보고 학습곤란을 가진 사람의 그러한 특수한 경험을 왜 이해하고 인정해야 하는지 그 필요성에 대해 알아보기 위한 것이다.

인지적 기술이 특정한 감정 표현 능력이나 이해력 수준과 반드시 일치하지는 않는다는 것이 현재 받아들여지고 있는 입장이다. 학습곤란을 가진 사람이나 이들과 관련된 많은 사람들은 이해력이 충분한지를 제일 중요하게 여기는데, 이는 지능지수(IQ)나 언어능력과는 현저하게 다른 것이다(Bunhener & McCormack, 1994: 369). 이러한 맥락에서 '감성 지능'(Sinason, 1992: 74)의 개념이 중요하게 고려되고 있다.

학습곤란을 겪는 개개인의 정서적 생활이 부정되거나 있는 그대로 이해되지 않는 정도는 꽤 심각한데, 그 주된 이유는 이들 개인에 대한 우리의 이해 부족과 우리가 전염시키는 선입관에 있다. 우리는 욕구와 능력이라는 측면에서 이들을 일종의 다른 집단의 사람들로 보면서, 특히 우리의 정서적이고 심리적인 삶과 관련하여 인간 존재로서 공통적으로 가지게 되는 우리의 유대관계나 우리 자신으로부터 이들을 즉시 분리시킨다.

필자는 무엇보다 우리가 이러한 정서적 욕구를 인정하기 위해서는 현재 존재하거나 앞으로 생길 수 있는 커다란 많은 변화들, 그리고 사람이나 대상, 유대, 관계 등의 상실이 개인이 발달하는 방식에 영향을 미치거나 미치게 될 것이라는 사실을 우리가 받아들일 필요가 있다고 생각한다. 이러한 맥락에서 볼 때, 상실은 단순한 사별의 의미보다는 좀 더 광범위한 의미로 파악된다.

감정을 느낄 수 있는 권리

몇 년 전 학습곤란을 가지고 있는 내담자와 작업하는 과정에서 필자는 처음으로 상실로 고통받고 있는 개인을 다루게 되었다. 20대의 젊은 여성이었던 내담자는 2~3주 동안만 있었는데, 치료 회기에 참여했을 때 그녀는 나쁜 소식을 전해듣게 되었다. 이에 치료 회기 중에 한 주간의 휴식을 갖게 되었고, 그녀는 부모를 만나기 위해 그녀가 생활했던 병원에서 집으로 돌아갔다.

그녀가 집에 있는 동안 할머니가 갑자기 돌아가셨다. 그녀는 "이야기는 하고 싶지 않아요. 그림을 그리고 싶어요."라고 필자에게 말했다. 그녀는 책상에 앉아 흑갈색으로 네모난 모양의 꽃에 둘러싸인 무덤처럼 보이는 커다란 이미지를 그렸다. 그녀는 장례식에 참석하는 대신 옆집에 사는 이웃과 함께 어린 조카를 돌보며 집에 있었다고 필자에게 말했다. 또한 그녀의 부모는 그녀가 너무 동요할지도 모른다고 생각하였다. 그녀는 장례식 다음날 부모와 함께 할머니의 무덤을 방문했다. 그녀는 치료 회기 동안 거의 말을 하지 않았으며, 내가 그림이 마른 뒤에 그림을 치우기 때문에 그녀는 회기를 마친 후 자신의 그림을 탁자 위에 두고 갔다.

그녀와의 회기는 필자에게 당혹스러움을 안겨 주는 한편, 사람이 무언가를 빼앗겼을 때 느끼는 고통과 슬픔을 감지하게 해 주었다. 필자는 동료나 먼 친척의 죽음에 대한 나 자신의 경험과 책 등을 통하여, 그때 느끼는 애통함이 어떤 느낌인지 알고 있다고 생각했다. 그래서 필자는 어떤 면에서는 다음 회기가 오기 전까지 그녀의 슬픔을 꽁꽁 싸매어 놓기도 했다.

두 달 후 필자는 가까운 사람이 세상을 떠나는 경험을 하게 되었고, 필자가 그 전까지 알고 있다고 생각했던 슬픔이라는 감정이 실제로 어떠한 감정인지 지금까지는 전혀 모르고 있었다는 사실을 깨닫게 되었다. 슬픔이 겉으로 어떻게 표현되는지도 알게 되었다. 사별의 과정을 직접 겪으면서 필자는 내담자가 사별과 상실감으로 어떤 영향을 받았는지, 그들이 그 감정을 실제로 이해했는지, 그리고 그러한 감정들로 혼란스럽지는 않았는지 등에 대해 숙고하기 시작했다. 회기에 참석했었던 그 20대 여성 내담자가 느꼈던, 그리고 그녀의 그림과 말 없는 모습으로 표현하고자 했던 고통스러운 감정이 필자를 마치 꿈에서 막 깨어난 것처럼 느끼게 했다. 이러한 느낌을 경험하자 필자는 어리석게 느껴졌다. 필자가 느꼈던 어리석음이란 학습곤란을 가진 사람도 필자가 경험했던 것과 같은 방식으로 사별이나 상실을 경험할 수 있다는 사실을 생각하지도, 인정하지도 않았다는 것이다. 필자는 나의 느낌이 다르다고 생각했었다.

심리치료사인 Sinason은 그녀의 내담자가 성폭력에 의한 정서적 외상에 직면했을 때 무감각해지는 것을 처음으로 맞닥뜨린 일에 대해 기술하였다. "우리는 무언가를 보지 않으려고 애를 썼다. 우리는 우리가 목격하고 있었던 큰 슬픔으로 바보처럼 넋을 잃고 '무감각'해져 갔다." (Sinason, 1992: 7) 무감각하다는 말의 근원을 따져 보면 '슬픔으로 멍해지는 것'을 가리키는데, 이는 바로 필자의 상황을 적절히 묘사해 준다. 필자는 치료사라는 위치에서 상실을 겪은 내담자가 경험하는 또다른 비통함이 있는지,

그리고 그것이 그들에게 어떤 영향을 미칠지 생각해 보게 되었다.

내담자의 사별 사건 이후 필자는 안경사에게 간 적이 있는데, 그때의 대화 내용은 나의 직업과 어디에서 일하는지에 관한 것이었다. 학습곤란을 다루는 지역 병원에서 필자가 일한다는 것을 듣고는, 그 중년의 안경사는 하던 일을 멈추고 이렇게 말했다. "나에게는 정신장애가 있는 아들이 있는데 집 근처 자작 농장 단체에서 살고 있어요. 아들은 6세 때 당신이 일하는 병원에 간 적이 있는데, 나는 그 날을 잊을 수가 없어요. 병원의 직원이 아들에 대해 걱정하지 말라고 해 주었고 나는 그 이후로 아들에 대한 걱정을 잊을 수가 없었어요." 그녀는 그녀에게 얘기했던 단어까지도 잊지 않고 있었다.

각각의 이야기에는 두 가지의 측면이 있으며 전체적인 그림을 보기 위해서는 이 둘 모두를 분명히 이해할 필요가 있다.

내담자와 그의 가족

Chris는 중등도 학습곤란을 가진 40대의 남자로 지역사회 간호사의 의뢰로 필자를 찾아왔다. 그는 부모와 함께 살고 있었고 행동 문제를 나타내고 있었다. 그는 말을 하지 않았고 자조 기술도 없었으며 가정에서 부모의 보살핌에 의지하고 있었다.

Chris는 순전히 그의 부모가 사회복지 서비스에 그의 요실금용 기저귀를 구입할 경제적 도움을 호소하는 과정에서 지역사회 간호사의 눈에 띄어 간호사의 개입이 이루어졌다. 그의 부모는 40년 동안 가족들의 도움을 받아 Chris의 신체적 · 정서적 요구를 들어주었다.

Chris가 학교에 간 날은 딱 하루였다. 학교에서 돌아온 첫째 날, Chris의 어머니는 Chris의 종아리에 있는 자국들을 발견했다. 그 당시 간호사였던 Chris의 이모는 그것이 아마 학교에서 그를 의자에 묶어 두었기 때문에 생겼다고 추측했고, Chris의 어머니는 다시는 그를 학교에 보내지 않았으며 집에서 그를 보살필 것이라고 다짐했다.

필자가 주입하고자 한 목표는 Chris에게 그만의 시간을 제공하는 것이었고, 또한 치료 회기에 참여하는 동안 그의 부모에게도 그들만의 시간을 제공하는 것이었다. 우리는 Chris를 다룬 경험이 전혀 없었기 때문에 그가 과연 이를 할 수 있을지 아닐지 확신할 수 없었다.

Chris의 부모는 치료 초기에 Chris의 작업에서 직접적인 치료를 요구하기보다는 어떤 실제적인 것을 원하였다. 부모 모두, 특히 어머니는 치료 회기 동안 아들이 화를 내거나 난폭해져서 가구를 부수지는 않을지 우려하고 있었다. 지역사회 간호사와 함께 우리는 잘 될 것이라고 부모를 설득하여 집 근처의 병원에서 회기를 시작하였다. 회기 자체는 Chris가 이제까지 겪어 보지 못한 억압과 새로운 요구 사항들로 불안이 지속되지 않도록 매우 느리게 진행되었고, 대부분 단지 치료사와 '함께' 시간을 보내도록 하는 것이었다.

미술 도구는 전혀 만져 보려고도 하지 않았기 때문에 우리는 모래 속에서 놀면서 함께 점차적으로 신뢰를 구축해 나갈 수 있도록 모래상자를 그에게 적용하였다.

회기가 진전됨에 따라 그의 집중 범위와 우리를 허용하는 정도가 증가하여, 몇 가지 놀이를 더 할 수 있게 되었다. 이는 우리에게 놀라움을 안겨 주었고, 하루는 회기를 끝내고 Chris의 집으로 가서 그의 부모에게 Chris의 진전에 대해 이야기해 주었다. Chris 부모의 반응은 온전한 자책감이었다. 우리가 치료를 했던 짧은 몇 주 동안 그의 부모는 좀 더 일찍 도움을 요청하지 않았던 것에 대한 자신들의 실패를 매우 강조하였다. Chris의 부모는 도움을 요청했던 것이 그들이 최선이라고 생각한 것을 한 것이었지만, 이제 그들은 무력하다고 느끼고 있었다. Chris의 부모가 해 왔던 보살핌에 대한 그들의 신념을 회복하는 데에는 몇 주가 걸렸으며, 그러는 가운데 우리 모두는 부모-자녀 관계의 깊이와 복잡함에 대해 깨달을 수 있었다.

Chris의 부모는 그를 아이로만 보려고 했다. Chris는 그들의 외아들이었으며 직업도 없고 결혼도 하지 않았으며 대를 잇거나 부모가 더 늙게 되었을 때 부모를 부양할 수도 없었다. 그의 어머니는 자신들이 죽고 나면 Chris에게 무슨 일이 생길지 너무 걱정되어, 차라리 부모보다 아들이 먼저 죽는 것이 그에게 오히려 좋을 것이라고까지 말하였다. 그녀의 바람은 실제로 이루어져 Chris는 다음 해에 신부전증으로 세상을 떠났고, 그 1년 뒤 그의 어머니도 사망하였다.

상실에 대한 반응

상실에 대한 보편적인 반응은 시기별 양상을 따라 나타나는데(French, 1995), 개인이 상실과 타협하고 받아들이기 위해서는 일종의 과업을 필요로 하며 그 시기는 다음과 같다.

- 충격(shock): 상실이 실제로 일어났음을 이해하는 못하는 단계
- 저항(protest): 상실이 실제로 일어났음을 알고 있지만 인정할 수는 없는 단계
- 해체(disorganisation): 상실의 실재가 너무나 생생하게 느껴지는 단계
- 재조직화(reorganisation): 이전의 생활으로 삶을 재건하는 단계

여기서 '과업'이라는 개념은 상실에 대한 반응의 지속 기간(보통 2~3년)과 깊이가 개인마다 다를 수 있는 것처럼 일종의 시기 혹은 과제 중에 있는 것으로 파악하는 편이 바람직하다(Worden, 1983). 종종 이를 차례차례 순서대로 거쳐야 하는 단계별 과정이라고 오해하는 경우가 있는데(Kubler-Ross, 1969), 앞서 언급한 상실에 대한 반응은 꼭 이전 단계를 마무리 지어야만 다음 단계로 넘어갈 수 있는 것은 아니다.

학습곤란을 다루는 분야에서 상실에 대한 반응과 관련시켜 보자면, 학습곤란이 그 개인과 더불어 그들의 부모에게 미치는 영향을 파악하는 것이 중요하다. 부모의 경우 흔히 정상적인 자식을 잃었다고 느끼고 실패한 중대 사건으로 여기며 실망감을 지속시킨다(Bicknell, 1983: 167). 학습곤란을 가진 개인 또한 자신이 형제자매나 다른 많은 사람들이 겪어 온 삶과는 다르다는 것을 깨닫게 된다.

그들이 자신과 주위를 둘러싼 다른 사람들을 바라보는 시각에 영향을 미칠 수 있는 5가지의 중요한 생활 사건으로는 진단, 분리 경험, 우정 관계의 파기, 성(性)의 출현 및 사별이 있다(Bicknell, 1983: 175). 치료사는 이들 개인과 가족들이 겪었을지도 모르는 이러한 생활 경험과 그것에 대한 우리 자신의 반응을 이해하는 것이 중요하다.

치료사는 종종 내담자와 작업하는 동안 그들 자신을 발견하게 되고 그런 다음 가족이나 보호자가 개인의 문제와 본질적으로 관련되어 있다는 것을 깨닫게 되기 때문에, 이러한 영향 혹은 역동 또한 고려하는 것이 중요하다.

'장애'아동을 키우는 부모는 사실 2명의 아이, 즉 학습곤란이 있는 자녀와 동시에 정상적이었어야 할 자녀를 키우는 것이나 다름없다. 그들의 자녀가 점차 성장할수록, 부모는 자녀가 정상적이었다면 어땠을까 하고 끊임없이 되새긴다.

Bicknell이 장애와 관련한 정신병리에 대해 쓴 논문에서는 자녀가 장애를 가진 것을 알게 되었을 때 부모의 반응 방식과 우리가 상실을 겪을 때 느끼는 반응과 느낌, 즉 충격, 공황, 부정, 슬픔, 죄의식, 분노, 교섭, 최종 수용 등의 감정이 매우 유사하다는 것을 보여 준다(1983: 168). 뿐만 아니라 부모는 장애를 가진 아동이나 장애를 가진 사람과 같이 각기 관련된 다른 사람에게서 영향을 받는다. 다시 말해, 그들은 너무나 자주 두 가지 인생을 가지고 있는 두 사람이 존재한다고 느낀다.

상실의 연속

시설 종사자 집단을 대상으로 한 훈련에서 필자는 상실과 사별에 대해 다루었는데, 그날의 중요 부분은 출생에서 죽음에 이르기까지 우리가 직면하게 되는 상실감의 여러 가지 유형에 관해 생각해 보는 것이었다. 그 목록은 다음과 같다.

유년시절 애완동물	안전	우정
조부모	재산	이혼
전학	사춘기	개인적 관계
실업	질병	감각장애
노화	독립	사생활
희망	통제	자유

이들은 "이러한 상실감은 학습곤란을 가진 사람에게도 동일한 것인가요?"라는 질문을 받았다. 결론부터 말하자면, 물론 "네, 그렇습니다."이다. 차이점이 있다면, 학습곤란을 가진 일부 개인의 경우 상실의 많은 부분을

보다 일찍 경험하며, 예를 들면 이것이 독립이나 우정과 같이 그들의 삶을 통해 계속된다는 것이다.

애완동물의 죽음 혹은 전학에 의한 친구와의 이별 등 우리가 비교적 이른 시기에 경험하는 상실감은 앞으로 우리가 삶에서 경험할 상실감에 대한 준비이자 학습 경험으로 보는 것이 더 바람직할 수 있다. 아이들과 마찬가지로 우리 모두는 키우던 금붕어가 죽었을 때 경건한 마음으로 묻어 주고 내 안의 일부로 존재한다고 생각하면서 일종의 놀이를 통해 삶과 사랑, 상실감을 행동화하지만, 우리 가족 자신의 상실감에 대해서는 너무나 보잘것없이 대처하고 있다. 우리끼리 혹은 타인과 함께 유년 시절 놀이를 시연하는 것은 삶의 현실을 받아들이는 법을 배우는 방식이다. 그러나 발달이 느리고 지체된 사람의 경우 그러한 놀이와 타인과 관련된 활동에서 전면 배제되면서, 이러한 학습은 결코 완전히 실현되지 않을지도 모른다.

또 다른 중요한 요인은 가족 안에서 우리가 창조하는 개인적 관계, 특히 모자 간에 발달시키는 긴밀한 유대와 애착으로, 이는 Winnicott(1958)과 Bowlby(1969)의 연구에서 볼 수 있듯이 아동의 발달 잠재력을 야기한다.

흔히 발생하는 주요 어려움 중의 하나는 특히 사별을 통해 개인이 갖게 될지도 모르는, 혹은 진짜 갖게 되는 관련성의 부족이다. 이것은 종종 다른 사람들이 만든 피할 수 없는 회피로 보인다. 종종 죽음은 마치 전염성의 질병처럼 여겨졌고, 따라서 불안을 최소로 유지하기 위해 죽음을 회피하고 포장하는 방법은 해가 되지 않는 거리에 죽음을 두는 것이었다.

가족의 상실에서 학습곤란을 가진 사람의 개입을 전적으로 배제하거나 때로는 그들에게 죽음 자체를 숨기는 것은 매우 유감스러운 일이다.

이러한 배제는 다행히도 지금은 많이 줄어들었지만 분명 과거 시설거주 보호에서는 발생하였던 것이다. 그 원인으로는 여러 가지가 있는데, 다음과 같은 네 가지 관련 요인을 들 수 있다(Kitching, 1987: 62).

- 첫째, 장애를 가진 사람은 상실 후 슬픔을 보이지 않는다는 지각
- 둘째, 자신의 감정에 대한 인식 불능
- 셋째, 상실의 의미를 현실로 인식하는 데 대한 지연
- 넷째, 제한된 인지 능력은 제한된 정서 능력으로 이어질 것이라는 가정

게다가 종종 하나의 상실은 급속히 또 다른 상실로 이르게 한다는 상실의 연속성이 간주될 수 있다. 전학을 할 경우 아동은 그동안 익숙했던 친구와 교사를 잃게 되고, 이러한 상실감과 더불어 아동은 그러한 환경에서 신뢰와 안전감에 대한 상실감까지 발달시킨다. 따라서 상실은 다른 상실을 불러오는 촉매 역할을 하며, 그에 따라 상실이 더해지거나 혹은 때때로 개인이 경험하는 환경에 더 많은 혼란을 가중시킨다. 이는 극단적인 경우 애도의 과정 자체를 지연시킬 수 있다.

이것을 학습곤란을 가진 사람과 연관시켜 가상의 시나리오를 만들어 본다면, 부모의 죽음 후 긴급 보호로 들어가고 이후 보다 영구적인 시설로 옮겨져 순식간에 거주지와 만나는 사람들이 완전히 바뀌어 버리는 상황을 가정해 볼 수 있을 것이다.

특수한 주제

내담자들과의 작업에서 필자가 빈번히 접하는 두 가지의 연속된 주제는 의존과 독립, 유사점과 차이점으로 볼 수 있다. 두 종류의 주제 모두 상실과 서로 다른 관련성을 가지고 있으며, 개인의 일생 동안 여러 번 재발되곤 한다. 내담자가 사별을 포함한 여러 가지 이유로 의뢰된다 할지라도, 이러한 두 가지 주제는 흔히 대부분의 의뢰에서 공통적으로 제시되고 있다. 따

라서 필자는 상실과 관련된 이 두 가지 주제가 선명하게 드러나는 몇 가지 사례를 소개하고자 한다.

회기가 시작되자마자 잠재적으로 대비되는 주제가 드러났다. 우리는 치료 상황에 존재하는 많은 차이점—내담자와 치료사, 도움을 필요로 하는 사람과 도움을 주는 사람, 통제를 받는 사람과 통제를 하는 사람—을 인정하였지만, 거기에 자주 제시되고 잘 언급되는 측면이 지능 또는 능력이다. 이 두 가지 주제는 흔히 이와 연관되어 있다.

필자가 치료를 맡았던 14세의 소년은 첫 몇 달 동안 우리의 공통점을 찾는 작업을 통해 우리의 차이점을 확인하였다. 그는 걷기, 책상에 앉기, 펜이나 붓 쥐기 등을 어렵고 서툴게 만드는 신체적 불능을 가지고 있어, 처음에는 필자에게 자기 대신 그림을 그려 달라는 요구까지 했었다. 그를 위협하지 않을 정도의 수준에서 작업을 시도하였지만 또한 필자의 '능력'을 부정하지도 않으면서 우리는 그의 자신감이 형성될 때까지 교대로 함께 작업하였다. 그는 언어적으로 표현할 수 있게 되었고 기억하고 있는 많은 이야기를 하였다.

어느 날 그는 우리가 만나곤 했던 교실에서 딱딱한 책상 의자가 아닌 부드러운 의자에 앉기로 결정하였다. 그는 자신의 옆에 있는 의자를 가리키며 "여기 앉으세요."라고 말하였다. "제 옆에 앉기를 원해요. 나는 그림을 그릴 거예요. 하지만 눈을 감고 엿보지 말아 주세요. 눈을 감았나요? 말해 보세요."라고 그는 말했고, 필자는 "그래, 감을 거야."라고 말하였다. 그는 "준비가 되면 말해 주세요. 준비가 되면 시작하라고 말해 주세요."라고 대답하였다.

이러한 일련의 질문/요구와 필자의 대답은 필자가 그를 '경청'하고 있다고 느낄 때까지 여러 번 반복되었다. 그다음에 그는 자신의 옆에 있는 의자 위에 놓여 있던 종이에 자동차, 버스, 트럭, 헬리콥터 등 4개의 이미지를 그렸다. 그는 그림을 그리면서 이따금씩 필자가 여전히 눈을 감고 있는지 묻고 확인하였다. 그림을 다 그린 후에 그는 "그림이 괜찮은가요?"라고 물어보았다. 필자는 그가 매우 열심히 작업하였고, 그 그림에 그가 만족하고 있기 때문에 그림들이 좋다고 대답하였다. 그는 웃으면서 "그렇게 말해 줘서 고마워요."라고 하였다. 그 후 그는 기대에 찬 눈빛으로 "내가 영리한가요? 선생님은 영리하시잖아요."라고 필자에게 물었다.

필자는 바로 '영리하다(clever)'는 의미가 무엇인지 궁금해졌다. 그와 함께 학교에 있다는 맥락에서 생각해 보면 그것은 교육적 기준을 가지는 것으로 볼 수 있지만, 학교 밖의 세계에서는 그 밖의 다양한 가치의 전체 집합으로 작용한다. 필자는 그가 이 네 가지 그림을 그려 내었기 때문에 영리하다고 대답하는 편을 선택하였다(이는 필자의 역할에 대한 불편감 혹은 회피를 통해 나타난 것인지도 모른다.). 그는 크게 웃더니 필자가 멋있다고 말하며 악수를 청했다. 그것은 마치 그가 "이제 우리는 같아요." 또는 좀 더 상세하게 말하자면 "나는 당신과 같은 수준이(고 싶)어요."라고 말하는 것 같았다. 비록 게임이기는 했지만 눈을 감으라는 그의 요구를 통해 강력하게 느낀 것은 필자가 그를 응시하지 않는 편이 어쩌면 그가 보다 쉽게 그림을 그리도록 만들 수 있다는 사실이었다.

역시 동일한 치료 회기에서, 그는 필자와의 비교를 넘어서서 밖에서 놀고 있는 그 방의 다른 학생과의 비교로 확대시켰다. 우리는 한 소년이 크게 소리치며 건물 옆 쪽으로 공을 차는 소리를 들었다. 그는 "그만해, Tom!"이라고 외치며 "넌 공놀이를 하면 안 돼."라고 말했다. 필자는 다른 아이들의 목소리도 들렸다고 생각했기 때문에 그에게 Tom이 경기를 하고 있는지 물어보았다. "네. 아이들은 경기 중이에요."라고 그가 말하였다. 필자는 그가 공놀이를 너무 좋아하지만 필자와 여기에 있어야 하기 때문에 Tom이 공놀이를 하지 말아야 한다고 이야기한 것은 아닌지 넌지시 말을 꺼냈다.

실제로 그랬다. 그는 여느 아이들처럼 놀고 싶었던 것이다.

(주로 교통수단이었던) 그가 그린 그림들은 그 자신을 나타내는 중요한 표현이었지만 그에게 보다 중요했던 것은 필자와 함께 그의 '능력'을 시험(testing)하고자 했던 점이다. 이러한 시험에서 치료사를 그들 자신의 일부를 담아 주는 그릇이자 비추어 주는 거울로 사용함으로써 상황에 대한 이해와 수용을 불러올 수 있다.

그러나 모든 상황에서 내담자가 그들이 처한 상황을 진정으로 이해하고 수용하기 위해서는 그들 자신이 다른 모든 사람들, 즉 '장애'가 없는 사람들과 동일할 수 있다는 희망을 일부 놓아야 한다.

이는 16세부터 보호를 받아 왔던 한 젊은이의 사례에서 보다 구체적이고 직접적으로 확인할 수 있었다. John은 어린 시절을 부모와 형제와 함께 가정에서 지냈다. 그는 뇌수종과 관련된 의학적 문제로 자주 병원 신세를 져야만 했다. John이 4세가 되던 해에 아버지가 돌아가셨고 가족들은 이사를 하였다. 그가 성장함에 따라 그의 행동은 집안의 근심거리가 되었고 결국 거주 간호가 필요한 수준에까지 이르렀다. 이러한 상황은 가정에서 이따금씩 한동안 지속되었고 그는 마침내 입원 치료에까지 다다르게 되었다. 그의 어머니는 후에 재혼하였다. 그는 병동 안팎에서의 문제 행동 때문에 미술치료에 의뢰되었고, 때때로 통제 방법으로 사용되는 행동적 접근이 취해졌다. 그가 병동 밖에서 만나는 것에 저항을 보였기 때문에 미술치료는 일주일에 한 번씩 병동 내에서 이루어졌다.

John은 때때로 매우 수다스럽고 마음만 먹는다면 설득력 있는 표현을 하기도 하였다. 그는 공격적으로 돌변하기도 했지만, 그가 일으킨 대부분의 문제는 흔히 그의 언어적 접근법이나 방식과 관련된 것이었다. 그는 자신의 문제가 어디에 있는지 알고 있으면서도 그러한 행동을 했으며 상담 관련 전문가나 의사가 최종 통제권을 가지고 있는 유용한 권력자라는 사실을 알고 있었다.

처음 몇 회기 동안 독립과 지능과 같은 통제 관련된 문제가 John에게 가장 중요한 것이었다. 다른 모든 내담자에게 하는 것처럼, 필자는 치료 시작에 앞서 접수 시에 John에게도 치료 회기의 특징과 한계에 대하여 설명하였고 그와 계약에 대해 합의하였다. 그는 첫 회기에 다소 긴장감을 보이면서 종이에 재빨리 몇 개의 선들을 그렸는데, 그것들은 거룻배가 떠 있는 강이라고 하였다. 짧은 시간 동안 그림의 이미지에 대해 이야기를 하고 난 뒤 그는 자기가 생각하기에 최근 자신을 부당하게 대우했거나 소외시킨 주변 사람들에 관해 필자에게 이야기하였다.

치료 시간이 가까워질 때마다 그는 종종 병원에서 필자를 붙잡고는 바쁘다는 핑계로 치료를 취소하려고 시도하곤 했다. 그러나 취소하려던 이유는 어느덧 잊혀진 채 치료 회기는 매번 이루어졌다. 한 번은 필자가 병동에 도착하자 John은 편두통을 호소하며 치료의 취소를 요구하였는데, 이것이 보다 직접적인 예가 될 것이다. 필자는 아무 문제가 되지 않으니 괜찮다고 하면서 그가 나아지면 올 수 있도록 방에 가서 한 시간 정도는 기다릴 수 있다고 대답했다. 10분 후 그가 도착했고 두통문제는 어디론가 사라져 있었다. 도전적인 행동 문제를 가지고 있는 대부분의 사람들이 그렇듯이, 통제라는 문제와 누가 보다 큰 통제권을 가지고 있는지는 매우 중요한 것이다.

이후 몇 회기 동안 그가 그린 이미지는 모두 그를 중심으로 한 내용이었으며, 빨리 그림을 그리고는 회기의 남은 시간에 주로 필자에게 '말'을 하였다. 회기 내내 그를 분명히 통제해야 했기 때문에 종종 그와 함께하는 것이 곤란하게 느껴지기도 했다. 그의 이야기에는 자신이 해야 할 일을 다 하지 않은 사람들이나 '일'을 두고 빠져나가는 사람들에 관한 내용이 되풀이되었다. 보다 엄밀히 말해서 그에게 한 가지 문제에 대해서만 말하도록 하거나 중점이 되는 사항에 머무르도록 하는 것은 정말이지 불가능하였다.

그러나 미술치료에서의 이미지는 필자가 그와 나 자신을 다시 제자리로 돌아올 수 있도록 하는 접촉의 한 지점이 되었기 때문에, 비록 작기는 하지만 회기에 닻을 내리게 하였다. 집과 그의 잡담에 대한 문제는 거의 다룰 가능성이 없어 보였고 그는 대개 새아버지에 대한 적개심을 표출하는 데 열심이었다.

필자가 보기에 John이 통제에 대한 욕구를 숨긴 것은 안전과 이해, 또한 중요한 것은 신뢰성 있는 관계에 대한 욕구 때문인 것 같았다. 한 번은 치료 회기에서 그림을 다른 사람들에게 보여 주는지 필자에게 물어보았다. 필자는 그것은 전적으로 그에게 달린 문제이며, 또한 치료 회기와 관련된 다른 직원과의 만남과 관련해서도 필자의 역할은 단지 그 그림들을 잘 지키는 것이라고 단언하였다.

"우리의 대화를 누가 엿들을 수 있나요?"라고 그가 물었다. 필자는 그렇지 않다고 생각하지만 그가 원한다면 우리가 시험해 볼 수 있다고 대답하였다. 우리는 시험해 보기로 했고, 그는 방 바깥에 서서 필자가 안에서 하는 말을 들을 수 있는지 확인하였다. 그는 안심하며 방으로 돌아왔다.

John은 승인(approval) 또는 검토(checking)를 목적으로 회기에서 자신의 생각들을 실현함으로써 그 자신의 삶의 가능성을 시험하였다. 이것은 두 가지 경우에 일어났다. 첫 번째로, 그는 인간 생물학 관련 교과서를 들고 회기에 나타났다. '나는 인간 생물학에서 A 레벨을 치려구요.'라고 그가 자랑스럽게 말했다. 그는 병동의 모든 직원에게 자신의 의사를 말하며 자발적으로 도서관에서 그 책을 빌렸다. 필자는 그의 포부에 관심을 가졌고 그가 A 레벨을 통과하고 나면 무엇을 할 것인지 궁금하다고 말하였다. 그는 잠시 머뭇거리다가 곧 의사가 되고 싶다고 넌지시 말하였다. 이것은 그의 인생 전체에 영향을 끼쳤던 의사가 가진 힘에 대한 그의 확신에서 볼 때 매우 적절한 대답이었지만, 이는 또한 그 자신과 그가 가지고 있는 능력에 대해 말하고 있는 것이기도 했다.

두 번째로, 그는 자신이 지금까지 그린 그림들을 보고 떠오른 생각이 있다고 말했다. "내 생각에 이 그림들은 아주 근사한 것 같아요. 이 그림들로 책을 내서 Mencap에 필요한 돈을 모아야겠어요."라는 것이었다. 이를 염두에 두고 그는 그것을 하기 위해 그림들을 가져갈 수 있는지 물어보았다. 필자는 그것은 흥미로운 생각이지만 치료 회기에서 그것들은 매우 중요한 그림이었다고 생각하기 때문에 우리가 가졌던 회기에서 그림들을 잃게 되는 것은 유감스러울 것 같다고 이야기하였다. 이에 대한 대답으로 그는 각각의 이미지를 복사하자는 제안을 내어놓았고 정식으로 작업에 착수하였다. 그가 제시했던 A 레벨에 대해서는 그다음 주에 필자가 물어볼 때까지는 전혀 언급되지 않았다. 그 책들은 도서관에 반납되었고 그림들은 그의 사물함에 있었다.

John과의 대화가 점차 용이해지면서 특히 그의 가족과 관련된 문제들이 회기 내에 언급되었다. 그는 병원에 입원해 있다가 심장마비로 죽어간 아버지에 대해 기억하였다. 어머니는 이후 재혼하였고, 그는 새아버지가 가정 생활을 통제하는 방식 때문에 그를 좋아하지 않았다. 이 사실을 털어놓기까지 그리 오랜 시간이 걸리지는 않았다.

한 번은 그가 도시로 여행을 갔다가 약간의 현금을 인출하기 위해 주택금융조합에 들렀다. 거기에 있는 동안 출납원이 현금 출납부에 적혀 있던 그의 성으로 그를 불렀다. 그는 필자에게 그 이름으로 자신을 부르는 것은 그를 잘 아는 몇몇 허락된 사람들만 가능한 일이라며 너무 화가 났었다고 말해 주었다. 필자는 그가 화가 났을 때 했던 일이 무엇인지 물어보았다. 그는 "그냥 밖으로 나와 버렸죠."라고 하였다. 필자는 그가 매우 현명하게 행동했고 그것은 화를 내보이지 않는 긍정적인 방법이라고 말하였다. 필자는 그가 그때의 노여움을 그릴 수 있을지, 어떤 식으로 표현할지 궁금하였

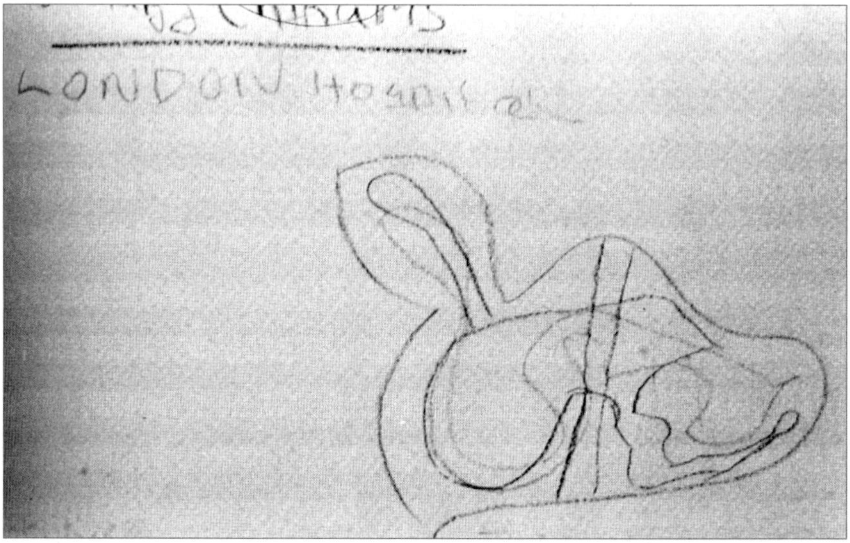

[그림 9-1] John: 첫 느낌

다. 그는 그의 위(stomach)를 나타내는 이미지([그림 9-1] 참조)를 그렸다. 그 안에 있는 액체는 그에 말에 따르면 좋은 것과 나쁜 것이었다. 그림에는 파란색 선과 검정색 선이 위 안에 들어 있었고, 파란색은 좋은 액체이며 검정색은 나쁜 액체를 나타내는 것이었다. 그를 화나게 만들었던 것은 검정색 액체였다. 필자는 그가 다른 무언가 느낀 것은 없는지 알고 싶었다. 그는 단지 두통에 대해서만 말했다.

다음 주 그는 매우 화가 난 상태로 회기에 참여하였는데, 집에서 막 돌아왔을 때였다. 그의 말에 따르면, 그가 집에 가기로 되어 있던 날 그의 부모로부터 타이어에 펑크가 나서 좀 늦게 도착할 것 같다는 전화를 받았다고 한다. 그러나 진짜 이유는 그들이 '자신이 집에 가는 것을 원하지 않기 때문'이라고 말했다. 그러나 필자는 그들이 데리러 왔고 그는 집에 갔다는 점을 지적하였다. 그는 거기에서 화를 냈을까? 그는 분노를 느꼈지만 전과 같이 다시금 그것을 나타내지 않기로 선택하였다. 그는 바로 새아버지를 그렸는데([그림 9-2] 참조) 온 힘을 다해 새아버지의 머리와 팔을 소용돌이치는 모양으로 표현하였다. 필자는 John이 그때 느꼈던 분노를 지금 보여 주고 있으며 그것은 괜찮은 것이라고 말해 주었다. 그 사이에 분노를 실제로 표출하지 않고 간직하여 회기까지 가지고 올 수 있다는 그의 깨달음은 매우 긍정적인 것이었다.

일주일 후 그는 새아버지에 대한 또 다른 이미지([그림 9-3] 참조)를 그렸지만 이번에는 그 그림 안에 그의 어머니도 포함되어 있었다. 그림의 왼쪽 편에 위치된 새아버지는 웃는 모습으로 나타났다. John은 화려하게 그림을 마무리 지을 때까지 사인펜과 크레용을 사용하여 새아버지의 몸통을 그리는 데 집중하였으며, 이는 그가 처음으로 재료에 매우 열중한 시기였다. 새아버지에 대해 가지고 있는 편견은 그의 대화에 반영되었다. 그는 새아버지가 그와 결코 '진정한 관계'를 가진 적이 없고 그가 어렸을 때에는 '항상 일을 하러 가서' 함께 있었던 적이 없는 것에 대해 슬픔을 느꼈다. 이 시점에서 그는 눈물을 흘리기 시작했지만 곧 눈물을 멈추면서 자신을 무정하게 대한 새아버지에게 되갚아 주고 싶다고 말하였다.

이제 집에서의 그의 생활과 관련된 경험들이 공개되었고, 종이 위에 이에 대한 표현이 계속 이어졌다. 그는 치료 회기가 시작되기를 간절히 바랐고 필자가 방에 들어서면 종이를 거의 낚아채 가기도 하였다. 다음 회기에서는 그와 형이 그들의 침실에서 베개 싸움을 하고 있는 이미지를 표현하였다. 그는 그의 형을 '오래 전에 잃어버린 형'으로 설정하였는데, 왜냐하면 그의 형은 군대에 있었고 이따금씩 다만 그에게 편지를 보낼 뿐이었기 때문이었다. 회기의 초기에 매우 필요로 했던 통제는 이제 감소하였지만 그렇다고 완전히 사라진 것은 아니었다. 어느 날 그는 필자가 회기를 그만두도록 하려면 그가 무엇을 해야 하는지 물어보았다. 우리는 함께 회기를 계속하거나 줄이기 위해 허용될 수 있는 행동 등에 대한 다양한 시나리오

[그림 9-2] John: 새아버지

[그림 9-3] John: 새아버지와 어머니

를 검토하였다. 그의 의견들은 대부분 폭력적인 종류였고, 그리고 그는 '그것들을 실제로 시험할' 의도는 없었다고 하며 갑자기 "꺼져."라고 말했다. 이것은 10~15분 동안 쉴 새 없이 계속해서 반복되었고, 그 사이 필자는 다음은 어떻게 될지 궁금해하며 그저 앉아 있었다. 그러고 나서 그는 멈추고는 "가지 않으실 거죠, 그렇죠?"라고 하였다. 필자는 가지 않는다고 대답하였고 회기가 끝날 때까지는 가지 않지만 그는 언제든 가도 좋다고 말했다. 그러자 대화는 그 주에 벌어진 일에 관한 내용으로 바뀌었고 회기가 끝날 때까지 이야기는 계속되었다. 회기가 끝나자 그는 방을 나섰고, 가다가 몸을 돌려 필자를 바라보더니 "꺼져."라고 말하고는 재빨리 문을 닫았다.

John에게서 가족과 떨어져 지낸 많은 시간들은 그에게 독립에 대한 필요성을 강요하였지만, 동시에 그를 다른 많은 것들에 의존하게 만들었다. 그는 가족과의 친밀한 유대감 상실과 타협해야 했고, 그의 친아버지에 대한 상실과 이후 새아버지로의 교체를 받아들여야만 했다. 거기에는 학습곤란이라는 그의 한계에 대해 그와 타인들이 가지고 있는 인식과 통합 또한 존재하였다.

Bicknell(1983)은 학습곤란을 가진 개인에 대한 일원화된 정의에서 보다 폭넓은 시각을 가지고 정의 내리는 것이 필요하다고 주장하였다. 그녀는 다음과 같은 질문들을 제시하였다.

장애를 갖는 것이 이 사람에게 의미하는 것은 무엇인가? 이 시기에 그 사람의 인생에서 의미하는 것은 무엇인가? 그 사람을 돌보는 사람에게 의미하는 것은 무엇인가? 이러한 환경에서는? 그리고 같은 장애 집단에서는?

이러한 질문들은 우리가 치료사 또는 보호자로서 그들을 만나는 순간에 우리가 우리의 내담자를 발견하는 위치를 이해할 수 있도록 하며, 그들이 겪어 온 경험을 이해하는 방식을 제공하므로 중요하다.

사별의 경험

학습곤란을 가진 사람에게 이해의 기회를 제공해야 한다는 요구는 종종 그들의 안전을 책임지고 있는 그들의 가족이나 전문인들의 요구와 충돌하기도 한다. 특히, 사별과 관련하여 고통을 받고 있는 사람은 때때로 직접적인 관여에서 배제되고, 최악의 경우 사건의 실체를 볼 수 없도록 하는 공모가 일어나기도 한다.

직접적 또는 간접적으로 가족들이 연관될 때, 학습곤란을 가진 개인과 그들 가족 간의 관계를 이해하는 것이 중요하다. 얼마나 자주 우리 치료사들은 치료를 하는 동안 진정 문제가 있는 것은 내담자인지 혹은 다른 사람인지 생각하는가? 사별 후에 학습곤란을 가진 개인이 경험할지도 모르는 슬픔을 걱정하는 보호자들은 그 개인이 지금 바로 도움을 필요로 한다는 신념에서 종종 외부적인 지원을 찾게 된다. 정상적인 사별의 과정이 2~3년 정도 오랜 기간이 소요된다는 사실은 다른 사람의 슬픔을 목격하는 것이 흔히 이전 우리 자신의 경험과 무력감을 재각성시켜 자주 상실감을 동반한다는 사실을 숨기기 어렵게 만든다.

필자가 생각하기에 특히 치료를 하는 이 분야에서 흔히 볼 수 있는 이러한 일은 때때로 지지를 제공하는 보호자들 자신의 능력에 대한 확신을 손상시키기도 한다. 따라서 사별과 관련한 상담은 필요없다고 생각하는 보호자들에게 사별 상담에 대한 필요성을 만들어 내는 것부터가 문제이자 '새로운 기술'이다(McKnight, 1984).

그런 까닭에 지지하고 지원하는 것은 때때로 내담자는 물론 보호자에게까지 확대시킬 필요가 있으며, 특히 개인이 상실을 경험하거나 이해하는 정도에 어려움을 겪는다면 더더욱 그러하다. 필자는 사별로 고통받고 있는 사람들을 위해 그들 자신의 슬픔의 경험을 공유할 수 있는 기회를 제공하고자 내 동료와 함께 2일간의 체험 연수를 운영하였다. 개인들이 참여하여 그들이 바라는 곳에서 보호자의 지원을 받았으며 다양한 개인적 경험을 풀어놓았다. 모두 최근 몇 년 이내의 사별로 고통받고 있었다. 포괄적인 목표는 상실 후 마주하게 되는 느낌들을 탐색하도록 돕고 서로서로 지지를 주고받는 방식을 살펴보는 데 있었다.

단 이틀 안에 매우 개인적인 주제를 다루게 되는 것을 우려하여 우리는 그들이 안전하게 느끼기 전까지는 그들 자신의 특수한 경험을 노출시키지 않도록 하고자 우리의 계획을 신중하게 세웠다. 이를 위해 우리는 연수를 잘 운영하려면 그러한 경험과 그것에 대해 나누고 공유하는 것을 그만두는 편이 더 나을 수 있다고 생각하였다.

관계를 열 수 있는 몇 가지 간단한 아이스 브레이킹 작업 후 우리는 학습곤란을 가진 개인들과 그들의 지지자들에게 그들 자신의 신체상을 그린 다음 그들이 느꼈던 감정들의 유형과 그것이 신체상의 어느 부분에서 느껴지는지 나타내도록 하였다.

각각의 이미지가 진행됨에 따라, 그림들에서는 각 개인이 사별 후에 경험하였던 느낌으로 반응하고 있는 것이 분명하게 드러났다. 그중에 특히 한 개의 그림은 느꼈던 감정의 범위를 간단하게 잘 나타내고 있었다. Robert는 자기 자신을 가장자리에 그렸고, 다음에는 그의 몸을 커다란 구멍으로 채웠는데 그는 그것을 자기의 복부라고 표현하였다([그림 9-4] 참조). 복부 위에는 그의 심장이 있고, 그의 머리와 손 주변으로 그는 물결치는 모양의 선을 그렸다. 우리가 예상치 못했던 것은 참여자 모두가 그들의 개인적 경험에 대해 자진해서 매우 열성적으로 이야기하고 싶어 했다는 점이다.

Robert는 그의 어머니가 돌아가셨던 날을 잘 기억하고 있었다. 그 직후

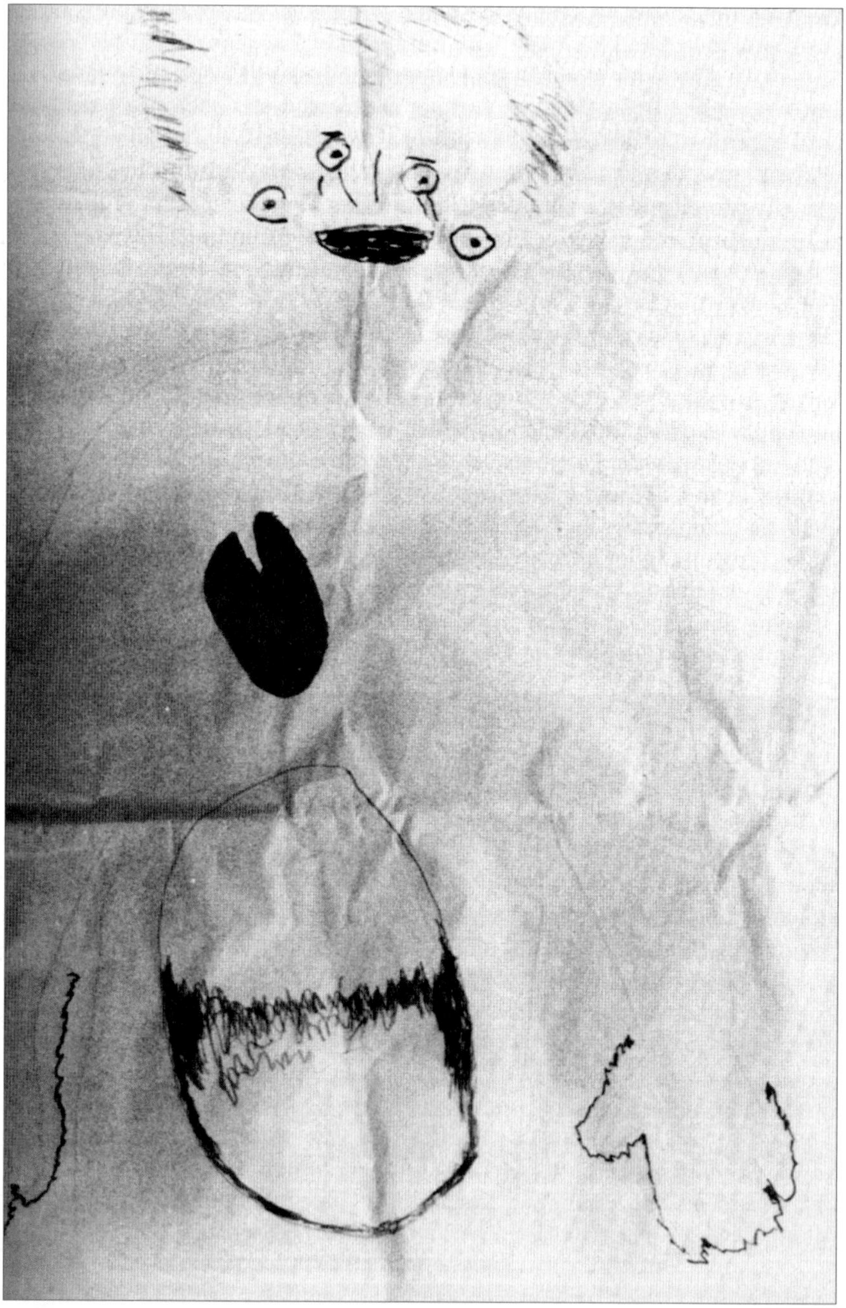

[그림 9-4] Robert: 신체상

그는 건강에 문제가 생겼고 심장 문제로 의심되어 병원에 입원하게 되었다. 그는 손을 떨기 시작했고 그의 머리카락이 빠지고 있다고 확신하였다. 그는 자신의 배 안은 완전히 비어 있다고 느꼈다. 그의 모든 문제는 심신증(Psychosomatic)으로 진단되었다.

그들의 특수한 경험을 바라보고자 하는 사람들의 열성(혹은 우리의 주저함)은 주제를 그들 자신의 욕구가 무엇인지에 대해 특별하게 반응하는 방식으로 변화되게 하였다. 사랑했던 사람에 관해 이야기하고자 한 그들의 바람은 참여자들이 다음 날 소중히 여겼던 사진과 개인적 소지품을 가져오는 것으로 이어졌다. 또한 그들의 개인적인 경험을 들여다보는 시간도 주어졌다. Robert는 그와 아버지가 죽은 어머니를 발견한 날에 대해 그림으로 그렸다([그림 9-5] 참조). 그는 그들이 어머니를 발견한 후에 구급차를 불렀다는 말만 했지만 그 그림이 모든 것을 충분히 말해 주고 있었다. 슬픔

[그림 9-5] Robert: 어머니의 죽음

을 공유하는 것은 Robert에게 중요하였지만 그 집단에 있는 다른 개인들에게도 그것은 마찬가지였다. 그것은 다시 체험하는 방법이었고 그것을 통해 일어난 일을 이해하는 하나의 방법이었다. 치료에서 회상과 슬픔의 공유에 대한 중요성은 아동과 함께한 그녀의 작업 중에서 Caroline의 사례(Dalley et al., 1987: 47)에 잘 기술되어 있다. 그녀는 내담자 아동이 모래놀이상자를 이용한 것에 대해 머릿속을 대청소하는 것처럼 꼭 필요한 청소였다고 묘사하였다. 이는 차례로 그들이 현재 받고 있는 지원과 앞으로 바라는 것에 대해 생각하도록 이끌었다.

이 연수에 대해 평가하면서 우리는 창조적 구성요소를 활용한 것이 매우 중요했음을 깨닫게 되었는데, 왜냐하면 "진전의 기록, 생각과 느낌은 각 개인에 의해 그들 자신만의 언어로 만들어질 수 있기 때문이었다."(French & Kuczaj, 1992: 111) 참여자들이 그린 그림에서 분명했던 것은 개인의 경험을 정서적으로 나타낼 수 있는 이미지의 절대적 위력과 때때로 그림을 그리는 중에 말이 필요하지 않다는 점이었다. Patsy Nowell Hall은 내담자들과의 그녀의 작업에서 내담자들이 그림의 이미지에 대해 느꼈던 방식과 이미지를 창조하는 것 자체가 변화의 계기가 되고, 그림에 대한 해석과 그에 대한 대화는 "뿌리를 살피려고 계속해서 식물을 뽑아 보는 것과 같다."(Nowell Hall et al., 1987: 182)고 기술하였다.

때때로 언어적 기술이 제한된 개인과 작업할 때에는 말로 공백을 채우기를 바라거나 혹은 너무 지시적이 된다는 면에서 종종 전이와 역전이의 느낌을 일으킨다. '오직' 이미지로만 상대해야 할 때에는 때때로 이것이 충분치 않다거나 개인을 거기에 있게 할 이유로 정당하지 않다고 생각하기도 한다. 그러나 우리는 이미지를 믿을 필요가 있고 치료 회기의 효과에 대해서도 믿어야 한다. 왜냐하면 그렇게 함으로써 우리는 신뢰와 가능성을 내담자에게 전달하기 때문이다.

상실을 다루는 자세

우리는 내담자와의 관계를 시작함과 동시에 자연스럽게 그것의 결말을 대비한다. 내담자들의 경우 이미 너무나 많은 사람들이 그들의 보호를 이유로 자신들의 삶을 스쳐 지나갔기 때문에, 그들이 종종 타인과의 관계, 혹은 타인에 대한 신뢰가 어려울 수밖에 없다는 것은 어쩌면 당연한 일이다.

미술치료를 통해, 개인은 관계의 의미와 그것들에 포함된 복잡성의 의미를 시험해 볼 수 있다. 이러한 이유로 치료 회기에는 과거의 관계에 대한 경험들이 불가피하게 반영될 수밖에 없다. 즉, 치료사와의 단순한 관계 설정 자체가 다른 인간 존재에 대해 신뢰하고 이해할 수 있도록 배우게 하며 궁극적으로 자기 자신에 대한 신뢰와 이해로 이어지게 한다.

치료사가 습득하기 가장 어려운 교훈 중 하나는 '내담자와 함께하는 것'이다. 즉, 자신이 가지고 있는 욕구뿐만 아니라 내담자 개인이 가지고 있는 욕구를 이해해야 하며 알려지지 않은 잠재적 가능성에 대해서도 다루어야 한다. 그러나 알려지지 않은 잠재력은 종종 내담자들이 그들 자신을 발견하는 바로 그 상태에 존재한다. 상실을 주제로 다룰 때에는 치료 회기 내에서건 바깥에서건 학습곤란을 가진 사람과 관련하여 우리가 제공하고 있는 네 가지의 특정 구성요소에 대해 충분히 이해하고 제공해야 한다고 필자는 생각한다. 그것은 바로 정직, 연속성, 일관성 그리고 가능성이다. 이러한 것들을 제공할 때, 우리는 자신을 보다 잘 자각하게 되며 이것은 우리와 내담자 모두에게 도움이 된다. 이 네 가지 요소들은 누구에게나 당연한 기본 권리로 보일 수 있고 실제로도 그러하지만, 우리가 다루는 학습곤란을 가진 개인의 경우 그것들이 쉽게 무시되기 때문에 그 개인들에게 이 네 가지

요소는 중요하다. 필자는 학습곤란을 가진 개인들과 치료사로서의 우리를 포함한 그들 주위의 사람들 모두를 위해 상실의 영향을 제대로 이해하는 것이 그들 자신의 권리를 가진 사람으로 학습곤란을 가진 사람을 이해하는 출발점이 될 것이라고 생각한다.

참고문헌

Bicknell, J. (1983) *British Journal of Medical Psychology,* 56.

Bowlby, J . (1969) *Attachment and Loss*, London: Hogarth Press.

Bungener, J. and McCormack, B. (1994) *The Handbook* of *Psychotherapy,* London: Routledge.

Clarkson, P. and Pokorny, M. (1994) *The Handbook of Psychotherapy*, London: Routledge.

Dalley, T., Case. C., Schaverien, J., Weir. F., Nowell Hall. P., Halliday, D. and Waller, D. (1987) *Images of Art Therapy,* London: Tavistock.

French, J. (1995) *Bereavement and Loss: Training Information,* Bristol: Phoenix Trust.

French, J. and Kuczaj, E.(1992) 'Working Through Loss and Change with People with Learning Disabilities', *Mental Handicap,* 20.

Kitching, N. (1987) 'Helping People with Mental Handicaps Cope with Bereavement', *Mental Handicap,* 15.

Kubler-Ross, E. (1969) *On Death and Dying,* New York: Macmillan.

McKnight, J. (1984) *John Deere and the Bereavement Counsellor.* Annual E.F. Schumacher Lecture, in *An Introduction to the Whole Community Catalog.* New Haven, Conn.

Nowell Hall, P. (1987) [Author: please complete.]

Sinason, V. (1992) *Mental Handicap and the Human Condition,* London: Free

Association Books.

Winnicott, D. W. (1958) *Through Paediatrics to Psychoanalysis,* London: Tavistock.

Worden, J. (1983) *Grief Counselling, Grief Therapy,* London: Tavistock Publications.

제3부

통합적 접근

제10장

전문가 협력 작업에의 여정

예술치료 공동작업 경험에 대한 반영

Chris Gale & Rachel Matthews

주요 주제

- 미술치료사, 드라마치료사, 음악치료사가 공동작업한 사정 집단의 모험적 시도에 대한 기술

핵심 사항

- 사정의 특성: 우리는 무엇을 어떻게 평가하고 있는가, 특히 내담자는 어느 지점에서 비언어적인가?
- 공동작업에서 얻어지는 이점과 불안: 공동작업을 통해 우리의 특별한 전문적 기술의 영역과 제한점 파악
- 지각된 내담자의 다양한 욕구 충족에서 서로 다른 전문적 접근법들 간의 상대적 장점

서 론

이 장에서는 미술치료사, 드라마치료사 및 음악치료사의 공동작업과 관련된 단기 프로젝트에 관하여 기술하고자 한다. 이 아이디어는 시행되기 전에 TAITH* 예술치료 서비스에 있는 치료사들과 한동안 논의되었던 것이다. 그러한 전문가 협력작업은 다른 곳에서는 이루어졌지만 TAITH 내

에서 채택된 것은 처음이었다. 아이디어가 발전해 갈수록 전문가 협력작업은 팀 구성원들에게 특히 더 중요한 의미가 되어 갔다. 치료사들은 내담자의 욕구뿐만 아니라 서로 다른 예술치료 작업들에서 사용되는 매체의 특질에 대해서도 생각하게 되었다. 실제로 만나 첫 집단의 정점을 장식한 이 사정 집단 프로젝트의 연혁은 다음과 같다.

'사정 집단'에 대한 구상

1994년 12월, TAITH에서 근무하는 5명의 치료사는 예술치료 부서에서 새로운 어떤 것을 시도하고자 하였다. 오후에는 내담자 평가에 미술, 음악, 드라마의 3가지 접근 방법을 도입하고자 사정 집단에 관한 아이디어를 논의하였다. 드라마치료사의 리더하에 새로운 치료사 팀이 구성된 해였으며, 우리가 지역사회에서 의뢰받아 새로운 경험을 하게 된 시기이기도 하였다.

이러한 아이디어가 나오기까지 여러 가지 사항을 고려하였다. 의뢰의 수, 특히 지역사회의 의뢰 수는 가능한 회기 시간을 훨씬 초과했으며, 그것은 많은 내담자들이 오랫동안 기다려야 한다는 것을 의미하였다. 동시에 실제 누군가와 함께 작업을 시작하기 전에, 내담자가 치료에 참여할 의향이 있는지 혹은 그 치료가 그 내담자에게 실제로 유용한지에 관한 판명이 분명하지 않은 경우가 많았다.

보다 엄밀히 말해 예술치료 서비스에 관련된 것은 특정 내담자의 치료를 위해 적합한 매체수단이 무엇인지에 대한 질문을 규명하는 것이었다. 때때로 이것은 결정하기가 어려웠으며, 또한 그것이 분명해 보일 때조차도 우리는 우리의 결정이 확실한 체계적 근거를 가지고 있는지 확신할 수 없었다. 그것은 의뢰된 사람과의 만남에서 다루어질 수 있었는데, 이 만남에서 어떻게든 스스로 표현할 수 있는 내담자들은 치료에서 보다 유용한 어떤 매체를 발견할 것이라고 가정하였다. 사정 집단은 동일한 내담자에게 각기 다른 매체를 사용하게 함으로써 이를 탐색하는 기회를 제공하였다.

사정 집단 서비스 개발이 진행되고 있을 때, 우리는 회기에 각각의 예술 매체, 즉 음악, 미술, 드라마를 포함시킨 작업 방식이 특히 중요하다고 생각하였다. 내담자가 특정 치료사와 계속적인 관계를 유지하는 것이 중요한 원칙 가운데 하나였으며, 그리고 예술치료사들이 때때로 한 조가 되어 작업하는 동안 매체를 연합해야 하는 협력 작업에서 보다 많은 문제가 야기되었다. 치료사와 내담자 간 관계의 본질에 관해 각 분야에서의 기대치가 서로 달랐던 것일까?

특히, 외부 수련감독자와 함께하는 정규 임상 수련감독 회기에서, 그 작업에 대한 서로 다른 분야의 의견을 듣게 됨으로써 팀 구성원들은 서로의 분야의 대해 가지고 있던 지식을 크게 확장할 수 있었다. 이러한 것들은 치료사 각자를 위해 자신의 작업을 반영하는 기회를 제공하는 것은 물론 팀에서 다른 사람의 작업 방식과 접근을 알 수 있도록 하였으며, 집단 작업으로 시행되었다. 게다가 특정 주제에 따른 1회성 경험적 회기들을 포함하는 웨일스 전역 전문가 모임(All-Wales professional meetings)**의 참여로 다양한 매체 수단을 사용하는 더 많은 기회를 공유할 수 있었다. 이러한 회기들은 치료의 목적으로 의도된 것은 아니었다.

우리는 팀 내에 여러 가지 다양한 치료적 접근법이 있다는 것을 인식하고 있었다. 이 가운데 몇 가지는 각 전문직이 가지는 견해의 수처럼 개인차에서 비롯되었다. 그러나 또한 서로 다른 매체의 특성이 이에 대해 영향을 미치는 것처럼 보였다. 우리는 동료로서 치료실 밖에서 상당히 많은 협력 작업을 하였다. 치료 회기 내에서 함께 작업하자는 아이디어는 도전과 흥분을 가져왔다.

아이디어의 발전

치료사 팀은 이후 몇 달 동안 아이디어를 진전시키기 위해, 또한 실제 과업에 가장 잘 접근할 수 있는 방도를 찾기 위해 여러 번 모임을 가졌다. 처음에는 집단이 1995년 3월에 시작될 것으로 예상하였지만, 보다 많이 요구되는 요소들이 있어 같은 해 6월에 실시하기로 하였다.

사정은 내담자와 치료사 모두를 위해 고려되어야 하는 확실한 질문들을 구성하는 과정으로 보였다. 이러한 질문들은 현재 사용되고 있는 사정에 포함되어 있지만, 우리가 실시하고자 하는 사정 집단과 관련하여 명백하게 밝힐 필요가 있었다. 팀은 질문의 목록을 작성하였고(〈표 10-1〉 참조), 질문에 대한 대답을 어떻게 확인하고 기록할 것인지 상의하였다.

다음으로는 집단에서의 작업 체제를 어떤 식으로 설계할 것인지 논의하였다. 세 번의 잇따른 모임에서, 집단은 예술치료 매체 각각을 순서대로 경험하는 것으로 결정하였다. 준비하는 내내 내담자들과 그들의 후원자에게는 서신과 모임을 통해 알려 주었다. 예술치료에 대한 정보를 얻는 회기는 실제 치료 회기와 병행하여 내담자를 조력하는 관련 직원들을 위해 진행될 수 있도록 하였다. 우리는 우리의 병원 시설을 떠나 지역사회에서 생활하고 있는 내담자들이 보다 편안하게 느낄 수 있는 작업 장소를 확인하기를 바랐다. 그것은 또한 회기를 계속 진행해 나갈 때 치료사들이 외부 협력자의 도움이나 지원과 함께 경험을 논의하는 데 유용하다고 생각했기 때문이다. 내담자 집단이 정해졌고 6월 중으로 정한 주에 시작되었다. 팀에 있는 치료사들은 필요로 하는 다양한 실제적 과업에 대해 작업해 나가기 시작하였다.

〈표 10-1〉 사정 집단을 위한 원 관찰 질문지

■ **내담자와 관련된 질문**

1. 치료를 할 것인가, 말 것인가?
(a) 내담자가 치료를 원하는가?
(b) 내담자가 치료의 종류와 특징을 이해하고 있는가?

2. 치료 방법 선택
(a) 내담자가 선호하는 매체가 있는가?
(b) 내담자가 개별/집단 치료를 선호하는가?
(c) 내담자가 a)와 b)의 특정 결합을 원하는가?

3. 치료사 선택
(a) 내담자가 치료사와 관련하여 특별한 고려 사항이나 선호성을 가지고 있는가? 예를 들어,
  -남성/여성 치료사
  -웨일스어/영어/기타 다른 언어/수화
  -민족/인종/계층
(b) 내담자가 치료사 개인에 대해 특별한 반응을 보이는가?

4. 치료를 위한 환경
(현재 여기에 제시된 내담자와 관련된 질문 외 추가 사항)

5. 주목해야 할 목표 및 요점
(a) 치료에서 다루어야 할 내담자의 목표는 무엇인가?

■ **치료사와 관련된 질문**

1. 치료를 할 것인가, 말 것인가?
(a) 내담자에게 주어진 계약의 수준:
  -치료사(들)에 관하여?
  -집단에 관하여?
  -매체에 관하여?

2. 치료 방법 선택
(a) 각 매체의 내담자 반응에 대한 치료사의 사정 결과는 어떠한가?

(b) 치료사는 각 내담자에게 어떤 매체가 적합하다고 보는가? 그리고 치료에 집단 혹은 개별 중 어떤 방식이 적합하다고 생각하는가?

3. 치료사 선택
(a) 내담자들에 대한 각각의 치료사의 반응은 어떠한가?

4. 치료를 위한 환경
(a) 다음 문제에 대한 치료사의 사정 결과:
–내담자에게 필요한 치료 시간은?
–내담자가 사람을 다치게 하거나 대상물을 손상시킬 위험이 있는가?
–이 내담자에게 적합한 치료 장소는?(치료실, 방, 시설, 마당)
–내담자가 회기 내에서 도움을 받아야 할 필요가 있는가? 그리고 이것이 가능한가?
–정보 공유는 어느 정도 수준이 적당한가, 그리고 누구와 정보를 공유해야 하는가?
(b) 재정적인 면은 고려되었는가? 그것은 충족될 수 있는가?
(c) 치료적 효과를 유지하도록 지원할 수 있는 보호자들의 인적 연결망이 있는가?

5. 주목해야 할 목표 및 요점
(a) 치료사는 내담자의 문제에 대해 어떻게 생각하는가?
(b) 치료사는 의뢰 경로 혹은 보호자가 의뢰한 문제에 대해 어떻게 생각하는가?
(c) a)와 b)를 어떻게 결합시켜야 하는가? 그리고 잠재적인 갈등 요소가 있는가?
(d) 집단의 대인간 역동성은 내담자의 어떤 방식(예: 이전부터 존재하던 관계)에 어떤 영향을 미치는가?

집단의 지연

논의 끝에 이르게 된 집단 과정의 각 단계는 매우 논리적으로 보였지만, 점차적으로 업무에 대한 실행 계획들은 오히려 보다 복잡해졌다. 이 집단이 어떻게든 그 분야의 작업에 대한 모든 미해결된 질문에 대답할 수 있어야 하는 것처럼, 모든 일이 '완벽하게 맞아떨어지는 것'이 중요하다고 생각했다. 그 과정에서 보다 많은 생각은 많은 의문을 낳아, 특히 그러한 집단이 치료를 하는 것으로 간주될 수 있는지의 여부와 내담자들을 위한 집단에 정말 유용한 것은 무엇인지에 관해 고찰하도록 하였다.

시간이 흐르면서, 유효 기간 내에 계획한 모든 것을 착수하는 것은 불가능할 것이라는 사실이 더욱 분명해졌다. 작업 환경에서 더 많은 변화가 있어야 될 것으로 판단하여 그 집단은 처음에 4개월 정도 연기되었으며, 이후 무기한 연기되었다.

아이디어의 개정

전문가 협력작업에 의한 사정 집단의 초기 계획은 매우 고심하여 만들어진 것이었지만, 결국 많은 복잡한 문제들을 나타냈다. 그러나 집단을 연기시켰음에도 불구하고, 사정 집단에 대한 아이디어는 여전히 치료사 팀에게 중요한 것으로 부각되었으며 정기적으로 언급되었다. 1996년 초, 이 아이디어는 약간 다른 배경에서 다시 제기되었다. 지역사회의 대기자 명단은 줄었지만 병원에 입원한 내담자들의 의뢰 수는 현저히 늘어났는데, 병원 상주자에 대한 의뢰를 받았을 때 특히 치료의 유용성 유무를 결정 내리기가 더욱 어려웠다. 방문이나 회진에서 내담자들의 거의 말 없는 모습이 종종 보였고, 이는 내재하는 본질적인 어려움 때문인지 혹은 병원시설에서의 오랜 생활에서 온 습관적인 반응 때문인지가 분명하지 않았다.

대규모의 체제에서 조금 축소한 사정 집단을 운영하기로 결정하였다. 사정 집단은 특별히 병원에 입원한 내담자들을 대상으로 이루어졌고 병원의 예술치료 부서 내에서 시행되었다. 3가지의 예술치료 매체수단이 교대로 순환되는 구성형식으로, 일주일에 한 번, 1회기당 한 시간씩, 총 6회기로 이루어졌다. 즉, 1회기와 4회기는 드라마치료, 2회기와 5회기는 음악치료, 그리고 3회기와 6회기는 미술치료가 실시되었다.

원래의 계획에서 한 가지 요소가 더 첨가되었는데, 치료사들 간의 토론을 이끌 수 있도록 외부 협력자를 참여시키기로 하였다. 그러나 이번에는 사정 집단이 시작되기 전에 치료사 전체 팀을 위해 온종일 계속되는 회기로 열렸다.

과도기적 변화

외부 협력자를 도입한 치료사들 간의 토론은 사정 집단의 발전에서 전환점이 되었다. 그것은 치료사들에게 사정 집단의 작업에서 그들 자신의 접근법에 관해 솔직하게 말할 수 있는 기회를 주었다. 이는 우리의 훈련에 관해 우리가 서로 상의하도록 하였고, 이를 반영하여 다음에 실행할 임상을 우리가 어떻게 이끌어 나가야 하고 우리의 초기 지식을 어떻게 발달시켜 나가야 하는지 등을 포함하였다. 또한 우리는 다른 두 가지 방식의 치료가 어떻게 실행되는지에 관한 우리의 생각들, 즉 그것들이 어떤 방식으로 효과적이었고 어떻게 다른지 등을 검토하였고, 혹은 심지어 그 의견이 반박된다 하더라도 우리 자신의 이론과 임상실제에 관한 견해들을 고찰하였다.

동료들과 함께 작업하는 문제는 일종의 불안을 야기시켰다. 치료사로서 우리의 작업은 보통 사적인 공간 속에서 일어난다. 수련감독에서 논의되는 부분과 치료실에서 다른 치료사들에 의해 관찰되는 내담자들과 함께 작업하는 것 사이에는 우리 각자에게 분명 차이가 존재하였다. 이는 대체로 기꺼이 받아들여졌지만, 우리는 실제로 임상 시에 그것에 대해 조심스럽게 느꼈다. 특히, 우리는 우리가 서로에 관해 행동하고 관계하는 규칙들을 고려해야 했다. 한 사람은 회기를 끌어 나가게 될 것이며 다른 사람들은 지지하게 될 것이다. 이러한 역할들은 매주 변화할 것이다. 비록 우리가 실제 집단을 시작할 때까지 이것이 어떻게 작용할 것인지 확실히 예측할 수는 없었지만, 우리는 서로에게 기대하는 바에 대해 논의해야만 했다.

구체적인 계획

전문가 협력작업에 대한 질문들은 매우 실제적인 수준으로 사정 집단에 영향을 미칠 것이다. 그 집단의 첫 논의 시간에, 미술치료사 한 명이 우리가 어떻게 서로 다른 매체를 제시할 것인지에 관해 의문을 던졌다. 우리는 우리 조의 방에 미술치료사, 음악치료사 및 드라마치료사에 따른 미술 도구, 악기, 무대 소도구와 같은 다양한 매체를 배치할 것인가? 그 방에 내담자 집단이 들어올 수 있는가? 그리고 각 개인이 무엇에 대해 반응하는지 볼 수 있는가? 드라마치료사는 한 번에 한 가지 매체에서의 전체 집단 참여와 함께 보다 더 구조화된 무엇인가를 관찰했었다.

두 번째 논의에서는 집단을 운영하는 세 명의 치료사 Hilary(미술치료사), Chris(음악치료사) 그리고 Rachel(드라마치료사)이 저마다의 접근법을 함께 접합할 수 있는 방법에 대하여 생각하였다. 집단이 검토됨에 따라 적합해 보이기는 했지만 우리가 각자 항상 작업하던 방식과는 다른 구조가 드러났다.

이 논의에서 우리는 모든 회기에 음악치료실을 사용하기로 결정하였다. 그 방에는 원형으로 편안한 의자를 배치할 것이며, 휠체어가 활동할 수 있는 공간도 충분하였다. 미술치료 회기를 위해 작업에 사용할 수 있는 몇 개의 낮은 탁자가 놓일 것이며, 미술 도구, 악기 및 무대 소도구 등이 매주 그 방에서 사용될 수 있도록 하였다.

6주에 걸쳐 지속되는 어떤 일들을 해야 하는 것은 중요하게 생각되었다. Rachel은 내담자들이 회기가 시작한다는 것을 알고 서로 각 개인을 인식하며 집단 응집력을 발달시킬 수 있게끔 조력하는 시작 활동을 이끌었다. 각 회기는 집단에 참석한 사람이라면 모두 알고 있는 노래를 Chris와 함께 따라 부르면서 끝맺었고, 이는 집단 시간의 종료를 나타내는 것이었다.

그 집단은 특별히 사정 집단으로 계획된 것이었고 장기로 진행시킬 의도는 없었다. 따라서 우리는 치료 집단을 구성할 때 보통 하게 되는 내담자들 사이의 양립성이나 융화를 추측하거나 고려하여 구성하는 배려는 취하지 않았다. 이는 서로 다른 방식의 치료로 접근하는 사정에서 우리가 관심을 가졌던 영역의 하나였다. 비록 각 내담자가 치료사들 가운데 적어도 한 명과 만났고 의뢰 시 상세한 정보들이 수집되었지만, 치료사들은 사람들이 치료 환경에서 어떻게 반응할 것인지 거의 알지 못했다. 새로운 상황 속에서 내담자들과 치료사들 모두 통상적으로 갖게 되는 불확실성은 치료사들을 위해 작업의 새로운 방식을 촉구하는 가외적인 자극이 되었다.

치료사 팀은 2년 이상 함께 작업해 왔으며 집단 수련감독을 받아왔지만, 이것은 팀이 내담자를 대상으로 여러 예술치료 방식에 걸쳐 공동작업을 한 최초의 경험이었다. 그것은 사정 집단 자체로서도 의미가 있었지만 팀 내에서 일어난 뜻깊은 과정이기도 하였다.

내담자 소개

다음과 같은 7명의 내담자들이 집단에 참여하였다.

Maud

60대 여성으로 대체로 움직이는 것을 좋아하며, 종종 그녀가 생활하고 있는 병동 주변을 걸어 다니는 것이 목격되었다. Maud는 구어를 사용하지는 않았지만 다양한 방식으로 목소리를 사용하였다. 그녀는 흔히 그녀가 원하는 것을 표현하기 위해 병동에서 근무하는 사람들에게 접근하였다.

Wilfred

70대 남성으로, 그는 서 있거나 짧은 거리는 걸을 수 있었지만 보다 오랜 이동 시에는 휠체어를 사용하였다. Wilfred는 구어를 사용하지는 않았지만, 때때로 목소리 혹은 손을 사용하여 규칙적인 리듬의 소리를 만들어 냈다.

Paul

40대 남성으로 매우 다정하며 몹시 의사소통하고 싶어 하였다. Paul은 팔다리의 움직임을 매우 크게 만드는 경향이 있었으며, 때때로 다른 사람들을 붙잡거나 혹은 그들을 가볍게 치기도 하였다. 그는 문장을 사용하여 말하지는 못했지만 이따금씩 한 단어는 사용하였다. 그는 자주 분명히 짜임새 있는 멜로디를 읊고 다녔는데, 그중 대부분은 친근한 동요나 자장가 같은 곡조였다.

Margaret

그녀 역시 40대로 몇 개의 한 단어와 몸짓을 통해 전달하면서 병원에서 자신만의 방식을 만들어 의사소통하였다. 그녀는 특정 개인 몇 사람과 시간을 보내는 것을 좋아했으며, 그녀 자신이 선호하는 것에 대해서는 매우 분명한 생각을 가지고 있었다.

Kath

50대의 여성으로 때때로 단어를 사용하여 말을 하며 간혹 노래를 부르기도 하였다. Kath는 다양한 활동에 강렬한 관심을 가지고 있었지만 같은 장소에서 오랜 시간 활동을 유지하는 것은 때때로 불안해하는 것이 발견되었다.

Edith

80대의 여성으로, 유창하게 말을 할 수 있지만 익숙하지 않은 상황에서는 어려워하는 것이 관찰되었다.

Michael

20대의 젊은 남성으로, 대화하는 것을 좋아하며 또한 그 자신만의 독특한 방식으로 대화를 즐겼다.

이들 가운데 Maud, Wilfred, Paul 및 Margaret은 대기자 명단에 있었

고 TAITH에서 의뢰된 사람들이었다. 다른 3명인 Kath, Michael, Edith는 특별히 이 사정 집단을 위해 의뢰되었다. 네 명의 내담자는 거의 혹은 모든 회기에 참여하였으며, Margaret은 다소 불규칙하게 참여하였다. 나머지 두 명의 내담자 Michael과 Edith는 단지 첫 회기에만 왔다.

집단 내용에 대한 반영

드라마치료-1회기, 4회기

필자는 1회기의 시작 부분이 매우 어수선하다고 느꼈다. Michael은 일찍 도착하였고 Kath는 10분 늦게 왔으며 Margaret과 Kath는 치료실에 들어가기를 꺼렸다. Paul은 흥분한 것처럼 보였는데, 팔을 마구 흔들며 울면서 도착하였다. Edith는 도착했을 때 매우 불안해하였는데, 회기에 30분쯤 참여하다가 돌아갔다. Maud와 Wilfred는 참여하지 않았다.

가벼운 신체적 활동을 통한 준비 운동과 집단 규칙에 대해 간단히 소개하면서 집단의 도입과 이름 소개, 동작 연습으로 회기가 시작되었다. 이 회기는 상당 시간 동안 매우 시끄러웠는데, 특히 그중에서도 Paul과 Edith가 더 요란스러웠다. 그 집단은 어떤 것을 함께 집중하기에 상당히 어려웠다.

다음으로 치료실 공간과 각기 다른 매체들로 이루어진 도구들을 탐색할 수 있도록 집단에게 방 안을 움직일 수 있는 기회를 부여하였다. 내담자들은 실제로 치료실에 있는 물건들에 흥미를 거의 보이지 않았지만 움직이는 것은 기꺼이 받아들이는 것처럼 보였다. 그들은 자기 스스로 어떤 것을 할 수 있고 치료사들과 개별 상호작용을 하는 기회에 기뻐하였다. 지금 바로 이 시점에서 현저한 변화가 있었다. 일반적인 것에서 구체적인 것으로 주의가 옮겨졌으며 내담자들과 치료사들 모두 보다 편안해졌다. 이어서 음악과 함께 움직이면서 집단으로, 혼자서 그리고 짝을 지어 방에 대한 탐색이 시작되었다.

모두 앉아서 집단원을 따라 소프트볼을 차례대로 돌렸다. 공이 바닥을 굴러갈 때, Rachel은 공을 굴리는 사람과 공을 받는 사람의 이름을 불러주었다. 말을 할 수 있는 내담자들에게는 그들이 공을 굴려 보내 주려는 사람의 이름을 부르도록 격려해 주었다. 집단 구성원들은 보다 많이 조용해졌으며 이전보다 더 잘 집중하였고 모두 참여하였다. 이는 가장 간단한 방식이었는데, 그 방에서 집단원들이 하나의 집단으로서의 기능을 시작한 순간이었다. 공놀이 활동은 그 후에도 각 회기를 시작할 때 사용되었다. 몇 주에 걸쳐 그것은 내담자들에 의해서 여러 다른 방식으로 개발되고 이용되었다.

그 회기는 Chris와 함께 노래를 부르는 것으로 끝을 맺었으며 다음 집단에서도 반복되었다. 이것의 주요한 부분은 집단의 개별 구성원들에게 감사하기 위해 "고마워요, 고마워요, 다음에 다시 만나요."라고 노래하는 것이었다. 이러한 구조 내에서, 때때로 개인들이 무엇인가 하고 있는 것에 대해 반응하는 즉흥연주가 있었다. 이러한 노래는 집단의 분위기와 특성을 매우 직접적으로 반영하여 나타낸 것이었으며, 그렇기 때문에 사전에 미리 고안되기는 어렵다고 할 수 있다. 집단은 회기가 시작하던 순간과는 사뭇 다르게 매우 조용하고 평온하게 끝났다.

공통적인 집단 특성과 주제는 이 시작 회기에서조차도 분명해졌다. 내담자들과 치료사들 간의 관계는 매우 초기 단계에 위치해 있었다. 1회기의 공놀이에서, 내담자들은 Rachel에게만 공을 굴려 보냈다. 이는 한 주 한 주 지나면서 나아졌는데, 내담자들은 다른 치료사들도 포함시켜 활동을 확대하였으며 나중에 몇몇 내담자들은 서로서로 공을 주고받을 수 있게 되었다.

치료사들은 내담자들과의 의사소통 수단과 범위에 관해 이 첫 회기에서 많은 것을 배웠다. 어수선한 회기의 시작 부분에서 우리는 집단에서 내담자의 능력에 관해, 그리고 그들이 그들 자신을 어떻게 표현할 것인가에 관해 거의 아무것도 몰랐다. 그러나 우리는 다양한 방식으로 모든 내담자가 그들 자신에 관해 상당히 많이 표현하고 의사소통할 수 있다는 것을 알게 되었다.

그 회기는 집단 개입에서 뚜렷한 진전을 보여 주었다. 회기의 시작 부분에서는 어수선했다. 즉, 각자 그들 자신의 불안을 가지고 있었고, 흔히 뚜렷하게 그것이 행동으로 드러났다. 이것에 이어 탐색하는 자유 시간이 주어졌고, 주목할 만한 집중 정도가 나타난 공놀이 활동과 같은 집단 전체 활동에서 짝을 지어 함께하는 작업을 통해 집단의 일부가 되고 싶지 않은 각 내담자가 집단에서 안전한 감정을 증가시킬 수 있도록 하였다.

치료사들은 내담자들이 방에서 움직이게 된 것을 기뻐하는 것처럼 보이기는 했지만 방에 있는 물건이나 가구에는 관심을 보이지 않는 것에 무척 놀랐다. 이는 그 집단이 유지되는 기간 동안 일관되게 나타나는 반응이었다. 이것이 개인의 선호성 때문인지, 혹은 호기심이나 창조성, 상상력을 억누르는 경향이 있는 시설화의 영향에 좀 더 관련된 것인지는 판단하기 어려웠다.

4회기는 늦게 시작되었다. Wilfred, John, Kath 그리고 Maud가 참여하였다. Kath는 다시 방에 들어가는 것을 꺼리고 있었다.

Kath는 공을 집어 Rachel에게 패스하면서 그 회기를 시작하였다. 또한 그녀는 피아노 쪽으로 걸어가 피아노 연주를 하는 것으로 이 활동을 끝냈다. 다음으로 집단이 원형 대열이 되도록 하였는데, 이것이 주의를 집중시키지는 못했다. 이후 Rachel은 각자 방에서 어떤 모습으로 앉아 있는지 차례로 설명하면서 동작을 따라 모방하기 시작하였다. 이것은 방에 있는 모든 사람들의 관심을 집중시켰다. 내담자들이 서로를 모방하지는 않았지만, Rachel이 무엇을 하고 무슨 말을 하는지 모두 주목하였다.

이번에는 Rachel이 각 집단원에게 다가가 가볍게 손을 잡았다. 접촉의 특성이기도 한데, 그것은 상당히 다양하게 받아들여졌으며, 집단은 주의를 집중한 채 유지되었다. Rachel은 Maud의 흔들거리는 움직임을 그대로 따라 하면서 바닥에 앉았다. 특히, Kath는 Rachel이 바닥에 앉아 동작을 따라 하는 것에 마음을 빼앗겼다. 이때 Hilary는 그 방에 있는 다른 사람들이 의도적이든 아니든 간에 이러한 움직임을 같은 방식으로 어떻게 반영하고 있었는지 설명하였다. 몸을 흔들고 거울처럼 다른 사람을 따라 하는 동작은 Rachel이 다른 사람들을 반영하고 보여 줄 때 움직임과 소리를 함께 내는 과정으로 발전하였다. Maud가 눈을 비비는 행동을 따라 하는 활동에서는 하품하기와 기지개 켜기를 포함하는 동작과 소리가 이어졌다. 그러고 나서 회기를 마치는 노래로 활동을 옮기기 전에, 공을 사용하여 마치 베개처럼 잠을 자는 흉내를 내는 소규모의 마임을 개별적으로 실시하였다.

집단의 발달 과정 중 이 단계에서는 대부분의 내담자들이 기꺼이 상황에 앞서 주도적으로 행동하지는 않았다. 수동성은 제도화되고 있는 내담자들과 자유나 선택의 기회를 갖는 데 익숙하지 않은 내담자들에게 공통적으로 나타난다고 알려져 있다. Rachel은 차례로 각 내담자에게 주의를 집중시킨 다음 자신이 배우가 된 것처럼 의사소통의 수단이 되어 각 내담자들을 따라 반응하였다. 집단에서는 누구나 그들의 자세 혹은 소리를 모방함으로써 받게 되는 개인적 관심을 기쁘게 받아들였으며, Rachel이 그 방에 있는 타인의 동작과 목소리를 통해 말하고 있는 것에 관해 관심을 갖게 된 것처럼 보였다.

4회기에서는 집단에서의 역할들이 보다 명료하게 밝혀져 갔다. 이는 특히 Kath에게 뚜렷이 나타났는데, 그녀는 많은 경우 그 집단의 '실행가

(doer)' 였다. 이 회기에서는 그녀의 행동을 필두로 공놀이 활동이 시작되고 끝났으며, 자세를 모방하는 활동에서 그녀는 Rachel과 함께하였다. 이 회기와 다른 회기에서, 그녀는 마치 그녀가 생각한 것처럼 다른 구성원이 공을 집어오지 않거나 혹은 공을 너무 일찍 던지면 그 공을 가져오게 하였다. 이것은 음악치료와 미술치료 회기에서도 나타난 역할 유형이었으며, 특히 마지막 회기에서 Kath는 미술 매체를 사용한 유일한 내담자였다.

이 4회기는 집단의 견고화(consolidation) 시기였다. 이 회기에 참석했던 사람들은 Margaret의 참여를 가능하게 한 집단이었고 작업을 통해 집단 응집력을 나타냈다.

음악치료-2회기, 5회기

두 번째 회기에는 4명의 내담자가 참석하였고, 그들은 Paul, Kath, Maud 및 Margaret이었다. Maud는 방에 들어오는 것을 주저했으나 얼마 전에 병동에 방문했던 것으로 기억하고 있던 Rachel이 있는 것을 보고 안심하는 것처럼 보였다. 그녀는 곧 한 개인 의자에 잘 자리 잡아 앉았다. 그리고 이전 주에 했던 다른 집단 구성원들에게 친숙한 공놀이로 회기를 시작하였는데 이것은 집단에서 보다 편안하게 느낄 수 있도록 도와주었다.

Chris는 즉흥적인 음악적 교환에서 나타나는 구조를 취하면서, 일반적으로 염두에 두었던 체계로 회기에 접근하는 경향이 있었다. 이 회기는 지난 주 드라마치료의 상대적으로 구조화된 양식을 일부분 따라서 보다 더 세부적으로 준비되었다. 그러나 일단 음악에 초점을 두었으며 보다 융통성 있는 접근이 이번 주간에는 적합하다는 것이 분명했다. Chris는 직립형 피아노보다는 그가 연주하는 데 익숙하고 모두가 둥글게 모여 앉은 곳에 둘 수 있는 조그만 전자 피아노를 사용하였다.

Paul과 Maud는 자발적으로 자신의 목소리를 사용했고, 반면 Kath와 Margaret은 악기를 가지고 시도하는 작업에 여러 번 흥미를 보였다. Paul은 자신이 알고 있는 노래를 들을 때에는 때때로 리듬에 맞춰 흥얼거리면서 몸을 흔드는 경향이 있었다. 그는 방에 있는 다른 사람들에게 관심은 많았지만, 그 누구와도 음악을 통한 상호작용은 하려 하지 않았다. 얼마 후 그는 Chris가 부르는 노래를 반복하거나 혹은 자신이 먼저 한 악절을 시작하기도 했다. 그는 처음 드라마치료 회기에서는 타악기를 치듯이 탁자를 골무로 탁탁 두드렸지만, 이 회기에서 그에게 제공된 타악기를 연주하는 것은 달갑지 않게 생각하였다. 이는 그 회기가 어느 정도 진행되어 다른 사람들이 연주를 하자 변화되었으며, 그는 어느새 그들을 따라 비슷하게 얼마간 연주하고 있었다.

Maud의 성음은 지속적이었고 반복적이었다. Chris는 자신이 Maud에게 다소 하기 어려운 색다른 조성으로 노래를 부르자마자 Maud가 음조에서 벗어나는 모습을 보면서, 이러한 소리들을 유지하는 것이 매우 어렵다는 것을 알게 되었다. Maud는 그녀에게 제공된 어떤 악기들도 모두 밀어내면서 악기에 대한 그녀의 태도는 분명하였다.

Kath와 Margaret은 모두 분명하고도 단호하게 악기를 사용하고 싶다고 하면서 이 회기 과정 동안 연대감을 발전시켰다. Kath의 연주는 언제나 스스로 시작하면서 갑자기 나타났고, 종종 전자 피아노를 사용하였다. 그녀는 다른 악기들에 대해서는 요란한 소리를 내며 두드리는 동작을 보여 주는 경향이 있었는데, 그것은 한 번 한 적이 있는 작은 치터를 연주할 때 필요한 튕기는 동작을 모방한 것이었다.

Margaret은 음조가 없는 타악기들을 사용하였는데 강하고 일정한 박자로 연주하였다. 마지막에는 약간 유연성 있는 템포로 연주하는 기미가 보이기는 했지만, 이렇게 강력하고 일정한 박자로 연주하는 것은 그녀가 오랜 시간 연주했던 작은북에서 가장 두드러지게 나타났다. 비록 집단원들은 그녀를 위해 참는 것처럼 보였지만 시끄러운 Margaret의 연주는 일부 다른 집단원들에게 거북한 경험이었으며, 특히 Maud는 불편하다는 표시를 하였다.

실로폰과 비슷한 음조가 있는 타악기인 철금은 각기 다른 시간에 Kath와 Margaret에게 주어졌다. 음조와 부드러운 음색을 가진 이 타악기는 두 내담자에게서 그들의 습관적이고 강한 연주 방식과 대조되는 반응을 이끌어 내었다. Kath는 철금을 꽤 탐구적인 방식으로 사용한 반면, Margaret은 평상시 사용하던 강렬한 비트에서 가볍고 부드러운 음조의 연주로 대체되었다.

회기의 끝 무렵에 Kath가 찬송가 구절을 부르겠다고 선택한 후, Chris는 회기를 마치는 노래를 시작하기 전에 Kath가 찬송을 위해 사용하고 있었던 것과 동일한 어조로 '감사합니다.'라는 말에 대한 답가를 불렀다. Kath는 마치 자신이 집단에 기여한 것에 대한 감사함이 인정된 것처럼 Chris의 답가에 인사하는 듯한 눈길을 보냈다.

5회기에는 Wilfred, Paul, Kath 그리고 Maud가 참석하였다. Wilfred와 Paul은 둘 다 상당히 유사하게 즐겁고 신나는 장단으로 반복적인 음운을 만들어 냈지만, 이 두 내담자가 내는 소리의 전달 정도는 너무나 대조적이었다. Wilfred의 소리는 집단에서 일어나는 다른 일들과 전혀 식별이 안 될 정도로 매우 소심했다. 반면에 Paul은 직접적으로 관여하는 것은 꺼렸지만, 그가 내는 소리는 타인의 반응을 얻고 주의를 끌기 위해 자주 바뀌었다.

이 회기는 집단 상호작용의 발달에서 특별한 단계임이 분명했다. 어느 시점에서 Paul은 Kath 옆에 앉아 있었으며, Kath의 반응을 면밀히 지켜보면서 그녀의 의자 모서리를 반복적으로 건드리는 패턴을 보였다. Kath는 잠시 동안 이를 참았지만, 일어서서 한동안 불안해하며 이 의자에서 저 의자로 옮겨 다녔다. 다음으로 이것은 불안해진 Maud에게 영향을 미쳤고, 이때가 그녀가 잠시 회기를 떠난 시점이었다.

이러한 상호작용 전후, 바로 이 시기에 현저하게 서로 다른 방식으로 반응하고 있는 집단원들 사이를 연결할 수 있도록 해 준 것은 다름 아닌 매체였다. Kath는 전자 피아노를 사용하면서 악기를 피해 도망갔다가 그다음에 돌아오는 양식으로 틀이 잡혔다. Chris가 올림 바장조로 연주를 바꿀 때, 매번 그녀는 돌아왔다. 이는 Kath가 분명한 형태로 통제할 수 있는 구조를 주고 예측할 수 있는 반응을 수반하면서 Kath를 위한 초점을 제공하였다. 흥미롭게도 Maud의 발성은 Kath가 악기를 사용하기 시작할 때마다 눈에 띄는 변화를 보여 주었는데, Maud의 소리는 음색이 좀 더 부드러워졌으며 Chris의 즉흥연주 음조와 거의 근접해 있었다.

미술치료-3회기, 6회기

Paul, Maud 그리고 Wilfred가 3회기에 참여하였다. Wilfred는 3회기가 첫 참여였다. 3회기는 공놀이 활동으로 시작되었다. 그다음에 Hilary는 다양한 미술 매체가 놓여 있는 작은 원형 탁자를 가져왔다. 그녀는 매체들을 소개하였고, 집단원들이 원할 경우 그것들을 사용해 볼 수 있는 기회를 주었다. 이는 별 반응을 가져오지 못하여, 치료사들은 각 내담자에게 도구들을 가져오게 하거나 특별히 제공하여서 함께 작업하였다. 각 치료사는 한 명의 내담자와 작업하였으며, 내담자가 이끄는 곳으로 가서 작업하였다. 회기는 집단을 마치는 노래로 끝났다.

아무도 미술 재료를 사용하는 것에 관심이 없었다. Maud와 Paul은 제공한 미술 매체를 멀리 밀쳐 냈는데, 이는 그들에게서 흔히 보이는 반응이었다. 대개 Paul은 처음에 움켜잡았다가 다시 밀쳐 냈다. 이것은 그의 상호작용에서 매우 전형적인 방식이었으며, 특히 공을 가지고 하는 시작 활동에서 그러하였다. 그는 미술 재료에 관심을 보이고 접촉하면서 상호작용하였지만, 그 재료를 가지고 할 수 있는 일에 대해서는 흥미를 보이지 않았다.

Maud는 마치 사람을 밀어내기 위해서 신체적 접촉을 할 수밖에 없는 것과 유사한 방식으로 반응하였다. 또한 그녀는 대상을 찾아 강력한 눈맞춤을 유지하려고 애썼다. 이 회기에서, 그녀는 Rachel에게 좀 더 가까이 앉으려고 움직였고 또한 Rachel을 의자에서 밀어내고 그 자리에 자신이 앉기를 바랐다. 때때로 Hilary는 그녀의 움직임에 대해 언급해 주었고 Maud는 이러한 Hilary의 말에 흥미를 갖고 반응하는 것처럼 보였다.

이 회기에서 치료사 대 내담자의 일대일 비율은 내담자와 치료사가 짝을 지어 서로 간에 개별적인 상호작용을 할 수 있는 기회를 부여해 주었다. 매체나 도구가 보통 사용하는 일상적인 용도로 활용되지 않을 때에는 보다 직관적인 방식으로 접촉이 진전되었다. Wilfred는 그의 의자나 몸을 두드려 리듬을 맞추는 데 그의 손을 사용하는 경향이 있었다. Chris는 이것을 반영하였는데, 세공용 점토 조각 위에서 리듬을 맞출 수 있도록 자신의 손을 사용하였다. Paul과 Rachel 사이는 주어진 붓과 크레용으로 시작하여 일종의 춤으로 발전하였다. 이것은 Paul이 만든 소리에 대한 반응으로 Rachel이 도화지 위에 붓으로 그린 자국을 만들어 주는 것을 포함하여 점점 더 발전되었다.

이 회기에서는 미술 매체에 대한 예상치 않은 현저한 관심 부족으로 매우 의외의 경험을 하였다. 그러나 참석했던 소규모의 집단은 이전 주와 마찬가지 방식으로 반응하였다. Paul과 Maud는 대체로 방에 보다 잘 머물러 있었으며, 그리고 그들 관심의 주요 초점이 한 사람에게 있는 것처럼 보일 때조차도 그들은 다른 사람이 하고 있는 일에 대해 보다 잘 주의를 기울이고 반응적이었다.

6회기에는 4명의 정규 집단 구성원인 Paul, Kath, Maud 그리고 Wilfred가 참여하였고, 첫 15분 동안에는 Margaret도 참여하였다. Margaret은 그 방에 있고 싶어 하지 않았던 것이 분명했고, 만만찮은 존재였다. 그리고 미술 매체와 관련된 어떤 활동에도 전혀 관심이 없었다. Chris는 이 회기에 참석하지 않았다.

역시 공놀이 활동으로 집단이 시작되었다. Hilary는 이전 미술치료 회기에 대해 돌이켜 볼 수 있도록 반영해 주면서, 우리가 집단을 위해 그림을 그리고 마무리해 주기를 제안하였다. 그녀는 방의 중앙으로 몇 장의 큰 종이와 몇 개의 물감을 가져왔다. Kath는 이것들을 사용해 민첩하고 빠른 시작을 보였는데, 다른 집단 구성원들의 격려에는 거의 반응이 없었다. 치료사들과 내담자들 사이에 짧은 상호작용이 진행되는 동안 Kath는 회기를 끝내는 집단 노래가 나올 때까지 계속해서 그림을 그렸다.

Kath는 매우 활기차게 매체들을 사용하였다. 그녀는 물감과 크레용을 사용했고, 매우 신중하게 원하는 색을 선택하였다. 그녀는 종이에 가득 차게 그림을 그렸다. 때때로 그녀는 피아노 뚜껑을 열고는 피아노를 연주하였다. 그녀는 악기들이 어떤 방식으로든 Chris의 영역에 있다는 것을 알고 있는 것처럼 보였고, Chris가 참석하지 않았다는 것을 깨닫고 있었다. 그녀는 회기 끝 무렵에 치료사들과 함께 노래를 부른 유일한 사람이었다. 집단 모두 Chris가 참여하지 않았다는 것을 알고 있는 것처럼 보였고, 평소 Chris가 책임지고 있는 부분을 다른 사람이 이끌고 있다는 것에 편치 않은 것 같았다.

이 회기에서 Paul과 Maud는 그들의 능력과 자신에게 책임감을 갖는 경향을 보이면서 유의미한 변화를 나타내었다. 이전 회기들에서, 치료사들이 그들에게 접근해서 상호작용을 제안하거나 혹은 대상물을 제공했을 때 그들은 그것을 '하고자' 했었다. 또한 그들은 관찰자가 되기도 했는데, 예를 들어 그들의 자세와 소리가 Rachel에 의해 받아들여졌고 혹은 소리와 움직임이 예술 매체들을 통해 치료사에 의해서 옮겨졌다. 이 회기에서 두 내담자는 그들이 바랐던 목적을 성취하기 위해 일종의 그들 자신에 대한 확장으로 치료사를 이용하였다. 치료적 공간은 이것에 대해 실험해 볼 수 있는 기회를 제공했을 것이다.

Paul은 붙들거나 치거나 잡는 방식의 행동은 훨씬 줄어들었지만, 대신서 있거나 앉아 있는 동작에 집중하였다. 그는 Rachel을 적극적으로 찾았는데, 그것은 그가 서 있을 때 그녀의 몸이 자기를 지지해 줄 수 있도록 하기 위해서였다. 그는 도구들을 제공하면 밀어냈지만, 그 회기의 마지막 무렵에는 크레용을 집어 들어 Rachel에게 건네 주었으며 크레용을 적합한 용기에 담을 수 있도록 그녀의 손을 움직였다.

한 번은 Maud가 Rachel에게 접근하여 그녀의 손을 잡고 문으로 끌고 갔다. 그녀는 치료실을 떠나고 싶은 마음을 나타내고 있었지만, 이를 표현하는 데 Rachel이 필요하였다. 그녀는 실제로 문을 여는 시도조차 하지 않았다.

Wilfred는 보기에 이 마지막 회기의 끝 무렵 5분 동안 거의 잠을 자는 것 같았다. 이는 다른 회기들에서도 마찬가지였으며 거의 관여하지 않았다.

사 정

집단을 마치고 3주 후, 치료사들은 집단이 얼마나 유용했는지 논의하기 위해 집단의 사정이라는 측면에서 만남을 가졌다. Michael과 Edith는 첫 주에만 참석하였지만, 이것이 치료에 관련되고 싶지 않다는 보편적인 바람을 나타낸 것인지 혹은 특정 집단에 대한 반응을 한 것인지 분명하지 않았다. 또한 Margaret이 몇 회기에 참석하지 않은 이유도 분명하지 않았다. 때때로 그녀는 병원에서 나가서 하는 또 다른 활동이 있어야 한다고 확신하는 것처럼 보였다. 그러나 일어났던 개입 측면에서 보면, 그녀는 드라마치료나 음악치료 집단을 이용하고자 했던 것처럼 느껴졌다. Maud와 Paul은 집단 과정에 참여하는 데 소리와 움직임을 사용했고, 또한 그들에게는 앞으로 음악치료나 드라마치료 집단이 더 적합한 것으로 드러났다. Wilfred의 참여 수준은 너무나 낮아 그에게 예술치료들이 유용하다는 것을 발견할 가망성은 없는 것 같았다. Kath는 세 가지의 예술치료 수단을 모두 이용했고, 이러한 종류의 집단 환경의 융통성은 그녀에게 잘 맞는 것으로 판단되었다. 그러나 그녀가 단 한 가지의 예술치료 수단에 중점을 둔 작업에서도 편안하다고 생각할지에 대해서는 약간의 의문이 있었다. 그것은 세 가지 예술치료 수단 중 무엇이 유용했는지, 그리고 미술치료 집단처럼 그녀가 받아들이는 것 내에서도 선택의 여지를 제공하여 특히 적절하게 보이는 것으로 시작해야 했던 것은 아닌지와 같은 생각을 불러일으켰다.

총체적 견해

계획 단계에서 치료사들의 접근은 일반적이고 추론적인 것이었다. 사정 집단에 관한 질문지는 개인적 및 전문가적 접근들에서 비롯되었다. 집단을 운영하고 있을 때, 집단 운영 그 자체에서 내담자들과 관련된 보다 많은 특정 질문들에 대한 대답이 나타났고, 바로 이러한 점에서는 사정 집단이 성공적이었다고 할 수 있을 것이다. 비록 그 특정 만남들 가운데 일부는 우리에게 보다 폭넓은 문제들을 이해할 수 있도록 도와주었지만, 우리는 전체적인 질문에 대해서는 해결할 필요가 없는 것처럼 보일 정도로 느긋했던 것 같다.

첫째, 치료를 받게 될 수 있는 집단인지 아닌지에 관한 문제는 지레짐작하는 것보다는 보다 확실하게 해결하기에 어렵지 않은 것이었다. 사정 집단은 비록 치료 시의 작업 원리에 상당 부분 기초하기는 했지만 사정과 치료 사이를 매우 분명히 구별하였다. 사정 기간에 하는 우리의 통상적인 작업 방식은 작업에 대한 첫 검토에 이어 역시 같은 치료사와 연속된 방식으로 계속할 수 있는 가능성을 둠으로써 치료를 위해 처음 맺게 되는 계약에 보다 치중하였다. 그러나 사정 집단은 분명 제한된 시간 동안만 존속하는 것이었고, 어떤 장기적인 치료가 시작되기 전에 중단되었을 것이다.

또한 사정이라는 맥락에서 세 가지 예술치료 수단의 사용은 여러 가지 이유로 중요한 것이었다. 앞선 작업에서, 내담자들은 때때로 그들의 치료사와 함께 작업하는 것을 꺼려 왔나. 팀 구성원들은 다른 매체 수단 중의 하나가 더 유용한 것은 아닌지 종종 생각해 왔었다. 사정 집단은 이러한 궁금증에 대해 얼마간의 직접적인 비교와 대조를 해 볼 수 있는 기회를 제공하였다. 때때로 어떤 내담자에게는 매체의 특성이 보다 많은 개입을 가능하게 하는 것으로 보였지만, 다른 때에는 한 매체수단에서 다른 매체수단으로 전환하는 것과 관련된 특정 방식들이 대인관계 문제를 의미했다.

치료사들의 접근에서 유사점과 차이점이 몇 가지 흥미로운 통찰을 제공하였다. 이것은 치료사들이 그들의 작업을 설명하고 또 이에 대해 다른 치료사들이 반응하는 것을 통해서 언어에 적용되었다. 드라마치료사가 그 회기 내에서의 활동을 나타내기 위해 쓴 '연습(exercises)'이라는 단어는 활동에 대해 '노래(song)'라는 단어를 사용하는 음악치료사에게는 친숙하지 않게 들렸으며, 그는 다른 매체수단으로의 전환에 매우 힘들어하였다. 한편, 음악치료사는 미술치료사와 드라마치료사가 '소음(noises)'이라고 나타낸 것을 '성음(vocal sounds)'으로 말하는 경향이 있었다.

또한 회기의 구조도 달랐다. 드라마치료사는 내담자들이 행한 행위의 틀 내에서 융통성이 존재하면서도 일련의 계획된 별개의 활동들이 회기들의 기초가 되었다. 음악치료사는 보다 개방된 방식으로 작업하기를 선호했지만, 앞서 제시했던 그 집단은 좀 더 구조화된 접근이 이 사례에서 적합한 것으로 느껴졌다. 그러나 내담자들이 그 회기를 사용했던 방식에서 두드러진 양식은 계획된 일련의 활동들을 완전히 대체하였다. 미술치료사가 이끈 회기에서는 특정 활동들이 계획되지 않았고 집단의 목적이 탐색되었다. 치료사는 '시작' '중간' '종결'이라는 집단의 구별되는 단계와 집단의 구조를 규정하기 위한 치료사의 태도나 초점에 의존하였다.

매체수단의 차이라는 요인은 모든 회기에서 존재하였지만, 치료사가 중점을 두는 수단이 그 회기의 형태를 결정하였다. 미술치료와 드라마치료가 주된 매체수단이었을 때, 내담자가 내는 소리들은 활동 양식에 절대적인 영향을 미치지 않으면서 계속되고 있었다. 그러나 음악치료사가 이끈 회기에서, 그것들은 내담자들과 치료사 사이의 의사소통에서 중심 초점이 되었다. 즉, 각각의 변화는 음악적 체제를 갖추어 가는 데 영향을 미쳤다.

물리적 대상들이 사용된 방식 또한 중요한 요소였으며, 치료사나 매체와의 관계에 관해 다양한 의미를 가지고 있었다. 치료에서 내담자들과의 관계를 발전시키는 데 있어 치료실 내에서 사용된 대상들은 보다 크거나 작은 범위에서 치료사의 소유로 보일 수 있다. 미술치료사들은 내담자들에게 미술 매체들을 제공하기도 하지만, 종종 치료사들 스스로 매체 사용을 하지 않기로 선택하기도 한다. 이것은 상호작용을 발달시키는 데 특별한 방식의 함의를 가지고 있다. 드라마치료에서 사용되는 물건들은 소유권의 공유와 접근성 면에서 특정 수준을 제공할 수 있다. 즉, 다른 환경에서도 내담자들에게 친숙한 일상의 것들을 포함할 수 있다. 또한 드라마치료에서는 신체 자세와 움직임에 초점을 두는데, 이는 Maud에게 일어난 일처럼 대상들을 거부하는 사람들을 관련시킬 수 있다. 음악치료는 한편으로는 신체적인 움직임과 음성에 초점을 둘 수 있고 다른 한편으로는 악기를 사용하는 것에 초점을 둘 수 있다. 악기의 탐색은 분명히 그것을 연주할 수 있는 사람들과 연주할 수 없는 사람들로 집단을 나누어 도입해야 할 것이며, 또한 그것은 개인들이 서로 음악적으로 매우 다른 자원들을 사용할 수 있도록 해 준다. 악기는 분명하고 구체적인 목적을 가지고 있으며, 그리고 어떤 방식에서는 치료사의 소속이자 특성처럼 보일 수 있다. 게다가 전통적으로 음조를 만들어 내는 것과 관련 없는 악기를 음악적으로 사용하는 것은 부가적인 선택이며, 이것은 치료 관계 내의 소유권이라는 측면에서 특별한 의미를 가질 수 있다.

맺음말

사정 집단은 TAITH 예술치료 서비스에서 중요한 경험이었다. 계획을 하면서 많은 영역에서 팀의 작업 방식들이 명확하지 않았다는 점이 강조되었다. 이것은 치료라는 측면에 관하여, 그리고 사정 집단이 서비스 발전에 있어서 우리를 어떻게 도울 수 있을 것인지와 같은 의문을 자극하였다. 일반적인 문제로부터 집단 운영이라는 특정 직무로 전환하면서, 그 과정은 점점 더 분명해져 갔다. 관찰 소견은 특정 개인과 관련된 작업에서 나온 것이므로 융통성 없는 결론을 내리지 않는 것이 중요하였다. 집단에서의 관계들은 서로 다른 예술치료 매체의 기여도가 보다 분명한 양상으로 보일 수 있도록 전념함으로써 작업의 중심부에서 다루어졌다.

후 주

* TAITH는 동사형 '여행하다'의 'teithio'에서 나온 것으로 '여행(journey)'을 의미하는 웨일스 단어다.

** 예술치료 전문가들을 위한 웨일스 전역 전문가 모임은 웨일스 지역의 예술치료사 간 커뮤니케이션을 증진하고 그들 작업의 폭넓은 이해를 장려하기 위해 1989년에 설립되었다. 예술 매체수단 사용을 공유하기 위해 치료사들 간의 만남을 한 구성 요소로 종종 포함시켜 왔다.

제11장

변화를 위한 기회

학습곤란을 가진 사람과의 상담

Lillie Fennell & Enfys Jones

+ 주요 주제

- 학습곤란을 가진 사람을 위한 개별 혹은 집단 상담의 가치에 대한 탐색

+ 핵심 사항

- 학습곤란을 가진 사람과의 효과적인 상담 실제에 영향을 미치는 요인
- 학습곤란을 가진 사람 특유의 실제적 및 주제별 상담 욕구
- 이 분야에서 유용한 몇 가지 접근법 및 기법에 대한 지침

서 론

상담의 가치는 수년 동안 면대면 상황과 집단 상황에서 인정받아 왔다. 이것은 다수 특정 영역의 전문가들 사이에서 지식과 전문적 기술의 축적이 쌓여 왔다는 것을 의미한다. 예를 들면, 성학대, 사별로 고통받는 사람, 섭식장애를 가진 사람 등과 관련된 수련감독자들이 이에 해당된다. 그러나 비교적 최근에 학습곤란을 가진 사람들도 상담을 받고자 하는 욕구를 가지고 있다는 것이 인식되었다.

'학습곤란'이라는 용어 자체도 문제일 수 있다. 이러한 명칭을 갖고 있는 사람들이 능력의 모든 영역에서 명백한 편차를 가지고 있을 수 있기 때

문이다. 학습곤란을 가지고 있는 사람들이 부딪히는 많은 문제들은 타인에 의해 만들어진 장애에 대한 정서적 반응들이다(Rieser, 1994: 40-41). 그리고 이것은 온전한 사회 참여 면에서 그들을 집단으로서 불필요하게 배제시키고 고립시키는 방식에 의해서 악화된다.

사람들이 집단으로 간주될 때, 그들이 적절하게 지지되지 못한 결과로 기준과는 다른 그리고 예외적인 집단으로 취급될 수 있고(Oswin, 1991: 26), 그들의 생활에서 어려운 시기에 부딪히지 않도록 어떤 상담이든 필요하다.

만일 상담자가 하나의 연속체로서 학습곤란이라는 용어를 생각한다면, 그들은 이러한 명칭을 가진 사람이나 갖고 있지 않는 사람을 상담하는 것 사이에 차이점이 없다는 것을 어느 순간 알게 될 것이다. 다른 측면에서 보면, 어떤 내담자의 고유한 의사소통 방법을 이해하기 위해 통역과 수화를 이용한 부가적인 의사소통 기술을 개발할 필요가 있는 상담자로서는 상담이 질적으로 다른 감정을 가지게 할 것이다. 그 밖의 다른 측면에서는 내담자가 상담 기술의 사용으로 도움을 받고 있지만, 그것이 상담 그 자체가 될 수는 없다.

상담 기술은 상담과 경청 기술 사이의 연속체상에 존재한다. 영국상담자협회(British Association of Counselling, 1989: B1.1-B1.2)는 이 둘의 구별점이 언제나 명확한 것은 아니라는 점을 지적하고 있다. 그것은 내담자가 상담자처럼 전문가를 식별할 수는 없으며 촉진적 방식보다는 보다 지시적인 방식으로 작업하는 사람을 기대할지도 모른다는 것을 의미한다.

개별 상담

상담은 두 사람이 상담 관계를 시작하는 것에 명확하게 동의할 때 이루어진다. 그러고 나서 상담자는 내담자의 가치, 개인적 자원들 그리고 자기 결정 능력 등을 존중하는 방식으로 특정 문제들에 대한 설명과 해결, 결정, 위기에 대한 대처, 개인적 통찰과 지식의 발전 등에 관해 내담자와의 작업을 촉진시킬 것이다(British Association of Counselling, 1996: 3.1-3.3).

상담을 위한 계약 수립

시작 시점부터 상담자는 비밀유지의 범위에 관해서, 예를 들면 어떤 환경 아래서, 누구와 정보를 공유할 것인지 등에 대해 분명히 할 필요가 있다. 게다가 이것은 내담자가 학습곤란을 가지고 있지 않을 경우 분명히 명시되는 수준과 마찬가지로 내담자와 충분히 이야기되어야 한다.

상담자는 내담자가 다음과 같은 경우였다면 타인으로부터 도움을 구하도록 설명하는 것이 적합하다는 것을 발견할 것이다.

- 내담자는 그들 자신이나 혹은 다른 사람을 해칠 수도 있다.
- 만일 최근에 혹은 과거에 누군가가 내담자를 해치려 한다면, 만일 학대하는 사람이 돌아다닌다면, 그 사람이 현재 어디에 있는가와 그 사람이 개입 기간에 어디에 있었는지에 대해 알아야 할 필요가 있다.

수련감독자의 역할은 상담자가 내담자에게 가능한 가장 좋은 방법으로 그들의 생각, 소망, 그리고 감정을 살펴볼 수 있도록 더 경험 있는 상담자에게 지지와 도움을 필요로 한다는 것으로 설명될 수 있다. 만일 상담자가 독립적이라면, 내담자는 자신의 가족, 그들을 지지하는 담당자들이나 팀 구성원들과 함께 공유하지 못하는 어떠한 정보에 대해 이야기할 수 있을 것이다. 만일 상담자가 다른 사람과 정보를 공유해야 한다면, 이러한 사람들은 분명히 지명되어 소개되어야 하고 그렇게 하는 이유도 설명되어야 한다. 상담자는 만일 정보가 공유되어야 한다면 그것은 단지 내담자가 참석했을 때 이루어질 것이라고 덧붙이고 싶을지도 모른다. 만일 상담자가 이러한 요건들에 대한 생각에서 불편하게 느껴진다면, 수련감독자와 그 상황을 탐색하는 것이 새로운 통찰 제공에 도움이 될 것이다.

학습곤란을 가진 많은 사람들은 자신의 보호자, 가족 등과 함께 지내 왔기 때문에 타인에게 자신의 말과 의사소통한 것들을 전달하고 설명하는 데 사생활이라는 관념이 없을 수 있다는 것은 기억할 가치가 있다. 이것은 그들이 비밀유지에 대한 개념과 마주치게 되는 첫 시기일 수 있다. 계약 시 이 부분은 여러 번 반복될 필요가 있다.

상담 환경은 계약 시 명확히 설명되어야 한다. 상담은 진행되는 회기 동안 전통적으로 두 사람을 위한 편안한 좌석이 준비된 조용한 방에서 실시된다. 그러나 이것은 학습곤란을 가진 모든 사람들의 상담 욕구에 대한 해답은 아닐 수 있다. 필자는 편안하게 꾸며진 상담실뿐만 아니라 내담자가 필요하다고 생각하는 도구가 무엇이든, 의사소통하는 문제들을 그것으로 그릴 수 있고 점토로 입체조형하거나 또는 모형으로 만들 수 있도록 탁자를 가까이 두는 것이 일부 내담자들에게는 필요하다는 사실을 발견하였다. 그들은 표현의 수단으로 물을 사용할 수 있는 싱크대도 필요할 것이다. 따라서 이러한 부가적 요구물을 전통적 상담실 바깥쪽에 제공하는 것이 가능해야 한다.

상담자는 비밀보장을 적용하는 범위를 정확하게 명시할 필요가 있다—

단지 편안하게 꾸며진 상담실 내에서 혹은 상담이 실시되는 곳과 관계없이 전 회기 동안인가? 만일 비밀보장의 범위가 전 회기 동안 적용된다면 상담자는 어떻게 사생활을 연속적으로 보장할 것인가? 처음에 언급된 것보다 상담 계약에는 보다 많은 측면이 있다.

상담과 관련된 문제

상담자는 학습곤란을 가진 사람들의 생활 경험을 이해하는 것이 유용하다는 것을 발견할 것이다. 그들은 사회에 의해서, 그들을 별로 중요하지 않은 존재로 생각하는 사람들이나 혹은 선의에서 과잉보호를 하는 사람들에 의해서 강력한 평가절하 과정에 노출되었을 수 있다. 일부는 그들의 삶을 특수 병원의 분리된 병동에서 개별성을 억누르고 정상적인 생활양식과 관계를 가질 기회를 부정하는 체제하에 거주했을 것이다(Barron, 1989a: 17, 1989b: 121-124; Blunden, 1989: 180; Stevens, 1990: 191). 다른 이들은 가정에서 생활해 왔겠지만 제한된 사회 생활과 분리된 교육을 받아 왔을 것이다(Gaukrodger, 1990: 197-208; Thomas, 1990: 33). 그러한 분리는 부득이 우리 대부분이 경험하는 기회와 우리의 정서 생활에 기쁨과 즐거움을 가져오는 기회를 제한하여 경험의 상대적 결핍을 가져온다.

다양한 형태의 분리는 학습곤란을 가진 사람이 다르다고 믿도록 우리를 이끌 수 있다. 이렇게 다르다는 지각은 타인을 전체적인 인간으로 보기 어렵도록 만들 수 있다. 예를 들어, 다운증후군이 있는 사람을 보면 수영하는 것을 즐기며 여자친구와 도자기 만드는 수업을 듣는 짙은 색 머리카락을 지닌 26세의 어떤 사람으로 보는 대신에, 슈퍼마켓에서 시간제로 일하며 시끄러운 음악을 싫어하고 다운증후군을 가진 사람과 마주쳤다고 생각할 수도 있다.

타인이 전인적으로 보아 주지 않게 되면서 그 개인은 다른 사람들의 반응 때문에 자기 자신이 다르다고 지각하게 된다. 이러한 지각은 지속적인 무력감, 동기 결여, 우울증 및 학습에의 방해를 유발시켜 전체적인 자기감(the whole sense of self)으로 일반화되거나 만연될 수 있다. Swain(1989: 109)은 이러한 집합적인 상태를 '학습된 무기력'으로 칭할 수 있음을 우리에게 상기시켰으며, 이러한 논제에 관해 가장 자주 인용되는 원문은 Seligman (1975)의 『무기력: 우울, 발달 과정 및 죽음에 관해(*Helpless: On Depression, Development and Death*)』다. 상담자들은 흔히 학습된 무기력을 적극성이나 자기 주장 부족을 동반한 낮은 자존감과 불안에 의한 것으로 본다.

이러한 점에서 내담자는 상담을 소개받을지도 모른다. 상담자 제공이 내담자가 도움 없이 서비스에 접근할 수 있는 범위에서 제공되고 있는 것은 자가 의뢰가 있을 수 있고, 다른 방법으로는 의뢰의 장려에 의해 있을 수 있다. 필자의 내담자 대부분은 자가 의뢰자인데, 이는 필자가 이러한 내담자 집단을 위한 상담 준비의 결여뿐만 아니라 서비스에 자기 자신을 의뢰하고자 하는 사람들을 위한 시설 부족을 걱정하였기 때문에, 학습곤란을 가진 사람을 위한 저녁 여가 클럽에서 상담 서비스를 실시하였기 때문이다. 필자는 현재 일부 내담자들이 지역사회센터의 활동에 참여하고 있을 뿐만 아니라 그들이 적합하다고 생각하는 한 상담을 이용해 오고 있고, 지원을 위해 지역 옹호 단체와 주택 협회에 이미 자가 의뢰를 하고 있다는 것을 알고 있다.

상담의 시작

이해할 수 있는 방법으로 계약에 대해 설명한 다음, 학습곤란을 가진 사람을 대상으로 작업을 시작하려는 상담자는 말로 표현할 것인지, 수화나 몸짓을 사용할 것인지 평소보다 좀 더 단순한 형태에서 그들 자신이 사용하는 구어와 문어를 처음에 확인할 것이다. 이것은 상담자가 내담자의 욕구와 이해를 바탕으로 그들의 언어를 확장하는 것으로서, 그것이 나쁜 일이 되지는 않을 것이다. 어떤 성인에게 이야기하고 있을 때 그들이 적합한 어조를 사용하고 있는지 자연스럽게 확신할 것이다. 상담자는 내담자가 대화의 이중성(duality)에 대한 경험이 거의 없을뿐더러 상담 경험도 없다는 것을 알게 될 것이다. 내담자는 상담자가 짧은 단음절의 대답을 요구하는 질문을 해 주기를 기대할 것이다. 완전한 대화 형식으로 시작하고 말하는 것이 가능할 뿐만 아니라 실로 바람직하다는 것을 그들이 깨닫는 데에는 시간이 걸릴 것이다. 따라서 시작 회기 동안, 관계가 수립되고 있을 때 그러한 상담은 이루어지지 않을 수 있다. 그러나 정보를 공유하는 이러한 기초 작업은 흔히 상담 관계에 활력을 불러일으킨다.

학습곤란을 가지고 있는 많은 사람이 자기 생활의 모든 면에서 높은 수준의 방해를 받으며 생활하고 있다는 것을 기억하는 것이 중요하다. 그들은 자기 경계에 대한 관념을 거의 가지고 있지 않을지도 모른다. 필자는 이것이 다양한 방식으로 나타나는 것을 봐 왔다. 한때 내담자는 어떤 사람이 사실은 어떤 다른 목적을 위해 적절한 관심을 보여 주면서 부적당한 강요가 시작된다는 점을 인식하지 못했다. 필자는 개인 위생에서 도움을 받아야 하는 성학대를 당한 한 내담자를 알게 되었다. 학대자는 이러한 과업들을 도와주기 위해 그의 신체에 가까이 접근했기 때문에, 그는 학대자가 바라는 어떤 방식으로 이용되는 요구를 할 때마다 학대자의 접근이 허용되어야 한다고 생각하였다. 내담자가 이러한 경계의 침해에 대처하는 한 가지 방법은 거의 의사소통하지 않는 철회다. 이러한 문제를 다룰 때에는 분명히 이해와 주의를 필요로 한다. 비밀유지의 원칙을 반복하거나 명확히 밝히기 위해 다시 계약으로 돌아가는 것이 요구될 수도 있다.

상담의 접근법

원래 상담을 시작하는 시기에는 흔히 한 번 더 관계 수립에 중점을 두는 내담자 중심 접근법을 사용하는 것이 적합하다. 필자의 내담자들 가운데 많은 수가 공감, 일치성, 무조건적 긍정적 존중(Rogers, 1980: 115-117)이라는 핵심 조건을 제공해 줌으로써 자존감의 상승을 경험하고 있다.

진지하게 들어 주는 행동은 '당신은 들을 가치가 있다.'라는 메시지를 전달한다. 이것은 그 자체로 일종의 권한을 부여하여 자존감을 향상시킨다. 그러나 주의해야 할 점은 무조건적 긍정적 존중의 한 요소, 즉 온정과 관련된 것이다. 내담자에게 온정을 제공하는 것이 중요하지만, 만약 너무 지나칠 경우 필자는 상담자가 희망하는 것과는 정반대인 무력화 효과로 상담이 막막해질 수 있다는 것을 발견하였다.

몇몇 내담자들은 절박하게 변화와 행위를 추구하는데, 예를 들면 그들은 남자친구 혹은 여자친구가 생기기를 원한다. 여기에는 여전히 핵심 조건(Rogers, 1980: 115-117)으로 관계를 유지하면서 문제해결 중심의 단기치료(de Shazer, 1985; Cade & O'hanlon, 1993) 혹은 인지적 접근(Beck et al., 1987)과 같은 보다 구조적인 방법을 고려하는 것이 적합할 것이다. 상담자가 모든 이론적 접근법을 완전하게 숙지할 수는 없더라도, 각 개별 내담자의 욕구를 다루기 위해 다양한 이론을 알 필요가 있다.

대안적 의사소통

상담자는 많은 이론에 익숙해져야 함과 동시에 대안적 의사소통 수단에도 익숙해져야 한다. 만일 상담자가 학습곤란을 가진 사람이 사용하는 수화인 Makaton(Walker, 1977)이라는 특수언어를 사용할 수 없다면, 그들은 이러한 내담자 집단 가운데 일부와만 상담하여 상담자 자신을 스스로 제한할 수 있으며 또한 자신과 내담자 사이의 의사소통 수단이 제한될 것이다.

구어, 몸짓 혹은 얼굴 표정이나 눈빛으로 의사소통을 사용하는 상담자들은 내담자와의 관계를 형성하기 위해, 혹은 그러한 관계 속에서의 치료적 움직임을 일으키기 위해, 비록 내담자가 표현적이거나 촉진적인 언어 경험을 거의 가지지 못하는 경우라 하더라도 표현을 제대로 할 수 없는 모호성이 장애가 되지는 않는다는 것을 깨닫는다. 필자는 이러한 사람들이 관계에서 일단 신뢰를 발달시키기 시작하면 감정이 넘쳐흐른다는 것을 종종 발견하곤 한다.

상담자가 치료적 관계를 수립하는 동안, 어떤 내담자는 먼저 처음에 말이나 수화와 같은 직접적인 의사소통 형태를 중심으로 하는 상담 접근법에 불편함을 느끼거나 혹은 상담을 하지 않으려 한다는 것을 발견할 것이다. 그들은 보다 실제적인 표현 수단을 필요로 한다. 사실, 말하는 것에 대한 투쟁을 제거하는 것은 내담자의 어떤 불안을 감소시키도록 도와줄 수 있고, 그 자체로 자발적 언어 표현을 촉진시켜 줄 수도 있다.

만일 펜과 종이가 사용될 수 있다면, 어떤 내담자는 생생하고 뚜렷한 방식으로 자신의 생각과 감정을 그릴 수 있다. 그것들은 내담자가 전하는 것을 보여 주는 그림과 함께 이것을 생생히 나타나게 할 것이다. 상담자와 내담자는 함께 그림을 살펴볼 수 있고, 흔히 의사소통은 보다 직접적인 단계로 나아갈 것이다. 내담자는 자신의 생각, 소망 그리고 감정들을 상징적으로 그리게 될 것이며, 이때 상담자가 받은 인상을 시험적으로 피드백해 보는 것이 필요하다. 이러한 상황에서, 상담자는 상담 과정을 도와주는 미술치료의 사용을 시도하는 대신, 내담자가 자신의 생각과 감정을 보다 충분히 의사소통할 수 있도록 미술 매체들이 부가물로 사용되도록 한다. 간편하게 행복, 슬픔 그리고 중립적인 면들이 그려져 있는 카드를 내담자에게 사용하는 것은 내담자가 자기 감정의 의사소통을 시작하도록 도움을 줄 것이다. 점토의 도입은 평소에는 다양한 활동 속에서 가족 구성원과 보호자들을 모방하면서 때때로 실제 관심사들을 조형하게 함으로써, 생각이나 소망, 감정을 표현하게 하는 또 다른 유용한 매체일 수 있다. 또한 점토는 마구 두드리고 짓누르며 부수는 등의 행동을 통해 분노를 안전하게 방출하도록 도와줄 수 있는 매체다. 점토의 사용은 도자기 수업처럼 아주 자연스럽게 일어나거나 혹은 의도적으로 소개될 수 있을 것이다. 밀가루 반죽은 점토와 유사한 방법으로 사용될 수 있으며, 요리를 하는 동안 자연스럽게 기회를 만들거나 혹은 의도적으로도 사용될 수 있을 것이다.

물 또한 유사한 기회를 제공한다. 내담자가 선택한 대상을 물속에서 가지고 노는 경험은 물속에서 생각과 감정을 의사소통할 수 있도록 하거나 또는 '그 감정들을 배수관으로 씻어내 버리게 하는' 효과가 있다. 이는 내담자가 씻을 때, 혹은 물의 사용을 권함으로써 자연스럽게 일어날 수 있다.

어떤 유형의 실체적 표현 수단을 사용할 때에는 연령에 적합한 방식으로 제공되어야만 하며, 그렇지 않은 경우 그 경험을 통해 내담자는 초기 발달 단계에 머무르게 되거나 혹은 보호받는 존재가 될 수 있다는 점은 강조되어야만 한다.

만일 상담자가 의사소통을 촉진하기 위해 내담자의 표현 매체의 사용에서 어떤 것을 해석하고자 한다면, 그들은 보통 내담자에게 공감하는 동안 상담자가 점검할 때 쓰는 것과 같은 방식인 반영과 부연 설명을 사용함으로써 해석의 도입이 타당한지 잠정적으로 점검해야 한다. 만일 그들 서로가 신뢰하는 관계라면, 내담자는 치료적 작업으로 그들이 함께 나아갈 수 있게끔 상담자에 의해 이끌어지는 어떤 부정확성이라도 바로잡을 수 있을 것이다.

일부 내담자들은 긴급한 목표를 이루기 위해 상담에 올 수 있다. 예를 들면, 사별 후 잇따르는 시간 속에서 가족 구성원은 학습곤란을 가진 누군가가 장례식에 참석하지 않기를 기대할 것이며 이어서 보호를 하려고 든다. 그러나 학습곤란을 가진 사람은 남겨진 다른 가족과 함께 애도하기를 원할 수 있다. 그때 상담자는 보다 구조화된 접근법들 가운데 하나인 해결중심 단기치료(de Shazer, 1985; Cade & O'hanlon, 1993)를 사용할 수 있다. 이는 그 이론의 일반적인 신조를 충실히 지키는 반면, 내담자에게 적합하고 이해하기 쉬운 방식으로 제안되어야 한다. 예를 들어, 해결중심 단기치료에서 내담자에게 척도 1~10으로 그들의 어려움을 평정하도록 요구하는 것은 적절해 보이지 않는다. 대신 내담자들이 척도를 평정하는 데 있어 단순한 청각적 이해력을 가지고 있다면, 그들이 (a) 나쁨-보통-좋음의 척도로 그 문제를 평정하도록 요청할 수 있고, 혹은 약간 더 복잡한 척도인 (b) 매우 나쁨-나쁨-보통-좋음-매우 좋음으로 그 문제를 평정하도록 할 수도 있다.

필자는 단순한 척도로 그것을 시작하는 것이 가장 좋다는 것을 발견하였다. 그리고 내담자는 필자에게 "나쁨과 보통 사이에 그것이 있다."라고 말하는 것처럼 보다 복잡한 어떤 것을 사용하여 필자에게 말하게 될 것이다. 만약 처음에 복잡한 척도부터 시작한다면, 내담자는 원래 가진 어려움에 실패까지 더하여 그것을 사용하는 데 성공하지 못할 위험이 있다.

만일 내담자에게 시각적인 보조가 필요하다면, 마찬가지로 그것들은, 예를 들어 척도를 그림으로 표현하여 일련의 사각형 형태로 그려진 긴 종이로 그들에게 제시할 수 있다. 내담자는 적합하다고 생각하는 네모칸을 가리키거나 혹은 그들 자신의 특정 어려움을 그림으로 그려 적합한 네모칸 위에 둘 수도 있다. 일부 내담자는 보다 입체적인 표현으로 작업하는 것을 좋아하는데, 이를테면 내담자는 어려움이라는 모형을 만들기로 선택하고 척도를 나타내기 위해 만든 일련의 상자들 중 하나에 그것을 놓아두기도 한다. 연속된 회기들에서, 그 모형은 향상의 정도를 나타내는 다른 의미의 상자로 변화될 수 있었으며, 혹은 어려움이 어떻게 변화되었는지를 보여 주는 것으로 변경될 수도 있었다. 또한 내담자는 그 상황이 어떻게 되기를 바라는지를 의사소통하기 위해, 그다음에는 그것을 성취하기 위해서 그들이 하고 싶은 것은 무엇인지를 결정하기 위해 그 모형을 바꿀 수도 있다.

상담자가 어떠한 상담이론으로 작업하든지 간에 내담자에게 접근을 할 때에는 융통성과 창조성 그리고 유연성을 요구한다. 만일 상담자가 주로 비지시적 접근인 인간중심적 접근법으로 작업한다면, 내담자는 이것이 아주 도전적이라는 것을 발견할 것이다. 자신의 감정들을 억제하도록 하며 자기 생활의 전반에서 무엇을 하고 무엇을 생각하고 있는지를 말해야 하는 내담자는 지금까지 잘 생각하지 않던 이러한 영역들을 탐색하는 기회가 익숙하지 않을 것이며, 그리고 이것은 새로운 경험이라는 것을 발견할 것이다. 이것은 그들에게 그들의 생각, 소망 및 감정을 탐색하고 밖으로 끌어낼 기회를 제공해 주는 새로운 자극이 될 수 있다.

필자의 내담자 가운데 많은 수가 자존감과 자기 역량 강화에서 결과적으로 명백한 상승을 보여 주고 있다. 이렇게 빠른 진전이 가능했던 것은 잡지에 실린 문제 해결난, 상담전화 서비스 등과 같은 일들을 접하는 데에서 내담자가 상대적으로 경험이 부족했기 때문일지도 모른다. 만약 필자가 재빨리 변화를 일으킨 것으로 보인다면, 그것은 필자가 적합하고 접근 가능한 형태로 상담을 제안할 수 있었다는 것을 의미한다.

그러나 비지시적 접근법의 내담자를 격려하는 효과는 내담자와 함께 정보와 조언을 나누는 부차적 요구와 균형을 맞추어야 한다. 만일 내담자가 해야 한다는 것 때문에 '허둥대고' 스트레스를 경험한다면, 비지시적 접근을 계속하기를 주장하는 것은 그자체가 횡포이며 처벌적일 수 있다. 어떤 경우에는 무관심한 것처럼 보이기까지 할 것이다(Burnard, 1995). 비지시적 접근에 대한 요구를 내담자와 정보를 공유하기 위한 부가적 요구와 균형을 맞추는 것은 관계가 깊어지도록 도와줄 것이다. 이러한 일이 일어났을 때, 필자는 몇몇 내담자들이 학습곤란을 가지고 있지 않은 내담자보다 더 직접적으로, 그리고 덜 저항적으로 자기 스스로를 표현한다는 것을 발견하였다.

우리 가운데 대다수가 항상 사용하는 언어건 혹은 수화이건 간에, 어휘의 미묘한 차이를 아직 알지 못하는 사람들이 있다. 이것은 표현되는 감정들에 대해 미숙함을 부여하여 언어에 의해 조절되지 않은 의사소통의 직접성을 산출할 수 있다. 주로 학습곤란을 가지지 않은 성인과의 작업을 훈련받은 상담자는 비언어적 의사소통에 민감하다 할지라도 주로 말이라는 매개물을 통해 작업한다. 따라서 이러한 투사적 상담 장면에 처음 직면할 때 기술의 부족함을 느낄 것이다. 어린 이동과 함께 작업한 경험을 가지고 있는 상담자는 이미 이러한 면들은 경험했을 것이다.

필자는 자가 의뢰한 학습곤란을 가진 모든 내담자가 목표를 정의하고 획득하는 능력뿐만 아니라 자존감과 자기 역량강화에서 향상을 보인 점을 발견하였다. 다른 사람들에게도 이 효과는 가시적으로 눈에 띄었는데, 필자가 이러한 기록들을 가지고 있고, 뿐만 아니라 내담자에게서 직접, 그리고 보호자, 관련 직원, 기타 다른 사람들로부터 피드백을 받고 있는 점은 정말 행운인 것 같다.

의뢰의 장려를 통해 상담에 온 내담자들은 보다 다양한 결과를 보여 주었다. 만약 의뢰의 장려가 내담자가 전화를 하도록 돕거나 혹은 어떤 필요한 이동 수단을 제공하면서 상담에 대한 단순한 설명으로 구성된다면, 내담자들은 자가 의뢰한 내담자와 유사한 결과들을 보여 주었다. 만약 의뢰의 장려가 내담자에게 상담은 좋은 일이며 그들이 이것을 받아야 한다고 여겨지는 어떤 요소들을 포함하고 있다면, 필자는 퇴보를 수반한 제한된 성공만을 볼 수 있었다. 비록 당시 의뢰를 장려한 사람이 누구든, 그리고 겉으로는 필자 자신을 따르고 있는 것처럼 보이든 내담자는 실제로는 마지 못해하는 것 같았다.

사람들은 이용할 수 있는 시설이 있다면 누구나 그것을 이용하기를 원할 것이라는 점에서, 필자의 경험은 지역사회 상담기관의 경험과 유사하다. 필자는 학습곤란을 가지고 있든 혹은 그렇지 않든 간에 상담을 요청하는 사람 모두가 그것을 이용할 수는 없다는 것이 이해가 되지 않는다. 상담자가 유연성과 창조성이 요구될 때마다 내담자에 대해 반응할 수 있을 만큼 충분히 적응적이라면, 평범한 삶을 사는 평범한 사람이 되고자 하는 학습곤란을 가지고 있는 많은 사람들의 열망은 촉진될 수 있을 것이다.

> 학습곤란자를 상담하는 것은 그들의 평범성을 충분히 꽃피우게 할 수 있다. 상담은 평가절하되고 사회적으로 무시되는 사람들이 보다 많은 가치를 지닌 인간으로 느끼도록 도와줄 수 있으며 인생에서 평범하게 고통받고 기뻐하는 일에 대처할 수 있도록 하는 가치 있는 일이다(Brandon, 1989: 13).

많은 경우, 초기에 그들은 느낌이라는 것을 전혀 따로 상상할 수 없었음에도 불구하고 자신이 삶에서 통제력을 갖게 되는 꿈을 상담 관계 내에서 실현해 나가기 시작한다.

그 밖의 다른 사람들은 집단 장면에서 이러한 탐색을 시작하고자 선택할지도 모른다.

집단에서의 상담

"학습곤란을 가진 사람이 경험하는 것 중 일부는 충만한 인간 존재로의 길을 끊임없이 방해한다. 이는 당신의 가치가 중요하게 느껴지지 않음을 의미한다."(Brandon, 1990: 21) "통계치는 학습곤란을 가진 사람이 다른 집단보다 정서적 스트레스를 경험하기 더 쉽다는 것을 보여 준다. …… 성격장애와 정신병으로 간주될 때 8%에서 15%의 범위를 나타내지만, 보다 덜 심각한 정서장애가 포함되었을 때에는 50% 이상으로 상승한다." (Nadirshaw, 1996: 104).

이러한 증가에 관한 설명 가운데서, Nadirshaw는 "반복된 상실/분리, 가족이나 중요한 '타인'들로부터의 반복된 실패/매력 없는 외모/거부에 의한 낮은 자존감, 가족의 어려움과 성인으로서의 역할 및 신분의 결여에 따른 문제"(1996: 104)를 예로 들었다.

그러한 문제를 탐색할 수 있는 것들 가운데 집단 작업은 개인 상담에서 대안적인 통로를 제공한다. 무엇이 가능한가에 관해 서로가 서로에게서 배우는 학습은 강력하고 신뢰할 수 있는 과정이다. "그 체계에서 살아남은 다른 사람들과 경험과 활동을 공유하고 유대를 만드는 기회"(Brown & Smith, 1992: 156)를 창조하는 것은 커다란 가치가 있을 수 있다.

전문가로서의 상담자에 대한 개념과 권위에 대한 문제는 집단이건 개인이건 간에 어떤 상담 상황에서도 고려해야 할 만큼 중요하다. "상담자의 도움을 구하는 많은 사람들 모두가 다른 사람들의 삶을 안내하는 데 있어 스스로가 전문가라고 자처하는 …… 사람들에 의해 둘러싸여 자신의 삶의 많은 부분을 보낸다."(Mearns & Thorne, 1988: 6)

'무엇이 가장 좋은 것'인지 듣게 되는 경험은 학습곤란을 가진 사람들의 생활에서 계속 제시된다. 그들은 자신의 삶에서 일어나는 일들에 대해 그들 자신이 통제권을 가지고 있다고 느끼도록 거의 격려받지 못했다. Nadirshaw(1996)은 학습곤란을 가진 여성들에게서 정서적 문제가 높게 출현하는 것에 기여하는 요인 중 하나로 '학습된 무기력'을 포함시켰다. Swain(1989)은 이 이론을 다음과 같이 설명하였다.

> 학습된 무기력 가설은 만약 사람들이 자주 통제권을 가질 수 없는 상황에 처하게 된다면 그들은 사건을 변화시키거나 혹은 영향을 미칠 수 있는 것이 아무것도 없다는 신념이나 기대를 가지게 되어 '무기력'을 학습할 수 있다고 제시하고 있다(Swain, 1989: 109).

그는 다양한 수준에서 선택해야 하는 기회는 그러한 무기력한 느낌을 가지게 한다고 하면서 그 영향에 대한 설명을 계속하였다. 그는 "무기력을 극복할 가능성은 영향력을 뺏긴 사람들에게 통제력을 돌려주는 사회적 관계에서의 변화가 수반되어야 한다."(Swain, 1989: 116)라고 말하면서 끝을 맺었다.

사람들에게 자신을 위해 원하는 것을 반영하고 다른 사람들에 대한 지지를 제공하는 공간을 부여하는 것 또한 무기력감에 반박하도록 할 수 있다. 집단 상황에서, 서로에게서 배울 수 있는 기회는 상담자(들)에게서 그러한 경험을 찾는 것보다 더 많은 가치가 있을 것이다. "치료를 사용하는 능력은 '전문가'들에게만 배타적으로 있는 것은 아니다. 우리 각자가 우리 스스로를 변화시키고 서로를 도와줄 수 있는 힘을 우리 내부에 가지고 있다." (Ernst & Goodison, 1981: 4)

집단이라는 사회적 맥락은 다른 사람과 자기에 대해 타당성 있는 환경 내에 배치되는 우정의 연결망을 제공함으로써 정서적 · 심리적인 이익을 보완할 수 있다. 여성, 흑인, 레즈비언 그리고 게이의 경우 다른 구성원들 및 상담자(들)과 유사한 경험을 공유하는 집단 내에서 그들의 삶의 이러한 특정 측면과 관련된 주제들을 탐색하기 원할 것이다. 학습곤란을 가진 사람의 경우에는 자신의 장애와 연결된 것과는 다른 문제를 바라보는 것이 항상 인정되지 않았다. "서비스의 대부분은 성이나 문화와는 관련 없는 방식으로 운영된다." (Nadirshaw, 1996: 105)

성, 인종, 성생활 등의 영향력을 무시하는 것은 사람들의 삶에서 현실성을 어느 정도 부정하는 것이다. "[장애] 여성은 장애가 있는 여성으로서 기대를 평가절하하는 두 가지 세트의 한계 내에서 생활해야 하기 때문에 불이익을 두 배로 받는다." (Brown & Smith, 1992: 162) 학습곤란을 가진 흑인여성으로서 자신의 경험을 설명한 Downer는 다음과 같이 말하였다.

> 또한 나는 학습에 어려움을 갖고 있는 유일한 흑인 학생이었기 때문에, 나는 매우 고립되었다고 느꼈다. 나는 현재 내가 있는 곳을 가기 위해 매우 길고 힘든 투쟁을 하였다. 흑인을 위한 투쟁은 매일 계속되어야 하며, 특히 학습곤란과 같은 다른 종류의 장애를 가졌다면 더욱 그러하다 (Downer, 1994: 206).

집단에서 그러한 문제를 다루는 것은 그 자체가 사람의 역량을 강화시킬 수 있고, 그들의 정체성의 모든 측면에 가치를 부여해 줄 수 있다.

상담자로서, 필자는 인본주의적 틀 속에서 작업한다. 인본주의 철학은 사람이 자신의 삶에 책임감을 가질 수 있다고 믿고 인간 본성에 대한 낙관주의적 견해를 취하고 있다. Carl Rogers는 소위 '내담자중심' 혹은 '인간중심' 치료라는 것으로 이러한 생각을 보다 더 발전시켰다. "인간중심 견해는 개별적 인간 존재의 경험에 높은 가치를 부여한다. …… 또한 그것은 각자가 그 혹은 그녀 자신의 삶에 대한 책임을 받아들이도록 촉구한다." (Mearns & Thorne, 1988: 5) Mearns와 Thorne은 그러한 철학에 대해 "서구 사회의 현재 문화를 특징짓는 많은 부분과 현저히 어긋나는 방침" (Mearns & Thorne, 1988: 5)이라고 지적했다. 또한 그것은 학습곤란을 가진 사람에 대한 사회의 시각과 많은 부분에서 대립되었다. 추측건대, 전통적인 견해들은 학습곤란을 가진 사람을 높은 성적 충동과 보다 도덕적인 개념으로 행동하고 이해하는 것에 대한 불능 때문에 위협적인 존재로 보았으며, 그들 자신을 돌볼 수 없는 순진한 아동과 비교하였다(Philpot, 1995). 이에 따르면, 어떠한 견해로 보더라도 부정적인 사람이 되는 것 같다. 인간중심의 관점에서 작업하는 것은 보다 긍정적인 자기상을 탐색하도록 해 주는 공간을 제공한다.

Rogers는 내담자가 '그 혹은 그녀로 실제 존재하는 유일무이한 개인으로서 무성하게 활동을 시작'할 수 있도록 치료적 관계에서 제시될 필요가 있는 3가지 중요한 조건들에 관해 기술하였다(Mearns & Thorne, 1988: 14). 이러한 조건들은 일치성, 무조건적 긍정적 존중 그리고 공감이다.

일치성 혹은 진솔성은 상담자가 진정으로 그/그녀 자신과 내담자에게 개방적일 것을 요구한다. Morris는 성학대를 받았던 남성 집단을 대상으로 한 그의 작업을 기술한 소논문에서 다음과 같이 관찰 내용을 제시하였다.

> 그 집단은 나 역시 힘없는 존재로서의 경험을 했는지 알기를 원하였다. 나는 나의 취약성에 관해, 그리고 나의 삶에서 취약했던 시기에 대해 말하기 시작하였다. 전능한 존재는 모든 일을 더할 나위 없게 만들 수 있는 존재로 해석될 수 있다. 실제로 우리는 바르고 혹은 더 훌륭하게 일을 만들 수 없다(Morris, 1994: 11-13).

무조건적 긍정적 존중은 내담자에 대한 수용과 존중을 위한 Rogers의 용어다. 중요한 인간 존재로서 계속적으로 존중되는 경험은 그 자체로 무기력한 혹은 무의미한 존재로 그들 자신을 보는 사람들에 대한 도전이다.

마지막 조건인 공감은 다른 사람의 세계를 이해하고 탐색하며 이해를 하고 있다는 것을 전달해 주는 능력이다. 다른 사람이라는 존재에 의해 이해받고 있다는 느낌에 대한 경험은 사람의 자기 가치와 유의미성을 증가시킬 수 있다(Mearns & Thorne, 1988). 집단에서의 작업은 공감을 받는 것과 주는 것의 두 가지 기능성을 만들어 준다.

집단의 시작

사람들은 주로 기관에서의 의뢰를 통해서 집단에 오게 되지만 때때로 지가 의뢰하여 오는 사람도 있다. 분명히 학습곤란을 가진 사람이 직접 이용할 수 있도록 만들어진 집단에 관한 서면 정보와 그림 정보는 개방접근 집단을 보다 많이 이룰 수 있도록 만들 것이다. 집단은 사람들이 자신들을 위한 공간으로 그곳을 충분히 느낄 수 있도록 소규모로 이루어져야 한다. 두 명의 상담자들이 함께 작업할 수 있는 내담자의 수는 아마도 6명 정도로 볼 수 있다. 상담 상황에서, 필자는 대개 언어적으로 의사소통할 수 있는 사람들과 작업한다. 보다 제한된 구어를 사용하는 사람들에게 사용하는 상담 기술은 도전적이고 가능성의 과정이며 이미 앞에서 기술하였다. 필자는 집단 작업이 이러한 상황에서 효과적일 수 있다고 믿지만 적은 수의 내담자들에게는 한층 더 필수적이라고 생각한다.

집단은 기본 규칙들을 작성함으로써 시작한다. 이러한 것들은 우리가 집단 구성원들로서 어떻게 서로 관련되기를 원하는가에 관해 계약하는 것을 포함한다. 자신과 타인이 가치를 둔 생각들을 문장으로 함께 약속한다.

> '우리는 서로가 경청할 것이다. 그리고 그들이 말할 때 누군가가 방해하지 않을 것이다.'
>
> '비록 다른 사람들이 그것에 대해서 동의하지 않더라도 누구나 그들이 생각하는 것을 말할 권리를 가지고 있다.'
>
> '우리가 말하는 모든 것은 비밀이다.'

또한 기본 규칙들을 확립하는 것은 Rogers의 조건들이 제시되는 환경을 창조하는 데 도움을 줄 수 있다.

감정 다루기

> 학습곤란을 가진 사람들은 정서적 어휘력이 굉장히 빈곤하다. …… 이것은 흔히 상담의 적극적 경청 또는 치료가 될 수 있는 다양한 방법적인 면 이전에, 사람들이 자신의 감정들을 설명할 수 있는 어휘를 배워야 할 필요가 있다는 것을 뜻한다(Conboy-Hill, 1992: 157).

'감정 단어'에 초점을 두는 집단 활동은 상담자로부터, 뿐만 아니라 서로에게서 배움으로써 타인에게 자신의 정서적 어휘를 확장할 수 있게 해준다. 예를 들면, 우리는 감정의 명칭들을 브레인스토밍하고 플립차트[1] 종이에 그것들을 기록하였다. 토론 전에 잡지를 찾아보고 그림과 사진들에서 특별한 정서를 규명하는 콜라주 활동은 반영을 위한 시간을 제공한다. 그 다음 토론을 위해 중점적으로 사용될 그림들은 잘라서 콜라주로 만든다. 우리는 사람들이 무엇을 느끼고 있으며, 무엇이 이러한 정서를 유발시키는

---

1) 역주: 강연 등에서 한 장씩 넘겨서 사용할 수 있는 도해용 차트를 말한다.

지, 그리고 그것을 다루는 가능한 방법을 조사한다. 이것은 집단 구성원이 자기 스스로가 그것들을 소유하기 전에 보다 거리를 둔 조망에서 감정을 다룰 수 있도록 안전한 구조를 제공할 수 있다. 이를테면, '내가 외롭다고 느낀다.'는 것보다 오히려 '그녀가 외롭다고 느낀다.'라고 말하는 것이 더 쉬울 것이다. 또한 콜라주는 분노와 혼란, 분노와 신경질 등 이들 사이의 차이점을 검토하는 데 있어 감정의 정도와 근소한 차이들을 중심으로 토론을 자극할 수 있다.

신체 감각에 대한 토의에서, 사람들에게 정서와 연결된 얼굴표정과 신체 자세는 그들과 다른 사람이 어떻게 느끼고 있는가에 관한 가치 있는 정보를 부여해 준다. '오늘 나는 ~를 느끼고 있습니다.'와 '나는 ~할 때 슬픕니다.'와 같은 집단에서의 연습은 사람들에게 보다 개인적으로 감정을 토론할 수 있게 격려한다. 공긴은 집단 구성원에게 그림 그리기나 글쓰기 등과 관련된 활동을 사용하여 그들에게 서로 다른 감정들이 무엇을 유발시키는가에 대해 개인적으로 작업할 수 있도록 만들어 줄 수 있다.

적극적인 경청 기술—개방된 신체 자세, 최소한의 촉구, 머리의 끄덕임—과 개방적 질문의 사용은 사람들에게 자신이 말하고 있는 것을 계속하도록 해 주며 확장시키도록 격려할 수 있다. 이해를 위한 검토를 하는 동안 부연 설명과 요약은 내담자와 상담자 모두에게 명료함을 부여할 수 있다. 감정을 반영하고 내담자가 사용했던 '감정' 단어들을 포착하며, 그것을 다시 반향시켜 주는 것은 보다 깊이 정서를 탐색하도록 도와준다. 만약 반영이 정확하다면, 내담자는 이해받았다고 느낄 것이며 계속되는 탐색이 보다 안전하다고 느낄 것이다.

사고 다루기

"상담에서의 인지적 접근은 우리가 자신에 대해 생각하는 것이 우리 자신에 관해서 느끼고 있는 방식에 영향을 미친다는 견해를 취한다." (Burnard, 1989: 28) 이러한 접근은 1960년대 Albert Ellis의 합리적 정서행동치료와 그리고 Aron Beck의 인지심리치료로 발전되었다. 내담자와 상담자의 과업들 가운데 하나는 자기 자신과 세계에 관한 잘못된 신념과 부정적 사고를 규명하고, 보다 현실적인 사고들을 채택하는 것이다. 잘못된 신념의 한 예는 "나는 결코 이 사건에 대처할 수 없어."가 될 것이다. 특정 상황에 관한 부정적인 사고는 "나는 이것에 대해 대처할 수 없다."일 것이다. 어떤 일에 대한 그 같은 생각을 "사건이 지금 당장은 해결하기 매우 어렵지만 나는 내가 할 수 있는 한 최선을 다할 거야."와 같은 식으로 대치된다면 불안과 우울을 감소시킬 것이다.

Burnard는 이러한 작업 방식을 다음과 같이 간주하였다.

> Carl Rogers에 의해 주창된 상담 양식과는 거의 정반대되는 것이다. 후자의 목적은 내담자가 말하는 것이 무엇이든 사람이 그때 당시 세계를 어떻게 보는가에 관해 타당한 관점으로 완전히 받아들이도록 하는 것이다(Burnard, 1989: 29).

그러나 상담자로서, 만약 내담자가 자신에 대한 관점의 엄격함으로 불편함을 느끼고 그것을 공유해야 한다고 느낀다면, 필자는 이것이 일치성에 대한 Rogers의 개념을 지키는 것이라고 생각한다. 필자의 경험에서 볼 때, 만일 내담자가 사건을 보는 방식이 스트레스를 일으키는 원인이라고 인식된다면, 그것은 그 사람에게 객관적인 방식으로 보도록 변화시키는 작업이 허용될 수 있도록 한다.

작업은 사람들이 스스로에 대한 보다 긍정적인 이미지를 수립하고 부정적인 사고에 균형을 가져오도록 돕기 위해 집단 및 개별 방식으로 이루어질 수 있다. 이때 잡지는 기술과 능력에 관해 생각할 수 있는 준비 작업으로 유용하다. 자신의 생활들과 관련된 그림을 고르는 활동은 내담자로 하여금 스스로에 관한 확인, 즉 '나는 수영을 할 수 있다.' '나는 사람들에게 이야기를 잘 한다.' 등을 만들 수 있도록 한다. 상담자(들)와 다른 내담자들은 그 회기 동안 전시되었던 것에서 개인의 특성과 능력을 떠올릴 수 있다.

필자가 작업했던 어떤 사람은 그녀가 우울함을 느꼈을 때 그 기저에 깔려 있는 사고로 '내가 잘못한 어떤 일이 있음이 틀림없다.'라는 부정적인 사고를 규명해 내었다. 우리는 그녀의 강점과 기술에 대한 목록을 만들었고, 그녀는 그것들을 책에 베껴 적었다. 이것은 그녀가 우울할 때 그녀의 부정적인 사고들을 반박하기 위한 기초로 사용되었다. 우리는 종이에 다음과 같이 작성하였다.

내가 잘못한 어떤 일이 있음에 틀림없다.	나는 괜찮다.
	나는 ~할 수 있다.
	나는 ~할 수 있다.
	나는 ~할 수 있다.

특히 이 내담자는 읽을 수는 있었지만 사람들의 장점들에 대해 연상할 수 있는 그림을 사용한 체제가 적용될 수 있었다.

또 다른 연습은 사람들이 자신과 타인에게 가치를 두는 특성을 언어로 나타내는 능력을 개발시키는 데 효과적이었다. 우리는 우리가 좋다고 생각하거나 옳다고 느꼈던 단어들을 브레인스토밍하였다. 그런 다음 원형으로 앉아 자신의 옆에 앉아 있는 사람과 자기 자신을 묘사하는 데 그 단어들을 차례로 사용하기로 하였다. 이렇게 이용할 수 있는 단어가 주어지는 것은 그 사람이 '난처해지고' 자기 자신 혹은 타인에 대해 칭찬하는 단어를 생각할 수 없는 것에서도 벗어나게 해 준다. 사용된 단어들을 받아들일 수 있도록 관심이 요구되며, 이러한 연습은 승인을 부인하고자 하는 강력한 감정을 불러와 사람을 매우 불편하게 할 수 있다. 그러나 그것은 우리 자신에 대한 부정적인 지각을 가져오는 모순이 긍정적인 것을 인정할 수 있게 하는 첫걸음이 될 수 있다. 사람들이 그들 스스로를 자랑스러워하는 감정을 표현할 수 있도록 집단에서 허용되는 여지가 필요하다.

"나는 어떠한 것에 대해서도 대처할 수 없다."와 같은 매우 부정적인 말을 사용하는 내담자는 예외를 발견하도록 격려받을 수 있다. 사람들에게 과거와 현재에서 자신이 잘 대처했던 시기를 생각하도록 조력할 수 있다. 해결중심치료는 사람들의 강점을 규명하고 확립하기 위해 그들을 격려해야 할 경우 유용할 수 있다.

신체상

신체상은 종종 집단에서 탐색을 위한 초점으로 사용된다. 매력에 대한 고정관념적 사고는 우리의 많은 부분에 있어서 갈등의 원천이 되며, 이는 학습곤란을 가진 사람들의 경우 더 심각하다(Brown & Smith, 1992). 또한 각종 매체들은 사람들이 동일시하기 어려운 완벽한 몸매와 건강, 활동적인 이미지를 제시하고 있다.

집단에서의 시간은 우리 신체에 대한 지각과 존중을 발전시키는 데 소요된다. 일부 연습은 우리의 머리 혹은 눈동자의 색깔을 설명하고 우리가 우리의 신체 부분들에서 좋아하는 어떤 것을 다른 사람들과 공유하는 신체적 생김새에 초점을 맞춘다. 또 다른 연습은 우리 신체가 할 수 있는 것에 초점을 맞춘다. 우리는 '차다' '만지다' '달리다'와 같은 단어들을 브레인스토밍하였고, 각각 다른 방식으로 신체 움직임을 취하는 사람들의 그림을 잘라 냈다. 그러고 나서 우리는 이것을 우리의 감각, 즉 우리가 좋아하는 혹은 싫어하는 맛, 냄새, 촉감 등을 탐색하는 작업으로 발전시켰다. 이러한 연습들은 고통스러운 감정을 촉발시킬 수 있으므로 이를 통해 작업하는 시간을 잘 받아들일 수 있도록 관심을 가져야 하며, 내담자에게 그들 자신의 부정적인 면과 긍정적인 면 모두 인정할 수 있는 기회를 제공한다.

변화를 위한 기회

Jocelyn Chaplin은 『여성주의 상담 실행(*Feminist Counselling in Action*)』이라는 자신의 저서에서 '인생의 주기적 반복 모형(rhythm model of life)'의 개념에 대해 다음과 같이 기술하였다. "주기적 반복의 경로는 한 사람의 일생 혹은 하루의 서로 다른 시간대에서 처음에는 강점을, 그다음에는 약점을, 처음에는 기쁨을, 그리고 그다음에는 슬픔을 경험했던 사람에 의해 획득된 경로로 볼 수 있다." (Chapline, 1988: 6)

각 개인은 강점과 약점에 대해 그들 자신만의 균형을 이룩할 것이다. 상담 집단의 작업 가운데 일부분은 사람들이 그들 자신에 대해 그러한 서로 다른 미묘한 차이를 표현하면서 충분히 안전하다고 느낄 수 있도록 하는 데 있다. "집단에서의 사랑과 수용은 당신이 변화할 수 있는 잠재력이 있다는 것을 느끼도록 도와줄 수 있다." (Ernst & Goodison, 1982: 8).

결 론

학습곤란을 가지고 있는 사람도 다른 사람과 마찬가지로 훌륭한 상담 서비스를 받고자 하는 동일한 욕구를 가지고 있다. 그들을 위한 관련 기관 및 개별 상담자 서비스 접근을 개선하는 것은 그들에게 상담과 더불어 지지받을 권리 제공에 한발 다가서게 할 것이다.

참고문헌

Barron, D. (1989a) 'Slings and Arrows' in Brandon, D. (ed.) *Mutual Respect,* Hexagon Publishing.

Barron, D. (1989b) 'Locked Away: Like in an Institution' in Brechin, A. and Walmsley, J. (eds.) *Making Connections,* London: Hodder and Stoughton.

Beck, A., Rush, A., Shaw, B. and Emery, G. (1987) *Cognitive Therapy of Depression*, Guildford Press.

Blunden, R. (1989) 'Robert Griffiths' in Brechin, A. and Walmsley, J. (eds.) *Making Connections,* London: Hodder and Stoughton.

Brandon, D. (1989) *Mutual Respect,* Hexagon Publishing.

Brandon, D. (1990) *Ordinary Magic. Counselling People with Learning Difficulties,* Tao.

British Association for Counselling (1989) *Code of Ethics and Practice for Counselling Skills*, Rugby.

British Association for Counselling (1996) *Code of Ethics and Practice for Counselling Skills*, Rugby.

Brown, H. and Smith, H. (1992) 'Assertion not Assimilation: A Feminist Perspective on the Normalisation Principle' in Brown, H. and Smith, H.

(eds.), *Normalisation*, London: Tavistock/Routlege.

Burnard, P. (1989) *Counselling Skills for Health Professionals*, London: Chapman and Hall.

Burnard, P. (1995) 'Implications of Client-Centred Counselling for Nursing Practice', *Nursing Times*, 91: 26.

Cade, B. and O'Hanlon, W. (1993) *A Brief Guide to Brief Therapy*, Norton.

Chaplin, J. (1988) *Feminist Counselling in Action*, London: Sage.

Conboy-Hill, S. (1992) 'Grief, Loss and People with Learning Disabilities' in *Psychotherapy and Mental Handicap*, London: Sage.

Downer, J. (1993) 'Black Self Advocacy–My Experience of Being Black and Having a Learning Difficulty' in Martin, R. and Whitehead, C. (eds.) *Speaking Out*, London: Health Education Authority.

Dryden, W. (1989) *Rational Emotive Counselling in Action*, London: Sage.

Ernst, S. and Goodison, L. (1981) *In Our Own Hands*, London: The Women's Press.

Gaukrodger, R. (1990) 'Life History' in Atkinson, D. and Williams, F. (eds.) *Know Me as I Am*, London: Hodder and Stoughton.

Mearns, D. and Thorne, B. (1988) Person Centred Counselling in Action, London: Sage.

Morris, S. (1994) 'Healing for Men' *Llais* 31 (Winter).

Nadirshaw, Z. (1996) 'Learning Disabilities: Mental Health Issues' in Perkins, R., Nadirshaw, Z., Copperman, J. and Andrews, C., *Women in Context*, Good Practices in Mental Health.

Oswin, M. (1991) *Am I Allowed to Cry?*, London: Souvenir Press.

Philpot, T. (1995) 'What the Papers Say: Medial Images of People with Learning Difficulties' in Philpot, T. and Ward, L. (eds.) *Values and Visions*, London: Butterworth Heinemann.

Reiser, R. (1994) *The Social Model of Disability, New Learning Together Magazine*, 1.

Rogers, C. (1980) *A Way of Being*, Houghton Mifflin Co.

Seligman, M. (1975) *Helplessness: On Depression, Development and Death*, Freeman.

de Shazer, S. (1985) *Keys to Solution in Brief Therapy*, Norton.

Stevens, P. (1990) 'About Myself' in Atkinson, D. and Williams, F. (eds.) *Know Me as I Am*, London: Hodder and Stoughton.

Swain, J. (1989) 'Learned Helplessness Theory and People with Learning Difficulties: the Psychological Price of Powerlessness', in Brechin, A. and Walmsley, J. (eds.) *Making Connections*, Milton Keynes: Open University Press.

Thomas, M. (1990) 'They Said I was Unteachable' in Atkinson, D. and Williams, F. (eds.) *Know Me as I Am*, London: Hodder and Stoughton.

Walker, M. (1977) *Makaton Vocabulary*, Royal Association of the Deaf and Dumb, Action, London.

제4부

전문적 이슈

제12장

터널의 끝에는 빛이 있다

바람직한 '임상 효과성 연구'를 위한 방법

Sandie Taylor

+ 주요 주제

- 미술치료에서 임상 효과성 연구의 개념 소개

+ 핵심 사항

- 공통 연구 용어에 대한 설명과 표준 연구 방법론의 검토
- 현행 임상 효과성 계획안에 대한 고려 사항
- 임상 효과성의 문제가 학습곤란을 가진 사람을 위한 특정 예술치료 서비스에서 다루어지는 방법

필자가 이 책의 기고를 요청받았을 때, 필자의 첫 반응은 일종의 우려였다. 필자의 주된 걱정은 내가 미술치료사가 아니라는 점과 학문적 배경 또한 예술치료와는 매우 대조적이라는 사실 때문이었다. 필자의 자격과 경험은 주로 심리학과 범죄학 분야와 관련이 있다. 그러나 필자는 현재 학습곤란을 가진 사람을 대상으로 한 서비스 내 협력 예술치료 팀의 연구 지원자로 근무하고 있다. 생각해 보니, 필자의 핵심 연구 기술의 많은 부분이 원활하게 예술치료의 장으로 이입된 것 같다. 필자의 기본적인 책임 영역은 서비스 평가, 임상 효과성 연구 및 이용자 피드백 획득이다. 필자가 맡은 특정 직무의 일부를 나열하면 다음과 같다.

1. 서비스와 치료의 성과에 관한 만족도 수준을 설정하기 위한 내담자 및 보호자와의 비공식 면담 착수 및 질문지 관리
2. 자료 수집 및 분석
3. 데이터베이스의 유지
4. 보고서 및 프레젠테이션 작성
5. 서비스 계획과 평가에서 서비스 사용자가 참여하는 새로운 방식 검토

이 장을 마련한 의도는 연구의 중요성, 그리고 특히 '잘 되어 가고 있는가?'를 말하는 임상 효과성 조사의 중요성을 다루기 위한 것이다. 그러나 단지 이러한 의도뿐만 아니라 그 이상의 것을 추구하고자 하므로 우리가 가진 지식을 확장하기 위한 탐색이 확실히 이루어져야 할 것이다. 지식 자체에 대한 이론인 인식론은 서로 다른 현상에 대해 알 수 있는 것과 그것들을 조사하는 최선의 방법을 밝히는 데 유용한 협력자가 될 수 있다.

전문가적인 시각에서 벗어나 필자의 입장에서 보면, 미술치료사는 역사적으로 과학적 원리에 기초한 연구를 매우 경계하는 것 같았다. 아마도 그것은 창조 과정의 중심에 있는 신비한 힘이 엄격한 정밀조사를 받는다면 사라질 것이고 주문은 깨어질 것이라는 느낌이었다. 그러나 미술치료사가 연구 과정에 정통하다면, 연구 설계의 구조를 짜는 데 심취하여 그들의 기술을 과연 사용할 수 없는 것인가?

그러한 위험을 감수하고 새로운 가능성을 탐색하기 위해서는 우리가 먼저 마치 원하는 모든 색깔이 갖추어진 팔레트를 가지고 있는 것과 같이 정통한 전문적 지식을 갖고 있다고 확신할 수 있어야 한다. 따라서 이 장에서는 여러 가지 연구 방법을 검토할 것이며, 연구에서 공통적으로 사용되는 주요 개념에 관해 설명하고자 한다. 이는 현재 영국 도처에 널리 퍼져 있는 임상 효과성 계획과 결부될 것이다. 현재 필자가 일하고 있는 카디프에 있

는 학습곤란을 가진 사람들을 위한 예술치료 서비스인 TAITH는 웨일스 지방에서 임상 효과성 계획안이 어떻게 접근되고 있고 연구가 운용되었는지에 관한 특별한 예시로 사용될 것이다.

임상 효과성과 조사연구에 대한 소개

'임상 효과성'이라는 용어는 몇몇 미술치료사에 의해 회의적인 것으로 간주되었음에도 그 밖의 다른 사람들에게는 기꺼이 받아들여졌다. 일부 미술치료사에게 회의적이었다는 것이 놀랍지는 않은데, 임상 효과성 전부가 매우 쉽게 정의되고 설명되는 것이 아니기 때문이다. 더욱이 미술치료사들은 자신의 작업에 관해 '보다 관대한' 질적 기술을 선호하여 결과 중심의 연구는 피하는 경향이 있다. 이것이 왜 임상 효과성이 최근 회자되는지를 보여 주는 역사적 전례가 될 것이다.

임상 효과성은 내담자를 보살피는 데 임상 접근이 잘 적용되고 있는지, 그리고 그것이 어떻게 향상될 수 있었는지를 조사하는 체계적인 방식을 사실상 채택한 것으로, 여러분의 작업 영역에 대한 정당성과 책임의 전형을 그려 낸다. 그것은 임상적 접근이 어느 정도 잘 이루어지고 있는지의 여부를 알게 해 주는 것으로, 통제된 방식으로 업무의 결과 또는 효과를 살펴보는 것보다는 한층 나은 방식이다.

'연구(research)'라는 용어는 단순히 양적이고 과학적인 체제만을 일컫는 것이 아니라 분석의 깊이와 폭넓은 범위의 방법도 포함한다. 그것은 짧은 면담부터 실험연구에까지 미칠 수 있다. 분석은 문자로 된 데이터로 변환하거나(text transcription) 백분율 또는 세련된 통계적 해석을 사용할 것이다. 적용된 분석의 깊이와 방법이 무엇이든 항상 기억해야 할 중요한 사항은 여러분이 사용한 전략의 적합성이다. 바꾸어 말하면, 이러한 유형의 연구가 자신의 질문에 대한 답을 하는 데 도움을 주는지 고려해 보아야 할 것이다.

이것은 기억하기에 쉬운 일로 보이겠지만, 복잡한 정보나 통계치가 나열된 수많은 문서의 늪에 빠진 사람들이 꽤 많다. 미술치료사들은 분석에 대한 두려움과 역사적으로 뿌리내린 그 밖의 다른 이유들에 의해 양적 연구 방법을 억제해 왔다. 미술치료와 음악치료는 같은 시기에 발달하였지만, 결과 중심의 연구에 대한 그들의 태도는 매우 다르다. 필자는 미술치료와 비교하기 위해 음악치료를 들고 있는데, 왜냐하면 이 두 분야의 연구에 관련된 역사가 현저하게 달라 대조를 보이기 때문이다. 심지어 이들 협회도 각기 서로 다른 경향을 가지고 있다. 영국음악치료협회(British Society for Music Therapy)는 자선단체로 설립되었고 음악치료 전문가협회가 출현하면서 노동조합 역할을 맡게 되었다. 영국예술치료사협회(British Association of Arts Therapists)는 결성되자마자 비록 제한적이기는 하지만 학회와 노동조합 역할을 모두 수행하였다.

이는 어느 정도 두 학문 분야에 의해 우선적으로 연구되어야 할 점을 고려하는 데 차이를 나타내는 원인이 된다. 음악치료의 경우, 양적 방법론을 사용한 결과 연구(outcome research)가 일반적으로 시행되었다. 반면, 미술치료는 전문직 관련 문제와 다학제 팀에서 일하는 다른 전문가가 그 분야를 지각하는 방식에 주로 관심이 있었다.

미술치료사들은 '보다 관대한' 연구 접근법을 선택하였다. 그들은 개인적 임상, 임상실습의 기준, 서비스의 조건에서 미술치료에 관한 문제들을 질문하고자 설문조사 기반(survey-based) 연구에 매우 많이 치중하였다. 반면, 음악치료사들은 결과 측정을 사용하여 그들의 임상실제의 효과성을 보는 데 목적을 두었다. 사실 음악치료는 최근 과정의 추이와 결과에 관한 연구들을 실시하였다. 관찰 기법들과 비디오테이프 분석은 내담자 행동에 대한 치료사의 이해를 돕기 위해서 사용되어 왔다. 여러 내담자 집단을 대상으로 많은 연구가 착수되었다. 예를 들면, 축어록과 같이 프로토콜을 따서 결과를 기록하고 과정 지향적 연구가 학습곤란(Bunt, 1986), 자폐증(Muller & Warwick, 1993) 및 정신분열증(Pavlicevic, 1988)을 가지고 있는 사람들을 위해 고찰되었다. 또한 음악치료에서 결정적 순간으로 알려진 시기를 찾는 데 몰두하고 즉흥연주에서 음악적 요소와 치료적 요소를 분석하기 위해 신중한 연구가 이루어졌다.

그럼 미술치료에서는 왜 과정이나 결과 연구에 그와 같은 방식으로 힘을 쏟지 않았는가? 첫째, 변화를 측정하는 도구로 내담자의 미술 작품을 사용하는 것을 미술치료사들은 격렬하게 반대하였다. 이에는 그들이 치료실 외부로 그들 내담자의 작품을 유출하기가 어렵다는 것에 부분적인 이유가 있다. 둘째, 미술치료에서 의미의 해석은 단지 이미지 내에 있는 표현 요소의 양과 질보다는 사회문화적 기준이나 상징적 기준으로부터 얻어진다는 점이다.* 이는 음악치료의 경우에는 해당되지 않는데, 음악치료에서는 음악적 행위를 행동으로 받아들여 평가한다. 음악 자체는 미술 작품과 마찬가지로 구체적인 평가에 개방적이지 않다.

필자는 이 장에서 여러분이 임상 효과성 계획에 수반되는 것과 연구가 일반적으로 행해지는 방식에 관해 보다 분명하게 이해할 수 있기를 바란다. 필자는 여러분이 연구를 이행하기 전에 고려해야 할 문제들과 피해야 할 함정들에 관해 다루고자 한다. 그러나 먼저 그중에서도 웨일스 지방과 관련되어 있는 '임상 효과성 계획안'에 의해 우리가 의도하고자 한 것이 무엇이며, 이 계획이 시도된 연구의 본질에 어떤 영향을 미치고 있는지 살펴보고자 한다.

임상 효과성 계획

임상 효과성 계획안 이면에 있는 이념은 내담자가 적합하고 효과적인 의료 서비스를 받도록 기본적으로 보장하는 것이다. 효과적인 건강관리 의료 서비스란 우리에게 유용하고 도움이 된다는 것을 의미한다. 따라서 의료 서비스 내에 있는 서로 다른 처치들은 그들의 영역으로 간주되는 처치 문제에서 유용하고 도움이 되어야만 한다. 그러나 다양한 건강관리 처치 모두가 그것들의 효과성을 확인하기 위한 엄격한 연구가 행해진 것은 아니라는 사실이 문제로 지적된다. 이는 다음과 같은 4가지의 주요 영향을 미칠 수 있다.

1. 문서로 증명된 정보가 거의 없으므로 심층적인 문헌 검토가 이루어지기가 매우 어려울 것이다.
2. 문서의 부재는 검토 중인 치료 목적이 무엇이며 치료 성과가 입증되었는지의 여부에 관한 의심스러운 분위기를 야기할지 모른다.
3. 거의 혹은 전혀 증거 자료를 가지고 있지 못함으로써 후속 연구의 일반화 가능성이 점점 줄어든다.
4. 우리는 객관적인 연구를 통해서 우리의 실수와 성공에 관해 습득한다. 연구 결과가 인정받는 학술지에 실릴 때, 처치의 양상이 어떻게 향상될 수 있었는지를 살펴보는 것이 훨씬 용이하다. 따라서 객관적인 연구 결과들을 보고하는 체계를 갖추지 못한다면, 작업의 향상된 방식을 발달시키는 데 매우 중요한 피드백 과정이 일어나지 않을 것이다.

영국 도처에서의 간호, 화학적 · 물리적 처치와 같은 다른 보건 서비스와 마찬가지로 치료 서비스 분야에서도 임상 효과성 계획이 있었다. 일반적으로 알려진 것처럼, 학습곤란을 가진 사람을 대상으로 한 치료 서비스 작업을 위한 평가 프로젝트의 수는 많지 않다. 그럼에도 불구하고 이 전선에 진전의 징후가 나타나고 있다. 대규모의 평가 프로젝트들이 지역 병원 단위 기반 웨식스(Wessex)의 주도 아래 세필드 지역(Sheffield Development Project)과 애버딘 지역(Research Highlights No.2 Normalisation)에서 추진되어 왔다. TAITH가 웨일스에서의 임상 효과성 계획 관할하에 있는데, 필자는 임상 효과성 연구와 관련한 장점을 설명하기 위한 한 예로 이를 사용하고자 한다.

웨일스의 임상 효과성 계획에 의해서 제기된 질문들 가운데 하나는 다음과 같다. "이러한 문제를 가진 환자에게 효과적인 관리임을 보여 줄 수 있는 견실한 증거인가?" 근본적으로 이에 대한 대답이 '아니요'라면, 그다음으로 의료보건 서비스의 효과성을 입증할 수 있는 증거를 만들어 내는 것이 중요하다. 만일 대답이 '예'라면 체제 속으로 이러한 정보를 추가하는 방식들이 마련되어야 하며, 나아가 임상실제로까지 이러한 정보를 부과한 효과가 임상실제에서 추적 관찰되어야 한다.

의료보건 서비스의 효과성을 보여 주는 증거는 연구를 통해서 얻을 수 있다. 따라서 의료보건 서비스의 목적이 무엇이며 이러한 것들이 어떻게 성공적으로 성취되었는지를 살펴보는 것이 중요하다. 우리는 내담자의 만족 면에서만 아니라 비록 이것의 중요성이 과소평가되더라도 만족스러운 성과 측정이라는 면에서 그들이 수행한 것에 대한 증거가 필요하다.

수행을 측정하는 것은 언제나 쉬운 것이 아니며, 만일 부적절하게 이루어진다면 이로움보다는 해로움이 더 클 수 있다. 수행 측정이 부적절하게 이루어지면 결과가 편향될 수 있으며 상황을 잘못 이해하도록 할 수 있다.

예를 들어, 치료 서비스를 위한 어떤 수행 측정에서 학습곤란을 가진 내담자가 자신의 감정을 언어적으로 의사소통하는 데 성공적이었다면, 아마 이것을 성취한 내담자가 많으면 많을수록 서비스를 더 많이 찾게 될 것이다. 그러나 이것이 현실적인 목적인가? 그것은 그들 자신에 대한 신념과 확신을 증가시키고자 하는 일부 내담자들의 경우에는 당연할지도 모른다. 이를 근거로 하면, 그것은 현실적인 목적이자 만족될 수 있는 수행 수준이다. 그러나 최중도 학습곤란을 가진 사람으로 고려한다면, 이 상황은 변화될 수 있다. 언어적으로 의사소통하는 것은 자신감과 신념에 예속된 것이 아니기도 하지만, 그보다도 다른 요인들에 의해 좌절된다. 결국 가장 중요한 것은 이 수행 수준에 만족해하는 학습곤란을 가진 사람들의 수를 집계해 보면 저조할 것이라는 점이다. 이는 그 서비스가 효과적이지 못하다는 의미인가? 물론 그렇지 않지만, 이러한 수치가 그러한 방식으로 해석될 수 있는 위험이 있다.

결과들을 편향하고 오도된 시나리오를 제공하는 부적절한 수행 측정에 관한 필자의 의견으로 다시 돌아가면, 그것은 수행 측정에 적합한 표본의 수를 얻을 목적으로 중요도에 따라 우선되지 않은 과업들이 주어지는 공황 상태를 이끌 수 있다는 것 또한 사실이다. 이렇게 함으로써 분명 효과를 극찬하는 보고서가 나오겠지만, 우리의 윤리적인 면은 위태롭지 않은가? 그래서 우리는 수행 측정을 규명하고 의료보건 서비스에서 파생된 서로 다른 분야의 목적들을 분석하는 방법에서 주의해야만 한다. 이렇게 언급된 사항들이 수행 측정과 목적이 확립되지 못했던 이유가 될 수는 없다.

웨일스청(Welsh Office)에 의해 이슈화된 『증거 및 정보 접근성 향상(*Improving Access to Evidence and Imformation*)』 요약 보고서 1에서 국민, 환자와 보호자, 보건 전문가, 위탁사업체, 위탁을 의뢰하는 공공사업기관, 예산을 직접 관리하는 지역보건의들의 정보에 대한 욕구가 제기되었다. 그 보고서는 이러한 집단들이 그들이 알기를 원하는 정보의 유형에 접근하고자 하는 욕구를 강력하게 지지하고 있다. 어떠한 임상실제에서도 그것의 효과성에 대한 객관적인 증거에 기초를 두어야 하며, 내담자의 견해가 진지하게 고려되어야 한다. 연구는 효과성 조사와 내담자 관점 고려가 순환될 수 있어야 한다. 이것은 목표 설정과 수행 측정, 그리고 그것들의 사정에 기여한다. 『임상인들의 증거 사용을 위한 조력(*Helping Practitioners Use the Evidence*)』이라는 요약 보고서 2(Welsh Office, 1996)는 증거가 이용되려면 어떤 변화들이 일어나야 할 것인지에 관해 보다 관심을 가졌다. 이 요약 보고서에서는 새로운 연구 결과들이 임상실제에 신속히 통합되지 않고 있으며 임상 효과성에 대한 인식 증가와 의료보건 종사자들이 임상실제를 변화시키기 위해 함께 작업할 필요가 있다고 발표하였다. 더욱이 내담자들이 제공할 수 있는 가치 있는 정보에 대한 태도에서 변화를 가져올 필요가 있다. 이 모든 것은 연구에 대한 이해, 정보기술(IT)에 대한 파악, 그리고 어떻게 치료사의 임상실제와 환자와의 의사소통 기술을 객관적으로 검토하고 점검하는지를 아는 것과 같이 다른 많은 요인들과 얽혀 있다.

이러한 보고서들은 의료보건 서비스 분야에서 일하는 사람들이 객관적이기만 하다면 자신의 임상 효과성 연구를 수행하는 것에 전폭적인 찬성을 하는 것처럼 보일 것이다. 다른 중요한 메시지는 연구라는 것이 계속되는 과정임을 깨닫는 것이다.** 여러분의 연구 결과들은 체계 속으로 보내질 수 있으며 그것 자체가 연구에 대한 철저한 검토가 된다. 아무튼 임상실제에 더해진 어떠한 변화들도 추적 관찰될 필요가 있다. 요약 보고서 2에서는 이러한 과정을 '임상 효과성 순환'으로 칭하였다.

연구란 무엇인가

영국의 『옥스퍼드 영어사전(*Shorter Oxford English Dictionary*)』(1986)에 따르면 연구(research)란 다음과 같다.

- 특정 사물 혹은 사람에 대해서 면밀히 또는 주의 깊게 자세히 조사하는 행위
- 대상에 대한 철저한 연구에 의해 어떤 사실의 발견을 지향하는 조사
- 비판적 혹은 과학적 탐구의 과정

사람들은 연구가 수행된 이유를 수많은 여러 가지 방법과 모형을 사용하여 다각도의 방식으로 연구의 의미를 해석한다. 이는 또한 훌륭한 연구인 이유와 연구의 필요성을 정당화하여 설명한다. 전통적인 의미에서 연구는 연구자, 연구의 목적 그리고 그에 따른 방법을 포함한다. 연구자는(연구의 대상에서 정서적이고 물리적인 면에서 전적으로) 독립된 객관적인 관찰자이며, 그리고 고정된 교수 양식을 따른다.

연구 대상이 박테리아, 바이러스, 그리고 육안으로 쉽게 볼 수 없는 보다 하급의 무척추 동물인 경우처럼 무생물이거나 인간의 의사소통 수단과 거리가 있는 것이라면, 이러한 연구 절차는 정교하다. 그러나 연구 대상이 사람일 경우에는 이것이 항상 가능한 것은 아니다. 그럼에도 불구하고, 우리로 하여금 과학적 접근 방법을 확보하도록 하는 다양한 절차가 연구에 도입되었다. 이러한 것들이 특히 치료를 제공하는 서비스들에서의 임상 효과성 연구에 성공적으로 그리고 용이하게 적용될 수 있는가에 대해 논의가 진행되고 있다. 필자는 이에 대해 '학습곤란을 가진 사람을 위한 미술치료

서비스 내에서의 임상 효과성 연구'를 중심으로 검토하고자 한다.

대체로 다음의 범주로 분류되는 연구를 수행하는 많은 방식이 있다.

- 문헌 연구: 기록, 참조, 역사
- 실험 연구: 통제된 실험/조건, 공변량연구, 준실험설계, 조사
- 기술 연구: 민족지학적, 종단적/발달적
- 상호 연구: 실천 연구, 공동협력 연구

이를테면, 여러분은 전집의 표본이 되는 사람들에게 설문지를 보내는 조사 연구방법을 사용할 수 있을 것이다. 이 방법은 사람들이 어떤 것에 대해 대체로 어떻게 생각하는지 대다수의 의견을 알 수 있도록 해 준다. 설문지는 이미 제공된 답인 중에시 선택하는 일련의 질문으로 구성되어 있을 수 있다. 또는 사람들에게 그들 자신의 답변을 스스로 생각해 내도록 할 수도 있다. 설문지 발송의 문제점은 회수율이 낮다는 것이므로, 대신에 거리에서 혹은 시간 약속을 하고 그들이 동의한 장소에서 만나 질문을 하는 방법으로 사람들을 면담할 수도 있다. 면담을 수행하는 방식은 두 가지다. 제시되어 있는 답변 중에서 선택하도록 하는 일련의 표준 질문들로 구성된 구조화된 방식과 사람들과 대화를 나누면서 화제에 따라 자연스럽게 질문을 하는 비구조화된 방식이다. 설문지법과 면담법 모두 조사 방법으로 알려진 것들의 한 부분이다.

흔히 연구에 사용되는 또 다른 방법은 실험이다. 실험이란 어떤 것에 대한 하나 혹은 여러 개의 사상의 효과를 관찰하는 통제된 방식이다. 실험자로서 여러분은 사건들이 상황에 따라 영향을 받는 것과 관찰이나 녹음, 기록을 통해 결과로 나타나는 효과로 한정하여 밝힐 수 있다. 사건들은 대개 변인으로 간주된다. 몇몇 변인은 마시는 차를 제공하는 때라든지 혹은 '내

담자 A'가 '내담자 B'와 같은 방에 있도록 할 때와 같이 쉽게 통제된다. 그러나 성격 특성이나 정보를 기억하는 능력과 같은 개인차와 같은 다른 변인들은 단독으로 통제하여 정의하기가 쉽지 않다.

한 예로, 만약 내담자 A가 정보를 기억하도록 도와주는 것이 무엇인지에 관해 관심이 있다면 실험을 수행할 수 있을 것이다. 여러분은 이미 잡지 등의 읽을거리를 충분히 제공하거나 혹은 관련 직원이 세 번 이상 정보를 반복해 주는 것 등과 같은 몇 가지 요인들이 기억을 하는 데 중요하다고 추측하고 있을지 모르지만, 이것은 단지 예측일 수 있다. 실험을 수행해야지만 예측에 대한 증거를 발견할 수 있을 것이다. 여러분은 단지 정보가 반복되는 것과 반복되지 않는 것으로 정의할 수 있다. 동일한 조건에서 비교가 가능하기 위해서는, 이때 난이도와 중요성의 수준은 분명히 같아야만 할 것이다. 만약 반복된 정보는 기억되고 작동하는 반면 반복되지 않은 정보는 그렇지 않다면, 반복이라는 것이 회상을 향상시키는 효과적 조력인자라고 결론 내릴 수 있다. 물론 이것은 매우 단순화시킨 설계로, 동일한 사람이 정보를 제공하고 전달 방식도 같게 하는 등 다른 조건들도 고려해야 한다. 이것은 실험이 이 사례에서 어떻게 이루어지는지를 보여 주는 한 예일 뿐이다.

조사연구 방법은 특히 시설 장면에서 실시하기 용이하다. 흔히 조사라는 방법은 단순성과 산출할 수 있는 정보의 다양성에서 실험법보다 오히려 선호된다. 그리고 얻어진 정보는 양적 혹은 질적 분석에 따라서 일반화되거나 특성화될 수 있다.

질적 분석 사례에서, 그 결과들은 수집된 자료의 많은 부분들이 단지 추측에서 옮겨졌거나 혹은 추측을 야기하기 때문에 연구에 따른 모집단에게 용이하게 일반화되기 어렵다. 이는 학습곤란을 가지고 있는 사람과 비구조화된 면담을 수행한다면 서로 이야기하기 위해 그 사람에 의해 선택된 주제들과 그 결과 얻어진 내용의 중요성 및 의미는 역시 학습곤란을 가진 다른 누군가의 것과는 다를 수 있다는 것을 의미한다. 다시 말하면, 면담을 받는 사람과 관련된 경험과 그 경험의 의미는 어떠한 수적 가치감각으로 양화하기는 어려울 것이다. 게다가 그러한 면담에서 얻어진 자료들은 일치된 결과를 이끌어 내기에 차이가 너무 커서 학습곤란을 가진 모든 사람을 일반화하는 것은 헛된 과제가 될 수 있다. 이와 유사한 문제는 사례 연구에 기초한 조사연구에서도 나타난다.

반면, 양직 분석은 연구의 모집단에 관해 일반화할 수 있도록 한다. 따라서 구조화된 면담을 실시하여 획득된 정보는 채점될 수 있다. 미리 설정된 질문들은 숫자로 등급을 매길 수 있는 미리 설정된 대답들로 구성될 것이다. 그래서 피면담자가 질문에서 '전혀 그렇지 않다'는 대답 대신 '가끔'으로 대답하였다면, 그 대답은 미리 설정된 값에서 '1점' 대신 '3점'을 부여받을 수 있다.

양적 분석에서는 한층 더 복잡하게 문제의 정확성을 다양하게 짚어 낼 수 있다. 키나 몸무게, 혹은 기억되는 단어의 수 등과 같은 예에서 숫자로 표시된 측정을 취하는 것은 측정의 간격 수준이다. '예'나 '아니요'라는 응답, 혹은 '가끔'이나 '전혀 그렇지 않다'는 응답과 달리, 이러한 측정 수준은 정교한 척도를 나타낸다. 다시 말해, 만약 5명의 아동의 키를 측정한다면, 결국 이것은 각각 분리된 5개의 측정치들을 갖게 된다. John이 Mary보다 3cm 더 크다, 혹은 Jane이 Mary보다 5cm 더 크고 John보다는 2cm 더 크다는 말 외에 그것들의 값을 해석할 다른 방법은 없다. 1cm와 2cm 사이의 차이는 4cm와 5cm 사이의 차이와 같다. 이때 증가 정도는 동일하다. 그러나 질문지에서 '가끔'과 '드물게', 혹은 '드물게'와 '전혀 그렇지 않다'는 대답들 사이의 증가 정도는 동등하지 않으며 해석들에서도 차이가 있다. 여러분은 '가끔'의 양을 어떻게 명시할 것인가—총 10번 중 4번을 의미하는가, 혹은 5번을 의미하는가? 그리고 '드물게'와 '가끔' 사이의 선을 어디에 그어 구별할 것인가?

이에 반해서, 우리는 양적으로 자료를 분석함으로써 해석에 대한 임의의 자의적인 측정이 필요치 않은 결과들을 산출할 수 있다. 연구자들은 '가끔'으로 부르기 위해 어떤 일이 얼마나 자주 발생해야만 하는지에 대해 추측하지 않아도 된다. 양적 분석에서의 대답은 컴퓨터 자판에 있는 't'라는 글자를 1분에 56회 누른다거나, 20개의 목록에서 기억되는 단어가 15개라거나, 혹은 보행자가 신호등을 조작해서 건널 수 있는 횡단보도에서 1시간에 17명의 사람들이 길을 건넌다는 식으로 보는 편이 명료하다.

여러분이 시작할 수 있는 기초 연구 개념

만일 우리가 임상 효과성 계획이 적절한 것으로 해석한다면, 그다음에 우리는 연구 프로젝트를 시행할 방법을 고려해야 한다. 이는 다음과 같은 준거들을 이해해야만 성취될 수 있는데, 즉 훌륭한 연구는 신뢰도, 타당도, 표준화 및 일반화를 갖출 수 있어야 한다.

신뢰도

우리가 얻은 결과가 단지 요행이 아니라 동일한 연구 도구(즉, 질문지)를 사용하여, 동일한 조건(즉, 내담자의 가정으로 발송)하에, 동일한 사람들(즉, 학습곤란을 가진 사람들)에게 반복될 수 있다는 것을 아는 것은 중요하다. 반복될 수 있는 결과(들)는 신뢰할 만하다고 할 수 있다. 다시 말해, 만약 우리가 약물 복용에 대한 사람들의 의견을 입수하기 바란다면 우리가 묻는 질문들이 물론 관련성이 있어야 하지만, 더 중요한 것은 우리가 받는 대답들이 1주, 2주, 심지어 3주 이후에도 어느 정도 같아야 한다는 것이다. 이는 외적 신뢰도로 알려져 있다.

물론, 문제에 관해 이전에 받았던 의견은 다시 조사하는 시기에 변화했을 수 있다. 의견의 변화들은 생활 사건의 개입으로 일어날지도 모른다. 예를 들어, 절친한 친구가 약물 과다복용으로 갑자기 세상을 떠난 경험은 충분히 약물에 대한 긍정적 태도에서 부정적 태도로 옮겨 가게 할 수 있다. 그러한 사건들은 피할 수 없는 인생의 현실이므로 여러분은 그러한 불일치에 대비할 필요가 있다. 그럼에도 불구하고 대개의 경우에 결과들은 일관될 것이다. 같은 안건에 대해 동일한 질문들을 사용하여 한 번 이상 사람들의 의견을 알아보는 것은 결과가 얼마나 신뢰성이 있는지 알 수 있도록 해준다. 이러한 전략을 검사-재검사 방법이라고 한다.

신뢰도를 검사하는 또 다른 방법은 한 명 이상의 독립된 관찰자를 두는 방법이다. 이러한 방법이 적용될 수 있는 한 예를 살펴보자. 3명의 참가자가 있는 춤 경연대회에서 참가자 중 한 명이 단 한 명 있는 심사위원에게 훈련받은 사람이라고 상상해 보자. 여기에 어떤 편견도 없을 수 있을까? 고의든 아니든 간에 심사위원이 다른 사람들 앞에 자신의 제자를 둘 가능성이 있을까? 이러한 상황이 주어진다면, 오히려 중립적인 사람으로 한 명 이상의 심사위원을 두는 것이 보다 공정하지 않을까? 여기에는 다음과 같은 근거가 있을 것이다.

- 한 명의 심사위원에 의해 보이는 어떤 편향은 다른 사람들에 의해 상쇄되고도 남을 것이다.
- 주어진 점수를 대조하여 최빈값을 사용한다.
- 모든 심사위원이 공정하다고 고려해 볼 때, 받은 점수는 비슷해야 하

며 일관성 있는 양식을 나타내야 한다.

비록 의료보건 전문가와 관련 있는 예는 아니지만, 그럼에도 불구하고 다음의 예시는 발생할 수 있는 문제에 관해 분명히 보여 주고 있다. 예를 들어, 행동수정을 매우 강조하는 경우에는 행동에 대한 관찰이 앞으로 내담자의 행동 계획을 설계하는 데 매우 중요하다. 따라서 질문지를 사용하여 행동을 평가하는 대신에 관찰에서 얻어진 피드백이 치료과정에 사용될 수 있다. 그러나 이러한 관찰이 얼마나 정확한가? 관찰자가 전해진 행동이 의미하는 것을 직접 해석할 가능성이 있지는 않은가? 또는 관찰자들에게 보다 많이 나타나는 공통적인 문제로, 그들이 함께 연루되어 있다는 특성 때문에 객관적이기보다는 오히려 주관적이지는 않은가? 이 문제에서 벗어날 수 있는 한 가지 방법은 미리 관찰하기로 동의된 행동 목록을 한 명 이상의 관찰자에게 제시하는 내용 분석 전략을 사용하는 것이다. 관찰자가 할 일은 정해진 기간 동안 행동이 관찰되면 점을 찍거나 체크를 하여 나타내는 것이다. 예를 들면, 목요일 아침 오전 9시에서 10시 사이에 내담자 A가 내담자 B에게 공격적 행동을 보일 때마다 점을 찍어 표시하라는 것이다.

좋은 전략인가 혹은 나쁜 전략인가? 연간 부족한 인원이 없거나 혹은 병가가 없는 이상적인 세계에 있다면 이것은 신뢰도를 검증하기에 좋은 방법이 될 것이다. 그러나 이것은 의료보건 관련 기관에서의 업무에서는 너무 많은 시간의 소요와 표준 작업량을 우선적으로 고려하지 않은 것으로 드러났다. 따라서 검사-재검사라는 첫 번째 방법이 그러한 조건일 경우 보다 효율적으로 작용할 것이다.

또한 우리의 연구 도구가 그 자체로 일관성이 있는지 검토할 수 있다. 달리 말하면, 우리는 어떤 식으로든 우리가 사용하는 질문지가 모순되기를 바라지는 않는다. 그것은 경찰에서 하는 진술과 다소 비슷한 것으로, 여러분이 자신이 하는 진술에서 후에 보았을 때 결국 자기 자신과 모순되는 어떤 일을 말하기를 바라지는 않는 것과 같다. 질문을 하여 받은 대답이 스스로를 부인하도록 하는 연구 도구는 분명히 잘 설계된 연구 도구는 아니다. 그러나 사실은 이렇게 항상 분명하지는 않다. 따라서 반분법이라고 불리는 방법을 사용함으로써 연구 도구가 내적 신뢰도를 보여 주는지 알 수 있을 것이다. 이것은 질문지를 두 부분(앞부분과 뒷부분, 또는 홀수 번호의 질문과 짝수 번호의 질문으로 반으로 나눔)으로 나누어 그 두 부분을 비교함으로써 이루어진다. 각기 반으로 나뉜 질문들의 점수는 거의 같아야 한다. 즉, 전체 질문지를 반으로 나눈 두 부분에서 나온 '예' 혹은 '아니요'라는 반응의 수는 각기 대략 동일해야 한다.

타당도

만약 여러분이 질문에 대한 대답을 알기 원한다면, 신뢰할 수 있는 정보의 출처를 따르게 된다. 마찬가지로 음악치료가 내담자와의 의사소통에 조력하는지의 여부를 발견하기 원한다면, 여러분은 조사에 적합한 질문들을 할 것이다. 여러분은 질문지가 이를 발견할 수 있는 적합한 도구라는 것을 깨달을 것이다. 그렇지 않다면 대신에 음악치료를 실시했을 때 나타나는 의사소통 능력을 관찰하는 것에 흥미를 가질 수도 있을 것이다. 사용하는 연구 도구가 무엇이든, 그것은 원래 의도했던 것을 측정해야만 한다.

질문지의 경우, 일반적으로 24문항 정도를 포함한다. 때때로 대답들은 미리 준비되어 있어 가장 적합한 반응을 선택하여 응답하게 한다. 경우에 따라서는 반응을 위한 공란을 두어 준비된 대답을 두지 않기도 한다. 그 형식이 무엇이든 적합하지 않은 질문지와 적합한 질문지를 구분할 수 있는 공통 요인은 각 질문이 조사하고자 하는 영역과 적합하게 관련되어 있느냐

하는 것이다. 아침식사에 관한 질문은 미술치료가 의사소통 기술을 발현시키거나 혹은 향상시키는 데 조력하는지의 여부를 찾아낼 수 있도록 도와줄 수 없다. 따라서 그 질문들은 미술치료가 도움을 줄 것으로 기대되는 영역들에 초점을 맞추어야 한다. 예를 들어, 학습곤란을 가진 내담자가 자신의 의사소통 능력에서 어떤 향상을 보여 주었는지를 아는 것에 관심이 있고 이를 깨닫게 되었다면, 이것을 조사하기 위해서는 이러한 영역과 관련되어 있는 질문들이 포함되어야 한다.

> '그녀/그는 언어적으로 의사소통할 수 있는가?'
> '그녀/그는 어떤 소리 혹은 수화와 같은 비언어적 방법을 사용하는가?'
> '그녀/그는 자신의 입장을 설명하기 위해 얼마나 지속적인 노력을 보여 주는가?'

의사소통에는 우리가 지각할 수 있도록 집중시킬 수 있는 많은 측면이 존재한다. 그러나 우리는 우리가 검토 중인 모집단의 의사소통적 요인이나 한계는 무엇인지 우리 스스로에게 질문해 보아야 한다. 만약 우리 내담자의 언어적 능력이 매우 제한되어 있다면, 우리는 문법 능력에 관해 질문하는 것이 이 단계에서 부적합한 것은 아닌지 결정해야 할 것이다.

동료 전문가들은 이에 대해 큰 도움을 줄 수 있다. 그들은 요구해야만 하는 질문들의 종류에 관해 그들의 전문적 지식을 제공해 줄 수 있으며, 더불어 그러한 방식으로 여러분이 사용하는 검사 도구의 내용을 평가함으로써 검사 도구가 그 영역을 나타낸다고 확신하는 데 도움을 줄 수 있다. 이것은 내용타당도라고 알려져 있다. 타당도에 대해 살펴보는 또 다른 방법은 상관 분석을 사용하여 (신뢰할 만하고 타당하다고 알려져 있는) 기존에 이미 존재하는 연구 도구의 결과와 여러분이 사용한 연구 도구의 결과를 비교하는 것이다. 이 방법은 공인타당도로 알려져 있다. 마지막으로 연구 도구는 예측타당도를 검증함으로써 사용될 수 있다. 이 경우에는 만일 여러분의 결과에서 나온 어떤 특정 기대치가 몇 년 뒤 그대로 적용되어 앞으로의 행동을 잘 예언할 수 있다면, 도구의 타당도가 입증되는 것이다. 예를 들면, 이해 능력에 있어 내담자의 점수가 높다면, 여러분은 그 사람이 다른 사람들에게 귀를 기울이는 능력을 요하는 직업에서 잘 해 나갈 수 있을 것이라는 가정을 세울 수 있을 것이다. 그리고 그 사람이 그러한 직업을 얻는다면 그 예측은 지지되는 것이다.

표준화

노인의 치매 여부를 사정하기 위해 사용되는 CAPE(Clifton Assessment Procedures for the Elderly), 또는 지능을 측정하기 위한 WAIS(Wechsler Adult Intelligence Scale)와 같이, 연구자들이 활용할 수 있는 표준화된 검사나 질문지의 종류는 매우 다양하다. 이러한 검사들은 신뢰도와 타당도 준거를 엄격하게 만족시킬 뿐만 아니라 표준화되어 있다. 다시 말하면, 이러한 검사들은 측정에 대한 규준 척도가 마련되도록 환산될 수 있다.

검사 혹은 질문지를 표준화하는 것은 우리가 일반적인 모집단을 대표할 것이라고 생각하는 사람들에 대해 (수백 명 정도) 대규모의 무선 표집을 실시함으로써 이루어진다. 무선 선택의 과정 때문에, 사람들은 연령, 성별, 사회적 지위, 지능, 성격, 및 교육 등과 같은 여러 특성에 따라서 달라질 것이다. 그러나 이를테면 독일인 또는 몽골인을 대표할 수 있는 표본과 같이 모두를 대표하는 집단 표본을 추출하는 것은 불가능하다. 사실상 영국인 모집단을 대표하는 표본을 표집하는 것도 때때로 어려운 실정이다. 우리가 할 수 있는 최선은 가능한 한 대표할 수 있도록 해 보는 것밖에 없는데, 그래서 몇몇 연구자들은 그들의 연구 프로젝트에서 중요한 특징을 나타내는 사람들에게 초점을 맞춘다. 예를 들어, 학습곤란을 가진 사람들을 위해서 표준화된 평가를 고안하는 것이 가능하다면 이 경우 무작위 표본은 학습곤란을 가진 사람의 모집단에서 얻어져야만 할 것이다.

검사 혹은 질문지를 표준화함으로써 우리는 정규분포라고 알려진 것에 일치하는 수행 양식을 획득하기를 바란다. 정규분포는 척도의 양 끝에 가장 낮은 점수와 가장 높은 점수로 수행한 몇몇 사람들이 있지만, 대다수의 수행은 중간 어딘가에 위치할 때 나타난다. 예를 들면, 여러분은 기억력 검사에서 매우 낮거나 매우 높은 수행을 한 사람들이 존재하겠지만 대부분의 사람들이 중간의 어딘가에 수행 점수가 있을 것이라고 기대할 것이다. 평균은 100점 만점에 50점이다. 정규분포곡선은 대부분의 검사와 질문지에서 기대되는 것이다. 우리가 검사를 표준화할 때, 우리는 또한 참조 점수로 사용될 수 있는 일련의 규준을 얻는다. 이러한 규준들은 표준이 되는 것으로, 우리가 사람들의 수행에 대해 기대하는 정도를 말한다. 이를테면, 대부분의 성인들이 질문 10을 정확히 맞춘다면, 성인이 대상일 경우 성공적으로 이 문제를 푼다는 것이 규준으로 가정될 수 있다. 정확하게 답하지 못하는 성인은 드문 경우라고 가정할 수 있다. 마찬가지로 대부분의 사람들이 이 질문에 정확하게 답하지 못할 때 누군가가 정확한 답변을 한다면, 이 역시 똑같이 드문 경우다. 일련의 규준들은 그 검사에 대한 사람들의 수행을 평가하도록 도와줄 수 있다. 그러나 이러한 평가는 검사 혹은 질문지가 표준화되어 있고 신뢰도와 타당도가 증명될 때에만 오직 의미를 지닌다.

검사가 표준적인 검사로 전국에서 사용되기를 바란다면, 고안한 검사를 표준화하는 것이 얼마나 중요한지 깨닫게 되었을 것이다. 그러나 모든 검사 또는 모든 질문지가 표준화되어야 하는 것은 아니다. 예를 들어, 병원 내에서 학습곤란을 가진 사람에게 검사나 질문지를 사용하거나 혹은 사정을 하는 것이 목적일 때, 그것이 믿을 수 있고 타당하다고 확인하는 것은 어쩌면 모두 여러분이 해야 할 일이다. 그러나 검사가 표준화되어 있지 않기 때문에, 여러분이 한 검사에서 학습곤란을 가진 사람이 어떻게 수행해야 한다는 너무 많은 가정을 세우지 않도록 주의해야 한다. 그들이 어떤 대상을 대표하는지, 그리고 그들이 나타낸 것 이상으로 여러분이 얻은 결과를 일반화하지 않는 것이 현명하다. 이것은 일반화라고 불리는 또 다른 중요한 개념으로 이르게 한다.

일반화

여러분의 표본 대상인 학습곤란을 가진 사람이 언어적으로 의사소통할 수 없었기 때문에, 이를테면 학습곤란을 가진 모든 사람이 의사소통할 수 없다고 단순히 가정하는 것은 공정하지 못하며 편향된 것이다. 그러한 주장을 하는 것은 여러분이 거기에서 발견한 것 이상으로 결과를 해석하고 있다는 것을 의미한다. 그중 한 가지 이유로, 여러분은 의사소통이 단지 언어적인 것으로만 가정하고 있다. 게다가 검사가 의사소통의 모든 유형을 조사한다고 가정하고 있는 셈이다. 더욱 심각한 것은 여러분이 표본에서 학습곤란이라는 문제의 심도 상황을 동등하게 고려하지 않았을지도 모르며, 그렇다면 이것을 모집단에서 보여 주는 학습곤란의 일반적인 수준과 어떻게 비교할 것인지를 고려하지 않았을 수 있다.

다시 말하면, 이에 대한 지식이나 이해 없이 무작위 추출된 표본은 능력면에서 정규분포곡선의 가장 낮은 극단에 위치한 학습곤란을 가진 사람에게서 나온 것일 수 있다. 만약 여러분이 최중도의 장애를 가진 사람들만을 받아들이는 보호시설에서 표본으로 학습곤란을 가진 사람들을 무선 표집한다면 이러한 일이 발생할 수 있다.

여러분의 지식을 시험하기 위한 문제 과제

연구 문제는 다음과 같다. '내담자 A'를 동요시키는 상황은 무엇인가? 여러분의 과제는 방법 1과 2가 왜 문제들을 야기하며 방법 3과 4가 왜 보다 나은 해결책을 제시하고 있는지 그 이유에 관한 것이다.

방법 1: 질문지를 병동 관리자에게 보낸다. 질문들은 내담자의 취미, 좋아하는 음식, 선호하는 라디오 프로그램 등을 포함하여 모든 종류의 영역을 다룬다. 대학의 연구자에 의해 선별된 질문지는 첫 번째 초안으로, 또 다른 전문가가 살펴본 적이 없다. 질문지는 시험적으로 사용된 적이 없다.

방법 2: 내담자의 어머니가 병원에서 하루 동안 자신의 아들의 행동을 관찰하도록 요청한다. 그녀에게 하루 동안 아들이 무엇을 하고, 언제 동요되는지에 관해 기록하도록 한다. 그녀에게 아들의 흥분을 촉발한 것이 무엇이며, 그 사건이 발생한 시간에 특별히 유의하도록 요구한다.

방법 3: 의료보건 관련 종사자들과 매우 근접하여 일한 경험이 있는 연구자에 의해서 고안된 질문지를 내담자 A를 담당하는 핵심 관리자에게 보낸다. 이 관리자는 내담자가 매일매일 어떻게 지내는지 내담자의 일상생활에 대해 잘 알고 있으며 수년 동안 내담자와 작업해 오고 있다. 질문지는 의료보건 관련 전문가들에 의해 제안된 사항을 폭넓게 반영하여 여러 번 수정된 것이며, 질문들은 동요된 행동을 촉발시킬 수 있는 상황적 · 개인적 · 사회적 요인들을 다루고 있다. 그 질문지는 기분의 두드러진 변화를 조사하는 다른 사정법들과 비교하는 작업을 거쳤으며, 공격적인 행동을 보이는 것으로 알려진 20명의 내담자 표본을 대상으로 시험된 적이 있다.

방법 4: 내담자 A를 잘 모르는 2명의 독립된 관찰자들에게 일주일 동안 매일 그의 행동을 관찰하도록 요청한다. 그들은 일주일 동안 하루 단위로 기록할 수 있는 7장의 관찰지를 받게 된다. 하루는 30분 단위로 나뉘어 있으며, 그들은 여기에 내담자가 보이는 행동을 기록한다. 그들은 때리기, 소리치기, 어깨를 으쓱하기, 치기와 같은 미리 정해진 행동과 관련된 동시 목록을 받는다. 관찰자들은 서로 독립적으로 30분의 구분된 시간대별로 보인 행동을 기록한다. 그들은 또한 그 행동이 나타난 전후로 내담자가 무엇을 했으며, 다른 누군가가 관련되어 있는지 기록한다. 기록한 것은 후에 동요를 이끄는 행동목록 유형과 비교하고 점검하도록 한다.

학습곤란을 가진 사람을 대상으로 한 미술치료 서비스에서의 임상 효과성 연구

1995년 9월, 카디프에 있는 예술치료 서비스인 TAITH는 임상 효과성 프로젝트에 착수하였다. Northgate와 Prudhoe 국가의료서비스기관에 근거지를 두었던 음악치료사 Peter Toolan이 고안한 질문지를 바탕으로 수정한 평가질문지가 안내되었다. 예비표본에서 받아들여진 의견이 실려 있었고, 필요한 것이라면 어떠한 것도 수정되어 있었다.

TAITH가 장애의 정도가 다양한 학습곤란을 가진 사람들을 대상으로 미술치료, 음악치료 혹은 드라마치료를 제공하는 동안, 그들에게 요구한 질문들은 그들의 욕구와 직접적으로 관련 있는 것이었다. 질문들은 다음과 같은 범주로 두었다.

- 인구통계학적 항목: 성명, 의뢰인 성명과 내담자와의 관계, 과거 치료 이력, 중요한 생활사건과 그 사건들의 성질
- 의사소통: 사고 및 감정의 의사소통, 의사소통의 특성과 지속력
- 이해: 자신의 행동에 대한 이해
- 자신감: 행동과 기분이 삶의 질을 방해하는 범위, 이에 대한 수준
- 타인과의 관계: 타인에 대한 관용과 지속 시간, 지지적 관계 또는 가까운 관계, 낯선 사람/새로운 상황에 대한 반응, 친밀한 사람에 대한 행동, 행동에 의한 문제점
- 감정: 기질, 감정의 표현, 장애에 대한 지각
- 선택과 결정: 선택의 명료성, 선택 과정에서의 인내
- 치료에 관한 느낌: 치료가 도움이 되었는가, 그리고 어떻게 도움이 되었는가?

총 26문항으로 이루어진 질문지는 대부분의 질문에서, 5점 척도, 즉 '전혀 아니다' '한 번' '두 번 또는 세 번' '적어도 일주일에 한 번' 그리고 '매일' 등으로 구성되어 있다. 그 외에 몇 가지 질문에서는 대답을 '예' '아니요' 또는 '모르겠다'로 구성하였다. 내담자 반응과 관련된 그 밖에 다른 질문들인 행동과 기질은 특성 목록을 두어 선택하도록 하였다.

미술치료, 음악치료 혹은 드라마치료가 그들의 내담자 집단에게 바람직한 효과가 있는지의 여부를 규명하기 위해서는 수개월 이상 피드백을 받는 것이 필요하다고 여겨졌다. 따라서 5가지의 분리된 평가가 이루어져야 한다고 결정하였다. 첫 번째 평가는 어떠한 치료적 개입이 있기 이전에 행해

졌다. 이것은 앞으로의 평가와 비교될 수 있는 수행 능력의 기초선 수준을 제공하는 것으로 중요한 평가였다. 내담자 및 시설거주자들에게 특정 치료를 6회기 동안 이어서 실시하여 그들이 어떤 진척을 보이는지 살펴보는 사정 기간을 제공하는 것은 TAITH의 공통적인 서비스이므로, 이 기간을 포함하여 두 번째 평가가 필요하다고 생각하였다. 용어 사용의 혼란을 막기 위하여, 필자는 '감별(taster)' 기간으로 나타낼 것이다. 다음 평가는 6개월 동안 계속되는 치료 단계에서 이루어졌다. 치료 종결 시에 네 번째 평가가, 그리고 6개월 후 추후 활동에서 다섯 번째 평가가 실시되었다.

이러한 평가들을 하고 있는 이유는 우리가 일정 기간 동안의 진전을 비교할 수 있도록 하기 위해서였다. 따라서 우리는 핵심 관리자, 보호자, 사례관리자, 담당 간호사, 그리고 우리의 내담자/시설거주자 집단과 밀접하게 작업하는 사람이라면 어느 누구와도 협력하였으며, 이는 꼭 해야 할 일이었다. 대체로 평가질문지들은 핵심 관리자들과 담당 간호사들에게 보내졌다. 이러한 것들을 보내는 시기는 감별 기간과 진행 중인 치료에 좌우되었다. 이러한 이유로 질문지들을 보내는 날짜는 내담자/시설거주자에 따라 각기 다양하였지만, 우리는 사정 일정 계획에 따른 것이었다.

이렇게 사정을 통해 정보가 얻어지면, 그다음에는 부호화하여 컴퓨터에 입력시켰다. SPSS라는 사회과학용 통계 패키지를 사용하여 우리는 치료적 개입 전부터 감별 기간과 치료 기간을 거쳐 치료적 개입 후까지 내담자와 시설거주자의 진전을 비교할 수 있었다. 우리는 아직 최종 사정을 위한 정보를 수집하고 있는 과정에 있다. 그러나 첫 번째와 두 번째 사정에서 얻은 예비적 통계 결과들은 높은 상관관계를 나타냈다. 다시 말하면, 내담자 및 시설거주자들을 대상으로 한 정보가 두 번의 사정, 즉 치료적 개입 전과 감별 기간의 종결시점 사이에 유사성을 보였다.

이러한 발견은 다분히 예상한 것이다. 우리의 내담자/시설거주자 집단의 특성을 고려할 때, 6주간의 기간 내에서의 긍정적 변화는 기쁜 일이기는 하지만 너무 이르다. 우리는 치료적 개입 전과 치료 기간 사이에서 긍정적인 변화를 살펴볼 수 있기를 바라고 있다. 게다가 우리는 이러한 변화들이 영구적이거나 혹은 반영구적이기를 바란다.

통계적인 정보를 갖는 것과 더불어, 미술치료사들이 도표를 통해 내담자 및 시설거주자의 진전을 볼 수 있는 프로그램이 개발되었다. 평가질문지들을 통해 나온 정보는 다른 상세 항목과 함께 프로그램에 입력된다. 그러므로 평가질문지의 어떤 질문들에 진전 도표를 얻을 수 있다. 이것은 향상이나 또는 퇴보를 살펴볼 수 있는 빠르고 분명한 방법이다.

여기서 설명한 지금까지의 효과성 연구는 수행 측정과 관련된 것이었다. 다시 말해, 의사소통과 같은 특정 문제를 가진 내담자들을 조력하는 면에서 미술이나 음악, 또는 드라마 치료가 어떤 효과가 있는지에 관한 것이다. 또한 『증거 및 정보 접근성 향상』 요약 보고서 1에서는, 내담자의 견해도 고려되어야 할 것이라고 표명하였다. 내담자는 자신의 욕구가 무엇인지, 그리고 이러한 욕구들이 어느 정도 범위에서 만족되는지 알고 있기 때문에, 상황에 대한 그들의 평가는 중요하다고 할 수 있다. 그들의 의견은 진지하게 받아들여져야 하며 어떤 변화나 수정 체계 속으로 통합되어야 할 것이다.

우리는 TAITH에서, 이러한 아이디어를 기꺼이 받아들이고 서비스 이용자의 견해에 대한 연구를 이미 착수하고 있었다. 필자는 미술치료 집단에 관한 내담자 피드백을 수집하는 데 참여하였으며, 표준화된 질문 목록을 사용하여 내담자들의 가정과 지역사회의 특정 구획에서 그들을 면담하였다. 면담은 물론 질문 목록을 따랐지만 내담자들로부터 받은 정보에 따라 다른 질문도 하였기 때문에 반구조적이었다. 면담을 녹음하여 축어록도 만들어졌다. 축어록과 이에 대한 논의와 관련한 보다 상세한 내용은 제3장에서 언급하고 있다.

우리의 임상 효과성 연구는 올바른 방향으로 나아가고 있는가

현행 연구 방법들은 개선될 수 있다. 이를테면, 평가 질문을 완성하는 데, 그리고 질문지들을 가급적 빨리 회수 받아 사정하는 날짜가 우리가 정한 기일과 일치하도록 만드는 데 보다 엄격한 통제를 할 수 있다. 이를 위해서는 다른 전문가의 도움이 필요하며, 우리가 이것을 하고 있는 이유와 성취하고자 하는 것이 무엇인지에 대해 보다 분명하게 이해하는 것이 필요하다.

이러한 문제를 무시할 때, 이것은 체계를 움직이는 방식이기 때문에 체계 작동 방식을 통제하는 것이 보다 어려워져 좀 더 근본적인 문제에 봉착하게 된다. 내담자 및 시설거주자를 다루는 전문가들은 때때로 변화될 수 있으며, 이것은 충분히 있을 수 있는 일이다. 따라서 처음에 사정을 완수한 사람이 두 번째나 그 이후 사정까지 꼭 하지는 않을 수도 있다. 그러나 서로 다른 사람들 사이에서 형성된 라포가 각기 다르다는 것은 널리 알려진 사실이다—누군가는 우리와 일치할 것이며 누군가는 우리와 일치하지 않을 것이다. 게다가 우리는 다른 사람들보다는 다소 더 잘 이해하고 의사소통하는 편이다. 학습곤란을 가진 사람들도 다르지 않다. 이것은 모든 평가 질문지를 왜 모두 동일한 사람이 실시해야 하는지 알려 주는 중요한 이유라고 할 수 있다. 만약 같은 사람이 사정을 한다면, 그 정보는 보다 일관될 것이다. 평가질문지를 완성한 사람에 의해 언급된 행동에서의 어떤 변화는 치료적 개입으로 이끌어지기 바라는 행동의 진정한 변화를 반영하기가 더 쉽다. 결론적으로, 한 사람이 모든 질문지들을 실시하는 것이 가장 바람직할 것이다.

이것이 모두 가능하다 할지라도 해결하기 어려운 문제가 있다. 이러한 방법을 적용하기 위해서는 한 가지 주요한 장애물이 있다. 말하자면, 그러한 정보를 획득하기 위해 보다 나은 방식을 적용하기가 매우 어렵다는 것이다. 치료사가 내담자를 오랜 기간에 걸쳐 면 대 면으로 만날 때에는 치료사가 평가를 하는 경우를 분명히 볼 수 있다. 그러나 이것은 비주관적인 연구가 갖추어야 할 목적에 어긋나는 것이다. 또한 연구 작업과 수행의 객관성 확보까지도 어렵게 만든다.

병원 장면에서 입원환자에 대한 관찰 연구를 하는 것은 가능하다. 원칙적으로 연구자는 병동에서 시간을 보내며 조사할 입원환자의 행동에 관한 것을 기록할 수 있다. 그러나 이것은 너무 많은 시간을 소요하며 병동에 있는 다른 환자들에 의해 혼란이 가중될 수 있다. 나아가 "이것이 과연 윤리적인가?" 하는 의문을 가질 수 있다. 그리고 지역사회에서 생활하는 내담자에 관해서는 어떻게 할 것이며 그러한 관찰 훈련이 과연 조화롭게 기능할 수 있겠는가?

또 다른 방법은 핵심 관리자 또는 담당 간호사가 평가질문지를 검토하도록 하는 것이다. 이것 역시 모두에게 많은 시간이 소요되는 방식이지만, 제시간에 응답을 받도록 하는 문제를 해결하는 데 도움이 될 것이다. 보다 나은 방법을 찾을 때까지는 핵심 관리자나 담당 간호사에게 평가질문지들을 보내는 것이 가장 쉽고 가장 적은 비용이 들며 시간 전략에서도 유리한 것으로 보인다. 또한 내담자와 함께 작업하는 누군가로부터 정보를 얻을 수 있는 이점을 가지고 있다.

우리는 서비스 이용자의 의견을 얻기까지 가야 할 길이 멀다. 우리는 먼저 TAITH 서비스를 의뢰한 의료보건 관련 전문가들을 면담하기 시작하였다. 이 면담은 구조화되어 있었지만 개방형 질문을 허용하였다. 질문들은 접촉(TAITH 접근성에 관한 상술, 의뢰 형태, 전화 통화, 반응 시간), 피드백(내담자 진전에 관한 정보, 핵심 관리자 참여, 계약), 임상실제(취소 정보, 내담자 평가 형태), 그리고 우리가 하는 일에 대한 이해(사용된 치료와 자원에 대한 이해, 최선의 도움을 제공할 수 있는 영역, 서비스의 내담자 적합성 여부에 대한 이해) 등 4가지 부분으로 나뉘어 있다. 또한 TAITH 서비스에 관한 내담자의 피드백을 입수하고자 계획하고 있다. 우리가 현재 쓰고 있는 방법인 내담자에 대한 반구조화된 면담은 질문을 하는 방향에 반드시 영향을 주는 그들의 경험, 학습곤란의 정도, 정보공개와 정교화의 수준 등이 사람에 따라 차이가 있을 때 가장 적합한 것으로 보인다.

마지막으로 임상 효과성 연구에서 "우리는 올바른 방향으로 나아가고 있는가?"라는 질문에 대해서 답변하자면, 그 대답은 '그렇다'다. 우리는 내담자에 관한 진전 정보를 얻는 데 도움이 되는 연구 도구를 사용하였다. 미술, 음악 그리고 드라마 치료의 목표가 무엇인지 신중하게 검토하여 분별력 있는 수행 측정을 수집하고자 하였다. 평가질문지는 우리가 이러한 측정들을 충족시키는 데 어떠한 진척을 보이고 있는지 알 수 있도록 도와주고 있다.

게다가 간단한 시각적 형태로 컴퓨터에 정보를 기록하려는 노력도 이루어졌다. 정보를 쌓아 나가고, 더불어 공유될 수 있고 배울 수 있는 형태로 정보를 제시하는 것은 임상인들의 증거 사용을 위한 조력이라는 요약 보고서 2에서 논의된 하나의 문제였다.

몇몇 미술치료사들에게서 연구 아이디어는 그들이 하는 일에 관한 철학에 위배되는 것이다. 우리의 치료적 이념이 예술적 배경에서 비롯되는 것이라면 우리의 작업을 어떻게 과학적 패키지로 깔끔하게 옮겨 설명할 수 있겠는가? 더욱이 관계 중심적인 내담자-치료사 특질은 우리가 하고 있는 일에 대해 양화시키는 것을 매우 어렵게 만든다. Meekums와 Payne는 이러한 생각들에 관해 다음과 같이 간결하게 요약하였다.

> 전통적인 연구에서 연구자는 개체(피험자)와 동떨어져 있었으며, 연구 환경의 현실 세계와도 괴리되어 피험자와 연구자 양자에 대한 연구 효과

> 는 좀처럼 보고되지 않았다. 환자/내담자로 집단을 갖추는 것은 어려운 일이며, 그러한 내담자들이 복합적인 특수 욕구들을 나타낼 때 이러한 과정은 더욱더 어려워진다. 마찬가지로 집단에서의 모든 개인이 예술치료에서 같은 방식으로 반응하지는 않으며, 그 치료는 이러한 연구 유형에서 요구되는 것처럼 반복할 수 있는 경험이 아니다(Meekums & Payne, 1993: 43).

이러한 점들은 타당한 면이 있으며 무시되어서는 안 된다. 대신에 목표와 수행 측정을 평가할 때 이러한 점들을 충분히 이해해야 한다. 모든 것이 간단한 공식으로 변형될 수는 없으며 숫자로 부호화될 수 없다는 것을 기억해야 한다. 또한 연구자들은 치료를 결과 측정으로 단순화시키는 것은 치료의 질에 영향을 미칠 수 있다는 것을 명심해야 한다.

최근에 치료를 제공하는 서비스가 성공적으로 받아들일 수 있었던 대안적인 처치 평가 전략들이 소개되었다. 그러한 전략 가운데 하나는 처치가 치료적인 변화를 가져오는지 조사하는 것이다. 이는 무처치 집단 또는 대기 집단과 처치 집단을 비교하는 방식을 통해 가능하다. 다음의 〈표 12-1〉은 치료사들이 채택할 수 있는 여러 가지 연구 전략을 보여 준다.

이러한 전략들은 접근할 수 있는 각기 다른 방법론에 대한 개요를 설명하고 있지만, 궁극적으로 서로 간에 다르다는 것을 알 수 있도록 해 주는 방법인 집단 간 차이에 대해 조사하는 연구 도구가 필요하다는 것을 나타내고 있다. 그렇다면 이를 발견하기 위해 평가질문지를 사용해야 하는가? 임상 효과성 연구의 중요성에 관해 Gilroy와 Lee(1995: 8)에게서 인용한 것을 요약하면 다음과 같다. "우리의 작업이 효과적이라고 증명하고 싶다면, 또는 어떤 작업 모형의 적합성을 다른 특정 내담자 집단과 비교하여 조사하고자 한다면 결과 연구가 필수적이다."

〈표 12-1〉 효과적 개입을 개발하고 규명하기 위한 대안적 처치 평가 전략

처치 전략	요구되는 질문	기본 요건
처치 패키지 (Treatment package)	처치가 치료적 변화를 생성하는가?	처치 대 무처치(또는 대기 통제)
분해 전략 (Dismantling strategy)	치료적 변화를 위한 필요 · 충분 요건 및 촉진 요소는 무엇인가?	처치의 구성요인이 서로 다른 둘 이상의 처치 집단
구성적 전략 (Constructive strategy)	어떤 요소 혹은 어떤 다른 처치가 치료적 변화를 향상시키는 데 추가될 수 있는가?	요소가 다양한 둘 이상의 처치 집단
매개변수 전략 (Parametric strategy)	특정 치료에서 치료 효과성을 증가시키기 위해 어떤 변화를 둘 수 있는가?	처치에서 하나 이상의 측면에 차이를 둔 둘 이상의 처치 집단
결과 비교 전략 (Comparative outcome strategy)	어떤 처지가 특정 집단에게 보다 효과적이거나 가장 효과적인가?	주어진 문제에 대해 둘 이상의 각기 다른 처치
내담자 및 치료사 변인 전략 (Client and therapist variation strategy)	처지가 효과적이기 위해서는 환자, 가족 또는 치료사 특성에서 어떤 특성에 따라 좌우되는가?	치료사 등 서로 다른 유형의 사례에 각기 별도로 적용되는 처치
과정 전략 (Process strategy)	처치에 적용되는 어떤 과정이 회기 내 수행에 영향을 미치고 처치 결과에 기여하는가?	환자 및 치료사 상호작용이 회기 내에서 평가되는 처치 집단들

출처: Garfield & Bergen(1994). Reproduced by permission of John Wiley and Sons, Inc.

후 주

* 치료사가 자신의 사회문화적 기준 및 상징적 기준에 영향받아 치료적 상황에 대해 이해하리라는 것은 불가피한 일이다.

** 이는 미술치료가 기능하는 방식에 이미 내재해 있는 것으로 이해되고 있다. 즉, 치료적 과정은 역동적이며 어떤 변화에 대해 지속적으로 관찰할 것을 요구한다. 변화를 위해서는 새로운 목표에 대해 이해하거나 새로운 목표를 수립해야 하며, 확립된 목표를 수정하는 것도 필요하다. 치료적 과정은 치료사로 하여금 끊임없이 도전하도록 만든다.

참고문헌

Bunt, L. (1986) 'Research in Great Britain into the Effects of Music Therapy with Particular Reference to the Child with a Handicap' in Rudd, E. (ed.) *Music and Health,* London: J. Chester.

Garfield, S. L. and Bergen, A. E. (1994) *Handbook of Psychotherapy and Behaviour Change,* New York: John Wiley and Sons.

Gilroy, A. and Lee, C. (1995) *Art and Music: Therapy and Research,* London: Routledge.

Green, J. and D'Oliveira, M. (1982) *Learning to Use Statistical Tests in Psychology,* Buckingham: Open University Press.

Meekums, B. and Payne, H. (1993) in Payne, H. (ed.) *Handbook of Inquiry in the Arts Therapies: One River, Many Currents,* London: Jessica Kingsley.

Muller, P. A. and Warwick, A. (1993) 'The Linking of Two Disciplines in Research: Psychology and Music Therapy' in Gilroy, A. and Lee, C. (eds.) Art *and Music: Therapy and Research,* London: Routledge.

Pavlicevic, M. (1988) 'Describing Critical Moments' in Gilroy, A. and Lee, C. (eds.), *Art and Music: Therapy and Research,* London: Routledge.

Radford, J. and Govier, E. (1980) *A Textbook of Psychology,* London: Sheldon Press.

Shorter Oxford English Dictionary (1986). Oxford University Press.

Toolan, P. (personal communication) 'Assessment Questionnaire', Northgate and Prudhoe National Health Trust.

Welsh Office (August 1995) Briefing Paper 1, *Improving Access to Evidence and Information.*

Welsh Office (January 1996) Briefing Paper 2, *Helping Practitioners Use the Evidence.*

제13장
미술치료에서의 임상 수련감독
진정한 수련감독이란?

Mair Rees

+ **주요 주제**
  - 임상 수련감독 및 미술치료사의 임상실제와의 관련성
+ **핵심 사항**
  - 그동안 제시되어 온 수련감독에 대한 다양한 모형과 문헌 검토
  - 미술치료에서의 수련감독에 대한 지식과 가정
  - 학습곤란을 다루는 분야에서 일하는 미술치료사들의 수련감독에서 되풀이되는 몇 가지 주제들

현장 환경

'수련감독(supervision)'이라는 용어는 미술치료, 심리치료, 상담 분야뿐만 아니라 간호 및 사회복지와 같은 많은 조력 전문직들에서 흔히 접할 수 있다. 그러나 수련감독을 이해하는 데에서 그러한 조력 전문직들 사이에 혹은 학문의 여러 분야 간에 공통적인 일치를 보이지는 않는 것 같다. 아마도 이는 수련감독이 단순한 용어가 아니라 임상실제에서 행해지는 사실적 행위로 많은 조정이 필요하고 수련감독을 해 나가는 데 많은 접근 방법들이 있다는 것에 이러한 혼란의 한 원인이 있는 듯하다.

최근 점차 많은 수의 전문 단체들은 임상가가 전문가로서 임상실제에서 활동할 때 계속해서 수련감독을 받도록 권고하고 있다. 예를 들어, 영국상담협회(British Association for Counselling: BAC)와 영국미술치료사협회(British Association of Art Therapists: BATT)는 수련감독을 강조하고 있다.

(특히, 미국에서 나온) 많은 문헌들이 임상가 훈련에서 임상가에 대한 수련감독에 많은 관심을 기울이고 있다. 그러나 이 장에서 필자가 다루고자 하는 것은, 그 용어는 일반적으로 미술치료에서 가장 공통적으로 이해되는 '임상 수련감독'으로 언급하고 있지만, 실제로는 Carroll(1996)이 '자문 수련감독(consultative supervision)'이라고 부른 것에 관해 거의 많은 부분을 할애하고 있다. 일반적으로 이는 자격 있는 임상가가 대개 같은 분야 혹은 유사한 분야에서의 다른 자격 있는 임상가로부터 그들의 임상작업에 대한 계속적인 검토를 받는 상황을 말한다. 수련감독자-피감독자 간의 관계와 이들의 배치에 관한 특성을 엄밀하게 살펴보면 매우 다양할 것이다.

따라서 필자는 각기 다양한 단계에서 가능한 모든 문헌을 중심으로 개인, 집단, 동료 및 관련 직원 팀의 수련감독을 포함한 폭넓은 장면에서 수련감독에 관한 것을 살펴보고자 한다. 또한 필자는 전문가적 경계에 그물을 던져 미술치료, 심리치료, 심리학 및 상담의 대양에서 건져 낸 주옥 같은 말들을 샅샅이 조사할 것이다.

수련감독의 필요성

필자는 세인트 올번스, 쿰브란 그리고 현재 근무하고 있는 카디프, 이렇게 세 곳에서 14년에 걸쳐 학습곤란을 가진 사람을 위한 대규모 병원의 미술치료사로서 근무해 왔다. 그러나 각 지역에서의 근무 경험을 돌이켜 보면, 정규 수련감독은 행해지지 않았다. 따라서 필자는 수련감독이 (반드시 필수적이지는 않지만) 바람직한 일이라는 것을 필자의 직속 관리자에게 설득할 필요가 있는 것과 마찬가지로 이를 확립시키는 것도 필자의 과업 중 하나라고 생각하였다.

때때로 대립할 기회를 노리는 누군가가 있음으로써, 필자는 신나게 매번 도전을 감행하게 되었다. 그러므로 필자는 전적으로 수련감독이 바람직한 작업이라고 생각한다. 그러나 필자는 관리자가 지휘하는 논의에서 그날의 특정 의제에 따라 필자의 근거를 맞추어 나가는 데 그 조언들을 선택하여 받아들임으로써 상당히 실용적으로 접근하였다. 필자는 맨 처음 근무하는 병원에서부터 치료사로 계속 발전하기 위해서는 수련감독이 필수적인 구성요소라고 주장해 왔었다. 이러한 필자의 주장은 미술치료사들을 훈련시키는 지역 대학이 미술치료사들의 임상실제에서 수련감독을 이수 단위로 둔다는 사실에 의해 강화되었다. 이는 수련감독이 (운좋게도) 한층 높아진 훈련의 한 형태라는 인상을 주었다.

두 번째 근무한 병원에서, 필자는 만약 임상 수련감독을 받을 수 없다면 그 부서에서 행해진 작업의 안정성을 보증할 수 없다는 것을 깨닫게 되었다. 따라서 현재 소속된 병원에서 필자는 지역에서 임상 수련감독을 제공하지 않는다면 치료사가 제구실을 할 수 없다고 주장하며 자질에 의문을 던지고 새로운 체계의 채용을 위해 노력하고 있다. 필자에게는 치료사가 수련감독을 받지 않는 것은 처음부터 게임을 할 가치가 있는지를 점검하지 않고서 공을 쥐고 게임을 하려는 것으로밖에 보이지 않는다.

그렇다면 수련감독이 유익하다는 것을 (우리에게) 보여 주는 증거는 무엇이며 항상 효과적인 것은 아닐지라도 누가 수련감독에서 이익을 얻는가? 재미있는 사실은, 문헌들을 검토해 보았으나 이들 대부분이 수련감독의 목적보다는 오히려 그 과정에 중점을 두고 있었다. (이는 일의 순서가 뒤바뀐 것 같다는 생각이 든다.) 이에 상응하여 과거 몇 년에 걸친 진보에도 불구하고 수련감독의 효과성이나 그 밖에 다른 면을 측정하도록 설계된 연구는 극히 부족한 것으로 나타났다.

> 수련감독은 마치 급이 낮은 상담이나 조언처럼 그 정의의 다양성에 의해 비방되고 있으며, 자격 부여에 대한 일치된 절차도 없고, 피감독자 또는 내담자를 위해 수련감독의 효과를 증명하는 연구도 거의 없는 실정이다(Caroll, 1988: 387).

그렇기는 하더라도 수련감독을 규명하고 정의하고자 시도한 연구자들이 있으며, Bordin(1983)은 다음과 같이 수련감독의 8가지 기능을 식별하고 있다.

1. 특정 기술의 숙련
2. 내담자에 대한 이해의 확장
3. 진행과정과 관련한 문제에 대한 지각의 확장
4. 과정에 끼친 영향과 자기 자각 증가
5. 학습에 대한 개인 및 지적 장애물의 극복
6. 개념 및 이론에 대한 이해의 심화
7. 연구에 대한 자극 제공
8. 서비스의 규준 유지

어떤 면에서 보면, 수련감독의 주요 기능은 분명하고도 명료하다.

> 우리의 첫 번째 관심사는 우리가 도움을 모색하는 부분에 해가 되지 않

> 아야 한다는 것이다. 게다가 미술치료사가 내담자를 해하지 않고 조력하기 위해 필요한 기술과 경험을 습득하고 발달시키고자 한다면, 우리의 임상실제를 끊임없이 개선하고 분명히 설명할 수 있는 방법을 찾아야 한다는 것 또한 중요하다(Edwards, 1993: 215).

아마도 수련감독의 목적과 범위는 수련감독자와 피감독자 양자의 기대와 가정, 그리고 이러한 것들이 수련감독이 이루어지는 과정의 일부분으로 자유롭고 솔직하게 논의될 수 있는 정도에 따라 좌우될 것이다.

영국상담협회에서 인정하는 수련감독자들과의 반구조화된 면담을 수반하는 연구 프로젝트에서, Carroll(1996)은 수련감독의 7가지 '과업'을 규명하였다. (필자는 비록 많은 부분이 자격 있는 미술치료사들에 대한 수련감독에서 추정된 것이라고 생각하지만, 어쨌든 이 작업은 상담자 수련생들의 수련감독을 설명하고 있다는 점을 명심해야 할 것이다.)

1. 학습관계의 창출: 수련감독자와 피감독자 간의 잘 경계 지어진 전문가적 관계는, 예를 들면 계약을 체결함으로써 상호 간의 동의가 이루어져야 한다. 이 전문적 관계는 참여자 양자 모두에게 서로 다른 역할을 시험하여 유연성을 허용하도록 한다. 특히, 피감독자에게 자신의 변화하려는 욕구를 발견하도록 하고 임상가로서 계속 발달할 수 있도록 부응하는 것이 중요하다.
2. 교수: 가르치는 것을 뜻하는 교수(teaching)는 수련감독 시의 관계에서 하나의 구성요소로 간주된다. 교수가 일어나는 방식은 수련감독자와 피감독자 양자의 경험의 수준에 좌우될 것이다. 또한 피감독자가 경험을 쌓으며 시간이 경과함에 따라 수련감독자와 피감독자 상호 관계의 움직임은 서로 이익을 얻는 방향으로 전환될 수 있다.

3. 상담: 흔히 수련감독 내에서 피감독자의 개인적 문제에 대해 어느 정도 탐색하는 것은 타당한 것으로 간주된다. 그러나 이것은 치료와는 다르며, 문제들이 치료사의 내담자들과의 작업에서 직접적으로 일어나고 분명히 그 작업에 영향을 미치는 경우에 한해서만 일반적으로 수련감독의 장 내에 관련된 것으로 검토된다. 그러나 Carroll이 지적한 것처럼, 수련감독자가 피감독자의 개인적 문제로 간주하는 범위는 수련감독자가 지도하는 이론적 모형에 따라 달라질 수 있다.
4. 전문가적/윤리적 문제에 대한 감독: 내담자의 안녕은 수련감독에서 중요하기 때문에, 수련감독자는 대개 피감독자에게 항상 실제에서의 행동에서 일어날 수 있는 윤리적 결과에 관해 유의하도록 하고 임상 실제에서의 바람직하지 못한 면에 대해서는 이의를 제기하는 것이 주요 역할이 된다.
5. 평가: 이는 훈련 중인 치료사 혹은 상담자에게 적용되는 보다 형식적인 면이다. 숙련된 임상가들과 함께 이루어지는 평가는 관계가 어떻게 발달되며 충족되지 못한 욕구들을 어떻게 취급할 것인지에 관해 수련감독자와 피감독자가 함께 검토하는 형태를 취할 것이다.
6. 자문: Carroll은 수련감독 과정 동안 일어나는 일들을 기술하기 위해 '자문'이라는 용어를 사용하고 있다. 이것은 대개 수련감독자와 피감독자가 모두 함께 치료에 관해 서로 반영하는 것을 수반한다. 이것이 일어나는 방식을 정확히 표현하면, 수련감독에 채택되는 모형에 따라 달라진다고 할 수 있다.
7. 관리: 이것은 내담자와의 작업에서 직접적으로 발생하는 문제는 아니지만 고려해야 할 사항을 나타낸다. 이는 관리 기관상의 조직적 문제와 맥락적 문제, 과정, 기록 및 연락망 등을 포함한다.

이 영역에서는 아직 연구가 많이 이루어지지는 않았지만, 필자의 개인적 경험에 따르면 치료사로서의 나 자신과 또한 필자의 내담자들을 위해서 수련감독은 매우 유익한 것이었다. 그것은 수련감독을 받지 않았다면 포기했을 내담자와 작업을 진행할 수 있도록 한 반면, 어떤 다른 내담자와는 작업하지 않도록 하였다. 필자는 수련감독을 활용했기 때문에 보다 안전하게 그리고 효과적으로 작업하고 있다는 것을 전반적으로 인식할 수 있었던 것이다. 필자는 Donald Winnicott의 작업과 더불어 Hawkins와 Shohet이 비유한 것을 좋아하는데, 거기에서 그들은 좋은 어머니의 역할과 좋은 수련감독자의 역할을 비교하였다.

> 이 개념은 수련감독에 대해 매우 유용한 비유를 하고 있다. 즉, 좋은 상담자, 심리치료사 혹은 기타 다른 분야에서 조력하고 있는 전문가는 수련감독의 관계 내에서, 그리고 수련감독관계에 의해서 갖게 되는 강점을 통해 내담자의 부정적인 공격에서 살아남을 수 있게 된다(Hawkins & Shohet, 1983: 3).

또한 수련감독은 전문가가 제공하는 서비스의 질을 보장할 수 있는 방식 가운데 하나라는 점에 어느 정도 일치를 보이고 있다.

> 게다가 수련감독은 임상실제의 질과 윤리적인 면을 보증하고자 전문직이 선택한 사항이다. 즉, 수련감독은 상담자가 "우리는 내담자에게 제공하는 서비스에 대해 각자 책임이 있다. …… 그것은 중요하며 따라서 우리는 그것을 잘 하고 있다."고 말할 수 있는 수단이 된다(Proctor, 1994: 309).

수련감독이 효과적이라는 지금까지의 증거는 주로 개인적이며 일화적이다. 그러나 수련감독의 좋고 나쁜 면을 구성하는 데 있어서 학교에서 생각하고 있는 요소를 찾아보면 일부 의견의 일치를 보이고 있다. 〈표 13-1〉은 Proctor(1994)의 연구에서 인용하여 다시 요약한 것이다.

수련감독자는 수련감독이 진행되는 과정 동안 치료사 자신의 기술 가운데 일부를 사용할 수는 있지만 현명한 수련감독자라면 피감독자가 자신의 내담자가 아니라는 사실에 조금의 의혹도 제기하지 않을 것이다. Carroll (1996: 59)이 제시한 이야기에서 보면, (피감독자들이 보고한 것처럼) 수련감독자의 가장 불쾌한 태도는 수련감독자가 자신의 치료사가 되거나 되려고 할 때라고 한다.

〈표 13-1〉 바람직한/바람직하지 못한 수련감독의 실제

바람직한 수련감독의 실제
• 회기를 위한 작업 동의의 분명한 설정
• 피감독자에 대한 수련감독자의 적극적인 존중과 공감
• 동의의 지속
• 지지와 인정
• 효과적인 도전점 제공
• 맥락적 문제에 대한 인식을 돕는 의사소통
• 말로 하지 않은 과정과 의제를 이해할 수 있는 틀이나 체제
• 피감독자를 도와줄 수 있는 방식으로 경험과 아이디어를 공유하는 능력
• 이용할 수 있는 시간 내에서 서로 다른 가능성을 조화시키는 능력
• 이 과정에 대한 조력자로서 피드백에 대한 개방성 보유
바람직하지 못한 수련감독의 실제
• 의식하지 못한 경쟁과 말하기
• 공감적 이해의 발달에 대한 무능 혹은 거부
• 피감독자인 상담자가 이미 알고 있는 것 이상으로 탐색할 수 있도록 도와주지 못함
• 계층적 상호작용
• 논쟁 혹은 도전에 대한 분명한 회피

출처: Proctor, 1994, pp. 311-312

수련감독 과정

내담자가 치료 혹은 상담 관계를 시작하고 흔히 이를 유지하면서도 때때로 양가감정을 가지는 것처럼, 피감독자 역시 수련감독 과정에 매력적이면서도 혐오감을 경험할 수 있다고 말하는 것이 필자는 당연하다고 생각한다. 이는 임상가가 이용하는 도구가 자신의 감정과 반응이라는 점을 고려한다면 그리 놀랄 만한 일은 아니다. 대다수의 치료 접근법들은 (명백히 나타내든 그렇지 않든 간에) 치료사에게 그들의 내담자들에 대해 공감하는 능력을 요구한다. 몇몇 경우에는 (예: 인간중심상담과 같이) 그것이 치유과정의 핵심이다. 내담자의 고통이 치료사의 현재 상처를 떠올리게 하거나 또는 과거에 투쟁했던 오래된 상처를 악화시키는 시기가 항상 있게 마련이다. 그렇지 않으면 내담자가 무의식적으로 치료사를 견디기 너무 어려운 감정으로 가득 채울 수도 있는데, 이것을 Klein(1946)은 투사적 동일시로 불렀다.

> 치료사는 그들 자신을 내담자 혹은 환자와의 접촉에서 정서적으로 거리를 둠으로써, 혹은 그들이 할 수 있고 해야만 한다고 여기는 모든 것을 알고 만물을 꿰뚫어 보는 항상 효과적인 전문가가 되기 위해 막대한 노력을 투입함으로써, 그러한 불편한 감정에서 자신을 보호할 수 있고 또한 방어하고자 한다(Edwards, 1993: 215).

전이 현상(Freud, 1985)은 (사람들이 선호하는 이론적 모형에 따르면) 치료적 과정에 늘 내재하는 부분은 아닐 수 있지만 수련감독 관계의 한 부분으로 그러한 전이 현상을 탐색하는 것은 중요하다는 데 일부 공통되는 의견의 일치를 보이고 있다. 수련감독에서 작용하는 어떤 무의식적 역동성에 관해 흔히 채택되어 온 한 가지 용어는 '평행 과정(parallel process)'의 작용이다.

> 역전이 영역에서 흥미로운 부가적인 요인은 학생(피감독자)-환자 관계와 흡사한 평행 과정으로써의 수련감독자-피감독자 관계다. 따라서 수련감독 과정에서 나오는 것은 실제 임상 상황에서 일어나는 것을 반영하는 것이 된다. 수련감독자는 수련감독 과정에서 느껴지고 있는 그/그녀의 감정을 해석하는 데 일조할 수 있다. 이는 바라건대 수련감독자와 피감독자 모두 임상 상황을 보다 잘 이해하도록 도와줄 것이다(Schneider, 1992: 77).

필자는 언제나 역전이와 평행 과정은 동일한 현상이 아니라면 매우 유사한 과정이라고 생각하였다. 그러나 Schneider는 이를 구별하였다. 즉, 수련감독자가 실제로 피감독자에게서 나온 감정을 직접 경험하는 수련감독 상황에서의 역전이와 수련감독 양자 관계 내에서 존재하는 치료적 과정에 대해 수련감독자가 (대개) 계속해서 정서적 자각을 모사(replication)하는 평행 과정 간에는 차이가 있다고 하였다.

> 피감독자의 환자에게서 진행되고 있는 수련감독자의 감정에 대한 반영 과정뿐만 아니라 (피감독자가 발산하는 어떤 정서를 수련감독자가 느낌으로써 나타나는 감정을 평가하고 판단하는) 역전이 모두 수련감독 과정에서 발생할 수 있다는 것이 우리의 의견이다(Schneider, 1992: 77).

분명히 수련감독의 표면적 관계하에 내재해 있는 강력한 흐름이 있다. 이러한 것들은 보다 나은 발달과 통찰을 촉진하는 에너지의 원천으로 이용되거나 혹은 수련감독의 과정을 침체의 늪으로 빠져들게 하는 힘찬 소용돌이로 작용할 수 있다. 필자는 수련감독자 자신들도 정규의 수련감독을 받도록 해야 한다고밖에는 생각할 수 없다.

누가 수련감독을 해야 하는가

이를테면, Case와 Dalley(1992), Edwards(1993)가 제시한 것처럼, 지금까지 미술치료사들의 수련감독에 관해 출판된 자료는 거의 없다.

> 미술치료사들과 마찬가지로 우리가 수련감독에 관해 알고 있는 것은 우리 자신이 받았던 수련감독에서 주로 도출해 내고 영향받은 것이다. 또한 전통적으로 으레 미술치료에서보다는 그 밖에 다른 전문직에 소속해 있는 동료 전문가들이 경험했던 것이거나 사회복지나 간호와 같이 다른 조력 전문직의 구성원들과 정신분석학자, 심리치료사 및 상담자의 수련감독과 관련된 문헌과 연구에서 대부분 제공되었다(Edwards, 1993: 216).

정치 풍토의 교체에도 불구하고, 미술치료는 발전을 거듭하면서 전문직으로 자리 잡아 가고 있다. 이제 초창기에서는 벗어났지만 여전히 심사숙고되어야 하며 해결되지 못한 많은 문제가 남아 있다. 이러한 영역들 중의 하나가 수련감독이다. '전문가 임상실제의 원리'라는 문서에서 보면, 영국 미술치료사협회는 수련감독에 대하여 "그것은 정규 임상 수련감독을 추구하는 미술치료사들을 위하여 이상적으로 작업장소 내에 있다."(1985: 1)고 명시하고 있다.

상담자와 달리 미술치료사는 실습을 할 때 수련감독을 받는 것이 강요되지는 않는다. 필자는 수련감독 제공에 관한 기대치가 상담자와 미술치료사 간에 매우 다르다고 추측하게 되었다. 미술치료는 보건 서비스 내에서 크게 성장해 왔으며 다른 보건 서비스 전문직과 연계하여 실시되는 경향이 있다. 필자가 알고 있는 보건 서비스 내에서 일하는 대부분의 미술치료사들은 작업장에서 임상적 수련감독을 제공하는 것은 고용주의 책임에 있다고 생각한다. 비록 비교 수치는 입수하지 못했지만, 그것은 상담자가 개인적으로 혹은 프리랜서로 더 많이 일하고 있고 그 결과 자기 자신을 위해 수련감독을 찾거나 수련감독에 투자하기를 바라는 것처럼 보이게 한다.

또한 이 글을 쓰고 있을 무렵, 미술치료사들은 아직 작업치료와 임상 심리학에 있는 동료 전문가들처럼 공인된 상태가 아니었다. 공인된 위치를 이룰 때까지 수련감독을 의무적으로 만들기는 어렵다. 수련감독에 관한 영국미술치료사협회의 성명에는 법적인 힘을 싣기보다는 단지 전문가 단체에 의한 권고 사항에 해당되고, 예산에 신경 쓰는 국가의료서비스기관 관리자에게 치료사들을 고용하는 데 수련감독의 필요성을 확신시키는 일은 매우 어렵다고 할 수 있다. 영국 미술치료사협회는 수련감독자의 자발적인 등록을 전개하는 중이다. 미술치료사의 자격화에 관심을 둔 관계자들은 설문지를 완성하도록 요청받았다. 이러한 정보는 데이터베이스로 구축될 것이며 등록된 회원들이 이용할 수 있도록 해 준다. 이러한 등록 양식은 미술치료사로서의 훈련과 경험에 대한 세부 사항들을 요구하고 개인적 수련감독에 대한 개요 역시 요구하지만 수련감독에서 받는 훈련에 관해 명확하게 묻지는 않는다. 따라서 미술치료 수련감독자가 되는 과정은 다소 모호한 점이 있다. 사실 수련감독에 대한 이론과 모형에 관한 미술치료 전문직의 현재 위치는 수 년 전 상담 전문직이 찾아낸 입장을 모사하고 있는 셈이다.

> 상담 이론이 임상실제에서 수련감독 진행을 안내하는 데 용이하게 적용될 수 있다는 가정은 그릇된 것이라 할 수 있다. 이는 수련감독에서 상담에 얽매인 모형을 확산시키는 결과를 낳았다. 전문화된 훈련에 필요한 독특한 활동으로서 훈련의 전체 과정에서 수련감독의 중요성이 인정된 것은 최근 10년 정도에 불과하다(Hollowway, 1994: 6).

미술치료사들과 마찬가지로, 우리는 숙련된 수련감독자가 자동적으로 적합한 수련감독자를 배출해 낼 것이라는 가정을 펼쳐 왔다. 이와 관련하여 미술치료사들이 다른 어떤 전문직보다도 우선적으로 다른 미술치료사들에 의해 가장 많이 수련감독을 받는다고 가정하였다. 앞서 언급한 임상 수련감독을 위한 영국미술치료사협회의 권고 사항을 보면, 미술치료사들의 임상 수련감독이 "가급적 미술치료사에 의해 수행되어야 한다."고 주장하고 있다. 필자는 이러한 가정에 대해 어떠한 설명이나 이유도 찾을 수 없었고, 따라서 이에 대해 적절하다고 생각되는 추측을 해 보았다.

필자가 지적했듯이, 미술치료는 상대적으로 아직 새로운 전문직이다. 훈련이 형식을 갖추고 표준화된 것은 불과 1970년대 후반부터다. 미술치료사가 그 분야의 임상실제에 배치되어 훈련받은 것은 오래되지 않았으며, 이때 그들의 작업이 자격 있는 미술치료사에 의해 수련감독을 받게 된다면 다행한 일이다. 흔히 심리학자나 작업치료사와 같은 다른 분야의 보건 전문가가 그 역할을 담당할 것이다. 이것은 미술치료사의 전문가적인 발전에서 중요한 국면이며 그와 같은 지지 없이 더 나은 성장을 한다는 것은 불가능하다. 그러므로 필자가 도달한 요지는 대부분의 훈련받는 학생들이 있는 곳에서 자격 있는 미술치료사인 수련감독자가 배치될 수 있어야 한다는 것이다. 필자는 이것이 바람직한 직무 상태이며 학생이 미술치료사가 아닌 수련감독자의 지도하에 배치되는 것은 다만 극단적인 상황에서만 가능할 뿐이라는 것을 미술치료 훈련 과정의 튜터로 잠시 활동하면서 깨닫게 되었다.

이러한 우선권은 적어도 부분적으로는 미술치료 전문가로서의 정체성을 강화하고 다른 전문직과 차별을 두기 위해 분명히 제공되어야 한다. 또한 미술치료사로 훈련받은 사람은 자신의 수련감독자를 모델로 삼고 어떻게 하면 '진정한' 미술치료사가 될 수 있는지를 배우고 싶어 한다. 필자는 그러한 신념이 이 전문직에 있는 모두에게 스며들어 튜터와 학생뿐만 아니라 그들의 임상 작업을 위해 지속적인 수련감독을 추구하는 자격 있는 미술치료사의 행동에도 영향을 미치게 되었다고 생각한다. 어느 정도 이러한 사고가 퍼지는 삼투적 영향력 때문에, 우리는 미술치료사들이 실제로 다른 미술치료사들에게 수련감독을 받는 것이 마땅하며 어떤 다른 분야 전문가에 대한 배치는 그보다 못한 일이라고 믿게 될 것이다.

그러나 이것이 참된 것임을 우리는 과연 어떻게 알 수 있는가? 만약 우리가 전문직으로서 효과적인 수련감독에 요구되는 기술을 체계적으로 조사할 수 없다면, 어떻게 경험 있고 자격 있는 미술치료사가 적합한 수련감독자로서의 기술을 원래 가지고 있다고 확신할 수 있겠는가?

그러한 기술을 구체적으로 제시할 수 없기 때문에, 우리는 수련감독자가 되는 것이 의미하는 것에 관해 유용하지 않은 가정에 대해서는 우리 스스로가 공개해야 한다. 피감독자라는 역할에서 보면 우리는 수련감독자를 마치 슈퍼 영웅처럼 생각하며 신기하게도 수련감독자는 모두 같은 일정 수준의 기술과 지혜에 도달했다고 믿게 되는지도 모른다. 만약 필자가 나의 피감독자 직책을 수련감독자의 직책과 맞바꾸려고 한다면, 이 말은 심장이 얼어붙을 정도로 오싹하지 않은가! Dearnley는 수련감독자와 피감독자 모두 서로 은밀히 결탁하여 공모하는 것은 너무나 쉬운 일이라고 하면서 모든 것을 아는 듯 은폐하는 유혹적이면서도 걱정스러운 가면에 관해 이야기하였다.

> 나는 수련감독 회기에서 펼쳐질 수 있는 지식이나 경험을 항상 가지고 있다고 기대되는 (그리고 그들 자신이 기대하는) 것과 그들이 제공하는 것은 거의 없으며 언젠가 이 사실이 드러나지는 않을까 하는 두려움 사이에서 갈등이 많이 경험된다는 사실을 나타내고자 하였다(Dearnley, 1985: 53).

필자가 젊은 신참 미술치료사였을 때, 나의 수련감독자가 자격 있는 미술치료사라는 사실은 필자에게 실로 중요한 것이었다. 필자는 '미술치료사 입문서'를 위한 모델을 찾고 있었다. 필자는 그 역할을 시험하고 있었고, 또한 나 자신이나 혹은 나를 둘러싼 역할들에 어떤 큰 손상 없이 나의 기술을 실행할 수 있는 공간이 필요하였다. 사실 필자는 수련감독자로서 자격 있는 미술치료사의 서비스를 얻으려 할 때마다 체계적인 질문의 도움을 거치지 않은 채 이리저리 부서를 옮겨 다니기를 반복하였다.

가장 최근에 필자는 예술치료 전문가 집단에서 수련감독을 받은 적이 있다. 그 집단은 미술, 음악 및 드라마 치료사들이 섞여 있는 집단이었다. 우리는 공동의 수련감독을 시도하고자 하는 공통적인 의견의 일치를 이룸으로써, 수련감독에서 얻기 원하는 것과 그렇지 않은 것에 대해 주의 깊게 생각해야만 했다. 이러한 과정 없이는 수련감독자를 정할 수 없었기 때문이다. 비록 대부분이 수년에 걸쳐 자격을 갖추었지만, 집단에서 경험의 범위는 다양하였다. 집단은 실제로 집단의 수련감독자로 상담자를 선택하였다. 개인의 욕구와 집단의 욕구를 비교하여 고려한 뒤에 지명하였다. 특히, 팀이 발전하는 단계에서 집단 작업에 대한 기술을 충분히 가지고 있는 유망한 수련감독자가 필요하다고 모두 생각하고 있었다.

지금 돌이켜 보니, 필자는 나의 경력을 발전시켜 나가는 시기에 그 당시 나의 주요 욕구에 따라 임상가들의 기술에서 도움을 받아야 했다. 전문가로서 그리고 내 개인의 수용 능력에서 필자의 어려움은 마치 모래를 옮기는 것과 같았고 필자에게 제공되는 수련감독이 이러한 끊임없는 움직임에 보조를 맞추는 것이 점점 중요하다고 느끼고 있었기 때문이다. 또다시 수련감독자로서 미술치료사를 두는 것이 중요한 시기가 앞으로 올 것이라고 예견할 수 있지만, 필자는 그 시기에 특정 수련감독 기술을 가진 미술치료사를 찾고자 할 것이다.

미술치료사는 이를테면 상담자, 심리치료사 혹은 심리학자보다는 다른 미술치료사에게 가장 적절한 수련감독을 받게 된다는 가정으로 다시 돌아가보도록 하겠다. 그 밑에 깔려 있는 근본적인 의미는 미술치료사가 단일 이론적 견해에 동의하고 일치된 작업 양식을 가지고 있는 같은 집단의 사람들이라는 것이다. 필자가 앞서 언급했듯이, 최근 얼마 동안 어떤 임상가들은 서로 다른 이론적 접근들을 결합시키고 있다. 그렇다면 그것은 미술치료사가 자신의 분야와 같은 종류의 수련감독을 필요로 한다는 이미지를 형성해 나가는 과정 그 자체에 어떤 특별한 지식이 될 수 있다. 결국 그것은 미술치료사의 수련감독에서 내담자의 미술 작업이 중심적 역할을 형성하는 전통으로 이어질 것이다.

한편, 미술치료사든 아니든 간에 아마도 우리는 시각적 이미지에 강력하게 반응하고 연상한다. 수련감독이 서로의 협력으로 이루어진다는 방식에서 보면, 권력은 수련감독자에게 있는 것이 아니라 수련감독자와 피감독자가 공유함으로써 의미 있는 방식으로 감정과 관찰을 함께할 수 있게 된다. 게다가 미술치료사가 자신의 내담자와 미술 작업을 시행하는 데 수련감독을 모두 따라야 한다고 전적으로 동의하는 것과도 거리가 있다.

> 그러나 역전이와 그 과정에 대한 치료사의 내적 감정은 치료적 상호작용의 특징을 실질적으로 알려 주기 때문에, 어떤 사람은 치료사가 수련감

독자에게 가져오는 내적 심상은 매우 중요한 것이라고 주장한다(Case & Dalley, 1992: 1970).

다음의 상담가를 위한 수련감독자의 윤리와 임상실제에 관한 영국상담협회 규정(1996)에서 발췌한 부분을 보면, 일반적으로 수련감독자는 여러 가지 면에서 임상가로부터 독립적이라는 사실을 알 수 있다. (최근까지 미술치료사를 위한 그러한 지침은 없다.)

> 수련감독자와 피감독자는 그들 사이의 어떤 개인적 혹은 사회적 접촉도 상담 수련감독의 효과성에 불리하게 영향을 미치지 않아야 한다는 것을 확실히 하는 모든 적당한 조치를 취해야 한다.
>
> 수련감독자는 피감독자를 수련감독하는 동일 시간 동안 ㄱ 동일한 피감독자에 대해 상담 수련감독과 개인적 상담 접촉을 함께 진행해서는 안 된다.
>
> 수련감독자는 재정적, 성적, 정서적 혹은 기타 다른 방식으로 피감독자를 착취하거나 이용해서는 안 된다. 수련감독자가 피감독자와 성적 관계를 갖는 것은 비윤리적이다(BAC, 1996: 5).

그러나 수련감독자-피감독자와 동시에 그 밖에 다른 전문적 관계를 갖는 것은 인정된다. 이러한 경우 그들의 서로 다른 측면의 전문적 관계 간 경계를 유지시키는 책임은 수련감독자에게 있다.

> 수련감독자는 상담 수련감독 관계와 다른 전문적 관계, 예를 들어 훈련과 관리 사이의 경계를 설정하고 유지해야 할 책임이 있다(BAC, 1996: 5).

필자는 임상 작업을 하는 많은 미술치료사들이 그들과 같은 계통의 관리자에 의해 (그들이 미술치료사든 아니든 간에) 수련감독을 받는다고 알고 있다. 그렇기는 하지만 이러한 배치는 아마도 간호나 사회복지와 같은 다른 전문직들에서 훨씬 많이 볼 수 있는 현상이다. 필자는 이러한 방식이 임상 수련감독의 기능과 관리가 결합되는 이점이 있다는 설득력 있는 주장들을 들어 왔다. 예를 들어, 피감독자에게 더 많은 전체적인 지지를 제공하며 실제로는 추가적 관리 자문이 없이도 자연스럽게 어떤 필요한 변화를 가져오도록 한다. 필자는 이러한 입장을 존중하기는 하지만, 미술치료사로서 나 자신의 임상실제라는 면에서는 그러한 입장에 대해 편하게 느낄 수 없다. 관리자로서의 역할과 수련감독자로서의 역할 사이에는 잠재적인 갈등이 상당히 내재해 있는 것처럼 보인다. 관리자로서의 책임은 기관의 번영뿐만 아니라 내담자의 안녕, 그리고 피감독자의 경력에 대해서도 유의하는 데 있다(Carroll, 1996: 152).

필자는 그 밖에 보다 성숙하고 숙련되며 유능한 개인은 이러한 역할들을 효과적으로 잘 조절할 수 있을 것이라고 상상하곤 한다. 다른 한편으로, 필자는 독립적인 수련감독을 주장하면서 필자가 관리해 온 치료사들에게 임상 수련감독을 제공하는 것을 피했고 지나치게 조심하였다. 아마도 그것은 늘 어려운 일이겠지만, 몇몇 사람들은 다른 이들보다 좀 더 느슨한 경계로 보다 편안하고 효과적으로 작업하기도 한다.

그러나 관리자이기도 한 수련감독자가 그들 관계의 다양한 측면 간에 경계를 너무 지키지 않는 경우에도 수련감독의 효과는 손상될 수 있다.

> 전이 감정은 관리에 해당되는 종류의 일이나 혹은 사정의 역할이 수련감독에 포함될 때 특히 현저해진다. 이는 많은 불안을 유발시킬 뿐 아니라 양자 모두에게 권위와 관련한 문제를 불러일으킬 수 있다. 이에 더하여 누

> 군가의 미래를 인도하는 어떤 사람 앞에서 유능함을 나타내야 하는 것에 관해 매우 실제적인 두려움이 존재한다(Shohet & Wilmot, 1991: 91).

이러한 종류의 우려는 또한 관련 직원으로 이루어진 팀이 집단에서 함께 수련감독을 받을 때 나타날 수 있으며, 팀 구성원들의 서로에 대한 신뢰 때문에 훌륭한 치료사의 가면을 그들 자신이 스스로 벗지 못하게 된다.

요약하면, 필자는 만족스러운 미술치료 수련감독자가 되기 위해 필요한 기술들을 명확히 제시하지 못하였다. 전문가는 비록 의도하지는 않았지만 숙련된 미술치료사의 기술이 직접적으로 수련감독의 역할 속으로 전환될 수 있다는 메시지를 불러일으키는 것처럼 보인다. 필자가 생각하기에, 이것은 치료사들을 안심시키는 잠재적인 메시지로 작용하여 이들이 목적 의식을 갖고 자신의 수련감독 모형이나 양식을 고찰하지 않도록 할 위험성을 가지고 있다. 그것은 피감독자들에게 현재 가지고 있는 수련감독 욕구에 대해 명백하게 혹은 창조적으로 생각하도록 격려하지 않는다.

수련감독자의 신념 체계와 일치하는 수련감독 모형은 수련감독자가 자신과 훈련이나 이론적 토대가 매우 다른 피감독자와 건설적으로 작업할 수 있도록 해 줄 수 있다. 그러나 경험이 부족한 치료사들은 생각이 비슷한 수련감독자와 함께 작업하며 얻을 수 있는 수련감독자의 지지나 확인 또한 이익이 될 수 있다. 이는 경험이 부족한 수련감독자의 경우에도 마찬가지로 적용된다. 수련감독 모형은 수련감독자가 비판적으로 자신의 능력이나 강점, 욕구 등을 자세히 볼 수 있도록 돕는다. 그러나 Gaie Houston은 수련감독자와 마찬가지로 모형과 방법은 그 나름대로의 제한점을 가지고 있다는 것을 우리에게 상기시켜 주었다.

> 나에게 가장 흥미로웠던 점은 각각의 방법이 단지 행동을 바라보는 방

> 식에서 그 방법만의 구조적 제한점을 갖는 것은 아니라는 사실이다. 그것은 임상가가 그들의 성격에 원래 그 방법을 만든 이론가에 대한 장점이나 단점과 같은 선입견을 이미 가지고 있거나 혹은 그러한 편향을 다시 불러일으키도록 임상가를 이끄는 것처럼 보인다. 오히려 지금 여러분이 선택한 체계가 가장 뛰어난 것이자 최고로 훌륭한 것이며 모든 인류, 심지어 모든 초인적이고 초월적인 행동과 동기까지 관리한다고 여러분 스스로에게 말하기보다는, 필자는 여러분에게 겸손해지라고 충고하고 싶다. 여러분은 그렇게 될 수 있으며, 여러분은 자신의 특정 방법만을 사용하는 무분별함에서 벗어나고자 이미 퍼즐을 풀고 있을지도 모른다(Houston, 1990: 9).

미술치료사는 수련감독을 받으면서 아마 전문직 자체에서 제공되는 것 이상의 커다란 이익을 얻을 것이다. 가장 중요한 것은 수련감독자가 자신의 기술을 수련감독에 국한된 것인지(supervision-specific) 혹은 특정 이론에 국한된 것인지(theory-specific) 명확히 한다는 점이다. 전문가로서의 책임을 다하고자 하는 수련감독자는 서로 매우 다른 이론적 관점을 지닌 치료사들과의 작업이 어렵다는 것을 발견할지도 모른다. 왜냐하면 이론적 관점이 다를 경우 치료사들의 이론적 토대였던 세력 기반을 손상시킬 수도 있고 수련감독 관계에서 비생산적인 갈등이나 경쟁을 유발시킬 수 있기 때문이다. 아마도 적합한 수련감독자에게 요구되는 '충분히 좋은(good enough)'이라는 은밀한 함축성은 충분히 적합하지는 않지만(not good enough) 단지 완전하게 할 것이라는 이상적인 모습을 의미하는 것 같다.

수련감독의 모형

우리는 한 인간인 수련감독자들이 그들의 수련감독 기술을 가지고 각 개별 피감독자에게 가장 이로운 방식으로 훈련시킬 것이라고 확신하는 오류에 빠지기 쉬운 문제를 가지고 있다. 이 문제를 검토하기 위해 필자는 피감독자가 자신의 기술과 경험 면에서, 그리고 개인적 자질과 가치 면에서 모두 다르다고 가정하였다. 물론 모든 수련감독자 역시 마찬가지로 다르다.

따라서 수련감독자가 피감독자에 대해 진실하고도 즉각적으로 반응하도록 하는 틀 혹은 모형 내에서 작업하기 위해서는 대단한 분별력을 가지고 있어야 한다. 뿐만 아니라 개별 피감독자를 위한 수련감독 과정의 초점과 방향에 대한 체계적인 개관을 가지고 있어야 한다.

필자는 앞에서 상담 이론을 수련감독 영역 속으로 바로 전환시킨 초기 수련감독의 한 모형에 관해 간단히 언급했다. 1960년대 중반, 일반적으로 수련감독의 발달적 모형을 나타내는 새로운 접근법들이 출현하였다. 현재에도 이러한 많은 모형들이 존재한다(Page와 Woskett[1994]은 25개로 제시하고 있다.). 이러한 각 모형의 중심 개념은 상담자들이 자신의 기술과 경험을 갖추는 일련의 순차적인 단계를 통과한다는 것이다. 수련감독자는 적합한 중재를 하기 위해 피감독자의 특정 발달 단계에 대해 인식하고 있어야 한다. 만약 피감독자의 능력 수준과 수련감독자 중재의 정도 간에 조화가 이루어지지 않는다면, 그다음에 학습과 긍정적 변화가 일어날 가능성은 낮아진다.

최근 몇 년간, 가장 널리 인용된 모형 가운데 하나는 Stoltenberg와 Delworth(Page & Woskett, 1994에서 인용)가 제시한 모형이다. 그들은 불안 및 의존의 1단계부터 충분히 기능하는 숙련된 임상가의 4단계(단계는 모두에 의해 성취되지는 않는 것으로 상술된다.)까지 진행되는 총 4단계의 상담자 발달 모형을 제안하였다.

이러한 모형 대부분은 수련감독자보다는 피감독자의 발달에 주로 초점을 둔다. 이는 발달 모형이 영국과 같이 훈련된 상담자를 위한 전문가 협회의 요구에 따라 만들어진 것이 아니라 주로 수련감독에서 상담자 훈련의 기능에 초점을 둔 미국의 전통에 뿌리를 둔 것에 부분적인 원인이 있는 것으로 설명할 수 있다. Carroll은 일부 개념은 대서양 건너편까지 통용되지 않을 수도 있다는 점을 우리에게 경고하고 있다.

> 최근 어떤 조사연구에서는 미국과 영국의 상담 풍토 사이에 차이점이 있다고 제시하였다. 우리는 변화하는 환경에 잘 적용될 것이라는 진지한 조사 없이, 이론들을 영국과 다른 풍토에서 잘 기능하는 것처럼 이동시키지 않도록 주의해야 한다. 상담 수련감독은 순회해서 돌 만한 여행지로 적합하지 않을지도 모른다(Carroll, 1988: 389).

피감독자와 수련감독자 양자의 발달 수준과 이러한 변인들이 상호작용하여 산출된 결과를 탐색하기 위한 몇 가지 시도가 있었다. Erdman(1994)은 다음의 3가지 기본 매개 요인에 따른 피감독자와 수련감독자 발달 간 상호작용을 조사하였다.

1. 자기 및 타인에 대한 인식
2. 동기
3. 의존성/자율성

이 모형에서, 수련감독자의 전문 지식은 각 매개 요인에서 혹은 추후 능력의 발달에서 피감독자의 전문 지식보다 커지는 것은 불가능할 것이라는 점이 중요하다. 다시 말해, 이 모형은 주로 훈련받는 상담자에게 염두를 두었다.

> 상담 분야의 모든 전문가는 수련감독에서 일어나는 발달 과정에 대해 제대로 알고 있는 것이 중요하다. 수련감독자는 발달 과정이 피감독자가 개인적 · 전문가적 성장을 하는 다양한 단계를 통해 진보하는 것과 유사하다는 것을 인식해야 한다. 수련감독자가 발달적으로 피감독자와 동등하거나 혹은 그보다 못할 때, 학생은 수련감독에서 기대되는 이러한 치료적 능력을 성취할 수 없다(Erman, 1994: 278).

그러나 Carroll(1988), Page와 Woskett(1994)은 1차원적 발달 모형에 결정적 타당성을 제공하는 연구 증거는 거의 없다고 지적하였다.

> 일반적으로 이러한 연구들은 발달 과정에 대한 약간의 경험적 지지만 있을 뿐, 요인들이 서로 복잡하게 얽혀 영향을 미침으로써 과정이 단순한 모형으로 적합하게 맞아떨어지지 않는다(Page & Woskett, 1994: 6).

또한 Carroll(1996)은 상담자 혹은 치료사의 발달 단계는 경험의 양과 거의 관계가 없으며 학습 처리 시에 개인적 요인이 중요하다고 지적하였다.

발달적 경로에서 하나의 전환점이 된 것은 1989년 Hawkins와 Shohet에 의해 제안된 수련감독의 과정 모형이다. 그들은 발달적 각도에서 수련감독에 대한 접근을 하기보다는 수련감독 맥락에서 취해질 수 있는 여러 가지 초점 상황에 중점을 두고, 다음과 같은 여섯 가지 사항을 제시하였다.

1. 회기 내용 반영
2. 치료사가 사용한 전략 및 중재 탐색
3. 치료의 과정 및 관계에 대한 탐색
4. 치료사의 역전이에 대한 초점
5. 그때-거기 과정에 대한 반영으로서 지금-여기에 대한 초점
6. 수련감독자의 역전이에 대한 초점

이와 같은 초점들 가운데 1~3번은 수련감독 과정에서 치료 회기에 관해 직접적으로 다루고 있으며, 4~6번은 치료 과정과 관련된 문제를 끌어내어 탐색하기 위한 수단으로 사용한다. 대개 적합한 수련감독이란 시간이 경과함에 따라서 이 여섯 가지 초점 모두를 적절하게 다루어야 할 것이다. 그러나 수련감독의 한 회기에 이러한 여섯 가지 초점 모두를 포함한다는 것은 아니다.

이 모형은 수련감독자로 하여금 치료사의 개인적 편향이 어디에 있는지, 그리고 어떤 초점이 내적으로 기능하는 데 덜 편안한지 검토하도록 해 준다. 또한 새로 자격을 취득한 상담자나 치료사들이 숙련된 임상가보다 1~3번의 초점을 제공하는 것이 더 필요할 것이라고 가정한 것처럼, 발달적 계층은 그러한 과정 모형에 중첩될 수 있다. 더욱이 수련감독에서 전이 및 평행문제에 관해 너무 이른 시기에 지나치게 강조하는 것은 초보 임상가들을 혼란스럽게 하거나 방해할 수 있다는 일부 제안이 있다. "평행 과정은 보다 고급 피감독자들에게 교육적으로 더 효과적이며, 초보 상담자들에게는 혼란을 야기하거나 혹은 무익할 수 있으며 때때로 처벌적인 의미로 이해될 수 있다." (Carroll, 1996: 106-7)

게다가 Hawkins와 Shohet(1989)은 수련감독에 주가 되는 초점들을 나타내는 몇 가지 다른 요인을 다음과 같이 지적하였다.

- 수련감독자/피감독자에 대한 이론적 오리엔테이션
- 수련감독자/피감독자의 유형
- 수련감독자/피감독자의 성격
- 수련감독 관계에서 확립되는 개방 및 신뢰의 정도
- 피감독자 개인의 자기 탐색 정도

Proctor(Hawkins & Shohet, 1989에서 인용)는 또한 상담자의 수련감독에 기초한 과정에 초점을 두고 있다. 그녀는 수련감독 회기 내에서 4가지의 맥락이 기술적으로 연관될 필요가 있다고 여겼는데, 이것을 요약하면 다음과 같다.

- 형성 맥락(Formative): 내담자의 안녕에 관한 형성
- 복원 맥락(Restorative): 피감독자의 전문적 발달
- 규범 맥락(Normative): 작업에 대한 윤리적, 전문적, 조직적 측면
- 창조 맥락(Creative): 이전에 생각하지 못했던 가능성들에 대한 대처 및 탐색의 공간

Page와 Woskett(1994)은 수련감독에 대한 순환모형([그림 13-1] 참조)을 소개하였다. 그들이 이러한 순환 모형을 고안한 목적은 다음과 같이 요약될 수 있다.

> 우리는 초보자 및 숙련된 임상가 모두에게 적용될 수 있는 수련감독 과정에 대한 틀이 부족함을 인식하였고, 따라서 과정, 목표 기능 및 방법론을 아울러 다루고자 한 것이 이 책에 제시한 모형이다(Page & Woskett, 1994: 33).

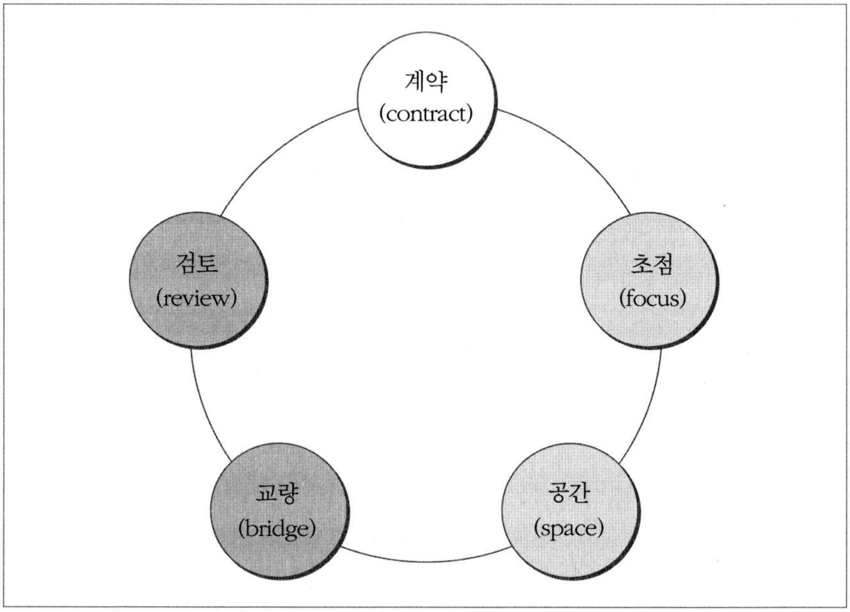

[그림 13-1] 수련감독의 순환 모형

출처: Page & woskett, 1994, p. 34.

필자는 이 모형이 수련감독자와 피감독자가 수련감독 관계에 대한 평가와 수정에 관해 기여할 수 있도록 하는 유용한 실용적 도구라고 생각한다. 계약(contract)은 형태와 형식을 제공함으로써 수련감독 과정을 뒷받침한다. 초점(focus)은 문제를 현실적으로 그리고 체계적으로 다룰 수 있도록 한다. 공간(space)은 피감독자가 작업을 유지하면서 경험하는 관계의 핵심에 있는 개념상의 공간이다. 교량(bridge)은 수련감독에서의 통찰이 상담 혹은 치료적 관계에 관해 배우게 되는 열쇠로서 재도입되는 방법이다. 검토(review)는 수련감독 과정의 방향과 전개를 사정하도록 해 주는 방법이다.

따라서 수련감독자는 피감독자와 내담자들에게 최대로 이익이 되는 방식으로 이러한 것들을 사용하고 그들의 기술과 영향력의 정도와 한계를 인정하기를 바라면서 수련감독자가 취할 수 있는 선택의 범위가 커지고 있다.

그러나 Brigid Proctor의 작업을 제외하면 수련감독 관계의 창조적 가능성들과 비유적인 공간을 밝혀 명확히 설명한 모형은 없다. 우리는 평행 과정이 수련감독에 없어서는 안 될 부분이라는 것을 알고 있다. 무의식은 소망이나 욕구를 언어를 통해 항상 직접적으로 표명하지는 않지만 종종 보다 상징적인 경로를 통해 좀 더 적합한 표현을 찾는다. 이는 내담자의 미술작품을 수련감독의 장 내로 넣는 과정의 문제가 대두되게 함으로써 미술치료사의 수련감독에 특히 중요한 점이다. 내담자의 미술작품이 미술치료사들의 수련감독에 사용된 방식에 관해 출판된 자료는 거의 없다. 이에 상응하는 것으로 최근의 조사(Rees, 1996)를 보면, 미술치료사들 중 단지 32%만이 수련감독 과정의 부분으로 그들 자신의 감정과 반응을 탐구하기 위해 이미지를 만드는 작업을 활용하고 있었다.

이 단계에서 필자는 이에 대한 이유를 추측해 보았는데, 아마도 미술치료사는 개인 치료와 수련감독 간의 모호한 경계에 관해 우려하고 있고, 도구의 물리적 혼합이 그들의 내담자들을 상징적 혼란에 빠뜨릴지도 모른다고 생각하는 것 같았다. 다른 한편으로 미술치료 피감독자와 수련감독자들이 자신의 수련감독에 필요한 것을 탐구하는 효과적인 방식을 항상 발견하지는 못했을 수 있고, 또한 이러한 기반의 부재가 보다 언어적인 방식의 치료에서 도입하여 예전부터 친숙했던 수련감독의 양식을 반복하는 경향으로 이어진 것일 수 있다.

치료 상황에서는 매우 효과적으로 이용되는 이미지를 만드는 과정의 힘이 미술치료 수련감독 부분에서는 반드시 활용되는 것은 아니라는 사실은 유감스러운 일이다. 물론 미술치료사들 역시 심리치료나 상담과 같은 관련 전문직에서의 수련감독 관계에 기여할 수 있는 기술을 가지고 있다.

필자는 마술 거울이 보여 주는 통찰력을 가지고 있다. 다시 말하면, 나 자신의 수련감독에서 놓쳤던 부분을 때때로 나의 이미지에서 발견하곤 한다. 그것은 수련감독의 틀 내에서는 Winnicott(1979)의 이행기 공간(transitional space) 개념으로 어느 정도 해석할 수 있을 것이다. 이 거울은 내담자, 수련감독자 및 피감독자의 3면을 실제로 반영한다. 거울은 수련감독 과정에서 막히거나 과장되고 혼란스러울 때 항상 수련감독자 혹은 피감독자가 적용시킬 수 있는 것이다.

거울이 공급하는 반영을 경험하기 위해서는 참여자들이 기꺼이 그것을 주시하여 마주할 수 있어야 한다. 이를 위해 그들은 자신의 창조적인 과정에 의지해야 한다. 때때로 거울은 어둡고 고요해질 것이며 평소에는 눈부시고 즐거움을 줄 수도 있다. 이따금 창조적 과정은 거울이 되어 비추는 것을 멈출 수도 있지만 신비하고 기대하지 않은 장소로 인도하는 출입구가 되기도 한다. 거울이 비추는 범위는 오직 참여자들 공통의 상상력, 그들 자신의 창조적 과정에 대한 힘과 타당성에 대한 신념, 그리고 서로에 대한 그들의 신뢰에 달려 있다. "수련 감독이 주는 선물은 훈련생으로 하여금 치료계획과 미술표현 모두에 작용하는 창조적 움직임을 상상하고 가정하며 실험하는 것을 허용하는 것이다." (Wilsonm, Riley, & Wadeson, 1984)

필자는 학습곤란을 가진 사람을 대상으로 작업하는 과정에서 주목했던 점과 개인 및 집단 수련감독 내에서 나타났던 몇 가지 현상에 관해 함께 나누면서 이 장을 마무리하고자 한다. 지금부터 필자가 언급하는 것의 많은 부분이 비록 초점을 두는 수준은, 예를 들면 개인적, 사회적, 나아가 전체적/보편적 등으로 서로 다른 의의를 가질 수 있지만, 대부분 역전이로 분류할 수 있을 것이다. 그리고 학습곤란이라는 분야에서 작업하는 미술치료사들에게 (반드시 한정된 것은 아니지만) 특히 중요한 것으로 보이는 몇 가지 문제를 선별하였다. 이러한 사항들 중 일부분은 서로 매우 다른 내담자 집단들을 대상으로 하는 미술치료사의 작업에도 충분히 공통성을 가질 것이라고 생각한다.

사회적 수준에서의 무의식적 과정

Wolfensberger(1972)처럼 개개인과 작업한 것을 살펴보면, 학습곤란을 가진 사람에 대한 평가절하와 거부가 우리 자신을 포함한 많은 사회에서 고질적으로 존재하며 심연에 감추어져 있다는 것을 알 수 있다.

필자는 학습곤란을 가진 사람에게 통찰력이나 지혜가 있다고 조금도 기대하지 않으면서 그들의 능력 혹은 지능을 얼마나 과소평가하고 묵살했는지 그 수를 셀 수 없다고 고백하지 않을 수 없다. 필자가 학습곤란을 가진 사람을 본질적으로 높이 평가하고 존중하기를 희망한다 할지라도, 보다 광범위한 문화의 필수적인 한 부분으로 일반적인 문화는 필자의 바람과는 다르다. 스트레스를 받거나 두렵고 위협적이거나 혹은 당황스러운 시기에 학습곤란을 가진 사람의 자기결정 능력을 부인하는 현상 유지에 의해 우리 모두는 너무 쉽게 현혹될 수 있다.

필자에게서 수련감독은 우리가 작동시키고 있는 가치 기반을 항상 경계해야 하고 주시하도록 하는 것이다. 또한 그것은 정신의 광활한 대지를 보다 쉽게 이해할 수 있도록 돕는 정신내적 지도를 제공하며 우리가 자칫 빠지기 쉬운 수렁과 헤어나기 힘든 상황이 어디에 있는지 이해하도록 돕는 역할을 한다.

장애에 대한 부인

일부 사회적이자 정치적인 움직임은 학습곤란을 가진 사람의 지위 향상에 핵심을 두고 분투해 왔다(예: All Wales Strategy나 Social Role Valorisation). 이들은 모두 학습곤란을 가진 사람들이 사회에 완전히 참여하도록 하는 데 목표를 두고 있는데, 특히 이들이 활동에 참여하고 있으며 존중받고 존경받는 역할을 하고 있는 것처럼 보이도록 하고 있다. (여러분은 학습곤란을 가진 사람을 고전음악 연주회의 청중으로 혹은 고급 레스토랑에서 식사를 즐기는 모습으로 얼마나 많이 본 적이 있는가?)

필자는 그러한 운동을 전폭적으로 지지하고 있지만, 그 의도가 분명하지 않아 다소 논쟁의 여지가 되는 것은 연구자들이 장애의 정도를 과소평가하거나 혹은 부정하도록 압박하는 효과를 가진다는 것이다.

미술치료사의 경우에는 이것이 내담자가 가지고 있는 장애와 같은 근본적인 문제를 다루는 것 자체를 불편하게 만들 수 있다. 필자는 종종 보호하고 부정하고 싶은 강력한 충동을 경험하곤 했다. 그것은 어떻게든지 장애에 대한 문제를 정면으로 다루도록 철저히 요구하거나 혹은 너무 무신경한 것처럼 보이게 한다. 미술치료사와 마찬가지로 우리는 자기 자신에게 심미적인 이미지를 만드는 과정으로 이끌거나, 그렇지 않다면 권리를 옹호하도록 할 수 있다. 우리는 내담자가 손상을 입지 않은 부분이 나타나도록 전념해야 할 것이며 그들의 '정상성(normality)'이 너무 간과되는 것에 분개해야 할 것이다.

필자의 시누이는 다운증후군을 가지고 있었다. 어느 날 우리 가족은 식사를 하러 갔다. 레스토랑의 직원은 학습곤란을 가진 사람을 응대하는 데 분명 익숙지 않아 보였고 특히 한 웨이터는 식사하는 내내 필자의 시누이를 쳐다보았다. 당연히 그녀는 점점 불편해졌고 결국 "왜 계속 나만 쳐다보는 거야?"라고 불쑥 말하고 말았다. 이때 필자에게서 즉각적이고도 최우선적으로 나온 반응은 "무시해 버려요."라고 말하며, 그녀를 보호하는 것이었다. 필자는 심호흡을 하며 "그건 아마도 당신이 학습곤란을 가지고 있기 때문일 거예요. 그들은 애석하게도 여기에서 학습곤란을 가진 사람들을 접

대한 적이 없나 봐요."라고 말할 기운을 어떻게든 찾으려고 노력하였다. 그녀는 "네, 그것 참 유감스럽네요."라고 말하며 현명하게 고개를 끄덕였고 식사를 계속하였다.

필자가 그녀를 알고 지낸 여러 해 동안 우리 중 아무도 그녀가 학습곤란을 가지고 있다고 인정하지 않았다. 레스토랑에서의 그 순간, 필자가 이 사실에 대해 말한 것이 그녀에게 압도적인 타격이 되지 않을지 필자는 두려웠다. 사실 그녀는 자신의 학습곤란에 대해 충분히 알고 있는 것처럼 보였고, 우리 모두는 내내 "전쟁을 신포하지 마라!"는 역할을 담당해 온 셈이다.

불쾌한 것을 말하지 않음으로써 우리는 그것을 보다 강력한 상태로 만든다. 학습곤란은 점점 말해서는 안 될 나쁜 병이 되어 가고 있으며 너무 무시무시하고 고통스러운 것으로 알려지고 있다. '보호 전문직'에서 일하는 사람들처럼, 우리는 우리의 완전성에 죄책감을 느낄지도 모르며 우리 자신과 학습곤란을 가진 사람들 간의 매우 실질적인 차이점을 경감시키고자 노력할지도 모른다. 필자는 종종 '정상'인 사람은 아무도 없으며 누구나 어느 정도 장애나 학습곤란을 가지고 있다는 말을 들어 왔다.

필자의 인생 경험이 학습곤란을 가진 많은 사람들, 특히 중도의 장애를 가진 사람들과의 경험과는 대단히 다르다는 것을 인정하는 것은 괴롭지만 동시에 부인할 수 없는 사실이다. 필자는 자유롭게 생활하고 사랑해 왔으며 나 자신의 결정과 실수에 구속되지 않았다. 필자는 가장 기본적인 자율성조차도 부인되고 조소당하며 창피당하고 어린아이 취급받거나 무시받고 학대당하며 없어지기를 바라는 것처럼 느끼는 데 대해서 이러한 경험이 없었기 때문에 너무나 보잘것없는 이해를 하고 있었다. 더욱이 그들은 친밀성 혹은 성적 표현을 좀처럼 경험하지 못하며 이에 대해 들을 기회도 거부당하고 (대개 부모로부터) 그들이 받는 사랑도 슬픔을 띤 것이며 그들이 어떤 사람인지와 관계없이 다른 별개의 것으로 불쌍하게 여겨진다.

이 마지막 단락에 쓰고자 하는 것은 지금도 필자의 즉각적인 반응은 "물론, 많은 사람들이 모두 나쁜 것은 아니다."라고 말하며 보상하고자 하고 그에 대해 부드럽게 표현하고 있다는 것이다. 실제로 내 마음속에서는 그것이 부적절한 것이기는 하지만 그것을 인정하는 것은 너무나 견디기 힘든 고통이라는 것을 알고 있다.

수련감독은 미술치료사와 내담자라는 위치에서 우리가 학습곤란이라는 낙인이 부여하는 정신적 외상과 고통을 목격하고 인정하는 동안 우리의 공통적인 인간성을 간직할 수 있도록 하는 데 중요한 역할을 한다. 또한 수련감독이 가지고 있는 힘은 아마도 우리로 하여금 내담자가 경험하는 것을 감소시키려 하는 방어적인 욕구를 없앨 수 있도록 하거나 혹은 이를 완전히 제압할 수 있도록 한다.

개인의 역전이

여기에 이용될 예시들은 많지만 즉각적으로 떠오르는 두 가지 예가 있다. 그중 첫 번째는 이미 Hilary Lamas와 Penny Halls(제3장)가 언급했던 예다. 필자가 수련감독에서 경험했던 공통적인 주제는 '무력화(disempowerment)'다. 내담자의 초기 작업 기간 후 미술치료사는 자신이 적합한 치료사가 아니라는 생각이 떠나지 않을 뿐만 아니라 자신의 능력에 대해 강한 의심을 하게 될지도 모른다. 적절한 지지와 수련감독이 없다면, 그러한 상황은 치료사가 완전히 단순 작업을 하고 있고 영향력을 빼앗긴 것처럼 느끼도록 할 수 있다. 치료사나 내담자 어느 쪽이든 (혹은 양자 모두) 작업에서 무의미함을 경험할지도 모른다. 사실 이는 흔히 내담자에게는 자기지각으로 드러내는 통찰이며, 치료사에게는 자신의 부족함과 자기 회의와 같은 힘에 의해 점점 무력화되는 것이다. Sinason(1992)은 내담자가 낙인 효과(labeling effects)와 장애나 무능 자체 때문에 자신을 우울하게 생각하는 것과 같은 방식으로 치료사도 '우둔하게 만들어질' 수 있다고 기술하고 있다.

수련감독에서 이러한 감정과 경험이 환기되는 것은 미술치료의 효과성뿐만 아니라 관련된 개인이 위태롭게도 저절로 계속되는 낙인으로 '실패한 내담자'가 되지 않도록 하는 데 필수적이다. 언젠가 필자는 학습곤란을 가진 젊은 여성을 의뢰받은 적이 있는데, 그녀는 최근 받은 상담 기간까지 포함하여 이전에 제공된 모든 지지 체계에서 이미 '실패한' 경험을 가지고 있었다. 그녀는 비록 미술치료를 받을 수 있도록 그녀를 맡고 있는 방문 간호사에 의해 의뢰되었지만 아무도 그녀가, 특히 그중에서도 그녀 자신이 스스로에게 미술치료에서 도움을 받을 수 있을 것이라는 기대를 하고 있는지 알지 못했다.

다행스럽게도 필자는 그때 견실하고 지지적인 수련감독을 받고 있었고, 그래서 필자는 무슨 일이 있었는지 인식하고 있었고 그 일과 담합하려는 의도는 전혀 가지고 있지 않다는 것을 분명히 할 수 있다. 문제의 젊은 여성은 실제로 회기를 이용하면서 그녀의 사려 깊고 창조적이며 설득력 있고 주장적인 성격적 측면을 보여 주었다. 이것은 그녀가 이전에 다른 사람 때문에 휘말리게 되고 또한 꼼짝없이 빠져들었던 손해를 입고 무력한 측면과 관련한 것을 다룰 수 있도록 하였다. 우리가 함께했던 치료의 종결 무렵, 그녀는 자신의 개인적 여정을 매우 적절하게 비유하여 '백조로 변하는 미운 오리새끼'라는 점토상을 만들었다.

필자는 몇 명의 내담자를 만났었는데, 특히 그들은 고도의 폭력을 휘두르는 관계에 노출된 적이 있었으며 마치 논란의 중심인 폭풍의 눈에 있는 듯 보였다. 문제의 개인은 수동적이고 얌전하며 혹은 무력한 것처럼도 보일 수 있지만 그들은 지지를 통해 불가사의하게도 강렬한 열정을 불러일으키는 경향이 있었다. 그들이 가지고 있는 핵심 정서는 흔히 분노이며, 이때 작업자는 그 사람을 대신한 권리의 옹호자가 되고자 하는 충동을 느낄지도 모른다. 거의 틀림없이 힘과 그 힘이 자리하는 위치는 그러한 각본 내에서 작동하고 있다는 것을 미술치료사는 발견하게 되는데, 이는 신중히 고려되어야 한다.

아마도 학습곤란을 가진 사람들과 작업하면서 생길 수 있는 가장 강력하고 참을 수 없는 역전이 현상 가운데 하나는 처음에는 막연한 권태감에서 시작될 수 있지만 이후 회기 내에서 매우 강력한 권태감으로 발전될 수 있다. 그러한 감정은 처음에 언급했던 부적절감보다 훨씬 더 큰 모든 것을 아우르는 것이다. 이러한 지루함은 치료사가 내담자와 관계를 맺는 것을 방해하는 짙게 드리운 장막이 될 뿐만 아니라 보다 기본적인 수준에서 치료사의 활력과 생명력을 잃게 만든다. 한편, 우리는 이것이 치료사를 무력하게 하고 유용한 진전을 막는 기제가 될 수 있지만 어쩌면 고통스러운 치료적 작업이 될 수 있다고 추측할 수 있다. 그러나 필자는 그것의 원천이 보다 깊고 심원한 곳에 있다고 생각한다. 이러한 현상에 대한 필자의 경험에 따르면, 그것은 짧게 말해 죽어 가는 것처럼 질식할 것 같고 혹은 혼란된 감정과 일치한다. 필자는 나와 다른 동료 전문가들이 경험했던 것이 내담자 스스로 죽기를 바라거나 혹은 이미 죽었다고 생각하는 허무주의적 힘에서 표현된 것은 아닌지 생각하기도 한다. 이러한 과정은 다른 유형의 내담자의 경우에는 적용될 수 있을 것이다. 그러나 학습곤란을 가진 사람에게서 그러한 정서는 그들이 절대 태어나지 않아야 했다거나 죽는 편이 더 좋을 것이라는 잠재의식 속의 메시지에 의해 악화될지 모른다. 즉, 학습곤란을 가지고 있다면 존재할 권리조차도 없다고 간주될 수 있다. 이러한 역동에 직면하는 미술치료사에게는 치료에서 생존하고 성장하며 성공할 수 있는 은유적 생존 공간을 창조할 수 있도록 수련감독에서 양질의 지지가 분명히 필요하다.

결 론

우리의 주요 수련감독 욕구와 이러한 것들이 충족될 수 있는 방식에 관해 보다 분명하게 밝히고 확실하게 명시하는 것은 미술치료사로서의 우리에게 유익할 것이다. 다른 면에서 보면, 우리는 비언어적 의사소통을 이해하는 데 연관된 일련의 기술들을 이미 가지고 있어서 미술치료라는 전문직 내에서뿐만 아니라 그 이상으로 수련감독 과정을 훨씬 풍부하게 할 수 있다. 학습곤란을 가진 사람과 작업하는 미술치료사는 수련감독을 진행하는 과정 동안 공통 주제가 나타나거나 혹은 어떤 주제가 계속해서 반복되는 것을 발견할 것이다. 그러한 경험에 대한 연구를 수행하고 이러한 것을 다른 맥락에 있는 내담자와 작업하는 미술치료사의 견해와 비교하는 것은 흥미로운 일이 될 것이다.

참고문헌

Bordin, E. S. (1983) 'A Working, Clinical-based Model of Supervision', *The Counselling Psychologist*, 2(1).

British Association of Art Therapists (1985) *Principles of Professional Practice for Art Therapists.*

British Association of Art Therapists (1992) *Suggested Scheme for the Compilation of Lists of BAAT Approved Supervisors.*

British Association of Art Therapists (1997) *Register of Art Therapists.*

British Association for Counselling (BAC) (1996) *Code of Ethics and Practice for Supervisors of Counsellors.*

Carroll, M. (1988) 'Counselling Supervision: The British Context', *Counselling Psychology Quarterly,* 1: 387-96.

Carroll, M. (1996) *Counselling Supervision-Theory, Skills and Practice.* London: Cassell.

Case, C. and Dalley, T. (1992) *A Handbook of Art Therapy.* London: Routledge.

Dearnley, B. (1985) 'A Plain Man's Guide to Supervision-or New Clothes for the Emperor?', *Journal of Social Work Practice,* Nov. 53-65.

Dryden, W. E. and Thorne, B. (1991) *Training and Supervision for Counselling in Action,* London: Sage Publications.

Edwards, D. (1993) 'Learning about Feelings: The Role of Supervision in Art Therapy Training', *The Arts in Psychotherapy,* 20: 213-22.

Erdman, P. (1994), 'Supervisor's Development: How it Effects Supervisees', *Counselling,* Nov. 275-9.

Hawkins, P. and Shohet, R. (1989) *Supervision in the Helping Professions,* Milton Keynes: Open University Press.

Holloway, E. L. (1994) 'A Bridge of Knowing: The Scholar-practitioner of Supervision', *Counselling Psychology Quarterly,* 7(1): 3-15.

Houston, G. (1990) *Supervision and Counselling,* London: The Rochester Foundation.

Hughes, R. (1988) 'Transitional Phenomena and the Potential Space in Art Therapy with Mentally Handicapped People', *Inscape,* Summer: 4-8.

Klein, M. (1946) 'Notes on Some Schizoid Mechanisms', *International Journal of Psychoanalysis,* 31: 81-4 .

Page, S. and Woskett, V. (1994) *Supervising the Counsellor,* London: Routledge

Proctor, B. (1994) 'Supervision-Competence, Confidence and Accountability', *British Journal of Guidance and Counselling,* 22(3): 3009-318.

Rees, M. (1996), 'The Supervision of Art Therapists', unpublished MSc

Thesis, University of Bristol.

Schneider, S. (1992) 'Transference. Counter-transference, Projective Identification and Role Responsiveness in the Supervising Process', *The Clinical Supervisor,* 10(2).

Shohet, R. and Wilmot, J. (1991) 'Key Issues in the Supervision of Counsellors: The Supervisory Relationship', in Dryden, W. and Thorne, B. (eds.) *Training and Supervision for Counselling in Action,* London: Sage Publications.

Sinason, V. (1992) *Mental Handicap and the Human Condition. New Approaches from the Tavistock,* London: Free Association.

Thomas, D. (1976) *Selected Works,* London: Book Club Associates.

Wilson, L., Riley, S. and Wadeson, H. (1984) *Art Therapy,* October.

Winnicott, D.W. (1979) *Playing und Reality,* Harmondsworth: Penguin.

Wolfensberger, W. (I972) *Normalisation: the Principle of Normalisation in Human Services.* National Institute on Mental Retardation, Toronto.

찾아보기

인 명

내 용

편저자 소개

Mair Rees는 카디프 지역사회 건강관리 국가의료서비스기관(Cardiff Community Healthcare NHS Trust)에서 학습곤란을 가진 사람을 위한 예술치료 서비스인 TAITH를 관리하고 있다. 그녀는 세인트 올번스 미술디자인대학(현재 하트퍼드셔 대학교)에서 1983년에 심리학 전공으로 미술치료사 자격은 받았다. 그 후부터 그녀는 영국 국가의료서비스기관과 비법령기관을 포함한 다양한 환경에서 근무하였다. 그녀는 미술치료사를 위한 훈련에 기여해 왔으며, 최근에는 브리스틀 대학교에서 수련감독과 교육훈련 분야로 이학석사학위를 받았다. 그녀는 중도 학습곤란을 가진 여성과의 전표상적(pre-representational) 미술 작업에서 공간적 요소를 탐구하는 연구를 맡고 있다. 그녀는 특히 학습곤란을 가진 사람을 위한 심리치료와 상담 서비스 접근을 활성화시키는 데 관심을 가지고 있다.

기고자 소개

Richard Manners는 1978년에 순수미술 학위를 받았고, 1981년에 미술치료사 자격을 취득하였다. 그는 주로 웨일스 지역에서 학습곤란을 가진 사람을 대상으로 미술치료를 발전시켜 나가는 데 전념하였다. 그는 특히 자기주장과 미술치료의 임상적 측면에 관심이 많았으며, 지역사회 중심의 예술 및 교육과 관련한 그의 초기 몇 년 동안의 경력은 모두 이러한 영역에 관한 것이었다. 이후에는 학습곤란을 가진 사람을 위한 서비스를 관리하였고 지역사회 보건 서비스의 선임관리자로 여러 가지 일반적인 관리직책을 맡았다. 또한 전국적 및 국제적 규모의 미술치료 워크숍에서 상의를 하거나 운영하였다. 현재 그는 켄트 지역 국가의료서비스기관 소속 예술치료 책임자로 있다.

Hilary Lomas는 1983년 런던의 골드스미스 대학에서 미술치료사 훈련을 받았다. 자격을 받은 이후로, 학습곤란을 가진 성인 및 아동과 함께 작업하였으며 정신보건 분야에서 일해 왔다. 그녀는 지역사회 중심의 치료 서비스에서 일한 초기 경험에 이어 웨일스 남부에서 지지적 심리치료 집단 네트워크의 개발을 통해서 특히 집단 작업에 흥미를 가지고 발달시키고자 하였다. 이러한 관심은 카디프 지역사회 건강관리 국가의료서비스기관 소속 미술치료사인 그녀의 현재 작업에도 계속되고 있다. 또한 그녀는 프리랜서 미술치료사 및 수련감독자로 일하고 있으며 최근에는 가족치료 자격과정을 이수하였다.

Penny Hallas는 1984년에 버밍엄에서 미술치료사 훈련을 받았다. 그 후 그녀는 학습곤란을 가진 사람을 대상으로 다양한 환경에서 일하였으며, 5년 동안 노스요크셔에 있는 지역사회지원부에서 일하였다. 1993년, 그녀는 카디프 지역사회 건강관리 국가의료서비스기관에 합류하였다. 특히, 그녀는 학습곤란을 가진 사람에 대한 집단 심리치료의 적용에 관심을 두고 있다.

Simon Willoughby-Booth는 에든버러 건강관리 국가의료서비스기관(Edinburgh Healthcare NHS Trust)에서 미술치료에 대한 전문 자문위원이자 미술치료 서비스의 책임자로 있다. 그는 1978년부터 에든버러에 있는 국가의료서비스기관의 학습곤란과 관련된 서비스에서 미술치료사로 일해 왔고 병원이나 학교, 지역사회에도 큰 기여를 하였다. 그는 10년 동안 로디언에서 학습곤란을 가진 사람을 위한 자기주장 집단의 자문위원으로서 활동하였고, 의료서비스에서의 자기주장 관련 의안 제출에 적극적이었다. 그는 영국과 유럽에 걸쳐 강의와 워크숍을 해 왔으며, 최초의 스코틀랜드 미술치료 하계학교를 포함한 몇 가지 교육훈련 계획과 하트퍼드셔 대학교와의 협력 과정을 발달시켜 왔다. 그는 미술치료와 학습곤란, 그리고 건강관리 분야에서의 예술과 관련한 많은 소논문을 발표하였다.

Joanna Pearce는 셰필드 대학교에서 미술치료사 훈련을 받았으며, 1988년부터 학습곤란을 가진 사람을 위한 에든버러 건강관리 국가의료서비스기관에서 일하고 있다. 그녀는 특히 성격장애와 법의학적 문제를 가지고 있는 사람과 학습곤란에 더하여 이중 정신질환 진단을 받은 사람에게 많은 관심을 두고 있다. 그녀는 하계대학의 워크숍과 스코틀랜드에서의 교육행사를 제공해 왔으며, 현재 장기거주시설의 폐지 문제에 직면해 있는 거주자들을 위해 집단작업 프로젝트라는 조사연구를 진행 중이다.

Lesley Fox는 1981년 골드스미스 대학에서 미술치료 과정을, 1993년 하트퍼드셔 대학교에서 미술치료 석사학위를 받은 미술치료사다. 그녀의 주요 경력은 주로 학습곤란을 가진 사람을 대상으로 하고 있으며, 병원보다는 지역사회 중심의 서비스에서 두드러진 활동을 하고 있다. 그녀는 1983년부터 영국 국가의료서비스기관에서 미술치료사로서 일해 오고 있는데, 초기에는 CMHT(Community Mental Handicap Team)[1]에서 활동하다가 현재는 치료핵심 팀에서 활동하고 있다. 그녀는 특히 자폐 내담자와의 작업에 관심을 가지고 있으며, 1995년 '미술치료에서의 이론적 진보' 컨퍼런스에서 이와 관련된 주제로 연구논문을 발표하였다.

Margaret Stack은 간호사이며, 1980년대 초반에는 아일랜드에서 섬유 디자이너 훈련을 받았다. 1년 동안은 디자인을 가르쳤고, 이후 4년간은 공예 교사로서 학습곤란을 가진 성인과 작업하였다. 1992년, 그녀는 세인트 올번스 미술디자인대학에서 미술치료 훈련을 마쳤으며, 영국 국가의료서비스기관에 소속된 미술치료사로서 학습곤란을 가진 내담자 집단과 계속 작업해 왔다. Margaret은 현재 런던의 골드스미스 대학에서 미술심리치료 석사학위 취득을 위해서도 공부하고 있다.

Rose Hughes는 1982~1983년 버밍엄에서 미술치료사 훈련을 받기 전에는 순수 미술을 공부하였다. 이후 그녀는 세인트 올번스 미술디자인대학에서 미술치료 석사학위를 받았다. 그녀는 영국 미술치료사협회의 저널인 Inscape에 소논문을 게재하였다. 그녀는 다양한 임상 환경에서 일

1) 역주: CMHT는 지역사회 정신의학이 크게 발달되어 있는 영국에서 실시되고 있는 성인을 위한 지역사회 정신과적 서비스로 주로 진단과 치료를 담당한다. 이에 상응한 아동·청소년이 이용하는 곳은 CAMHS (Child and Adolescent Mental Health Service)라고 한다.

하였으며, 현재는 서리 동부 우선순위 국가의료서비스기관(East Surrey Priority NHS Trust)의 심리치료 서비스뿐만 아니라 유태인 복지 분야와 여러 비법정기관에서 선임 미술치료사로 일하고 있다. 그녀는 런던 남부에 살고 있다.

Sigrid Räbiger는 미술교육으로 학위를 받아 그래머스쿨(grammar school)에서 처음으로 학생들을 가르쳤다. 그녀는 학교공포장애 아동을 위한 가정교사로 일하면서, 또한 노령자와 장애인을 대상으로 작업하면서 가족에서 일어나는 특별한 요구에 관심을 갖게 되었다. 1980년, 그녀는 예후가 좋은 자폐아동을 대상으로 점차 일반 초등학교로 통합시켜 나가는 역할을 하는 소규모의 가족나무 사립학교에 합류하였다. 이 시기 동안 그녀는 세인트 올번스 미술디자인대학에서 미술치료 훈련을 받았고, 중도의 학습곤란을 가진 아동을 위한 학교에서 미술치료사가 되었다. 그녀는 또한 난독증 치료사이자 보조교사이며, 현재 정신분석학 석사학위를 취득하기 위해 수학 중이다.

Edward J. Kuczaj는 브리스틀에 있는 포이닉스 국가의료서비스기관에서 학습곤란을 가진 사람을 위한 미술치료 서비스의 책임자로 일하고 있다. 그는 특히 학습곤란을 가진 사람과 관련된 문제 행동이나 성 학대, 상실과 같은 영역에 상당한 전문 지식을 가지고 있다. 그는 숙련된 훈련자로서 관계 인식, 의사소통기술, 상실과 사별과 같은 주제로 교육 프로그램을 잇따라 설계하여 내놓았다. 특히, 그는 임상 실습을 받고 있는 미술치료 학생들을 위한 훈련 프로그램 개발에 관심이 많다. Edward는 현재 영국 미술치료사협회의 지역 조정자다.

Chris Gale은 1983년 노도프-로빈스 음악치료 센터에서 음악치료사 자격을 취득하였다. 이후 그는 학습곤란을 가진 성인과 아동을 중심으로 다양한 환경에서 일해 왔다. 또한 그는 아동 · 청소년 정신의학 분야에 몸담아 왔다. 1987년, 그는 웨일스 지방으로 이사했고 회기에 적절하게 웨일스 말이나 영어를 사용하여 상이한 세 지역에서 일하였다. 그는 웨일스에서 예술치료 전문가들의 발전 도모를 위해 활발한 활동을 하고 있다.

Rachel Matthews는 드라마치료사이며, 1994년에 카디프 지역사회 건강관리 국가의료서비스기관의 일부인 TAITH 예술치료 서비스에 합류하였다. 그녀는 학습곤란을 가진 다양한 층을 대상으로 개별 작업과 집단 작업 모두에 관여하고 있다. 또한 병원과 지역사회에서 치료회기를 실시하고 있다. 그녀는 프리랜서로 치료사와 훈련자로 일해 왔고 다른 예술치료사나 심리치료사와도 공동 연구하였다.

Lillie Fennell은 상담 학위를 가진 상담사로서 개별적으로나 학습곤란을 가진 사람을 대상으로 한 야간여가시설에 소속되어 일하고 있다. 그녀는 상담이 자기주장에 어떻게 조력할 수 있는지 연구하고 있으며, 특히 시민 옹호(citizen advocacy)에 관심을 가지고 있다. 그녀는 현재 인문계열 석사학위(MA) 취득을 위해 수학 중이다.

Enfys Jones는 보건 당국과 사설 기관에서 상담자로 일하고 있다. 프리랜서인 그녀는 주로 학습곤란을 가진 사람을 대상으로 한 개별 작업과 집단 작업을 하고 있다. 또한 그녀는 성인교육서비스를 위해 일하고 있는데, 특히 자기주장집단을 지원하는 데 관여하고 있다. Enfys Jones와 Lillie Fennell 둘 모두 웨일스 동남부 상담이익집단의 창립구성원이며, 여기서는 학습곤란을 가진 사람을 대상으로 서비스를 제공하기 위해 지역사회 상담기관을 장려하고 지원하고자 애쓰고 있다.

Sandie Taylor는 수년간 연구원으로 일하였으며 현재는 카디프에 있는 예술치료 서비스의 임상지원 연구자로 근무하고 있다. 그녀는 1985년 노스-이스트 런던 폴리테크닉(Polytechnic)[2]에서 대학원 진학에 필요한 명예학위를 수여받았으며 1990년에는 서섹스 대학교에서 철학박사학위를 받았다. 법심리학에 관심을 가지고 있던 그녀는 1991년에 범죄학 이학석사 공부를 위해 웨일스 대학교로 갔다. 그 후로 그녀는 약물과 범죄에 대한 연구에 관여해 오고 있다. 또한 A레벨('A' level)과 석사학위과정에서 각각 심리학과 범죄학을 가르쳤고, 현재 원격교육을 통해 범죄학을 가르치고 있다.

2) 역주: 과거 영국의 대학 수준의 종합 과학 · 기술 전문학교

역자 소개

최은영

대구대학교 재활심리학과 학사

대구대학교 재활과학대학원 심리치료전공 석사

대구대학교 대학원 정서장애아교육전공 박사

수련감독미술치료전문가, 1급 재활심리사, 1급 행동치료사

한국재활심리학회 회장 역임

현 대구대학교 재활심리학과 부교수

대구대학교 재활과학대학원 미술치료전공 책임지도교수

대구대학교 미술치료연구소 소장

공마리아

대구대학교 재활심리학과 학사

대구대학교 재활과학대학원 심리치료전공 석사

대구대학교 대학원 정서장애아교육전공 박사

수련감독미술치료전문가, 1급 재활심리사, 1급 행동치료사

현 한국재활복지대학 재활복지학과 부교수

한국장애인고용공단 비상근 이사

한국재활심리학회 부회장

한국미술치료학회 상임이사

이근용

National Louis University 심리학과 학사

Northeastern Illinois University 학습장애아교육전공 석사

대구대학교 대학원 정서장애아교육전공 박사

현 대구대학교 직업재활학과 부교수

RI Korea 위원

한국직업재활학회 이사

영광학원 학교기업 자문위원장

K-PACE(한국 고등교육지원센터) 소장

정명선

영남대학교 심리학과 학사

경북대학교 대학원 심리학 전공 석사

대구대학교 재활과학대학원 미술치료전공 석사

대구대학교 대학원 재활심리전공 박사

1급 재활심리사, 청소년상담사, 미술치료사

대구대학교 미술치료연구소 연구원 역임

생명장심리상담센터 소장 역임

현 중부대학교 교육대학원 상담심리교육 전공 전임강사

학습에 어려움을 겪는 사람을 위한 미술치료
Drawing on Difference

2011년 8월 18일 1판 1쇄 인쇄
2011년 8월 26일 1판 1쇄 발행

엮은이 • Mair Rees
옮긴이 • 최은영 · 공마리아 · 이근용 · 정명선
펴낸이 • 김진환
펴낸곳 • (주) 학지사
121-837 서울시 마포구 서교동 352-29 마인드월드빌딩 5층
대표전화 • 02-330-5114 팩스 • 02-324-2345
등록번호 • 제313-2006-000265호

홈페이지 • http://www.hakjisa.co.kr
커뮤니티 • http://cafe.naver.com/hakjisa

ISBN 978-89-6330-718-3 93180
정가 19,000원